Le Siècle de George Sand

FAUX TITRE

Etudes
de langue et littérature françaises
publiées

sous la direction de Keith Busby,
M.J. Freeman, Sjef Houppermans,
Paul Pelckmans et Co Vet

No. 153

Amsterdam - Atlanta, GA 1998

Le Siècle de George Sand

*Textes réunis par David A. POWELL
avec l'assistance de Shira MALKIN*

Prepared under the auspices of Hofstra University

1998

∞ Le papier sur lequel le présent ouvrage est imprimé remplit les prescriptions de "ISO 9706:1994, Information et documentation - Papier pour documents - Prescriptions pour la permanence".

∞ The paper on which this book is printed meets the requirements of "ISO 9706:1994, Information and documentation - Paper for documents - Requirements for permanence".

ISBN: 90-420-0473-8
©Editions Rodopi B.V., Amsterdam - Atlanta, GA 1998
Printed in The Netherlands

Ce volume est dédié à la mémoire de
Maddy Lubin

TABLE DES MATIÈRES

I.   PRÉSENTATION   ix

II.   ESSAI LIMINAIRE - The Pleasures and Pitfalls of Reading Literature in a Historical Context
            Frank Paul BOWMAN   3

III.   HISTOIRE, POLITIQUE, SOCIÉTÉ   17

Politique: le mot et la chose   **Simone VIERNE**   19

George Sand et Victor Hugo — Deux visions 'parallèles' de la Révolution
            Karlheinrich BIERMANN   29

Ambiguïtés du politique: La musique populaire dans *Consuelo* et *les Maîtres sonneurs*   **Lucienne FRAPPIER-MAZUR**   35

La Filleule: An A-Political Sand?   **Annabelle REA**   45

Sand: Du socialisme à son abandon   **Michèle HECQUET**   55

Claudie: Vision prolétaire et féministe?   **Sylvie CHARRON**   63

Between the Bastille and the Madeleine: Sand's Theater Politics (1832-1848)   **Shira MALKIN**   73

'Ton vengeur veille': *La Cause de George Sand* at the Théâtre de la République, April 6, 1848   **Tim WILKERSON**   85

The Woman Writer and the Worker: Social Mobility and Solidarity in *la Ville noire*   **Mary RICE-DEFOSSE**   95

When the People Are Not the People: Populist Paradoxes in Sand and Michelet   **Carolyn BETENSKY**   103

George Sand et le coup d'État de Louis-Napoléon Bonaprte
            Eve SOURIAN   111

'He Said/She Said' in *Horace*   **Nancy ROGERS**   121

IV. FEMME, FEMININ, FÉMINISME — 129

George Sand et les mouvements d'émancipation féminine: lectures étrangères   **Suzan VAN DIJK**   131

'Like a Prostituted Queen': Refiguring Revolutionary Misogyny in 1830s France   **Leslie Ann MINOT**   147

'La Marquise': Feminism and Romantic Idealism
    Cecilia FERNANDEZ   157

Déconstruction du genre et intertexte de l'androgyne dans *Gabriel*
    Chantal BERTRAND-JENNINGS   165

Le Dernier amour and Its Sexual Politics
    Gislinde SEYBERT   179

Sand, Lamennais et le féminisme: le cas des *Lettres à Marcie*
    Nigel HARKNESS   185

'Une mauvaise copie de Monsieur de Wolmar': Sand's Subversion of Rousseau's Masculinities   **Jacinta WRIGHT**   193

La Figure de l'actrice et la réflexivité du discours romanesque dans *Lucrezia Floriani*   **Dominique LAPORTE**   203

Visions of the Great Woman Writer: Imagining George Sand Through Word and Image   **Michael GARVAL**   213

Wladimir Karénine and her Biography of George Sand: One Russian Woman Writer Responds to Sand   **Hilde HOOGENBOOM**   225

George Sand and her *Sage-femmes* as an Inspiration for Jules Michelet's *la Sorcière*   **M. Ione CRUMMY**   237

Corinne and *Consuelo*: Women Artists in Dialogue with the World
    Erica COCKE   247

The Empress Eugénie in *Malgrétout*
    Ruth Carver CAPASSO   253

V. Culture: Art et Questions Sociales du XIXᴱ Siècle — 261

Aurore directeur de conscience — **Jeanne GOLDIN** — 263

Sand and Baudelaire: The Politics of Charity — **Reginald MCGINNIS** — 281

George and Sigmund Take Tea: *Lélia* Read as a Philosophical Contribution to the Pre-Psychoanalytic Tradition — **Karen MACLEAN** — 293

Building on Sand: From Narrative Zoos to Imagined Communities — **David J. MICKELSEN** — 301

Portrait de l'artiste en maçon: La correspondance entre George Sand et Charles Poncy (1842-1876) — **Brigitte DIAZ** — 309

"Music Conducive to Dream:" Sand and the Musical Fantastic — **David A. POWELL** — 321

Le regard de l'artiste sur la société chez G. Sand — **Jean-Marc BAILBÉ** — 335

George Sand's Search for the Heart of Faust — **Barbara M. WALDINGER** — 343

Antisemitism as Revealed in George Sand's Letters — **Thelma JURGRAU** — 349

Sand's Forgotten Bohemia — **Evelyn GOULD** — 357

Entre femmes: Sand/Colet et la question de *Lui* — **Maryline LUKACHER** — 367

LE SIÈCLE DE GEORGE SAND

George Sand, née Aurore Dupin, voit défiler devant elle le Ier Empire, la Restauration, la Monarchie de Juillet, la IIe République, le Second Empire, la Commune et la IIIe République. Elle se mêle d'histoire et de politique, par le double fait qu'elle vit durant un siècle mouvementé, et aussi parce qu'elle y participe, parce qu'elle en est témoin: en 1830, en 1848, en 1851 et même en 1870; mais aussi — et c'est là un point essentiel — parce qu'elle ne se défait jamais de sa tâche d'écrivain. En tant qu'écrivain, George Sand s'engage dans la politique dans tous les sens du terme, que ce soit dans des articles de journaux, des pièces de théâtre ou des romans, et surtout dans sa correspondance; à ce sujet, on lira les excellents articles de S. Vierne, L. Frappier-Mazur, A. Rea, E. Sourian. A la fin de sa vie, lorsque cette heureuse fille de la Révolution aura écrit plus de quatre-vingts romans, plusieurs volumes de contes, de nombreuses pièces de théâtre et une légion d'articles, sans compter un nombre impressionnant de lettres, on la trouve en train d'écrire, inlassablement. Dans tous ces textes, on voit surgir le siècle tout entier. L'histoire du XIXe siècle, elle l'a vécue, elle l'a vue, elle l'a écrite.

Qui dit histoire du XIXe siècle dit aussi société — Sand n'explique-t-elle pas dans *Histoire de ma vie* que «*tout est histoire!*» (*OA* I:78). Dès la parution d'*Indiana* et peu après des *Lettres d'un voyageur*, elle laisse sa marque sur le monde social. Ses déclarations sur les institutions sociales — sur la situation de la femme, certes, mais aussi sur la situation du peuple, ainsi que sur le monde des ouvriers, sur le rôle de la France envers les Français — se retrouvent dans nombreux de ses écrits, soit sur le devant de la scène, soit en arrière-plan. Qu'il s'agisse du témoignage de sa propre situation familiale, déchirée comme elle le fut entre Paris et Nohant, entre mère et grand'mère, de ses démêlées matrimoniaux, de son parcours idéologique, qui évolue d'une phase saint-simonienne à une période plus religieuse grâce à Lamennais, ou bien qu'il s'agisse de son engagement de 1848, qu'elle met en sourdine après 1851, mais qui resurgit de façon plus subtile mais tout aussi passionnée au moment de l'invasion prussienne et de la Commune — George Sand a toujours mêlé politique et société. Cette multiplicité d'intérêts et de prises de position sur les questions sociales, le féminisme, le socialisme et la politique des divers gouvernements au pouvoir est traitée avec pertinence dans les articles de M. Hecquet, S. Charron, L. A. Minot, C. Bertrand-Jennings, J. Wright, D. Laporte.

L'ensemble des textes que nous présentons sous le titre *Le Siècle de George Sand* se donne pour objectif d'expliquer en partie la coexistence, voire les rapports de causalité qu'ont entretenus l'auteur et son siècle. Les essais qui figurent dans ce volume proviennent d'un colloque qui s'est tenu sur le campus de l'Université Hofstra (New-York), en novembre 1996. Sous ma direction et celle de ma collègue Natalie Datlof, cette manifestation célébrait vingt ans d'études universitaires sur George Sand, ses œuvres, son influence et son temps. Durant trois journées riches de (re)découvertes sur ce personnage central du XIXe siècle français dont la portée est encore trop méconnue, nous avons pu réunir des critiques littéraires, à la fois spécialistes ou amateurs de George Sand, ainsi que des historiens venus des quatres coins de l'Europe et de l'Amérique du Nord. Figurent donc ici trente-huit articles qui offrent non seulement une vaste étendue analytique de l'œuvre sandienne, mais qui ouvrent aussi des pistes possibiles à des recherches futures.

Frank Paul Bowman nous fait l'honneur de bien vouloir ouvrir notre volume avec un essai sur le difficile mariage entre histoire et littérature. Dans ses nombreux travaux sur l'auteur berrichon, le professeur Bowman nous a souvent révélé maints détails concernant la place qu'occupe Sand au XIXe siècle, surtout en matière de religion. Il nous encourage à présent à puiser dans les ouvrages de Sand pour examiner l'histoire de son temps, tout en nous avertissant des problèmes et des pièges qui s'attachent à cette méthode, non seulement pour Sand mais pour tout écrivain de l'époque. Sand nous rappelle ce problème dans son autobiographie:

> Mais l'histoire du genre humain se complique de tant d'événements imprévus, bizarres, mystérieux; les voies de la vérité s'embranchent à tant de chemins étranges et abrupts, les ténèbres se répandent si fréquentes et si épaisses sur ce pèlerinage éternel, l'orage y bouleverse si obstinément les jalons de la route, depuis l'inscription laissée sur le sable jusqu'aux Pyramides; tant de sinistres dispersent et fourvoient les pâles voyageurs, qu'il n'est pas étonnant que nous n'ayons pas encore eu d'histoire vraie bien accréditée, et que nous flottions dans un labyrinthe d'erreurs. Les événements d'hier sont aussi obscurs pour nous que les épopées des temps fabuleux, et c'est d'aujourd'hui seulement que des études sérieuses font pénétrer quelque lumière dans ce chaos. (*OA* I:57-58)

Dans un premier temps, nous présentons un ensemble d'articles qui mettra l'accent sur la question de la politique dans la vie et les textes de Sand. S'ajoutant à ceux que nous avons déjà mentionnés, on trouvera ensuite les excellentes études de N. Rogers, C. Betensky, M. Rice-Defosse, T. Wilkerson. Dans un deuxième temps, on trouvera un groupe d'articles qui traiteront du problème du féminisme. Comme l'a démontré Kristina Wingård Vareille, "Or du moment que la marginalité féminine est considérée comme signe d'authenticité, les réticences de Sand à l'égard des revendications politiques de certains groupements féminnstes apparaissent dans un nouvel éclairage et se présente, non plus comme timidité doctrinale ni comme manque de confiance dans la nature féminine, mais comme une attitude commandée par une logique profonde et inspirée par une idée très haute de la mission de la féminité. Car si la marginalité féminine représente un espoir de renouveau, les femmes ne devraient pas aspirer à *s'intégrer* dans un système que Sand juge foncièrement vicié."[1] Toute discussion sur Sand et le féminisme étant un sujet problématique dans les études sandiennes, on trouvera ici des tentatives de définition du "féminisme" sandien, définition tantôt liée à la politique (G. Seybert et E. Cocke), tantôt aux idées sociales (C. Fernandez, N. Harkness, R. C. Capasso, M. I. Crummy), ou bien à l'influence de Sand sur d'autres écrivains (S. van Dijk, H. Hoogenboom, M. Garval).

En dernier lieu, nous présentons un ensemble d'essais qui se donnera pour tâche d'éclaircir la position de Sand sur la culture du XIXe siècle. S'inspirant du concept individualiste de l'artiste et de l'écrivain auquel adhéraient Sand et les romantiques, ces critiques nous aident à découvrir en quoi Sand fait figure d'innovatrice dans ce domaine. Preuve en est sa propre critique de Flaubert:

> Vieux écoliers, je n'aime pas les pédagogues. Avant de comparer un ouvrage d'art à ceux qui ont pris place dans les panthéons, je me rappelle que les panthéons ne se sont jamais ouverts qu'à regret aux novateurs; et après des luttes obstinées. Je vois que les chefs-d'œuvres ne se ressemblent pas, et que quand on a dit avec emphase : *le procédé des maîtres*, on a dit une chose vide de sens. Chaque maître digne de ce titre a eu son procédé. Toutes les manifestations du beau et du vrai ont été bouleversées par le temps et le milieu qui ont produit les individualités puissantes.[2]

Proclamant ainsi que l'art, la société et la politique sont inséparables, Sand nous invite à commenter la structure de la culture française du XIXe siècle; en particulier nous découvrons ses idées sur l'art (voir J.-M. Bailbé, D. A. Powell, B. Diaz, B. M. Waldinger), sur la position sociale et culturelle de l'écrivain (voir K. Maclean, M. Lukacher, R. McGinnis, D. J. Michelsen, S. Malkin), sur la religion (J. Goldin) et sur l'étranger (E. Gould, T. Jurgrau).

Joyce Carol Oates, qui présenta un exposé sur le rôle de l'inspiration dans l'écriture, tant pour Sand que pour elle-même, insista sur le besoin tout humain que nous avons tous de raconter une histoire, notre histoire. Pour Sand, sans aucun doute, tel fut le cas. Et au travers de ses histoires, elle raconte non seulement sa vie à elle, non seulement la vie de ceux qui l'entouraient, mais celle de la société française du XIXe siècle — peut-être d'une manière plus idéaliste que réaliste, ce qui la distingue de Balzac et Flaubert, et surtout avec plus d'humanité, dans ses écrits comme dans sa vie, nous rappela Madame Oates.

En guise de conclusion, je tiens à remercier pour la finition de ce volume la contribution éditoriale de Shira Malkin et la patience de mes collaborateurs. Qu'ils

---

[1]. *Socialité, sexualite et les impasses de l'histoire: l'évolution de la thématique sandienne d'*Indiana *(1832) à* Mauprat *(1837)* (Stockholm: Almqvist & Wiksell International, 1987) 410.

[2]. "L'Éducation sentimentale," in *Questions d'art et de littérature*, éd. Henriette Bessis et Janis Glasgow (Paris: des femmes, 1991) 356.

y voient non une fin, mais une transition à leurs idées, qui en engendreront d'autres. Nous nous réjouissons de pouvoir ainsi partager ces recherches dans le cadre d'un forum aussi amical que professionnel, et nous espérons que beaucoup d'autres colloques de ce genre auront lieu à l'avenir.

David A. Powell
New York, août 1997

NOTA BENE

Un mot concernant les abbréviations: puisque nous nous référons tous à la correspondance de George Sand recueillie et éditée par Georges Lubin (Paris: Garnier, 1962-1995), toute référence sera notée dans le texte par l'indication *Corr* suivie des numéros de volumes et des page(s). De même, toute référence à *Histoire de ma vie* et aux *Lettres d'un voyageur* sera signalée par l'indication *OA* (tome et pages) — *Œuvres autobiographiques,* également éditées par G. Lubin (Paris: Gallimard, 1970-71). Ces abbréviations seront valables pour tout le recueil. Au sein de chaque essai, pour alléger les citations, on trouvera à l'occasion des abbréviations qui seront indiquées dans une note complète une première fois, mais qui seront reprises ultérieurement entre parenthèses dans le texte même.

Le Siècle de George Sand

The Pleasures and Pitfalls of Reading Literature in a Historical Context

Frank Paul BOWMAN

I fear that, in front of this learned audience, the non-Sandiste that I am (much as I admire and enjoy reading her) may seem superficial. But I should like to raise, in terms of some of her writings, the question of how much we should read literature in a historical context. That question has been the subject of much discussion; some have maintained that one could, indeed should, read literature outside of any historical context, take the "plain text" as such, or even that any reading of the text is as valid as any other, that history is unknowable, the text and history only exist in the mind of the reader. Need I say that I do not share that view, either about the text or about history; it strikes me as being rather superficial solipsism. Indeed, the old battle cry was "the plain text and Dr. Johnson," you can't read a text without a dictionary; but surely once you add Dr. Johnson or Robert you have necessarily added an element of historical contextualization; recourse to the dictionary places the text in a linguistic context which is necessarily historical.

I should note, however, that I am somewhat carrying coals to Newcastle today; Sand criticism has been better than that for many authors in taking into account the historical setting and significance of her work. Such has not always been the case, as many have noted; Sand criticism was long marked by an excessive concern with the biographical. There, an interesting contrast is provided by the two special numbers of *Europe* devoted to Sand, in 1954 and in 1978. Despite the Marxist proclivities of that review, in 1954 only three of the twenty-two articles were devoted to Sand and politics; in 1978 such was the thrust of almost all the articles.

More important, what is the difference between literature and history? Horace Walpole defined history as "a species of romance that is believed" and romance "a species of history that is not believed." He wrote before Sand, Stendhal, and Hugo, who in a way expect us to believe in those romances as history.

I shall discuss first why historical context readings seem to me especially important for French Romantic literature; then outline the problematics of such readings. Then say a few words about Sand's own historical writings. Then show a few instances of how one should know history to read Sand, and a few others of how one can read Sand to know history, and conclude with a few pedagogical observations.

Politics, history, and literature in French Romanticism

Surely one of the specificities of French Romanticism is its immense involvement in politics and concern with history. France remains to this day a country where a discussion of how to make a *mousse au chocolat* soon degenerates (or evolves?) into a discussion of politics, and this was even more so in the early nineteenth century. One need only cite a few figures: Chateaubriand was ambassador, foreign minister, a major political figure; Benjamin Constant was primarily considered a political figure, not a novelist, at the time, and to this day occupies an important place in the history of political thought; not to mention Madame de Staël, whose political career was of major importance. The following generation included Lamartine, candidate for the Presidency; Vigny, who espoused in novel and poem the theories of Montlosier; Victor Hugo; even Musset, as a person not an essentially political type, in *Lorenzaccio* wrote one of the most perspicacious studies of the problematics of politics the period produced. France was, of course, highly politicized in that tumultuous period, and the growing role of the poet as prophet-priest of society required entering politics. I think we must understand, and explain to our students, the importance of political thought and activity and how much it informs and marks writing; and whosoever says politics, says history. In all this, Sand is, rather than the exception, the *cas par excellence*, except insofar as, being a woman, she could not play any official political role.

It is easy to explain this importance of history and politics. Revolutions, upheavals, major changes in society and in the economy were frequent and important. The Romantics had a sense of history as change, as *bouleversement*, moving from the past toward the future; and that move was mostly sensed as being political, though it was increasingly apparent that technology, etc., were playing a role. The Revolution was here very important; much of the Romantic era is devoted to trying to explain and integrate the Revolution. Curiously, Sand does not talk much about 89 or particularly 93, until late in her life, in *Nanon*, perhaps in part because she did not wish in the 1830s and 40s to dwell on the excesses of the "Great" revolution[1], even more so after the "excesses" of 1848. Also perhaps she wanted to go beyond 1789, to move, as many of her contemporaries did, from political equality on to a measure of economic and social equality. Seemingly more important to her than the Revolution was the Napoleonic era and its survival in the Napoleonic myth, which she nicely echoes in *Jeanne*, whose heroine keeps a portrait of Napoleon hidden in her room and considers him the Michael the Archangel of France, protecting against the diabolic English; even Sir Arthur turns out to be an admirer of Napoleon.[2] She presents a more nuanced view of Napoleon elsewhere, especially in *Le Péché de Monsieur Antoine*. But she also talks about war, socialism, capitalism and industrialism, about the class struggle; I cannot think of any important political theme of the time which is absent from her work.

The period was marked by a fusion of history, literature, and politics, where it is often even difficult to define the writings. Is Hugo's *Le dernier jour d'un condamné* a novella or a political pamphlet? Is Michelet's *La Sorcière* literature or history? Stanley Mellon has done a classical study on the political uses of history at the time, Hayden White another one on how the historical writing of the period can

---

[1]. She evokes them in *Le Meunier d'Angibault* with the brigand extortioners.
[2]. As Michèle Hecquet points out in her edition of *Jeanne*, both Michlelet and Henri Martin (Sand's two favorite historians) in October 1841 published studies of Joan of Arc.

and indeed should be read as forms of literature.³ There was fusion among the three discourses in both writing and reception.

The problematics of literature and history

This fusion has made the Romantic era a happy hunting ground for those concerned with the problems of historiography and of the nature of history. Lionel Gossman's excellent *Between Literature and History*,⁴ describes well the problems besetting some aspects of current historiography, the thesis that history is indeed but another form of literature, a construction of a narrative in no way different from that of other fictions, the latter having, at least for the deconstructionists, the advantage of admitting openly that it does not correspond to any "objective reality." History was traditionally and well into the nineteenth century considered a form of literature, and it is amusing to look through the old *Bibliographies de France* where Vigny's *Cinq-Mars* is sometimes listed under "roman", sometimes under "histoire"; Nerval already dealt, amusingly and effectively, with this problem in *Les Faux Saulniers*. Surely it is true, to quote Stendhal, "on ne peut jamais voir que de là où on est;" we can never possess anything but our present apprehension of the past. But to go from there to equate the creation of Jean Valjean in fiction with the creation of Napoleon in historical texts or even in novels or poems about him, is rather adventurous. Like many of us, I first learned much of French history by reading Dumas, and was most disappointed to learn that d'Artagnan had not in history the role Dumas gave him in novels. The boundaries between fiction and history, or even poetry and history, are quite blurred in a number of texts in the nineteenth century. Sand is rather remarkable here, despite her great admiration for Walter Scott, in always making sure that we know we are reading fiction and not history by her constant recourse to venerable stocks in trade of fiction; the realization that Jeanne is Boussac's half-sister (it later turns out she isn't, a clever way of renewing a trite device), the initiation scene in *Les Maîtres Sonneurs*, the guaranteed happy ending in *La Ville noire*, not to mention the coincidences in *Horace*; pursued by the police in 1832, Arsène leaps into a window which of course puts him into the room where his beloved Marthe is nursing her baby. Sand never pretends to be writing history when she is writing fiction, and effectively uses these devises to remind us that we are reading fiction. But that does not necessarily make her fiction insignificant in terms of our apprehension of history.

Two distinctions should be made, separating two problems. On the one hand, as Michael Hancher has suggested,⁵ we should distinguish between the science of interpretation and the art of interpretation. The science of interpretation explains

---

3. Stanley Mellon, *The Political Use of History* (Stanford: University of California Press, 1958), and Haydn White, *Metahistory. The Historical Imagination in Nineteenth-Century Europe* (Baltimore: Johns Hopkins University Press, 1973).

4. Cambridge: Harvard University Press, 1960.

5. "The Science of Interpretation, the Art of Interpretation," Modern language Notes 85 (1980): 791-802.

past works in the light of their own context, trying to recover their "essence" or their full meaning, which is the work of the philologist (anyone who works on the 17th century knows the importance of realizing that the word *gloire* did not then mean what it does today). To cite Sand, you can greatly profit by a knowledge of the double literary tradition of the mésalliance and of the "hidden birth" (à la Gilbert and Sullivan, the birth was really noble), and also of the peculiar forms and particular pertinence of social mobility in France in an age when the country is moving from essentially feudal structures to essentially capitalist structures. That is where the science of interpretation can help, but such a science is a demanding one. Hancher distinguishes it from the "art of interpretation" where one revives and interprets a text in the light of our present culture, making the text usable by reactivating selected elements therein. This seems to me a fitting description of much Freudian criticism, and of purely esthetic criticism. One of the interesting things, I think, about feminist criticism, is that it really has to do both, and often has trouble doing both. It requires using the art of interpretation, by making what Sand says about women meaningful for the feminist struggle today, but it also requires using what Hancher defines as the science of interpretation; unless you resort to a historical context, you cannot understand why Sand was opposed to women's suffrage in 1848.

However, the "art of interpretation" is not without its problems and pitfalls. I cite a famous example familiar to those trained in American literature. On the one hand, scholars such as Vernon Parrington or Van Wyck Brooks successfully wrote descriptions of American society primarily based on "literary sources," on the novels of Hawthorne and James, etc.; on the other rather cataclysmic book of Bernard DeVoto, effectively titled *The Literary Fallacy* (1944), pointed out that a description of the United States based on the novels of Faulkner, Hemingway, Sinclair Lewis, Steinbeck, would hardly correspond to what, say, the sociologists Helen and Robert Lynd were describing in their famous "Middletown" studies. DeVoto wrote unaware of Engel's preferences for Balzac over Zola in terms of the way the larger-than-life, even the caricature, may be historically a more accurate grasp than any effort of "photographic" realism. But DeVoto was right in an important sense: you cannot take Sand, or anyone else, as offering valid evidence about history without a series of *caveats* about the function of the literary tradition in their writings. A colleague of mine in history, whom I respect very much, taught a course on nineteenth-century French history; his reading list rather resembled that of the course I taught in nineteenth-century French literature, and I had no objections to his doing so but was rather worried. A novel is not history, for several obvious reasons. Love plays a much more important role in the novel than, perhaps unfortunately, in history. Certain topoi govern or at least appear in the novel which do not often appear in history; in *Jeanne*, in *La Ville noire*, in Staël's *Corinne*, in how many other novels the hero or heroine enters a building in flames and manages to save lives without suffering, and one should not conclude that that was a quite common occurrence at the time.

To return to Hancher, we often, in talking about history and literature, confuse two different gambits. The one seeks to explain the text by its historical context; the other tries to use the text to explore or describe that historical context. These are two quite different activities, though they have a dialectical relation. There, the notes on the very interesting edition of *La Ville noire* by Jean Courrier are symptomatic. Some of them (and there are many, published in the margin of the text, so they sort of force themselves on your attention) are purely philological, some provide a contexuality with other works of Sand, others explain the text in terms of worker's cooperatives or metal-working techniques, and still others try to inform us about the conditions of workers, the development of technology, the continuing function of utopianism in leftist thought in the latter part of the century, using *La Ville noire* as a textbook about French provincial industrial society in 1860. Given the text, an astounding and on the whole successful combination of rather trite novelistic devices, of sometimes crude realism and of sharp observations, and of revisionist utopian socialism, the multiple nature of Courrier's approach to the task of editing seems quite justified. I shall return to this problem of annotating Sand in my conclusion.

Let me complicate the picture with one more consideration. Max Milner has used the word "ressourcement,"[6] difficult to translate (I'd try "displacement"), to describe the practice, so common among the Romantics, of resituating their problems and concerns in a somewhat different context, thereby renewing their perspective and enriching their presentation of those problems and concerns. Some of those contexts are historical, with the revival of the historical novel and theater; some are exotic, for instance the renewal of orientalism, an area of predilection for the study of the relations between reason and passion, or for their efforts to redefine the religious. The Romantics often study and evoke the past or the elsewhere for lessons for the present or the future, sometimes for the sheer pleasure of difference, but often as a cadre wherein to discuss their present concerns. Many of Sand's most political works are marked by this sort of displacement or *ressourcement*. To cite one instance, her richest mediation on the commune of 1871 takes place in *Nanon*, a novel about the Revolution of 1789.[7] Her most political texts are set in the historical mode (*Consuelo*) or in the pastoral mode (*Le Péché de Monsieur Antoine, Le Meunier d'Angibault, Le Compagnon du tour de France, Jeanne*). Only *Horace* to my knowledge, describes the urban proletarian situation; set in 1832, it is perhaps also the least successful of her "socialist novels;" plot (rather baroque) and politics are badly integrated. The various socialist theories evoked, except for Cavaignac[8] and Eugénie's version of Saint-Simonian feminism, are not expounded in any clear manner. This *ressourcement* can be explained by her own fondness for the Berry, or by the fact that in the 1840s, if the Industrial Revolution was on the way, France was to a large extent still an agricultural

---

6. In *Littérature française, Le Romantisme I, 1820-1843* (Paris: Arthaud, 1973) 75-176.

7. Its effects, of course, are evoked elsewhere, in *Le Compagnon du tour de France, Le Meunier d'Angibault*, etc.

8. Godefroy, of course, and not his infamous brother.

nation; Balzac's two novels most marked by socialism have a pastoral setting, *Le Médecin de campagne* and *Le Curé de village*. Sand does deal with an industrial setting in *La Ville noire*, but still the locus is a small town. This use of the pastoral novel to present political, especially utopian theories goes back, of course, to Rousseau's *Nouvelle Héloïse*, but there are practitioners of the urban, proletarian (as opposed to peasant) novel at the time: Eugène Sue, Gustave Drouineau who merits a study, as do the short story writers Masson and Brucker. But clearly Sand found in the pastoral or historical setting, or indeed in the "philosophical theater" of *Les Sept Cordes de la lyre*, a kind of facility for espousing her theories and discussing their ambiguities, a freedom of contemplation she would not have enjoyed if the setting had been Lyon or Lille. It is as if she needed to distance herself from the nexus of the problem in order to discuss it.

Sand's political and historical writings

Nor is her concern with politics and history limited to the novel. She wrote history and politics in many forms. I leave aside a discussion of her properly political texts. History and politics appear also in her autobiographical writings. I have of late been spending my spare time reading the literature produced by the Napoleonic occupation of the Iberian peninsula, and few texts describe as well as *Histoire de ma vie* the deep resentment that invasion produced, the visceral hatred of many Spanish toward the French which made of that war what some have termed the "first modern war," where a highly trained and professional army could not prevail against the popular opposition and the various forms of guerilla warfare it took; it should be included in any anthology of writings about that war. She also wrote about history and politics in the theater, including *les Sept Cordes de la lyre*, in some ways her most searching exploration of certain aspects of socialist theory, but this I also leave aside. I am primarily concerned with her fiction, but should like to say a word about two properly historical texts, *Jean Zyska* and *Le Grand Procope*, in the hope of encouraging further study of them.

These two works are not without interest. They first appeared in conjunction with *Consuleo* and the *Comtesse de Rudolstadt; Jean Ziska* in the *Revue Indépendante* right between *Consuelo* and its sequel, indeed as a preface thereto, and *Le Grand Procope* right after the final installment of *Rudolstadt*. Sand does not claim to have done any original research; she admits to not knowing the languages (Latin and Bohemian) of the source material. She instead relies on Lenfant and Beausobre, both eighteenth-century texts,[9] and it would be of interest to study how she rewrites them. Her critique of them defines her own conception of how to write history. She claims to be writing for women, in part because women today play the same role heretics

---

9. Jacques Lenfant, *Histoire de la guerre des Hussites et du Concile de Basle* (Utrecht, 1731), and Isaac de Beausobre, *Dissertation de M. de Beausobre sur les Adamites de Bohème*, published with the preceding; also, Beausobre's *Supplément à l'Histoire de la guerre des Hussites* (Lausanne, 1745). Both Lenfant and Beausobre were exiled Huguenots.

played in the past (the text contains some of her most profeminist statements), but also to justify the kind of history she is writing, which seeks to grasp and study the significant forces at work in the past in order to contribute to understanding and action in the present. To that end, she has "puisé à la meilleure source," that what is "sous mon bonnet," for a "savant sec" is not worth "un écolier qui sent parler dans son cœur la conscience des faits humains." History for her, to paraphrase Baudelaire, should be "passionate, prejudiced, and political," and such these works indeed are. She cites as models Henri Martin and Jules Michelet, and the texts are rather reminiscent, except for their style, of Michelet. Her main purpose is to present once more the doctrines of the "Evangile éternel," to associate Christianity and communism, to recount a chapter of the eternal struggle of the oppressed against the powerful, and she does so quite movingly. There are many interesting aspects of the texts: her valorization of the poetry of traditions as opposed to "solid fact," her discussion of the orgiastic excesses of the Adamites which she condemns, and she includes in that condemnation the "dogme immonde de la promiscuité" of some contemporary socialists. Her evocation of the efforts in the Church of her day to present the true Evangelical doctrine (Lamennais and his disciples), and her sense that those efforts are doomed to failure. More complex is her attitude toward violence. The Hussites and Taborites were extremely violent, and one is tempted to accuse Sand of showing a certain predilection for the violent, which she explains as a response to the violence exercised by the Church against heresy, that is against the Joachimist eternal Gospel. Would the text have been the same if she had written it after June 1848, after the Commune? Her concern with these movements was shared by many contemporaries, Leroux, Michelet, Louis Reybaud, etc., yet another instance of Romantic *ressourcement*, which Sand here practiced effectively both in the novel and in properly historical texts. The Hussites and Taborites remain today a major phenomenon for anyone interested in the relations between religion, utopianism, and violence, and Ernst Bloch continued the tradition established by Sand. But the main thing is that Sand historian, like Sand novelist, is writing politics, in this instance turning religion into a vehicle of hope for the Kingdom now and here below, moving, to talk like Bloch, what was up there to what is out there ahead.[10] I hope these texts will be republished in an edition which pays proper attention to how she rewrites her sources and to their political and historical significance.

How one must know history to read Sand

I turn now to the pitfalls of historically naive readings of Sand, some illustration of the need for the "science of interpretation." I cite an example, basic and simplistic, where unfamiliarity with the political context and the historical dimensions

---

10. See Ernst Bloch, *Thomas Münzer als Theologe der Revolution* (Munich, 1921), French tr. by M. de Gandillac (Juilliard, 1964); Henri de Lubac, *La Postérité de Joachim de Flore* (Le Thielleux, vol. II, 1981); Laudyce Rétat, "L'Evangile éternel et la philosophie de l'histoire au dix-neuvième siècle (Sand, Michelet, Renan)" in *Romantisme et Religion*, Actes du colloque de Metz, octobre 1978, (PUF, 1980) 117-124.

of the text, a lack of recourse to a somewhat extended "Dr. Johnson," may produce misreading. In the *Péché de Monsieur Antoine,* M. Cardonnet, studying the area in which he wishes to establish his industry, seeks to discover "si l'opinion était libérale ou démocratique."[11] For today's reader, especially in the United States and in this election year, that can be a most misleading sentence. I proudly consider myself both a Democrat and a liberal, and see no reason why pejorative meaning should be attached to the terms; Cardonnet père did not think of himself as either, and the meaning he gave them was quite far from the meanings we now give them. By "libéral" he is thinking of some of the values held dear by Mr. Gingrich, absolute free enterprise, absence of government interference, freedom for the capitalist to pay what he wants and needs to in order to get done what he wants done, freedom to destroy the environment, refusal of any laws limiting child labor or working hours, etc.; the meaning of "libéral" in that sentence is about the contrary of what "libéral" means today. And "démocrate" then went back to its root *demos* and was synonymous not only with "républicain," the advocacy of the government by universal (masculine, usually, alas) suffrage, and more directly with socialism. Here is an instance where the text, if it is not read with historical hermeneutics, is apt to be blatantly misread.[12]

One could cite many other examples. I am not sure it is possible to read *Le Compagnon du tour de France* without some knowledge of what the compagnon society was, why it was important because of the Le Chapelier law which forbad all forms of worker's associations, what the problems of internal dissension within the compagnon movement were, even who Agricol Perdiguier was. I suppose it could be read as a good story, but certainly, if I were teaching it, I would explain some of this to the students. In the same way, Théophile's remark about not having enough fortune to become *député* evokes not the campaign expenses of our elections but the "censitaire" system, where still under the July Monarchy of eight million adult male citizens, only 167,000 could vote. Nicole Courrier explains this well in her preface to *Horace,*[13] but perhaps a note should also have been made here.

Also the "science of criticism" can make us aware of a political content in novels where it might not be immediately apparent. Here, I should like to say a few words about the political import of *Jeanne*. It is easy to read *Jeanne* as a simple tale of crossed love, but it is also a sharp analysis of social mobility, of class structure, of the functions of the Napleonic myth, of the problem of patois versus French which since the Revolution had been seen as a major political problem. Mme de Boussac, aristocrat but admirer, with her husband, of Napoleon, who rejects the follies of the Restoration, is quite exemplary of a mentality one could associate with Chateaubriand. The novel raises the problem of the aristocracy of merit; it suggests with Marsillat how the bourgeoisie is on the rise, but also how that bourgeoisie is failing to fulfill its

---

11. Editions d'aujourd'hui, 1976, I: 37.

12. By the time of *Mademoiselle La Quintinie,* 1863, the word *libéral* has somewhat changed meaning, by now appropriately used to define Sand's political position.

13. Editions de l'Aurore, 1982.

historical function, and instead simply replacing the nobility, including the "droit du seigneur": "Nos bourgeois ont remplacé les seigneurs de la féodalité dans certains droits qu'ils s'arrogent en vertu de leur argent et de l'espèce de dépendance où ils tiennent la famille du pauvre,"[14] not to mention his pride in possessing his own château, with the devise, "Mon argent et mon droit;" how there was effectively an alliance of interest between nobles and *peuple* and no longer, as under the *Ancien Régime*, between king and *peuple* against the nobles. (The detestable madame de Chailly in *Horace* is exemplary: "le juste milieu et la bourgeoisie parvenue ne trouvaient point grâce devant [elle]; elle s'arrangeait mieux, comme tous les carlistes, des opinions républicaines" [124].) *Jeanne* is a text of major importance in any study of the rise of Joan of Arc in the French mentality as a figure of both patriotism and sanctity. I could go on; I only regret that when I was doing my work on symbol and desymbolisation I did not remember the discussion in *Jeanne* about how the people need symbols, but how they must also be led to "découvrir" (translate, uncover) the symbol, where Sand echoes a debate entered into by Cousin, Jouffroy, Michelet, Quinet, Leroux. For anyone who knows the history of the period, the novel is rich in meaning.

Let us take a thematic example, the problem of *mésalliance*. The list of Sand's novels in which mésalliance occurs in long. The prevalence of the theme can, and probably should, be explained as a reflection of Sand's own situation, herself the product of a mésalliance, with a half-brother who was the product of an unconsecrated mésalliance. But it also can be explained as the product of a literary topos, which goes back to Marivaux, becomes more and more common in the novel in the late eighteenth and nineteenth centuries. The form it at times takes in Sand (we eventually discover that it isn't a mésalliance after all, that Gilberte is, for instance, of most noble birth even if *de la main gauche*) becomes a theme of comic opera — which may be why, in *Jeanne*, she leaves at least this reader somewhat confused; first we are told that Jeanne is M. de Boussac's daughter, then that she isn't.[15] However, one should surely also see in the mésalliance theme a reflection of increased class mobility in a society where not only the bourgeoisie is taking the place previously reserved for the nobility, but where, even if to a lesser extent, the boundaries between *peuple* and *bourgeois* are becoming less well defined. When reading novels as history, we must take into account the peculiarities of the author, the literary tradition and various generic exigencies, but these do not necessarily deprive authorial traces or literary topoi of historical significance.

Particularly, for Sand, Balzac and others, reading them requires a certain familiarity with "pre-Marxist" socialism. This is a patent problem with Sand because of the influence of Pierre Leroux, but how many in this room have read Leroux? He

---

14. Editions d'aujourd'hui, 1976, 216.

15. Sylvie Richards, "Une Jeanee d'Arc ignorée: George Sand's *Jeanne*," *Nineteenth-Century French Studies*, XXIV:3-4 (1996), accepts that Boussac is her father; I'm not sure the text sustains this reading.

is admittedly not easy reading, nor are his texts easy to come by. Luckily, we have Armelle Le Bras-Chopard's recent excellent study[16] to spare us reading the often unobtainable and somewhat verbose and illegible originals. But Sand did not get all her ideas from Leroux, far from it; she was also familiar with Ballanche, Saint-Simon, Fourier, their disciples. To complicate matters, pre-Marxist French socialism is a very floating thought; we tend today to divide among Saint-Simonians, Fourierists, disciples of Cabet, Leroux, etc., but at the time the spirit was much less sectarian, people move back and forth, publish in organs of various "sects," or mix together Fourier (harmony) and Saint-Simon (role of the three classes). Arsène in *Horace* is defined as "tour à tour et à la fois fouriériste, républicain, Saint-Simonien, et Chrétien" (that is, disciple of Lamennais). Perhaps some of the fault there lies with the otherwise generally excellent study of Frank Manuel, who tries too much to delineate among these groups.[17] As Michèle Hecquet points out, in *Horace* Sand refused to identify her ideas with any given school; *Le Péché de Monsieur Antoine* is more "doctrinaire," criticizes both Fourier and the later Saint-Simonians, shows strong echoes of Leroux, but I do not think we should reduce Sand to an expositor of Leroux's ideas.[18] There are three useful studies here, but all three present problems. Edouard Dolléans's *Féminisme et mouvement ouvrier, George Sand*, 1951, is out of print and hard to come by; Pierre Vermeylen's *Les idées politiques et sociales de George Sand*, 1984, a most valuable compilation, does not seem to have made its way into many libraries; finally, Michèle Hecquet's excellent *Poétique de la parabole. Les Romans socialistes de George Sand* is limited to a five-year period and exists only as a photo-offset reproduction.

Another major historical change sheds a good deal of light on Sand's writing. During the revolution of 1789 and for some time thereafter, the third estate, defined as the bourgeoisie, assumed that it was speaking for everyone else except the nobles and the clergy, and it is only after the deceptions created by the July Monarchy (in July, the bourgeoisie manipulated the workers into bearing the brunt of the violence to overthrow the government of Charles X, only for the workers to discover that it was not they, but the bourgeoisie, who had profited therefrom) that it became apparent that the voice of the bourgeoisie was not the voice of *le peuple*. I spoke recently at a colloquium at Bloomington on Romanticism and the people's voice; the people, in France, simply had no voice until after 1830. In literature, acquiring that voice took two forms: on the one hand, the cult of worker-writers, the "school of worker poets," whom Sand did more than anyone else to encourage, prefacing their works, arranging their publication. On the other, the notion that it was up to the writer to espouse and

---

16. *De l'égalité dans la différence. Le socialisme de Pierre Leroux* (Paris: Presses de la fondation nationale des sciences politiques, 1986).

17. *The Prophets of Paris*, 1962, reprinted in Frank and Fritzie Manuel, *Utopian Thought in the Western World* (Cambridge: Harvard University Press, 1979).

18. *Poétique de la parabole, Les Romans socialistes de George Sand, 1804-45* (Paris: Klincksieck, 1992).

express that "voix du peuple," a task which became a major concern for Hugo, for Sand, and in Michelet's case almost an unrequited passion. One must know this historical context to understand Sand's literary and editorial activities in the following two decades, or to understand why so often she has an aristocrat (usually a woman), sometimes even a bourgeois, in her novels assume what she conceives should be "la voix du peuple."

How reading Sand can help us to know history

I should now like to indicate a few instances where Sand may help us in the art of interpretation, in our understanding of the period. Today's reader is apt to be somewhat critical of the message offered by *Le Meunier d'Angibault*, feeling that its emphasis on turning humanity away from egotism toward altruism, when faced with real social, political and economic problems such as the unjust distribution of wealth, is if not just impractical or improbable, something worse than that, gushy sentimentalism. I do not claim that Sand's novel is not susceptible to such attacks, nor that they are not valid; I could respond that at least her valuation of the miller and Rose and Henri as good proletarian types rather corrects that of many contemporaries such as Villermé who blamed the problems of the poor on their immoral nature, that this "psychological" emphasis is characteristic of her literary genre, the novel, which is no place to discuss economic theory or offer statistics. I think in this instance the explanation lies in the historical context of the work, rather than in a literary tradition, an excessive sentimentality, a desire to attack prejudice. At the time when Sand is writing *Le Meunier*, one finds in many texts the theme of the necessity for a new religion, for a new sense of love of one's fellow man, for what Sand herself describes as "l'amour du prochain que l'Evangile enseigne," and which Henri defines as "les communistes chrétiens des premiers temps" (181), all the while noting that they had a doctrine to go with their charity which is lacking today. This sort of talk was widespread, embodied most in the call for "fraternity"; the famed trio, "liberté, égalité, fraternité," rather rare in 1789 or 1793, only becomes officialized with the Second Republic, and reflects this widespread movement to introduce religious, moral and ethical values as essential for the success of both republicanism and socialism. The novel is highly critical of Saint-Simon and of Fourier for having produced "des systèmes encore sans religion et sans amour, des philosophies avortées, où l'esprit du mal semble se cacher sous les dehors de la philanthropie" (142). That harsh judgment reflects Leroux's polemical bent (more happily spent, I think, on Victor Cousin), but it also reflects a general move in socialist thought at the time when even the Fouriersts and the Saint-Simonians were busy trying to prove that theirs was indeed a new religion and the true form of Christianity. *Le Meunier* offers an accurate reflection of that religious emphasis in what is sometimes called "mystical" as opposed to "scientific" socialism, which flourished in these years to the point of making the young Marx revolt rather strongly against religion and religiosity.

How to prepare readers of Sand

My ideal reader of Sand thus needs to know a good deal about French history. But how to create that reader? I am particularly concerned here with the situation in French studies in the United States. There must be increased cooperation between those who teach French literature and those who teach French history. Training in the United States for the doctorate or the undergraduate degree in French too often does not include work in history; one can assume that our students may know some American history, perhaps English, but not French, where most have only heard about the Bastille and Napoleon. And students need to know not only the latest fashions in historiography but also history in the most elemental sense. However, that means acquiring an immense amount of knowledge, with a concomitant investment of time. And the doctorate already takes too long. But I suggest that we include in the Ph.D. prelims a brief, general examination of French history, and, in those programs where students still specialize in centuries, a more demanding one in the history of the candidate's period. Afterwards, continued reading in the history of the period would seem highly advisable for any serious scholar. Who would talk about Sartre without any knowledge of May 1968? Who can talk about Sand without knowing something about the various facets of the worker's movement in the nineteenth century?

Conclusion

It is certainly possible to read Aeschylus or Dante, or for that matter the Gilgamesh epic, with minimal knowledge of the historical context, or even none at all. On the other hand, it certainly enriches, say, an Aristophanes text, to read it in the context of fifth century Athens. Or, to cite Sand, it is clearly possible to read *Jeanne* without having studied the problem of the shifting relations between bourgeoisie and nobility, the whole problem of social mobility, in Restoration and July Monarchy France. Sand takes care to delineate sharply and clearly the psychological differences between Guillaume de Boussac and Léon Marsillat, and the novel does not require, though it may profit from, an awareness of the tensions between bourgeoisie and nobility at the time, or, for instance, of the fact that legislation about working conditions, about child labor, etc., was supported by a combination of aristocrats (Catholics) and "socialists" and opposed by the liberal bourgeoisie, a context I examined above.

It at least seems clear that a philological reading of the text, the practice of the science of interpretation, can lead to a significant apprehension of the problems of the period in which the text is placed, to the art of interpretation. I should also assert that those who read the novels of Sand, indeed any nineteenth-century novel which situates itself in the realist tradition, have as part of their purpose and pleasure in reading some kind of apprehension of the period; they want to savor history, as well as romance, they want the reading of the novel to be somewhat similar to the experience of visiting a museum — a museum whose artifacts tell us about the past but are not without meaning or beauty today.

Satisfying that purpose and pleasure, however, is not easy. Sand and Sand studies have suffered much from the problem of editions of the text. For a long time, many of the texts were simply not available, and that continues to be somewhat true today. A few were available in Classiques Garnier, but of those, only the *Consuelo* and *la Comtesse de Rudolstadt* done by Léon Guichard and the much regretted Léon Cellier were really adequate. Then came the most welcome reproduction of the Michel Lévy edition by the Editions d'aujourd'hui; but, aside from some extremely perspicacious introductions by Georges Lubin, they offered nothing in the way of critical apparatus or notes. Since then have appeared the superb Editions de l'Aurore, and I hope, as we all do, that they will bring out *opera omnia sua*. But the annotations of those editions do not always correspond to what I think the contemporary reader needs to satisfy the purpose and pleasure of reading Sand in terms of the quest for an apprehension of the past in its complexity and richness. I have commented on the edition of *La Ville noire,* and have no intention of providing critiques of the other volumes. As we all know, it was easy to learn how to make a note, but much harder to learn when to make a note. French scholarship has devoted much attention of late to what in Biblical studies is called the "lower criticism," hoping to establish the text and its genesis. I wish we would start devoting similar attention to the "higher criticism," the hermeneutics of the text, determining what and how much information should be provided for the reader, an area where not only the Editions de l'Aurore's Sand texts, but say, the edition of Victor Hugo by Bouquins, seem to me lacking in a protocol, a definition of what should be done and how it should be done. One of the Aurore editions offers ten pages of hermeneutic notes, eight about textual variants. It is the former, not the latter, that the average reader needs. And erudition and knowledge about a text is much more effectively transmitted in a critical edition than it is in an article which is apt to gather dust in the volumes of learned reviews and colloquia in the stacks of a library.

There remains the problem of whether or not, and how much, novels can inform us about history. I hope I have suggested some ways in which they are apt to misinform us about history, why they must be read with caution, with a sense of what they owe to the exigencies of the literary genre and tradition. But I should like to add one more illustration to those I've given. In the several months I spent rereading Sand (with great pleasure) in order to do this paper, I acquired a better understanding of an important historical problem than I had had before. In the 1830s and 1840s, there is major quarrel, often implicit rather than explicit, but which governs much debate, about "charity" (often called *philanthropie* by Sand) as opposed to "justice."[19] It is central to the discourse on Evangelical socialism with which Sand was so familiar. The command to "love thy neighbor," to be the good Samaritan, had long been echoed in both religious and ethical discourse, passing through the variations of "enlightened self-interest" and so forth, to produce in these decades a serious questioning of the idea that that imperative could be sufficiently and effectively answered by *caritas*, more and more defined as the Lady bountiful of the manor having

---

19. See J. Aynard, *Justice ou charité, le drame social et ses témoins de 1825 à 1845* (Paris: Plon, 1945).

the scraps from the dinner table boiled up into a soup and distributed to the worthy poor by her domestics, proposing instead that there was an injunction for justice, for a decent standard of living for everyone, to cite *Le Péché de Monsieur Antoine* that to each according to his or her needs was the only way to realize that imperative. The commentaries on the obligation of charity, of alms-giving, in many Catholic thinkers of the time, and surely in much individual practice, were heroic in their demands, and produced some impressive and still useful organizations, such as the Société de Saint Vincent de Paul. But also, quite clearly, there was a strong case for claiming that only a sense of social justice could satisfy the evangelical imperative. *Le Péché de Monsieur Antoine* goes into this extensively; Gilberte is a lady bountiful, visiting the sick and bringing them soup, but she has little money with which to do so. Boisguilbault wants to do both, practice justice and charity. Emile's father offers a pointed criticism of charity: "Là où l'économie générale n'intervient pas, l'économie particulière est impuissante à effectuer de notables améliorations." Sand's novels helped me understand better than I had before the complexity of the debate, and to some sense that the polar terms in which I had cast it were inappropriate. The two go on simultaneously. Gilberte, who doesn't have much money, gives to the poor. The Lady Bountiful always appears, *deus ex machina*, from somewhere. But the quest for, and dream of, a more transcendent justice goes on. The line, "never give to the poor because it just puts off the revolution" perhaps has to be tempered, be it in the times of omnipresent misery that the first half of the nineteenth century knew, or in other times when the government turns its back on the pressing needs for welfare. Here, the picture drawn in fiction is more complex and nuanced than that found in the polemical literature of the period.

Let me conclude briefly and succinctly: Much of Sand's writing is anchored in history and concerned with politics, and no reader or scholar can neglect those concerns. Indeed, the texts demand that we familiarize ourselves with the historical context in which they were written. I think this is true of much literature, more particularly true of French Romantic literature, even more of the writings of Sand; otherwise, we are too apt to neglect what is perhaps most beautiful and valuable about her work, her constant concern with and adherence to the cause of justice and equity. Our problem as scholars and teachers is how to make Sand signify, and I am convinced we must have recourse to history to do so.

University of Pennsylvania

Histoire, Politique, Société

GEORGE SAND: POLITIQUE, LE MOT ET LA CHOSE

Simone VIERNE

"On ne peut prétendre connaître George Sand si l'on ignore ses ouvrages de doctrine politique et sociale", affirme Georges Lubin, lorsqu'il présente *Questions politiques et sociales*[1]. Georges Lubin a bien raison de parler de "doctrine", même si, dans un article de *La Cause du peuple*, G.Sand affirme que son but n'est pas de fournir "un corps de doctrine [...] élaboré à notre coin du feu et destiné infailliblement à sauver le monde"[2]. Il est vrai qu'elle n'a pas écrit d'ouvrages de théorie politique; nous devons nous-mêmes reconstituer à travers des textes divers, tirés d'articles, de la correspondance, d'*Histoire de ma vie*, et de l'œuvre romanesque, une pensée très ferme sur les questions politiques et sociales. On comprendra qu'il ne soit pas question de faire un exposé exhaustif. Il s'agit surtout de dessiner les grandes lignes de cette pensée. Mais cela n'est possible, à notre avis, que si l'on s'interroge sur le sens des mots, et plus précisément sur les termes "politique" (nom et adjectif) et "social" et "socialisme". Il n'est pas inutile, cependant, de voir rapidement son rôle et son influence politiques. Rôle qui se situe entre celui d'éminence grise du gouvernement provisoire, qui fit la joie malveillante des caricaturistes du temps[3], et la tendance encore vivace de minimiser son influence, pendant la révolution et par la suite. Il nous faut donc rappeler rapidement l'attitude et le rôle de G.Sand dans les événements de son siècle, avant d'étudier ce qui se cache derrière les mots, et qui s'exprime avec une éloquence qu'on n'a pas encore, à ma connaissance, beaucoup étudiée.

1. Une attitude plus constante qu'on ne le croit

On sait que G.Sand est passée d'une attitude distante envers les questions politiques qui agitent ses amis berrichons, avant 1835, à un engagement qui prendra sa forme la plus directe lors des événements de 1848. Il est vrai que dans les *Lettres d'un voyageur*, celle qu'elle envoie à "Everard", c'est-à-dire Michel de Bourges, proclame le droit de l'artiste, même s'il est au fond de lui-même d'accord avec la cause noble et belle de la liberté, de préférer les triples croches ou les liliacées aux lois somptuaires. Rôle utile d'ailleurs du poète, car cela "donne des émotions saintes et un mystique enthousiasme à ceux qui travaillent à la sueur de leur front pour les hommes; cela leur apprend à espérer, à rêver à la divinité" (*OA* 2:781, 810). Mais dans *Histoire de ma vie*, quand elle parle de cette période de sa vie, elle reconnaît que grâce à cette rencontre, elle a pour la première fois, ressenti "de vives émotions que

---

[1]. Réédition de l'édition posthume Calmann-Lévy, datée de 1879, en 1977, aux Editions d'Aujourd'hui. Articles publiés dans la presse ou dans des journaux et revues créés par G.Sand entre 1843 et 1870., et quelques brochures séparées. Les références dans le texte (*QPS*) renverront à cette édition.

[2]. Ibid., 250, *Introduction pour "La Cause du Peuple"*.

[3]. Voir des exemples dans la couverture et le cahier d'illustrations du tome VIII de la *Correspondance*, éd. G. Lubin, Garnier, 1971.

la politique ne m'avait jamais semblé pouvoir me donner". Elle a été "convertie au sentiment républicain et aux idées nouvelles" (*OA* 2:328-29, 332). Les termes sont quasi religieux: plus loin, on trouvera "foi", "espérances", apôtres". "Conversion" convient donc bien, même si l'engagement n'est pas encore actif. Mais cela va changer: elle fonde la *Revue Indépendante* en 1841, l'*Eclaireur de l'Indre* en 1844 et ses romans ont de plus en plus des sujets sociaux, comme *Le Compagnon du tour de France* en 1840, *Le Péché de Monsieur Antoine* en 1845. On doit aussi souligner qu'elle commence dès ce moment ce qu'elle appellera plus tard ses "bergeries", *Jeanne* en 1844, *La Mare au diable* qui paraît en 1846, le début de *François le Champi* en 1847 (la fin en 1848, en même temps que la *Petite Fadette*). Ce qui donne à ces romans un tout autre éclairage: on y fait connaître le peuple paysan. Les événements de 1848 et la proclamation de la République sont tout de même une "divine surprise". Elle écrit à Bocage, en mars: "La république nous surprend tous" (*Corr* VIII:337) Elle s'empresse donc de quitter Nohant pour Paris en février 1848. Elle y restera jusqu'au 17 mai, lorqu'on arrête Barbès, Blanqui, Raspail, Leroux, à la suite de l'envahissement de l'Assemblée nationale par les révolutionnaires parisiens, sous prétexte d'une pétition pour la Pologne. L'interprétation de G.Sand conclut d'ailleurs à un piège tendu au peuple, et sa description précise des événements est assez convaincante (même si elle est fort différente de la version officielle qu'enseigne encore le Malet et Isaac...). Le vocabulaire des lettres montre bien qu'elle se sent de cœur avec le gouvernement provisoire, dans lequel, dit-elle à René de Villeneuve, siège beaucoup de ses amis (lettre du 4 amrs 1848, *Corr* VIII:317-18): elle dit "nous" sans cesse pour parler de ceux qui ont en main cette révolution, nouvelle parce que tranquille (il faut rassurer son cousin...). Elle travaille donc directement à la cause de la République, par sa participation aux *Bulletins de la République*, par le lancement de *La Cause du Peuple*, puis les articles pour le journal de Thoré, *La vraie République*. Elle avoue à Maurice, dont elle supervise activement le travail comme maire de Nohant, qu'"occupée comme un homme d'Etat", elle est "écrasée de fatigue" (*Corr* VIII:359, 379). Mais dès le 29 avril, elle "pleure amèrement" devant les déchirements des hommes au pouvoir. Le résultat décevant des élections, qui envoie à l'Assemblée ceux qu'elle appelle des "justes-milieux" et des monarchistes, et l'emprisonnement des socialistes, la font revenir à Nohant. Ses lettres montrent qu'elle est douloureusement frappée à la fois par la fermeture des Ateliers nationaux et les journées de juin, réprimées par Cavaignac, qu'elle appellera en novembre le "sabre sanglant de l'Afrique" (*Corr* VIII:710), mais aussi par l'échec des espoirs qu'elle avait mis dans le suffrage universel. Car c'est le peuple, après tout, qui a élu cette Assemblée, et elle prévoit fort justement qu'il se laissera séduire par "un fétiche impérial" (*Corr* VIII:633), en haine de la répression de Cavaignac.

Et cependant, comme "la résignation n'est pas dans (sa) nature" (*OA* 2:439), même si le coup d'Etat du 2 décembre ajourne pour longtemps ses espoirs de Révolution et de République, elle n'abandonne pas l'espérance à long terme, et va travailler à sa manière, non seulement en aidant les exilés, notamment en faisant intervenir le Prince Jérôme Napoléon, mais encore par son travail d'artiste. Une lettre à Aucante, de mars 1851 (*Corr* IX:142-43), est assez significative quant à l'action qu'elle veut continuer à mener, "malgré tout" (le terme revient souvent). Elle ne peut, dit-elle, écrire pour les journaux, car elle n'a pas la science nécessaire pour tourner les "persécutions" de la censure; elle ne pourrait s'empêcher de refaire le fameux et fort critiqué XVIème *Bulletin de la République*. Elle va donc rééditer à ses frais ses romans, car elle estime qu'avec eux, elle a fait tout ce qui lui était possible pour "instruire et moraliser les diverses classes de la société". Pour le moment, elle "tente le théâtre. C'est une *prédication* sous une autre forme". Ce qui ne se faisait pas sans problème: en décembre 1850, la censure avait fait des coupures dans *Claudie*; ce qui prouve bien qu'une pièce "paysanne" pouvait paraître tout à fait subversive (*Corr* IX:889 sqq.). Elle est obligée de retrancher un éloge de Barbès qui pouvait paraître une provocation (et l'était sans doute, malgré la justification vive de G.Sand, *Corr* XIII:284-85), dans *Histoire de ma vie* qui paraît en feuilleton dans *La Presse*, en 1855, de sorte qu'on lui demande de retrancher tout le passage. Elle a même droit à un Avertissement en avril 1857 à cause de ses articles dans la *Presse*. Un roman comme *La Ville noire*, en 1861, est une peinture sociale tout à fait neuve. Quant à *La Daniella* (1857) et *Mademoiselle La Quintinie* (1863), les sujets sont franchement politiques et fortement anticléricaux, ce qui contribua au scandale. *Cadio* en 1868, *Nanon* en 1873, continuent à poser inlassablement la question de la Révolution. En 1870, définitivement retirée à Nohant depuis des années, elle salue la République, "cette pauvre chère république", cet "idéal qu'il faut réaliser un jour ou l'autre dans le monde entier" (*Corr* XXII:170, 218). Mais elle est effrayée par la guerre (elle déteste Gambetta pour cela), déchirée par la Commune, où elle ne retrouve plus l'image idyllique qu'elle se faisait du peuple en 1848. Pourtant, elle en rejette la faute sur les "meneurs" (Blanqui, déjà honni en 1848) et sur ceux qui n'ont pas su l'éclairer. On remarquera d'ailleurs qu'elle gardera toute son amitié à un communard, Plauchut.

2. Le sens des mots

Ce survol de la part prise par G.Sand dans les événements politiques de son temps, telle qu'elle-même l'exprime, mérite d'être affiné. Elle disait déjà en 1844 dans *l'Eclaireur de l'Indre*, dans un article intitulé "La politique et le socialisme", qu'il serait "à désirer que de bonnes définitions vinssent régler l'emploi de ces deux mots" (*QPS* 63). Ils sont en effet très souvent utilisés de concert dans les textes, mais souvent en opposition, et l'étude de leur emploi peut à mon sens nous montrer que G.Sand a élaboré, non pas un système, elle les condamne tous, ils sont rigides, mais nous dirions sans doute une "idéologie"[4], dont on ne peut manquer de sentir l'originalité et la modernité.

---

4. Elle n'emploie le mot que tardivement, par exemple dans une lettre à Plauchut (*Corr* XXII:330) où elle distingue ceux qui sont "sans savoir et sans principes vrais" et les "*idéologistes*" qui "comprennent le présent et l'avenir".

A. "Politique"

Pour elle, la politique est la "science des faits" dit-elle en décembre 1871, en s'empressant d'ajouter qu'elle ne l'a pas (*Corr* XXII:671). Ce qui est un véritable leit motiv, dès qu'elle a commencé à s'intéresser à ce qui se passe autour d'elle et dans le monde. Elle affirme même le 28 mai 1848 à Ledru-Rollin: "En fait de politique proprement dite, je suis on ne peut plus incapable, vous le savez"[5]. Elle a quelques jours avant écrit à Boucoiran: "Je ne vous parlerai pas *politique*. J'en ai par-dessus les yeux. C'est à l'heure où nous sommes un tissu de fables, d'accusations, de soupçons, de récriminations" (*Corr* VIII:470). C'est que ce que nous appellerions maintenant la "politique politicienne": les combinaisons pour s'emparer du pouvoir lui semblent dangereuses pour la République, ce qui était et est toujours fort exact, et surtout immorales. Car l'autre leit motiv, c'est qu'elle réclame que la politique s'appuie sur des "idées", des "principes". Ce qu'elle écrit dans les *Bulletins de la République* et dans *La Cause du peuple* est significatif: ce travail de propagande a pu paraître naïf car alors que l'on est en pleine action, G.Sand réclame que l'on réfléchisse. La présentation de *La Cause du peuple* est pourtant fort lucide:

> Au milieu de faits qui se pressent, les journaux quotidiens, forcés de suivre l'action jour par jour, heure par heure, n'ont pas le temps de s'occuper beaucoup des principes. Pourtant, à la veille de faire une Constitution, dont la responsabilité ne pèsera plus sur quelques-uns, mais sur chacun et tous, jamais le peuple n'a eu autant besoin de s'occuper des principes qui serviront de base à un nouvel ordre social. (*QPS* 243)

Cette "vérité idéale" qu'il faudrait rechercher, elle la porte en elle-même, et veut la faire partager. La seule chose qui pourrait l'en détacher, ce serait "la preuve fournie par l'humanité elle-même d'une vérité meilleure et plus conforme à sa véritable aspiration". Paradoxe (c'est son mot) que cette profession de foi, elle en est consciente, mais qui précisément montre qu'elle pressent tout à fait ce qui est si difficile à admettre, même de nos jours: que la vérité n'est pas simple ni donnée toute faite, qu'elle doit être soumise à l'examen, et cependant que quelques principes d'ordre philosophique et moral doivent servir de base. Alors que les choses se gâtent en avril 1848, elle écrit à Maurice: "Il y aurait pourtant de belles choses à faire en *politique* et en *morale* pour *l'humanité*" (*Corr* VIII:409). L'alliance des trois mots est caractéristique. À Gilland, G.Sand écrit:

> Vous savez que je n'ai pas de *passions politiques* dans le sens étroit du mot. C'est-à-dire que ce n'est pas parce que Mr Untel remplace Mr Untel au pouvoir que je regarde la patrie comme sauvée ou perdue [...]. Ce qui

---

5. *Corr* VIII:476. Il est vrai qu'elle veut lui expliquer sa collaboration à *La Vraie République*, qui attaque vivement celui avec qui elle a fait un bout de chemin.

m'affecte, ce n'est donc pas le monde politique proprement dit, c'est le monde moral, dont la politique n'est qu'un résultat, et je trouve le monde moral affreusement malade et égaré[6]. (*Corr* VIII:549)

C'est aussi ce qu'elle affirme à Poncy en mai 1848:

J'ai fait ce que j'ai pu dans ma petite sphère. Mais il est venu des tempêtes où la raison et le cœur ne pouvaient rien contre les passions. Or ce qu'on appelle la passion politique, je ne l'aurai jamais. Je n'ai que la passion de l'idée. (*Corr* VIII:473)

Hélas, tout ceux qui se mêlent d'agir sur les destinées d'un pays n'offrent pas, et de loin, cette combinaison idéale, dont elle crédite Louis Blanc, celle de "l'homme politique [...] inspiré par le philosophe"(*QPS* 146). Déjà en 1841, son personnage de roman, Horace Dumontet, séduisant et inconsistant, songeait d'abord à faire de la politique, seule manière d'avoir un grand destin. La dernière phrase du roman *Jeanne* (1844), qui concerne le personnage le plus antipathique du trio des jeunes gens, est cinglante:

Marsillat avait reçu une dure leçon. Il se corrigea du libertinage; mais il avait le fond de l'âme trop égoïste pour ne pas remplacer cette mauvaise passion par une autre. L'ambition politique devint le stimulant de son intelligence et la chimère de sa vie.

Presqu'aucun des grands hommes de la Révolution de 1848 ne trouve grâce à ses yeux, et surtout pas Michel de Bourges, qui est devenu un "politique". D'ailleurs, dit-elle à Girerd, il est un "déserteur de leur cause", il ne connaît pas et n'a jamais connu le peuple" (*Corr* VIII:325). Très vite elle ne fait plus confiance à ce "brave" Ledru-Rollin qui est "resté coi"; Cabet est un "imbécile assez mauvais", et Raspail et Blanqui "deux misérables" (*Corr* VIII:413). Lamartine et Arago (ce dernier est pourtant un ami) "préfèr[ent] le pouvoir aux opinions [qu'ils n'ont pas]" (647). Elle affirme que Leroux "n'a pas de suite dans les idées" et que Lamartine est un "jésuite naïf" qui veut seulement être président de la République[7]. Elle renchérit en décrivant à Mazzini l'état de la France, véritable "retraite de Russie": Ledru-Rollin a un "caractère impressionnable et capricieux", Leroux est trop intelligent et n'a pas les pieds sur terre, alors que Proudhon met l'"idéal à la porte" (715-16). Seul trouve grâce à ses yeux le "martyr" Barbès, parce qu'il est honnête et accablé par le sort[8].

Ce qu'elle n'admet pas, finalement, c'est l'esprit de parti. Elle se classe bien

---

6. 22 juillet 1848. Les "journées de Juin" ont vu la répression des ouvriers, privés de ressources par la fermeture des Ateliers nationaux.

7. Ibid. p.647, à Hetzel.

8. *Corr* VIII:478, lettre à Thoré, mai 1848,"Barbès est un héros, il raisonne comme un saint, c'est-à-dire fort mal quant aux choses de ce monde".

parmi les "socialistes" de Ledru-Rollin, pour simplifier, mais elle refuse tout ce qui peut ressembler à ce qu'elle appelle sans cesse "secte". Ainsi, la "grande idée" du babouvisme s'est "fondu en partie dans l'esprit de certains clubs de cette époque avec les théories de certaines dictatures. En un mot, elle a fait secte" (*OA* 2:328). Dans la *Cause du peuple,* elle précise: "L'esprit des sectes nous répugne personnellement. [...] C'est le système devenant exclusif et se servant des armes qui peuvent tuer le principe [...] voulant détuire chez le autres la liberté qu'il réclame pour soi-même. [...] La secte est une petite église hors de laquelle il n'y a point de salut". Elle lui préfère le mot d'*école,* où l'on apprend "à réfléchir, à travailler", et où notre "individualité ne s'absorbe pas" (*QPS* 248-49). En 1870, elle a évidemment encore plus de méfiance. Au prince Jérôme, elle écrit: "Donc tout est mort chez nous si nous ne devenons pas des hommes. Les partis nous mangeront et il s'agirait de créer une république sans parti, *sans républicains à l'état de parti*" (*Corr* XXII:482). Belle utopie, évidemment, mais dont la base est bien dans une conception de la politique qui se fonde sur des principes, et non sur des luttes de pouvoir personnelles.

B. Social, socialisme

Si l'on regarde dans un manuel d'histoire la configuration politique des années 1848-1850, il est évident que G. Sand est aux côtés du parti socialiste. Mais outre que, comme elle l'indique elle-même dans la lettre à son fils (nuit du 16 au 17 avril 1848, *Corr* VIII:411-13), il y a bien des nuances dans les rangs des socialistes; sa méfiance, on l'a vu, envers l'esprit de parti, même chez ses proches amis, fait qu'en réalité, ce qui lui importe dans le mot "socialisme", c'est le radical "social". On trouve sans cesse dans toutes ses lettres "politiques" les termes de "question sociale", problème qu'il faut résoudre si l'on veut que s'établisse une République digne de ses principes d'égalité et de fraternité. On sait combien ces deux mots, plus encore que celui de liberté, reviennent souvent sous sa plume. Elle va plus loin: "La grande erreur de la formulaiotn des droits de l'homme ne porta pas seulement [...] sur une fausse distinction des droits et des devoirs, mais sur l'absence totale de la notion de solidarité entre les hommes" (*QPS* 75). Remarquons que le terme "solidarité", si en vogue actuellement, est peu usité au temps de G.Sand. Pour elle, le peuple, qui "n'entend rien à la politique", est "purement socialiste, c'est-à-dire jaloux de son droit et pénétré de ses besoins" (*QPS* 293). Car il a appris à "discuter en pleine rue la question sociale", et à défendre "la question d'existence du prolétaire" (*Corr* VIII:434)[9]. Toutes les lettres avant 1848 et pendant la Révolution, adressées à son aristocratique cousin René de Villeneuve, insistent sur cette injustice de la société, qui ne peut durer; il faut en obtenir la disparition, par la réforme ou par la révolution. La société ne devrait pas l'oublier, sous peine, comme ce fut le cas, de périr. Car le caractère de la révolution de 1848, dont elle voit bien qu'on s'éloigne, c'est qu'il ne s'agit pas *d'une révolution politique,* c'est *une révolution sociale*". Mots qu'elle

---

9. Elle est alors assez agressive: le peuple reprendra les fusils si l'assemblée esaaie de "mettre dans sa poche" cette question. Voir *Bulletin n° XVI.*

souligne, pour ajouter que la plupart ne savent comment agir pour éviter une guerre sociale, et que "les *meneurs* de la véritable idée sociale ne sont guère plus éclairés que ceux qu'ils combattent, et jouent trop la partie à leur profit". Ce qui reprend ce qui a été dit plus haut sur les partis, et sur la mauvaise qualité des hommes: "Il manque des guides à la hauteur de leur mission" (*Corr* VIII:464-65). Ce qui, en passant, ne devait guère rassurer son cousin! Il y a, dans ce désir de voir résoudre la question sociale un aspect très personnel: "Je serai jusqu'à ma dernière heure du parti ds victimes contre les bourraux. Je suis incorrigible" (615). C'est une véritable foi qu'elle affirmit en insistant sur le fait qu'elle est du peuple, par ses racines maternelles. Devant la sécheresse de cœur de la bourgeoisie qui veut maintenir le peuple dans son état de détresse, elle se révolte, et plaide pour une égalité qui viendrait de la fraternité. Il faut insister sur le fait qu'elle connaît cette détresse, la pauvreté des paysans, moins âpre que celle des ouvriers qu'elle connaît aussi (par Poncy, Gilland, Magut, Perdiguier, entre autres). Elle défend par exemple très vivement, toujours auprès de René de Villeneuve, les émeutiers du Berry, qui se sont révoltés en février 1847.

> On a peur, et on invoque le gendarme, pour se dispenser d'être bon et juste [...]. N'y a-t-il pas quelque chose de plus révoltant que de voir des hommes privés de tout perdre patience et demander du pain un peu haut? C'est de voir des hommes gorgés d'argent refuser le nécessaire à leurs semblables et se frotter les mains en se disant que l'année est excellente pour faire de bonnes affaires sur les blés! (*Corr* VII:609-10)[10]

Mais elle va dépasser ce simple réflexe sentimental. Dans un article à *La vraie République*, en avril 1848, elle soulève le principe de la souveraineté du peuple, dont le cri *"Vive la réforme électorale"* signifiait, selon elle, *"Vive la réforme sociale"*. Plus loin, elle affirme: "Ce qui est immuable et éternel, c'est le droit de la souveraineté par l'égalité, c'est le devoir de la fraternité par la liberté". Et plus loin encore: "La réforme sociale, tel est donc l'exercice du devoir du citoyen" (*QPS* 257, 269, 273). On verra plus loin quels arguments d'ordre philosophique et moral appuient ces affirmations. On voit, en tout cas, que la politique n'est que le moyen pour parvenir à résoudre cette "question sociale" essentielle à ses yeux. Et elle ne peut, malheureusement, faire confiance à la politique, sinon durant deux mois...

Une question cependant, à la fois de vocabulaire et de fond, a mérité son attention passionnée. On l'a traitée de "communiste". Elle a d'abord joyeusement revendiqué ce titre, car le communisme, dit-elle à René de Villeneuve en janvier 1848, c'est "la fraternité idéale comme la voulait les chrétiens des premiers jours, et je crois que je cesserais de vivre le jour où je ne l'espèrerais plus pour l'humanité" (*Corr* VIII:251). Mais les événements l'obligent à préciser sa position, en traitant le

---

10. Les émeutiers furent sévèrement condamnés, certains à mort. G. Sand précise: "entre ceux qui vont comparaître aux Assises et ceux qui vont les accuser, je ne sais trop lesquels ont mérité les galères".

problème de la propriété, notamment dans une lettre à Charles Poncy[11]. Elle sépare deux sortes de propriété, particulière et individuelle, et commune et publique. Dans la seconde entrent ce qui sera à notre époque (mais l'est de moins en moins...) le "domaine public", chemins, canaux, chemins de fer, mines, qui ne sont propriété individuelles que par un empiètement illégitime de la spéculation. Mais il sera toujours impossible de faire disparaître, comme les plus radicaux le désirent, la propiété individuelle. "Toute la science sociale, dit-elle, qui devient forcément aujourd'hui la question politique, consistera donc à établir cette distinction" et à préciser les limites de l'une et l'autre. "Cette limite doit nécessairement changer par la force des choses, mais elle en aura toujours". Aussi est-il "insensé d'avoir peur des *communistes* absolus". Il y a deux communsime, l'un excessif et faux, dont elle n'a jamais été et ne sera jamais, et un communisme social (*Corr* VIII:579-81)[12].

Il est clair en tout cas que G.Sand, en 1848, considère qu'il y a deux classes, les bourgeois et les prolétaires. Dans le feu de l'action, elle recommande à Girerd, qui a été nommé commissaire pour le département de la Nièvre "de ne pas hésiter à balayer tout ce qui a l'esprit bourgeois" (*Corr* VIII:325). Désolée devant les résultats des élections, elle écrit dans un moment de colère à Mazzini, en septembre 1848: "La majorité du peuple français est aveugle, crédule, ignorante, ingrate, méchante et bête; elle est bourgeoise enfin!" (638). Cependant, en 1855, elle signale à Jules Janin[13] qu'il y a désormais un grand "ébranlement dans les mœurs et dans les idées". La figure du bourgeois qui s'enrichissait par son travail a disparu: le bourgeois s'enrichit à la Bourse. Celui qui continue de travailler est "le peuple, et il n'y a entre lui et l'artisan que vous avez bien raison d'estimer et de respecter que la différence d'un peu plus ou moins d'activité, d'invention et d'ambition". Il n'y a même pas grande différence entre le boutiquier sans cesse inquiet faute de trouver du crédit et le paysan qui meurt de faim sur sa terre "qu'il ne peut féconder faute de science et de capital. Tout cela, c'est le peuple, le laboureur comme le commerçant, l'artiste comme tous ceux qui n'ont pas mis la main sur les gros lots" (*Corr* XIII:376). On voit que G.Sand fait plus de nuances qu'on ne dit généralement, même si ses romans ont tendance à grossir le trait.

De même, elle sait bien que le peuple n'est pas parfait, notamment qu'il manque de "lumières". Il y a pourtant chez lui plus de sagesse et d'intelligence qu'elle n'en a trouvé chez des "lettrés". Il a aussi un côté pacifique qu'elle ne se lasse pas de chanter auprès de ses correspondants provinciaux, effrayés de voir se reproduire les journées de 1830: "Le peuple de Paris est si bon, si indulgent, si confiant dans sa cause et si *fort* qu'il aide lui-même son gouvernement. La durée d'une telle disposition serait l'*idéal social*" (331). Cela dit, il n'est pas inutile de

---

11. Qu'elle offre d'ailleurs à Hetzel de publier dans le *Spectateur républicain*, proposition sans suite: cela devait paraître bien trop hardi pour ce journal de gauche assez tiède.
12. Evidemment, depuis, ailleurs, on a vu les ravages du premier...
13. Qui avait critiqué sa pièce *Maître Favilla*, en disant qu'elle montrait la haine de G.Sand pour le bourgeois.

l'aider à comprendre ce qui se passe. Elle annonce à Maurice qu'elle lui envoie "Gilland et un de ses amis, *Lambert*, qui est comme lui excellent. Ils auront la mission de "révolutionner et catéchiser les paysans et les ouvriers" (370). Ce qui ne réussira guère!

Pourtant, malgré les déceptions, G.Sand écrit à René de Villeneuve, après les élections et la journée du 15 mai: "Jusqu'à mon dernier souffle je serai pour le pauvre, n'en doutez pas, cher cousin, et fussé-je déchirée de ses mains égarées, je crierai comme les chouans (en mourant pour une autre cause): Vive le peuple *quand même*" (492). On sait que lors de la Commune, qu'elle juge "infâme", elle renvoie la faute de la folie du peuple sur l'Empire qui a démoralisé le peuple et sur le gouvernement provisoire — "le joli prolétaire créé par l'Empire" (*Corr* XXII:419, 476). Et elle retrouve toute sa foi dans la fameuse lettre à Flaubert du 14 septembre 1871, "lettre ouverte" et publiée: "Le peuple, dis-tu! — Le peuple, c'est toi et moi, nous nous en défendrions en vain". Elle rappelle une fois encore ses racines "toujours vivantes au fond de (son) être". Et plus loin: "Quiconque renie le peuple s'avilit et donne au monde le honteux spectacle de l'apostasie" (*Corr* XXII:546-47).

C. La religion sociale

"Apostasie": nous sommes bien dans le registre du religieux, et je passerai rapidement sur cet aspect: le "mythe du peuple" au XIXème sicèle a été très bien étudié par mon collègue Alain Pessin[14]. Si G.Sand croit à la vertu du peuple, c'est d'une part parce qu'elle place toujours son espoir dans l'humanité et son progrès. Elle cite à plusieurs reprise la phrase de Pascal sur le mouvement du monde: *Itus et reditus*.

D'autre part, le socialisme, même si G.Sand insiste souvent sur le côté matériel de la misère, est finalement une véritable religion, qui serait susceptible justement de donner à la politique l'idéal qui lui manque. Elle affirme à Thoré: "Ce n'est pas une secte que nous formons, c'est une religion que nous voulons proclamer" (*Corr* IX:176) Dans *Histoire de ma vie,* elle rappelle qu'elle allait cherchant la "vérité religieuse et la vérité sociale dans une seule et même vérité". A la suite de sa rencontre avec "Everard", elle a compris "que ces deux vérités sont indivisibles et doivent se compléter l'une par l'autre" (*OA* 2:349). Il n'est donc pas surprenant de la voir, dans *La Cause du Peuple*, et les divers articles politiques de cette période active, invoquer Dieu et l'ordre du monde comme garant de la validité des théories d'un nouvel ordre social. On l'a déjà vu se référer au christianisme des premiers âges, le "christianisme pur", pour donner au communisme une caution religieuse. Ainsi la source du droit du peuple est en Dieu, "qui a créé les hommes parfaitement égaux, et qui les conserve tels, en dépit des erreurs de la société et de la longue consécration d'un abominable système d'inégalité" (*OA* 2:258)[15]. On sait que cette conviction ne

---

14. *Le Mythe du peuple et la société française du XIXe siècle* (Paris: Presses Universitaires de France, Collection "Sociologie d'aujourd'hui", 1992).
15. A la suite, une intéressante réflexion sur la différence entre égalité et identité.

la quittera pas, même si parfois elle doute. Ainsi à Gilland, en Juillet 1848: "Le règne du mal sera long [...]. La foi en Dieu reçoit une grave atteinte quand le mal règne ainsi sur la terre. Et pourtant, on ne peut pas ne pas croire!" (*Corr* IX:550). A cela fait écho la lettre déjà citée à Flaubert, après la tragédie de la Commune.

    C'est aussi pour elle une manière de montrer quel est le rôle de l'artiste, penseur et philosophe: c'est à lui de communiquer cette foi. Il serait bien d'étudier comment G.Sand s'y prend pour tenter de mettre son talent au sevice de ses convictions, pour persuader, convaincre, plutôt qu'imposer son idéal. Les romans, en ce sens, ou le théâtre, sont une manière détournée de faire passer ce que nous appellerions des "messages". Mais on a peu étudié, à ma connaissance, alors qu'on l'a fait pour les discours politiques de V.Hugo, l'éloquence de G.Sand dans ses adresses au peuple, aux riches, à la classe moyenne, durant la période de 1848. Elle manie aussi bien la tirade passionnée que le "fouet de la satire", ce qu'on retrouve dans la correspondance. Ses textes sonnent de façon étonnamment moderne. On pourrait faire passer de nos jours tel passage dans un hebdomadaire d'opinion. Cela ne saurait surprendre. Mais encore faut-il le mettre en lumière. Cela mériterait une étude beaucoup plus poussée que celle que j'ai pu mener. J'espère du moins en avoir tracé quelques pistes.

Université de Grenoble

GEORGE SAND ET VICTOR HUGO
DEUX VISIONS 'PARALLÈLES' DE LA RÉVOLUTION

Karlheinrich BIERMANN

"Dans ce siècle qui a pour loi d'achever la révolution française et de commencer la révolution humaine, l'égalité des sexes faisant partie de l'égalité des hommes, une grande femme était nécessaire. Il fallait que la femme prouvât qu'elle peut [...] être forte sans cesser d'être douce. George Sand est cette preuve. [...] George Sand meurt, mais elle nous lègue le droit de la femme puisant son évidence dans le génie de la femme.C'est ainsi que la révolution se complète." Ce 'tombeau' en prose, écrit par Hugo à propos des obsèques de G. Sand (juin 1876), constitue certes, un hommage posthume, mais il résume en même temps le grand problème qui a été la préoccupation des deux auteurs: la transformation de la Révolution française en révolution universelle.

Dans une certaine perspective, tout le XIXe siècle n'a été qu'une discussion permanente à propos des principes d'une révolution qui n'avait pas seulement détruit un système politique, mais aussi un système de valeurs morales et religieuses ayant survécu depuis le moyen âge en dépit de ses contradictions internes (cf. A. de Tocqueville, *L'ancien régime et la révolution*, I,II). La Révolution a créé une société elle-même en bouleversement permanent. Si la loi générale est celle de la jungle, de la lutte de tous contre tous (cf. Balzac), il y a tout de même ceux qui se trouvent en situation sous-privilégiée, ces couches sociales qu'on appelle le peuple, paysans, artisans et prolétaires. Quel sera leur rôle dans ce bouleversement continuel? Seront-ils les barbares qui assaillent les remparts de l'ordre bourgeois ou bien les protagonistes d'une civilisation régénérée qui aura enfin pour base les grands principes de 89?

C'est dans ce contexte qu'une fonction nouvelle s'impose à la littérature. Celle-ci se substitue, en large mesure, aux institutions traditionnelles, comme l'Église, responsables de la transmission des valeurs morales et humaines. Une sorte de 'sacre' (P. Bénichou) transforme l'écrivain en 'prêtre' et 'prophète', l'écriture devient 'sacerdoce'. Certes, il existe déjà une tradition instituée au siècle des lumières où l'écrivain "prenant en main la direction de l'opinion" (de Tocqueville) est "le vengeur de la cause publique" (Mercier), mais jamais dans l'histoire littéraire, l'artiste n'a joué ce rôle d' "organe critique et utopique" que lui confère l'époque romantique. Cependant, être 'prophète' et 'prêtre' ne peut pas signifier, en plein XIXe siècle, retour nostalgique à un passé idéal, mais bien plutôt vision d'un avenir dont les germes se manifestent au sein même de l'actualité. C'est ainsi que s'exprime un D. Laverdant dans un article publié par *La Phalange* (fouriériste) en 1845: "L'art, expression de la société, exprime dans son essor le plus élevé, les tendances sociales les plus avancées; il est précurseur et révélateur." Quelle qu'ait pu être leur attitude à l'égard des écoles socialistes de l'époque, il n'y a aucun doute que George Sand et Victor Hugo figurent parmi les auteurs qui ont su répondre à cet appel de leurs contemporains. Ils n'ont pas seulement été les témoins engagés de tous les régimes de leur siècle, ils ont su transformer leurs expériences personnelles en 'praxis' sociale, toujours capables d'apprendre et de changer au fur et à mesure que la société elle-même allait se transformant. Ceci ne veut pas dire que leurs itinéraires idéologiques aient été identiques. Pourtant, les différences et les conflits qui ont pu surgir entre eux, se révèlent être les aspects différents de cette vaste discussion à voix multiples que réprésente la 'réception' de la Grande Révolution au XIXe siècle. Ni pour Hugo ni pour George Sand la Révolution n'a été un phénomène 'clos', un 'fait accompli'. S'opposant à tous ceux pour qui "l'ère des révolutions était terminée", ils ont toujours défendu l'idée que les grands bouleversements initiés par 89 n'iraient trouver leur accomplissement que dans une révolution humaine à l'échelle universelle.

Au moment où George Sand s'efforce de conquérir une place dans la littérature française - c'est-à-dire au début des années 30 -Hugo figure déjà depuis plus d'une dixaine d'années parmi les écrivains 'établis'. Mais le problème de la révolution le hante à partir de ses premières publications. Ses odes, résultat d'un choix délibéré en faveur du régime de la restauration, le situent par rapport à la Révolution: il sera la voix "des justes qu'on opprime", il sera le chantre des victimes, de tous ceux et de toutes celles qui ont essayé de résister à l'oeuvre 'impie' du grand bouleversement. Ce qui importe, cependant, ce n'est pas seulement l'engagement antirévolutionnaire du jeune 'jacobite', mais bien plutôt le rôle que l'ode impose au poète: c'est par lui que s'exprime la mémoire collective. On sait bien comment Hugo, après une longue prise de conscience, est arrivé à prendre ses distances à l'égard du régime d'un Charles X. Malgré l'identité qu'il constate entre romantisme et libéralisme, il se situe, sous la monarchie de juillet, du côté des courants oppositionnels, opposition qui s'exprime non pas en termes politiques, mais surtout en termes littéraires. Tandis que l'homme politique se rallie au roi citoyen, l'écrivain se fait le visionnaire des tendances souterraines d'une société à la recherche d'un équilibre nouveau. A toutes les métaphores caractéristiques de la poésie romantique, il ajoute une signification qui indique un changement profond. Ceci vaut pour *Les feuilles d'automne* et *Les chants du crépuscule* aussi bien que pour *Les voix intérieures* et *Les rayons et les ombres*. Coucher de soleil d'une civilisation postrévolutionnaire aboutissant à l'apocalypse ou aurore d'une civilisation nouvelle qui va éclore grâce au travail qui se produit dans les profondeurs des foules: voilà l'alternative qui se présente à la vision du poète prophète. L'imagination créatrice, prenant pour point de départ un phénomène concret et quotidien, relie le souvenir des révolutions passées à la prophétie des bouleversements futurs. C'est ainsi que le poète se révèle être 'l'homme des utopies', idée chère aux romantiques de gauche et aux socialistes de l'époque.

Il faut cependant constater un décalage net entre les visions du poète et les solutions propagées par l'homme politique. En ce qui concerne l'application des principes révolutionnaires aux questions politiques, Hugo ne croit pas que "ces masses obscures où le droit définitif repose" soient déjà capables de gérer elles-mêmes leurs affaires. Toutes ses préoccupations se concentrent alors sur la solution du problème social. Mais comment supposer que les institutions d'une monarchie censitaire dominées par l'aristocratie financière soient susceptibles de le résoudre?

Tandis que les conceptions hugoliennes conduisent à une impasse, George Sand se range sous l'enseigne de ceux qui croient avoir trouvé le mot de l'énigme. Dès la fin des années 30, se disant socialiste, elle se propose de transformer la muse romantique en créant un genre de roman qui mettra en oeuvre l'utopie concrète - annoncée confusément par Hugo -, utopie non pas au sens d'un système bien défini qu'il ne s'agit plus que d'appliquer, mais bien plutôt dans le sens d'une recherche de formes alternatives de l'existence collective et de la production commune. Cette conception se fonde sur la conviction que "la régénération est virtuellement dans le peuple" et non plus dans les classes moyennes ou bourgeoises. C'est le peuple qui sera l'initiateur de la société nouvelle, l'initiateur aussi des valeurs humaines non-aliénées. Seulement, les solutions proposées pour la vie campagnarde vaudront-elles également pour la vie dans les grandes villes et les centres industriels? Et surtout, quelle sera la solution politique? Ces communautés automomes, peuvent-elles servir d'exemple et faut-il leur conférer un caractère universel en les situant dans le cadre d'institutions républicaines que seule une révolution pourrait réaliser et garantir?

On peut se demander si George Sand a voulu répondre à ces questions par *la Comtesse de Rudolstadt*, dont la publication devance pourtant celle de certains de ses romans dits socialistes. Roman de formation, cet ouvrage décrit une "prise de conscience politique" (B. Didier). Mais c'est à travers l'action d'une société secrète (les Invisibles) que se manifeste l'engagement révolutionnaire. Son programme, certes, résume celui de la Révolution Française, mais sa mise en oeuvre passe par une minorité agissante qui se réclame d'ailleurs d'un idéal issu, à l'origine, d'un christianisme radical. Roman historique, l'ouvrage projette les problèmes de l'actualité dans un passé qui annonce un bouleversement prochain, dont on ne sait pourtant pas comment il pourrait se réaliser dans les termes posés par l'histoire racontée. Si l'initiation à la secte d'une élite, d'une avant-garde, peut avoir une certaine valeur dans les conditions d'un ordre féodal et autocrate, elle perd son efficacité pratique au moment même où éclate la révolution qui va poser les termes du problème dans le cadre d'une discussion libre et ouverte qui s'engage entre citoyens.

George Sand et Victor Hugo ont été surpris, tous les deux, par le triomphe subit de février 48. République démocratique et sociale ou bien république tout court, c'est-à-dire modérée et bourgeoise, voilà l'alternative qui s'impose du jour au lendemain. George Sand qui avoue que "c'est le rêve de toute ma vie qui se réalise", joue volontiers le rôle qu'elle a déjà fait jouer aux personnages de *la Comtesse de Rudolstadt*, c'est-à-dire de faire prendre conscience au peuple devenu souverain de ses droits et de ses devoirs, toujours dans le sens d'une profonde transformation sociale et culturelle. Mais tandis que la romancière doit bientôt se rendre compte de son échec, Victor Hugo, rétif d'abord à l'institution de la république, se range, après une période de métamorphose, du côté des démocrates socialistes. On connaît les conséquences qui en résultent. Vue dans une certaine perspective, toute sa production littéraire de l'exil n'est qu'une justification de la révolution, c'est-à-dire de celle qui part de 89 en passant par 93 et 48 pour trouver son achèvement dans la république universelle démocratique et sociale.

Il est cependant curieux de constater qu'un des points de départ idéologiques des *Misérables* constitue, une vingtaine d'années après la *Comtesse de Rudolstadt*, l'action d'une société secrète. Les amis de l'ABC (l'abaissé) ont pris pour tâche de relever de peuple au moyen de l'éducation. Leur chef est qualifié de "soldat de la démocratie" et de "prêtre de l'idéal". Certes, leur action immédiate se solde par un échec, l'insurrection ne débouche pas sur une révolution, puisque le peuple ne les suit pas, mais du haut de la barricade il est permit d'entrevoir l'horizon d'une civilisation dont la base est l'égalité. La barricade est "le lieu de jonction entre ceux qui pensent et ceux qui souffrent". Tout dépendra donc, dans l'avenir, de l'alliance entre les 'intellectuels' et les 'misérables'. Mais le verdict du narrateur est sans équivoque: l'insurrection à laquelle aboutit toujours l'action d'une société secrète n'est justifiée que dans les conditions d'un régime dominé par une caste, le suffrage universel, acte de naissance unique du citoyen, posera le problème en termes différents; contre la république aucune révolte n'est légitime. En fin de compte, la pensée hugolienne est assez proche de celle de George Sand: Comment faire une révolution politique qui sera en même temps sociale sans avoir recours à la Terreur?

Il faut tout de même insister sur un fait qui semble marquer une certaine différence entre les deux auteurs. Les protagonistes hugoliens sont uniquement masculins. Est-ce que cela veut dire que la révolution elle-même soit de caractère masculin? Dans *la Comtesse de Rudolstadt*, George Sand a esquissé l'image d'une société secrète dont l'idéal implique l'égalité entre l'homme et la femme (ce qui ne correspond pas, sans doute, à la réalité de l'époque), et il est logique que la romancière présente un personnage féminin qui est engagé, à condition d'une initiation continue, à part entière et sur un pied d'égalité dans l'action des 'Invisibles'. Il faudrait constater tout de même que la perte de la voix dont est victime Consuelo peut être considérée comme une sorte de châtiment d'origine 'traumatique' infligé à la prise de la parole de la femme. Dans le cas de Hugo, le problème est plus complexe qu'il ne semble au premier abord. Dès les années 30, il se rend compte du fait que toutes les solutions envisagées pour la question sociale devraient forcément impliquer une solution du problème de la femme. Au cours de la Seconde République, on peut constater une transformation du rôle qu'il attribue à la femme. C'est dans les *Châtiments* qu'apparaissent pour la première fois des personnages féminins en tant qu'héroïnes de la révolution. Qu'il s'agisse de personnalités célèbres (e.g. Pauline Roland) ou de martyres anonymes, les femmes sont, aux yeux de Hugo, l'incarnation sublime de la résistance ("Quand tout se fait petit, femmes, vous restez grandes"). Cette glorification se poursuit, une vingtaine d'années plus tard, et de façon encore plus évidente, dans cet ouvrage étrange qui essaye de transformer en épopée les expériences douloureuses de l'année terrible. Après avoir hésité de prendre parti pour ou contre l'insurrection communarde, Hugo se range immédiatement du côté des vaincus au moment où se déchaîne la répression. C'est dans les victimes, femmes et enfants, qu'il découvre le véritable héroïsme. Celles qui vont à l'exécution en chantant, les mères courageuses, témoins de la mort de leurs maris et de leurs fils, les jeunes filles "qui devraient aller cueillir les roses", ce sont elles qui permettent de croire à un avenir dont les contours semblent être obscurcis par les évènements tragiques. Certes, on pourrait objecter que toutes ces belles qualités que le poète attribue aux femmes sont le résultat d'une vision masculine de la réalité féminine, et, cependant, quelle métamorphose, même s'il n'est pas encore permis de parler d'une "révolution au féminin". Notons d'ailleurs que le poète se met à jouer sur le genre des mots (la liberté, la révolution, etc.) pour aboutir à cette formule curieuse: "Paris est une femme".

A l'époque post-communarde, des auteurs comme Hugo et Sand doivent réviser toutes leurs convictions politiques et sociales, sous peine de tomber dans la désillusion et le désespoir. N'insistons pas sur les divergences qui on pu naître entre les deux écrivains, mettons l'accent plutôt sur leur action parallèle et commune. Il s'agit, pour eux, de sauvegarder l'idéal révolutionnaire face à un public hostile qui voudrait le refouler dans les profondeurs de l'inconscient collectif. Sand, avec *Nanon* (1872), et Hugo, avec *Quatrevingt-treize* (1874), essaient de faire comprendre l'actualité immédiate en la projetant dans l'histoire de la Grande Révolution, vue non pas dans la perspective d'une époque révolue et refermée sur elle-même, mais 'valorisée' dans la perspective d'une 'praxis' future. Dans *Nanon*, c'est la campagne qui représente l'esprit authentique de la révolution, cette campagne en retard et réputée (auprès des républicains) de freiner le progrès social et politique. Mais il s'agit d'un roman 'apolitique' dans ce sens que c'est la pratique quotidienne et non pas la politique des grands hommes qui fait avancer l'histoire. Roman à la première personne, *Nanon* s'inscrit dans la tradition créée par Erckmann-Chatrian, genre romanesque qui se propose de présenter l'expérience de toute une vie racontée par un personnage issu du peuple, mais cette fois-ci c'est la narration d'une femme et, du coup, la révolution se transforme en "révolution au féminin" (N. Mozet). Je ne sais si on pourrait qualifier l'ouvrage de féministe, toujours est-il qu'il procède à une sorte de 'déconstruction' du concept masculin de la révolution: "C'est aux femmes de transformer leurs vertus de gestion en système politique" (N. Mozet).

C'est au genre du roman historique traditonnel que fait appel Hugo avec *Quatrevingt-treize*. Les personnages principaux semblent être les incarnations des idées abstraites qui s'opposent dans le contexte de la Terreur. Mais il faut bien constater que leur fidélité aux principes purs ne conduit qu'à l'abîme. Plutôt qu'une glorification de 93 le roman en est la démystification. Il n'y a d'issue possible de la logique impitoyable de la violence qu'à condition d'une profonde métamorphose de l'idéal masculin. C'est ainsi que Gauvain 's'humanise' en choisissant de sauver l'ennemi de la révolution et en acceptant sa propre mort (C'est d'ailleurs Gauvain qui défend l'idée de l'égalité des sexes). Mais plutôt que les révolutionnaires eux-mêmes, ce sont les 'petits' qui apparaissent sur le devant de la scène.

Hugo a découvert une solution aux problèmes de la révolution qui se retrouvera, de façon plus réfléchie, dans son recueil de poèmes intitulé *L'Art d'être grand-père* (1877), véritable testament politique et poétique de l'auteur. A première vue, le titre semble annoncer un ouvrage bien anodin et surtout bien bourgeois. Mais en réalité, c'est tout le contraire: le rapport qui s'établit entre l'aïeul et les petits implique le renversement de toutes les valeurs reçues, de toute hiérarchie politique et sociale. Il s'agit d'un rapport 'an-archique' qui ne laisse plus de place à l'autocratie ni au patriarcat; c'est le triomphe, enfin, de la joie contre toute grisaille dévote, et c'est, en fin de compte, l'aurore d'une ère nouvelle. Hugo n'aurait pas pu donner de réponse plus pertinente à la tentation du désespoir et de la désillusion, sentiments auxquels lui-même a risqué de succomber après les désastres de la politique qui allaient démentir toutes ses belles conceptions de progrès et d'émancipation (cf. son *Tombeau de Théophile Gautier*, 1872). On comprend alors qu'il ait pu faire ses adieux à George Sand en affirmant: "C'est ainsi que la révolution se complète".

Wilhelms-Universität

AMBIGUÏTÉS DU POLITIQUE:
LA MUSIQUE POPULAIRE DANS *CONSUELO* ET *LES MAÎTRES SONNEURS*

Lucienne FRAPPIER-MAZUR

En revenant sur une question qui a déjà été beaucoup traitée, le rôle de la musique dans *Consuelo* (1842-44) et dans *Les Maîtres Sonneurs* (1853), je me concentrerai sur la musique populaire traditionnelle. Les deux romans auxquels je me limite se prêtent particulièrement à ce genre d'examen, à la fois séparément et ensemble, car, malgré des points communs, *Les Maîtres Sonneurs* marquent un recul du processus d'idéalisation qui caractérise *Consuelo*.

On sait que, chez Sand comme chez Nerval, la musique populaire manifeste la nostalgie de l'origine et d'une immédiateté de nature. Mieux que la parole, la musique transmet les émotions les plus intimes. Le lien direct avec la nature s'exprime peut-être encore plus dans *Les Maîtres Sonneurs* que dans *Consuelo*, car d'une part la voix même de la nature y est musique, la plus belle de toutes, et d'autre part l'écoute de la musique embellit encore la nature et suscite des visions de paysages merveilleux,[1] auxquelles se joignent des souvenirs d'enfance oubliés. Ce rapport primordial entre le terroir, les éléments naturels et le passé familial ou régional présente bien entendu une tout autre dimension dans *Consuelo*, qui développe sur le mode du mythe, comme l'*Aurélia* de Nerval, le thème de la filiation individuelle et collective, et l'associe, comme *Sylvie*, à la musique populaire.

Cette musique réunit l'âme des peuples à l'âme universelle dont participe chaque individu. Ainsi l'idée de la réincarnation se trouve-t-elle liée à l'exaltation de la musique du peuple de Bohême,[2] et les significations de cette musique doivent-elles changer selon les étapes palingénésiques vécues par Albert de Rudolstadt au cours des vies successives qu'il croit traverser. Bien avant la dernière épreuve initiatique de Consuelo dans les catacombes de la féodalité, Sand ne sépare pas le contenu mystique du contenu politique et humanitaire. D'un côté, le tableau de la folie d'Albert s'accompagne de l'exaltation de la révolte patriotique et religieuse, mais de l'autre Sand confronte le problème des violences et des exactions inséparables de cette révolte. Rien ne permet à ceux qui ont perpétré la violence, même nécessaire, d'échapper à la culpabilité. Albert, figure christique, porte le poids de la faute collective tout en continuant à célébrer l'héroïsme des révoltes passées. Et ce sont les chants bohémiens qu'il joue sur son Stradivarius, et que chante le paysan Zdenko, son fidèle compagnon, qui traduisent ces mouvements contradictoires.

Au cours de ses incarnations successives, Albert a expié par la souffrance les

---

1. *Les Maîtres Sonneurs* (Paris: Gallimard/Folio, 1979), 116, 117, 209. Les références entre parenthèses (*MS*) dans le texte renverront à cette édition.
2. *Consuelo* (Paris: Editions de la Sphère, 1979), 284. Les références entre parenthèses (*C*) dans le texte renverront à cette édition.

crimes de Jean Ziska, qu'il croit avoir commis dans sa première vie antérieure (*C* 219-220). Aucun être humain ne peut l'absoudre, mais le pardon final lui sera octroyé si Consuelo réussit à l'aimer. Il l'explique à Consuelo dans l'abri souterrain où il laisse son violon et où il se réfugie pendant ses périodes de trouble mental: "Vous pouvez me communiquer la grâce divine en m'aimant. Votre amour peut me réconcilier avec le ciel, et me donner l'oubli des jours qu'on appelle l'histoire des siècles passés" (*C* 277). L'espoir d'Albert repose sur le principe de réversibilité: si elle pouvait aimer Albert, l'innocence de Consuelo le délivrerait de sa culpabilité en lui accordant l'oubli de ses vies antérieures.

Or cette seconde descente de Consuelo dans le souterrain a pour point de départ son désir d'entendre à nouveau les cantiques anciens de Bohême qu'elle trouve si beaux. Et il est significatif que pour les jouer Albert aille se placer avec son violon à côté d'une sorte d'autel mortuaire "formé d'ossements et de crânes humains artistiquement agencés comme on en voit dans les catacombes" (*C* 274). "Ces nobles restes sont ceux des martyrs de ma religion, explique Albert, et ils forment l'autel devant lequel j'aime à méditer et à prier" (ibid.). En l'écoutant jouer, Consuelo s'enfonce peu à peu dans une sorte d'extase hallucinatoire, et elle a la vision d'un ange radieux en qui elle reconnaît Satan: "Tout à coup il sembla à Consuelo que le violon d'Albert parlait et qu'il disait par la bouche de Satan: 'Non, le Christ mon frère ne vous a pas aimés plus que je ne vous aime. [...] Je ne suis pas le démon, je suis l'archange de la révolte légitime et le patron des grandes luttes. Comme le Christ, je suis le Dieu du pauvre, du faible et de l'opprimé. [...] C'est lui, Jésus, qui est le miséricordieux, le doux, le tendre, et le juste: moi, je suis le juste aussi; mais je suis le fort, le belliqueux, le sévère, et le persévérant'" (*C* 285). Dans cette vision qui associe au Satan romantique régénéré le Satan de la juste révolte auquel se sont identifiés les Hussites,[3] Consuelo identifie Satan aux Bohémiens opprimés dans leur religion et dans leur nationalisme et semble se mettre à l'unisson de leurs violences passées. Bouleversée, elle se jette dans les bras d'Albert, mais à peine lui effleure-t-il les lèvres d'un baiser qu'elle est "enlevée à son illusion". Terrifiée, "elle [va] tomber contre les ossements de l'autel, dont une partie s'écroul[e] sur elle avec un bruit affreux. En se voyant couverte de ces débris humains, et en regardant Albert qu'elle venait de presser dans ses bras..., elle éprouva une terreur et une angoisse si horribles, qu'elle cacha son visage ... en criant avec des sanglots: 'Hors d'ici! Loin d'ici,' etc." (*C* 286). Ce "vade retro" nous prouve que le moment de l'oubli et du pardon n'est pas encore venu pour Albert, en qui Consuelo voit brusquement la figure d'un Satan *non* régénéré. Jusqu'à sa fusion avec Liverani, Albert sera invariablement associé à l'idée de la mort, d'où la répulsion physique que Consuelo éprouve pour lui tout en l'aimant

---

3. De même, Gottlieb annonce le pardon de Satan, *La Comtesse de Rudolstadt,* in *Consuelo* (Paris: Classiques Garnier, 1959) III: 248. Les références entre parenthèses (*CR*) dans le texte renverront à cette édition.

déjà.[4] Les cantiques qu'il joue sont des cantiques guerriers[5] et, comme le lui reproche Consuelo, il est "toujours en proie à des [...] idées de meurtre, à des visions sanguinaires (*C* 277)." Elle lui reproche de chérir le souvenir de ses crimes tout en les pleurant, de les appeler "glorieux et sublimes" et de les attribuer "à la juste colère de Dieu" (ibid.).[6] Elle redoute qu'il n'ait gardé le goût de la "vengeance et de la destruction" (ibid.), ce que toutefois Albert nie formellement dans son incarnation présente (*C* 278). Mais toute sainte que soit Consuelo, le chant du violon et ses appels au meurtre lui ont causé un élan d'enthousiasme teinté d'érotisme.[7]

Ni Consuelo, ni George Sand, ne peuvent résoudre la contradiction qui subsiste entre une cause juste et des moyens condamnables. Nulle part Sand ne justifie la violence, mais dans *Consuelo* elle semble parfois la considérer comme nécessaire. La seule résolution possible se trouve dans le pardon et dans l'oubli. Dans *La Comtesse de Rudolstadt*, la musique en viendra à signaler la transformation d'Albert-Liverani: si à la prison de Spandaw le "terrible violon" fait encore résonner "ses cantiques et ses chants de guerre" bohémiens (*CR* 220; cf. 178), au château des Invisibles il peut enfin faire écho à l'air d'opéra que Consuelo vient de chanter (*CR* 310).

Les violences guerrières auxquelles Albert croit avoir participé dans une vie antérieure se trouvent donc annexées à la fois à l'expression musicale et au processus initiatique qui culmine avec la résurrection d'Albert en Liverani, avatar sous lequel il a obtenu l'amour de Consuelo. Dans *Les Maîtres Sonneurs* aussi, bien qu'en dehors de toute connotation mystique, l'expérience de la violence détermine une sorte de seconde naissance chez Joset, en lui donnant la confiance et l'énergie nécessaires pour se consacrer à sa vocation musicale. Simple spectateur du combat au cours duquel Huriel a tué son homme, Joset l'a vécu physiquement: sensation d'évanouissement, vertige physique (non sans connotations érotiques cette fois encore) devant la victoire d'Huriel et envie de "chanter comme un fou" (*MS* 286). Se comparant au paralytique des Evangiles, d'enfant il se sent devenir homme, et il "enten[d] [dans sa tête] des airs qui grond[ent] comme l'orage" (*MS* 287; cf. aussi 315-16). Ce qui est remarquable dans cet épisode c'est que, plus nettement encore que dans *Consuelo*, un certain potentiel de violence apparaît comme indissociable de l'inspiration artistique, et que, dans un sens très balzacien quoiqu'implicite, la même

---

4. Elle ne l'aime vraiment que quand il est mort. Cf. "...C'est la première fois que l'amour est né de la mort, et c'est pourtant ce qui m'arrive" *(CR* 113). "[A l'idée de ses caresses], le froid de la mort passait dans mes veines" (*CR* 383).

5. De même, le tambour tendu de la peau de Jean Ziska rend le son d'une marche funèbre (*CR* 64-65).

6. Cf. le monologue intérieur de Consuelo: "Il y avait deux hommes dans Albert: l'un sa*ge*, et l'autre fou; l'un débonnaire, charitable et tendre; l'autre bizarre, farouche, peut-être violent et impitoyable dans ses décisions" (*C* 273).

7. Ajoutons que Consuelo manifeste au plus haut degré, dans le cours du roman, la capacité de l'artiste à s'identifier aux émotions les plus contraires même à son tempérament.

énergie peut s'employer à des fins destructrices ou créatrices. On se souvient de la fureur de Joset contre l'enfant dont il croit que Brulette est la mère et qu'il manque de tuer. On pourrait arguer que le sort final de Joset s'explique par ses tendances les plus négatives (c'est bien ainsi que l'on interprète le plus souvent son personnage), mais l'ambivalence subsiste, et il faut noter, au minimum, l'intérêt de l'intuition de Sand, à propos de l'effet bénéfique qu'elle attribue à l'identification à la violence.

Le traitement de la musique populaire, avec Albert de Rudostadt, exalte les liens entre cette musique, la terre et le sang (*C* 145), associant l'attachement à la lignée familiale maternelle et la lutte pour la mère patrie.[8] Ce composé renvoie à une idéologie où se rejoignent la sympathie suscitée par l'éveil des nationalismes dans la première moitié du XIXe siècle et les théories du socialisme utopiste. Les mouvements d'indépendance de l'ancienne Bohême et ses révoltes contre l'autorité politique et ecclésiastique trouvent dans ce double courant un regain d'actualité.

Dans son livre sur les romans socialistes de Sand des années 1840, Michèle Hecquet insiste sur l'absence, chez la plupart des socialistes utopistes, de toute théorie d'un contrat social juridique et distinct de la loi morale, contrat ayant l'Etat comme "garant des droits de tous."[9] Se substitue à l'idée du contrat social une "religion démocratique," avec au premier rang les "mythes palingénésiques de Ballanche" qui eurent "un immense retentissement ... auprès des ouvriers comme auprès des écrivains (Rancière). Le recours à la notion d'épreuve, poursuit Michèle Hecquet, permet de prendre en considération cette souffrance sociale...."[10] Albert évoque pour Consuelo un passé national plus heureux où du moins la religion, en particulier grâce à la communion sous les deux espèces, introduisait une forme d'égalité dans la nation Bohême entre le peuple et le clergé (*C* 278-279.). La musique populaire joue son rôle dans cet égalitarisme. En effet, elle présuppose une véritable homogénéité entre public et exécutants, elle peut se pratiquer en dehors des circuits commerciaux (c'est sous cet angle que Sand critique les rivalités entre ménétriers dans *Les Maîtres Sonneurs*), et elle exerce une fonction égalisatrice, comme le rappelle David Powell à propos des romans champêtres.[11] Fonction égalisatrice et même régénératrice, car Consuelo va jusqu'à poser que "si les malheureux avaient tous le sentiment et l'amour

---

8. La prépondérance de l'ascendance maternelle, puisque c'est par les femmes qu'Albert descend de Jean Ziska, reproduit, au plan de la généalogie individuelle, l'amour de la terre maternelle. C'est ainsi qu'Albert, au cours de l'une de ses crises, prend Consuelo pour sa mère Wanda (*C* 219-220).
9. "Le souvenir de la Terreur projette sans doute trop d'ombre," écrit-elle. Cf. Michèle Hecquet, *Poétique de la parabole. Les romans socialistes de George Sand, 1840-1845* (Paris: Klincksieck, 1992), 67. Dans les romans de Sand, qu'il faut soigneusement distinguer de son action politique concrète, écrit-elle plus loin, "l'utopie romanesque [...] concerne une révolution morale, une conversion qui précède tout changement dans la forme de l'Etat et parfois, semble-t-il, le rend inutile en se substituant à lui" (97).
10. Hecquet 70.
11. David Powell, *The Modes of Music in the Works of George Sand* (Ann Arbor: University Microfilms International, 1985), 171-172.

de l'art pour poétiser la souffrance et embellir la misère, il n'y aurait plus ni malpropreté, ni découragement, ni oubli de soi-même, et alors les riches ne se permettraient plus de tant fouler et mépriser les misérables. On respecte toujours un peu les artistes" (*C* 359).[12] On rejoint ici le choix de la pauvreté par Albert dès le début du roman, choix qui aboutit à la fin de *La Comtesse de Rudolstadt* à la vie de musiciens itinérants d'Albert et de Consuelo et à la ballade de "La Bonne Déesse de la Pauvreté". Dans cette ballade, Sand donne une version un peu plus réaliste de la même idée en introduisant explicitement la notion de travail: la bonne déesse de la pauvreté inspire au pauvre l'idée de travailler, et l'artisan ingénieux est artiste au même titre que le musicien vagabond. Restent, bien sûr, les autres classes de travailleurs, dont il n'est pas fait mention.

Tout se tient, on le voit, dans l'ensemble formé par la musique populaire, l'attachement au sol et aux liens du sang, le mysticisme, le nationalisme et le socialisme utopiste, mais prêter des aptitudes artistiques à tous les individus comme solution aux souffrances de la misère semble relever d'une idéalisation quelque peu arbitraire. Il est vrai que c'est Consuelo qui parle, et je ne perds pas de vue que dans d'autres romans Sand propose des solutions plus pratiques, telles que l'association.[13] Au reste, l'éloge de la pauvreté, avec ou sans aptitude artistique, peut lui aussi paraître troublant; même si l'on voit bien qu'il se greffe sur l'éloge de la simplicité qui fait de la musique populaire l'égale des plus grandes musiques.[14] Ascétisme musical et ascétisme matériel vont de pair dans ce système — peut-être pourrait-on même songer aux sympathies de Sand pour le protestantisme. Il y a cependant comme un leurre dans ce parti-pris idéalisant, qui nous incite à prendre quelque distance par rapport à tout ce que la musique populaire est chargée d'endosser dans nos deux romans.

Précisons tout d'abord que c'est seulement dans la seconde moitié du XIXe siècle que l'exaltation du sol national, de ses légendes et de ses musiques n'aura plus grand chose à voir avec l'élan révolutionnaire. C'est plus tard encore qu'on a décelé du racisme dans les opéras de Wagner, composés ou élaborés pendant les années 1840 peu après *Consuelo*, alors que Wagner s'adonnait en fait à des activités révolutionnaires. Ce reproche de racisme se rattache à la critique des régimes totalitaires, lesquels, comme le rappelle Adorno, ne se sont pas fait faute de recourir à la musique traditionnelle et aux vieux thèmes de la race et du sol pour envoyer les

---

12. Cf. Powell, 315-317. Je comprends un peu différemment le passage sur la Déesse de la pauvreté.

13. Cf. Frank Bowman, "George Sand, le Christ et le Royaume," *Cahiers de l'Association Internationale des Etudes Françaises* n° 28 (1976) 243-262, ici 353 sq., à propos du *Meunier d'Angibault*.

14. Albert interprète merveilleusement sur son Stradivarius les chants de l'ancienne Bohême parce qu'il a "la révélation de la vraie, de la grande musique," même s'il n'est pas "savant" musicien (*C* 218). Même idée dans *Jeanne* (Meylan: Les Editions de l'Aurore, 1986), 232.

peuples à la mort.¹⁵ J'ai déjà dit que chez Sand comme chez ses contemporains, l'idéologie nationaliste se rattache encore à l'idée démocratique et à l'esprit de révolte, cependant elle emprunte souvent un langage qui depuis s'est chargé de connotations suspectes. Relisons en quels termes Albert de Rudolstadt privilégie le nom slave par rapport au nom saxon, c'est-à-dire l'appartenance par le sang par rapport au choix volontaire d'une nationalité, et reproche à sa tante d'avoir renoncé à son ascendance Bohême: "Parlez pour vous, ma tante. [...] Vous êtes une Rudolstadt [nom saxon qu'elle a choisi] dans le fond de l'âme, bien que vous soyez dans le fait une Podiebrad [nom slave]. Mais, quant à moi, j'ai dans les veines un sang coloré de quelques gouttes de plus de sang bohême, purifié de quelques gouttes de moins de sang étranger. Ma mère [...] était de pure race slave" (*C* 144). Ce qui veut dire fidélité au passé familial pourrait se lire comme idéologie anachronique du sol et de la race.

Ce dernier point pose la question du rapport des personnages à l'historicité. D'un côté, dans *Consuelo*, le culte du passé s'accompagne chez Albert de la mémoire des faits historiques. De l'autre, Albert confond non seulement le passé et le présent individuels dans ses longues périodes de crise (*CR* 437), mais le passé et le présent collectifs. Il confond aussi l'avenir avec l'utopie ou même avec un âge d'or révolu. Les chants de Bohême, pour lui toujours actuels, concrétisent ce rapport à la temporalité. A plus forte raison, la chanson des "Trois Fendeux" des *Maîtres Sonneurs* se situe hors du temps. De même on se souvient qu'Huriel salue le soleil levant et récite l'Angélus dans un même élan, confondant ainsi passé païen et présent chrétien (*MS* 165-166). En fait, l'effacement de l'histoire reste sensible sans être total dans *Les Maîtres Sonneurs*¹⁶ mais les positions de Sand, quand ailleurs elle parle en son propre nom, se distinguent nettement de celles de ses personnages.¹⁷ Songeons à ses réflexions sur la Révolution française dans *La Comtesse de Rudolstadt* (480-483). Et si *Les Maîtres Sonneurs* se passent avant la Révolution, ils sont narrés après, le passage du temps s'y remarque et la trame romanesque elle-même, tournée vers le changement et l'avenir, propose une solution moins utopique que les dernières pages

---

15. Theoror W. Adorno, *Introduction to the Sociology of Music*, trans. E.B. Ashton (New York: The Seabury Press, 1976 [1962]) 43, 165.

16. Voir Lucette Czyba, "La Parole du peuple dans *Les Maîtres Sonneurs*," *Trames, Littérature populaire, peuple, nation, région* (Actes du colloque international des 18-19-20 mars 1986) (Limoges, 1987) 137-148. Elle souligne à juste titre le conformisme politique et l'ambiguïté des positions sandiennes dans *Les Maîtres Sonneurs* (144-148).

17. Dans *Jeanne* comme dans *Consuelo*, le discours de Sand souligne "le caractère historique" des très vieux refrains du Bourbonnais, qui évoquent "la plainte du paysan au temps des désordres et des misères du régime militaire et féodal," tout en notant que le paysan confond la chronologie historique au même degré que les croyances chrétiennes et païennes (*Jeanne*, 232-233). Commentant ce début du chapitre XXI, Hecquet écrit: "Pour la pensée fermement évolutionniste de Sand, [...] l'écrasement de la perspective temporelle, d'autant plus menaçant ici que, par exception, le roman ignore la césure révolutionnaire, permet le retour des temps passés: cette crainte sera vérifiée par le vote paysan en faveur de Louis-Napoléon Bonaparte." (226)

de *La Comtesse de Rudolstadt*.

J'en viens à l'ambivalence idéologique de Sand à l'égard des sociétés secrètes. Sans parler de la fascination qu'elles exercent sur son imagination de romancière, Sand voit dans les sociétés secrètes un instrument utile de subversion politique et leur attribue pour commune origine l'inégalité des "castes" dans la société.[18] Elle le dit dans *La Comtesse de Rudolstadt* en y englobant la nécromancie qui permet de se "dérobe[r] à l'espionnage des cours" (*CR* 103), et encore plus clairement dans l'"Avant-Propos" du *Compagnon du Tour de France*. D'autre part Sand critique avec force les sociétés secrètes, y compris les confréries de métier. Elle critique leur hiérarchie, la coutume du chef-d'œuvre compagnonnique, celle du concours de maîtrise dans *Les Maîtres Sonneurs*, et le principe d'exclusion qui frappe ceux qui ne sont pas membres, tous aspects qui vont contre le principe d'égalité (*MS* 350, 460). Elle critique aussi le caractère secret des symboles et des rites initiatiques, au surplus symbolisme qu'elle juge primaire. De sévère et sérieuse dans *La Comtesse de Rudolstadt* (*CR* 450-454), cette critique tourne à la farce dans la cérémonie initiatique des *Maîtres Sonneurs*, malgré la violence de l'épisode (*MS* 439, 465, 473-484). Comment se répercute l'imperfection des confréries de métier sur le plan musical? Les inconvénients du secret, de la fermeture, des hiérarchies nous ramènent au problème de la communication. Certes toute musique est expressivité et désir de communiquer, et le langage de la musique populaire est particulièrement accessible, mais dès que celle-ci fait partie d'une structure, des médiations interviennent, qui font du sentiment de communauté et d'intégration sociale qu'elle est censée établir, sinon une illusion, du moins un processus plus compliqué et moins sûr que ne le comporte le rêve sandien d'immédiateté.[19] Au reste, les artistes qu'elle nous montre, Consuelo et Joset, restent ou se mettent en dehors d'une classe ou d'un groupe, marginalité qui correspond à une réalité sociale. J'introduirai une dernière objection, que Sand ne formule pas explicitement: au même titre que le particularisme des confréries, la prépondérance des modèles musicaux et l'omniprésence de la répétition qui caractérisent la musique populaire risquent d'écraser l'individualité de l'artiste créateur.

Sand est toutefois consciente de cette dernière objection dans la mesure où, sans l'énoncer, elle en fournit les éléments, et surtout dans la mesure où elle introduit des correctifs. Tout d'abord la place énorme qu'elle accorde à l'improvisation dans sa représentation de la musique populaire: Albert est capable d'"improviser longtemps sur [...] ces motifs, [d'] y mêler ses propres idées [...] sans que le caractère

---

18. Cf. *Le Compagnon du tour de France*, "Avant-Propos" de G. Sand (Paris: Editions d'Aujourd'hui, 1976) 3.

19. Je m'inspire sans l'adopter de la critique d'Adorno, qui voit dans la fonction sociale de la musique une fraude pure et simple, soit qu'elle couvre le vide des choses et donne l'illusion du bonheur, soit qu'elle favorise le sentiment d'intégration à une société injuste (cf. 45-47). Il est clair que la musique populaire dont parle Sand, bien qu'en voie de disparition, conserve un caractère d'authenticité qui la met à l'abri de cette condamnation.

original, austère et frappant, de ces chants antiques fût altéré par son interprétation ingénieuse et savante" (*C* 282). De nombreux passages sont consacrés aux improvisations de Zdenko, et ce paysan inculte va même jusqu'à composer (*C* 186, 188, 205, *CR* 423). Manière d'opposer la vie à la mort, un évolutionnisme à la régression passéiste, le sujet individuel à une société imparfaite (Adorno 69). D'autre part, dans *Les Maîtres Sonneurs*, Joset accomplit l'union de la musique du Berry et de celle du Bourbonnais.[20] Et à la différence d'Albert et de Zdenko, Consuelo s'intéresse à *toutes* les musiques régionales et les recueille au cours de ses voyages. Autant dire que, sur ces particularismes, elle projette un universalisme. Le véritable artiste appartient à toutes les musiques.

Ainsi dans nos deux romans, la musique populaire alimente à la fois le rêve oecuménique et progressiste de Sand, et le thème récurrent de la dignité de l'artiste individuel et de sa créativité. Qu'apporte la conception de Sand à ses idées sur l'art en général? L'idéal de simplicité, condition d'une musique sublime, se double d'une réflexion sur la vérité dans l'art. Cette vérité passe par un rejet de l'harmonie imitative en musique et en poésie, et de "l'imitation servile" en peinture (*C* 571), tout aussi impossible. Dans la lignée de Diderot, Porpora proclame qu'il faut rendre des émotions ou une idée plutôt que chercher vainement à copier une situation (*C* 570) et, dans une très belle formule des *Maîtres Sonneurs*, Joset parle de "la vérité de la chose" (*MS* 107), c'est-à-dire le sentiment musical grâce auquel l'artiste musicien réussit à rendre l'idée ou l'émotion. Cette vérité, elle est pour Joset dans la nature, "dans ce qu'on entend comme dans ce qu'on voit" (*MS* 118). Ce lien qui reparaît dans *Les Maîtres Sonneurs* entre nature et vérité semble jeter un pont entre la nostalgie de l'origine que manifeste la musique populaire et une nature toujours en mouvement. Quoi qu'il en soit, l'art demeure une voie d'accès essentielle à la vérité, et la certitude d'être dans le vrai donne force et grandeur à l'artiste.[21]

C'est dans la même visée syncrétique, semble-t-il, que George Sand associe à la musique populaire les nombreuses références à l'âme universelle dans *Consuelo*, notion mystique fort complexe dont je laisse de côté les antécédents. L'âme universelle, c'est l'homme universel en communication avec Dieu. Cette âme s'incarne au cours des âges dans les êtres humains les plus parfaits: Jésus, Consuelo et, semble-t-il, Albert à la fin, en tant que symbole d'une humanité future: "Mon nom est *Homme* et je ne suis rien de plus que les autres hommes. [...] Ton nom, à toi aussi,

---

20. Cf. la "Préface" de Marie-Claire Bancquart, 19-20.
21. Elle lui communique même une ivresse qui transfigure Joset à l'égal de Consuelo: "Ses yeux étaient dans sa tête comme deux rayons d'étoile, et quelqu'un qui l'aurait jugé le plus beau garçon du monde ne se serait point trompé sur le moment" (*MS* 119). Il y a dans *Consuelo* de magnifiques développements, qui dépassent le cadre de la musique populaire, sur le rapport entre mensonge et vérité dans l'art (538-39). La réaction du public comme garant de cette vérité, bien qu'essentielle, n'est indispensable ni pour Consuelo, ni pour Joset.

n'est-il pas *homme?*" (*CR* 538),[22] idée qu'Albert reprend aussitôt sur son violon. La musique populaire est par excellence le moyen d'expression de l'âme universelle. En ce sens, elle touche au vrai de plus près que la parole. "Que te dirais-je que je ne t'aie dit tout à l'heure dans une langue plus belle [c'est-à-dire sur son violon]? [...] C'était l'âme de l'Humanité tout entière qui te parlait par la mienne," (*CR* 541), dit plus tard Albert. Mais enfin les chants populaires entretiennent des liens étroits avec la langue et le sol de Bohême. Zdenko, être plus primitif, personnifie jusqu'au bout cette fidélité plus étroite: "Jamais plus Zdenko ne quittera le sol qui porte les ossements de ses pères! [...] Il doit vivre et mourir en chantant la gloire des Slaves et leurs malheurs dans la langue de ses pères" (*CR* 424-425).

Nous voici ramenés à la question des nationalismes, à propos de laquelle certaines réflexions d'Adorno me paraissent tout à fait confirmées par l'exemple de Sand. Adorno note que d'un côté l'intérêt pour les musiques populaires va de pair avec l'éveil des nationalismes, et, de l'autre, que l'éveil des nationalismes, paradoxalement, a eu pour origine le concept universaliste d'être humain (d'où découle, rappelle-t-il, le principe de l'égalité des citoyens propre à la société bourgeoise). Mais "la musique, poursuit-il, plus que tout autre médium artistique, exprime les antinomies du principe national. [...] Langage universel, elle n'étouffe pas les particularités qualitatives."[23] Sand exprime la même idée quand elle écrit: "Aucun autre art ne réveillera d'une manière aussi sublime le sentiment humain [...]. et le caractère des peuples" (*C* 284). Si j'ai l'air de jouer ainsi sur le terme d'*universel,* c'est que le syncrétisme de Sand, pour ne pas dire les amalgames auxquels elle se livre, m'y autorise dans une certaine mesure. D'autant plus que, même si Sand a su admirablement traduire par l'entremise de la musique populaire les oscillations entre universalisme et particularisme, elle dit assez clairement que le progrès de l'humanité ne peut aller que dans le sens d'un universalisme.

University of Pennsylvania

---

22. Cf. *C* 331, 333, 609-610; et *CR* 429: "L'âme de mon fils [Albert] est l'image de l'âme universelle que nous appelons Dieu."

23. Adorno, 154-155. Il parle plus particulièrement dans ce passage de la grande musique et du développement des écoles nationales au XIXe siècle.

LA FILLEULE: AN A-POLITICAL SAND?

Annabelle M. Rea

> Toute écriture, qu'elle le veuille ou non, est politique. L'écriture est la continuation de la politique par d'autres moyens.
> Philippe Sollers

In May of 1852, George Sand signed a contract with the newspaper *Le Siècle* for a novel that was to be "exclusivement littéraire, c'est-à-dire ne traitant aucune question politique, ni religieuse, ni sociale" (*Corr* XI:157).[1] It is difficult to imagine an author whose commitment to social change never wavered throughout her long writing career able to accept such conditions. To understand why Sand acquiesced requires a review of the historical context.

Louis-Napoléon Bonaparte had been elected President of France on a platform of "law and order" in May of 1849. In July of the following year, freedom of the press was severely curtailed.[2] Sand reacted to the new conditions of censorship, protesting, in June of 1851, in a letter to Hetzel, "Aucun écrivain qui se respecte n'acceptera ce nouveau mode de censure" (*Corr* X:342).[3] A few months later, in December 1851, came the *coup d'état* and the declaration of the Second Empire.

Despite her objection to the censorship, Sand had no choice but to sign the contract with *Le Siècle*.[4] That her novel about interracial adoption should pass as "ne traitant aucune question politique, ni religieuse, ni sociale" remains perplexing, perhaps in part because today in the U.S. we cannot conceive of racial questions as a-political. Sand frequently criticized partisan politics, especially after the bitter disappointment that followed the exhilaration of her role in the provisional government of 1848. Nonetheless, she remained committed to "le monde moral dont la politique

---

1. See also pages 361-62 and 707 of the same volume. I would like to thank Mary L. Test, the first reader of this paper, for her helpful comments.

2. For details see Béatrice Didier, "Quand la presse est bâillonnée," *Présence de George Sand* 20 (1984) 4-7.

3. Sand was not, however, reacting specifically to press censorship here, but to that in the theater.

4. Within weeks of the *coup d'état*, a new law was added to the books on February 17, 1852: "aucune femme ne pourra signer dans un journal ou dans un écrit périodique, sous peine de se voir condamnée, et, à son défaut, l'éditeur responsable de ladite feuille, à une amende de 1000 à 5000 francs" (Lucienne Frappier-Mazur, "La Référence 'George Sand' dans quelques textes autobiographiques de femmes," *Autobiography, Historiography, Rhetoric: A Festschrift in Honor of Frank Paul Bowman* [Amsterdam: Rodopi, 1994] 87-101; here 100n). What I do not know is how long this ban continued. Was it still in effect in May of 1852 and was Sand allowed to publish because of her notoriety?

n'est que le résultat."[5]

What truly interests me in *La Filleule*, however, is not the circumstances of its publication, but the novel's place in the cultural context. Sand wrote other texts where race plays an important part, but *La Filleule* seems to me particularly appropriate for a conference on "History, Politics and Society" because it came at such a crucial juncture.[6]

Tzvetan Todorov's *Nous et les autres*, translated into English in 1993 as *On Human Diversity: Nationalism, Racism, and Exoticism in French Thought*, provides an excellent context for the understanding of *La Filleule*, even though it does not mention Sand.[7] Todorov shows that nineteenth-century French writings of racial superiority and colonialist ideology (the conquest of Algeria, for example, began in 1830 and was continuing as Sand wrote her novel) came from a long national tradition. Todorov discusses two works especially pertinent to this study: Ernest Renan's *L'Avenir de la science*, written in 1848, and Arthur de Gobineau's *Essai sur l'inégalité des races humaines*, begun as Sand published her novel and a few months later wrote her article in praise of the French translation of Harriet Beecher Stowe's *Uncle Tom's Cabin* (*Corr* XI:496,792).[8] Although Renan spoke of the "everlasting infancy" (Todorov 107) of black Africans, Australian aborigines and American Indians, Gobineau remains in our minds today as the nineteenth-century's chief racial theorist. As Todorov concludes, "Gobineau is the victim of his own literary talent, which made him racialism's most illustrious representative" (140).

At the same time, Victor Schoelcher was fighting for, as he put it, "l'affranchissement de tout ce qui est en servitude, moralement ou physiquement, nous

---

5. Pierre Vermeylan, *Les Idées politiques et sociales de George Sand* (Bruxelles: Editions de l'Université de Bruxelles, 1984) 127.

6. Among the other Sand works that one might cite: *Indiana, Consuelo, Les Beaux messieurs de Bois Doré, La Dernière Aldini*. See Evlyn Gould's *The Fate of Carmen* (Baltimore: Johns Hopkins University Press, 1996) for brief comments on the last of these. See also Janis Glasgow on Harriet Beecher Stowe ("George Sand, Critic of American Literati: Harriet Beecher Stowe and James Fenimore Cooper," *Le Chantier de George Sand; George Sand et l'étranger* [Debrecen:Kossuth Lajos Tudományegyetem, 1993] 257-264), Jeanne Goldin on the Osage ("George Sand, lettres sur les Indiens d'Amérique — des Osages du Missouri," *George Sand Studies* 14:1-2 [1995] 19-33), and Sharon Fairchild on George Catlin and the Iowas ("George Sand and George Catlin — Masking Indian Realities," *Nineteenth-Century French Studies* 22:3-4 [1994], 439-49).

7. Tzvvetan Todorov, *On Human Diversity: Nationalism, Racism, and Exoticism in French Thought*, trans. Catherine Porter (Cambridge: Harvard University Press, 1993). Nor does Todorov analyze a single woman writer.

8. Michael Biddiss finds the first trace of the *Essai* in Gobineau's correspondence, in a February 1851 letter telling his sister that he had begun such a study (99). Michael D. Biddiss, *Father of Racist Ideology: The Social and Political Thought of Count Gobineau* (New York: Weybright and Talley, 1970).

voulons celui de la femme, comme du prolétaire, comme du nègre."[9] In 1848, Schoelcher had finally succeeded in writing into law the abolition of slavery. Although he and Sand apparently had little contact — but one letter, in 1874, and it has disappeared — both can be seen as major champions, as Schoelcher put it about himself, "du faible et du paria" (Alexandre-Debray 62).

Sand was far from alone among nineteenth-century writers of fiction to speak of race. The best way, it seems to me, to understand the importance of her contribution to matters of race in *La Filleule* is to read her *with* her contemporaries. I have chosen two texts to highlight Sand's originality.

The first of these, Prosper Mérimée's *Carmen*, comes as no surprise. We know from the *Correspondance* that Sand read Mérimée regularly — and we also know of her personal relationship with the man.[10] Of the many texts surveyed by *the* expert on the Gypsy in nineteenth-century French literature, François de Vaux de Foletier, *Carmen* has had the greatest continuing influence, inspiring opera, ballet, and film.[11] *Carmen*, published in 1845, with a scholarly chapter added in 1847, has been identified as a source for *La Filleule*, and we shall see that the two works have a number of points in common.[12]

The second text I propose to read with *La Filleule*, Claire de Duras's *Ourika*, may seem surprising, for several reasons. First of all, I have found no reference to its author in Sand's correspondence.[13] It is true, however, as Yvette Bozon-Scalzitti has pointed out, that Sand rarely acclaimed women writers, although, as cultural historian Paul Johnson has written, Sand's personal library held "nearly 150 collections of

---

9. Janine Alexandre-Debray, *Victor Schoelcher ou la mystique d'un athée* (Paris: Perrin, 1983) 189.

10. Sand read, for example, Mérimée's *Les Voleurs en Espagne* (*Corr* II:155n), *Clara Gazul* (*Corr* II:237 and note), a work whose title she does not give (*Corr* II:246), and *Colomba* (*Corr* V:314 and note) during the years up to 1853, and the list of the holdings of Sand's library may reveal other titles (see note 13). Christian Abbadie recounts in *Présence de George Sand* 10 (1981): 15-16, a contact between Sand and Mérimée's *Carmen*, albeit one entirely imagined by a Spanish editor/translator of Mérimée. In this edition, when the narrator meets Don José in the first chapter, the latter recounts his meeting with Sand, Chopin, Maurice, and Solange on their way to Majorca! All references to Mérimée's *Carmen* in my text come from *Carmen and Other Stories*, ed. Edward Manley (Boston: Ginn, 1907).

11. Evlyn Gould's *The Fate of Carmen*, for example, a book I discovered only after I had delivered this paper, analyzes works by Mérimée, Bizet, and Saura, as they "juxtapose genres, disciplines, or art forms in order to encourage a similar self-awareness in their readers, listeners and spectators" (2). Gould mentions briefly one Sand work, *La Dernière Aldini*.

12. See the Rambeau introduction, page 15. She also indicates as sources Scott and Cervantes. Marie-Paule Rambeau, "Présentation," *La Filleule* (Meylan: Aurore, 1989).

13. I wish to thank Eve Sourian for checking for me the *Catalogue de la bibliothèque de George Sand et de Maurice Sand, dont la vente a eu lieu 24, 25, 26, 27, 28 février, 1 et 3 mars 1890* (Paris: Ferroud, 1890). She found no mention there of Duras.

letters, novels, and memoirs written by women."[14] *Ourika* may also surprise in this context, of course, because it never mentions Gypsies. Nonetheless, in many ways, I see *La Filleule* as a response to the 1823 volume.

Although Sand wrote *La Filleule* only a few years after the publication of Mérimée's *Carmen*, times had changed for the Gypsy. As we so well know today, immigration can cause friction and provoke governmental measures to reduce those strains. The end of Gypsy slavery in Eastern Europe, in 1848, brought an influx of that population into France.[15] As a result, in 1851, many Gypsies were deported, and, once again, Sand's commitment to developing public consciousness on issues of injustice to the marginalized was roused into action.[16]

Sand wished in her novel to give a balanced view, to show "la réalité des choses" (50). Instead of the diabolical *femme fatale*, the sensuous exotic woman who leads a good man astray, portrayed by Mérimée — and other male writers — Sand introduces Pilar, a young woman about to give birth, whom no one would take in: "on ne veut la recevoir nulle part" (43).[17] By beginning her novel with Pilar's suffering and death in childbirth, beyond the "no-room-at-the-inn" emphasis on society's prejudices, Sand reveals the woman's side of the relationship that had led to the pregnancy. The Duke de Florès, although newly wed and contemptuous of Gypsies, had succumbed to Pilar's advances. Their brief affair ended with the Duke unaffected. Pilar, however, accepted responsibility for her actions, stoically refusing either to accuse or to complain. At the outset, we see the truer nobility of character in the Gypsy.

Where Mérimée emphasizes negatives of Gypsy culture, concluding Carmen's story, for example, "Pauvre enfant! Ce sont les *Calé* [Calé = the blacks, the name used by the Gypsies for themselves] qui sont coupables pour l'avoir élevée ainsi" (55), Sand presents a more nuanced view. She does mention some negative Gypsy behavior — the stealing of dogs and horses, for instance — but she counterbalances stereotypes, such as the Gypsy as a kidnapper of children, by showing

---

14. Yvette Bozon-Scalzitti, "George Sand critique littéraire, ou la bonté dans les lettres," *George Sand Studies* 15.1 (1996) forthcoming; Paul Johnson, *The Birth of the Modern: World Society, 1815-1830* (New York: Harper Collins, 1991) 492.

15. Marilyn R. Brown, *Gypsies and Other Bohemians: The Myth of the Artist in Nineteenth-Century France* (Ann Arbor: UMI, 1985) 23.

16. In her analysis of the paintings of the Salons, Brown points out, "The more gypsies were prohibited legally, the more they were depicted artistically" (56). The deportations of 1851 were in addition to the general laws against "vagabondage" about which Robert Castel writes, although he excludes from his study the Gypsies, whom he terms "vagabonds de race" (103n), *Les Métamorphoses de la question sociale: une chronique du salariat* (Paris: Fayard, 1995).

17. The motif of the sensuous exotic woman is analyzed by Jean-Marc Moura, *Lire l'exotisme* (Paris: Dunod, 1992), 101, Edward Said, *Orientalism* (New York: Pantheon, 1978), 186-87, and Todorov (314) as they speak of Flaubert's Kuchuk Hanem or of the women in Loti's works. See also Brown, 74.

her hero Stéphen as accused of kidnapping Pilar's baby.[18] She also highlights the Gypsy practice of charitable adoption, not allowed under French law until after World War I, in 1923.[19] And she presents the richness of Gypsy musical culture.[20] Sand suggests that education does make a difference and can bring about social change; in her novel, the attitudes of even the most prejudiced, such as the Duke, evolve. As Sand underlines, characteristically, "l'abaissement ou la corruption des races longtemps opprimées sont l'ouvrage fatal de la persécution, de la honte et du malheur" (116). For Sand, change must come from both sides of the equation.

Despite Mérimée's research — he learned several Gypsy dialects and continued his interest in the Gypsy long after the publication of *Carmen*, as one can see in his subsequent correspondence with his friend and fellow misanthrope, Gobineau[21] — it is Sand who makes by far the more balanced and equitable presentation. Sand's *La Filleule* does indeed treat "la réalité des choses."

Sand's novel has much more in common with *Ourika*, so much, in fact, that I am proposing that *La Filleule* can be read as a rewriting of, or a response to, Claire de Duras's 1823 text. Let us look quickly at a few of the similarities that emerge from the juxtaposition of the two works: both treat the interracial, intercultural, transnational adoption of females of color into privileged white French households.[22] In both cases of transplanted children, we learn at the outset of the mother's death, but nothing, at

---

18. Although Sand does show Antonio, Pilar's companion, as expressing violent thoughts against Pilar's child and visiting the Floche house where Moréna lived, asking Madame Floche, "Est-ce que vous croyez que je veux la voler, votre petite fille?" (67), Sand later has Antonio's son, Algénib, accuse Stéphen, "c'est vous qui m'avez volé ma sœur!" (106). In his article "George Sand et les Bohémiens," *Etudes Tsiganes* 22:3 (1976) 11-19, F. de Vaux de Foletier credits Sand for this, *Les Bohémiens en France au dix-neuvième siècle* (Paris: Lattès, 1981) 13. He had not, however, read the novel well, as a number of misinterpretations show; however, this study must be seen as a monumental contribution.

19. See pages 114 and 196. My articles on adoption discuss the law in effect during the nineteenth century when adoption existed to provide for the transmission of name and fortune: "Adoption: A Feminist Motif in George Sand and Simone de Beauvoir?" *Simone de Beauvoir Studies* 10 (1993), 55-62; "Adoption in Sand's Works: Reforming the Family," *Adoption in Literature and Culture*, ed. Marianne Novy (forthcoming).

20. Rambeau speaks of Pauline Garcia Viardot as a musical source (248, n 142). Although Liszt did not publish his volume on Gypsy music, *Des Bohémiens et de leur musique en Hongrie*, until 1859, it is possible that he discussed the music with Sand during the period of their friendship. His racist attitudes (see Katie Trumpener, "The Time of the Gypsies: A 'People Without History' in the Narratives of the West," *Identities* [Chicago: University of Chicago Press, 1995], 338-79, for Liszt's comments on the animal existence of the Gypsies, and their superstitions, 355) do not at all correspond to Sand's thinking, however.

21. Their correspondence on the subject continued from 1854 to 1870, according to Jean Gaulmier, "Mérimée, Gobineau et les Bohémiens," *Revue d'Histoire Littéraire de la France* 66:4 (1966) 675-701.

22. I am borrowing here some of the terminology introduced by those in Postcolonial Studies. See, for example, Deepika Bahri, "Once More With Feeling: What is Postcolonialism?" *Ariel* 26:1 (1995) 51-82.

least immediately in the case of *La Filleule*, of the fate of the biological father. Each novel is set in an aristocratic — or predominantly aristocratic — calm, isolated, and protected, almost Edenic, environment. Each family generously provides a "color-blind" education, one considered appropriate for any well-bred young woman of the time. Both young women, brought up with little contact with their contemporaries, fix their adolescent passions on a member of their adoptive family, a fraternal/paternal figure. In the two texts, an overheard conversation concerning the impossibility of marriage, absent extraordinary fiscal incentives, introduces or reinforces racial differences. With the realization of racial difference, self-hatred and racial shame become an additional burden in the adolescent's insecurities, expressed by both authors through the device of the mirror.[23]

Despite the striking list of parallels, the differences between the two narratives are enormous. These differences require analysis to establish for Sand's *La Filleule* its rightful place beside the much-studied Duras text, re-edited several times recently, and analyzed in a growing number of critical articles.[24] To underscore Sand's contributions, I want to examine, briefly, three questions: the upbringing of the adoptee, the narrative techniques chosen, and the conclusion of the young women's stories.

Rescued from slavery, the two-year-old Ourika was brought to France from Senegal and bestowed upon Madame de B. In the wealthy home, the child becomes a plaything — a toy, a pet — treated with kindness but without true concern for her future, even though she is given an "éducation parfaite" (33).[25] After Ourika has realized, with horror, her racial difference, those about her are blind to her suffering — and unbelievably so; no one notices that she has removed the mirrors from her room, that she dresses so as to completely cover her black skin and kinky hair. On only one occasion, does she have contact — albeit indirect — with her original culture. Through discussion with travelers and research in books, she learns an African dance and is rewarded with applause. Along with this, however, Ourika hears of the massacres in the Haitian war of liberation and concludes that she belongs to

---

23. Other similarities include the scenes in the convent and the role of revolution (1789 and 1848) in each text. Much could also be written about the economic realities behind adoption and marriage, as presented in the two works. Other points of comparison as well, such as the use of animal imagery, could be studied.

24. See, for example, the 1979 des femmes edition and the MLA's 1994 volume in the "Texts and Translations" series, ed. Joan DeJean, as well as articles by Chantal Bertrand-Jennings, "Condition féminine et impuissance sociale," *Romantisme* 18 (1989) 39-50); Françoise Massardier-Kenney in Doris Y. Kadish and Massardier-Kenney, *Translating Slavery: Gender and Race in French Women's Writing, 1783-1823* (Kent: Kent State University Press, 1994); and Richard Switzer, "Madame de Staël, Madame de Duras and the Question of Race," *Kentucky Romance Quarterly* 20 (1973), 303-16. All page references in my text are to the earlier edition of *Ourika*, ed. Claudine Herrmann (Paris: des femmes, 1979).

25. Madame de B. says to a friend on one occasion that she has long worried about Ourika's future, but there is no further evidence in the text of such concern (see 35).

"une race de barbares et d'assassins" (43). She does not make the connection between the violence of the French Revolution's Terror and that of the Haitian revolt.

Although Sand's heroine, Moréna, is rescued as well, it is not casually by a wealthy man who purchases her and gives her away as a plaything. Here, an impoverished student, Stéphen Rivesanges, does not hesitate to make the sacrifice to provide for the newborn's needs and those of her adopted stepbrother. When a wealthy woman passionately desires to mother the child — unlike Madame de B., who has merely accepted a gift — Stéphen warns her of the difficulties involved in raising a child of another culture and race (61). In Sand's work, much deliberation goes into the decision to adopt.[26]

In contrast to the *Ourika* tale, reflection enters into the question of the child's education in Sand's text. Ourika received the traditional aristocratic female education. Each of the parental figures around Sand's child applies his or her own educational principles. The adoptive mother, Anicée de Saule, guides with affection, while the godfather, Stéphen, believes in discipline. Together, they make a well-intentioned effort to provide their adopted daughter with an introduction to her cultural heritage by having her learn the Spanish language, the language of her biological father.[27] When the biological father, the Duc de Florès, enters the scene, he treats his daughter inconsistently, alternately like a "princesse des *Mille et une nuits*" (134) and like a child who must obey his every command or be shut up in a convent. More importantly, because of her Gypsy blood, he withholds his name, refusing public acknowledgment of his paternity. Later, his wife introduces Moréna into society. Selfishly, she treats the young woman as a plaything, using her as a pawn to attain revenge against the Duke in their private marital feud.

Joan DeJean has pointed out the "web of contradictions" (xiii) in the Duras text.[28] Although Sand's criticism of society's prejudices is clearer, she too allows ambiguity, even in the saintly adoptive parents, with their well-meaning but incomplete and "paternalistic" effort to provide for Moréna's cultural heritage. Although they never speak ill of the child's Gypsy mother, Pilar, their sin is one of omission, since they rarely mention her to the child, nor do they allow her any contact with her Gypsy "brother." Sand has, however, found ways to make of her novel an affirmation of the racial and cultural Other.

She does so, first of all, through her choice of narrative mode. Although Joan DeJean celebrates in Duras's text the "first black female narrator in French literature" (xi), she does not mention that Duras attenuates the expression of Ourika's voice — the beautiful trained voice — by filtering it through the framing narrative of the male

---

26. See also 135, 152, 231, for later considerations.
27. Ourika studies Italian; no mention is made of her "mother tongue." See Massardier-Kenney (31) and Kadish (16) on Ourika and the mother tongue.
28. Kadish speaks of the texts of the various women writers analyzed in the *Translating Slavery* volume as "fraught with contradiction, ambiguity and ambivalence" (50).

doctor.²⁹ In fact, Duras thus replicates in her text the blindness of those around Ourika, who, like Madame de B. and her grandson Charles, cannot see Ourika's suffering, or, like one who does see it, Madame de B.'s friend the marquise, who attributes it to a guilty passion for Charles. Only when Ourika has reached death's door, through what Margaret Waller terms her pathologized emotions (Waller xv), does she confess her story to a priest and then to the doctor.

Sand's narrative solution is simple: she allows Moréna to speak directly to the reader in her own voice. Obviously, because *La Filleule* tells the story of a Gypsy mother's death in childbirth and the newborn's adoption, Sand could not use the child's first-hand account throughout. Appropriately, Sand created, instead, a hybrid narration to tell the story of cultural and racial hybridity. *La Filleule*'s fragmentary nature — "résolument moderne" (8), as Marie-Paule Rambeau quite rightly terms it — consists of comments by a number of characters, plus the narrator, on the half-Gypsy, half-Spanish-aristocrat child, as well as the diary of the fourteen-year-old adoptee herself. We experience directly the adolescent's identity crisis, and the adoptee's greater difficulties in identity formation because of the missing story of the biological mother.³⁰

It is the question of the mother's story that opposes even further *Ourika* and *La Filleule*. Through her male intermediary, Ourika has said, "Je ne sus que longtemps après l'histoire des premiers jours de mon enfance. Mes plus anciens souvenirs ne me retracent que le salon de Madame de B. . ." (31). Nowhere, however, does the reader learn the slightest detail about these "premiers jours." We must therefore assume that the doctor, or Claire de Duras herself, has deemed the African origins unworthy of our interest. Ourika is presented to us as the passive victim, who sees herself as "étrangère à la race humaine tout entière!" (38). Only when she has wallowed in self-pity and reached the depths of self-abnegation does she finally make her one independent decision: to enter the convent. Her choice brings with it confidence and serenity, but too late to save her life.

While Claire de Duras erased her heroine's origins (just as she devalued her narrative voice), Sand created a radically different ending for her tale of interracial adoption. As we have noted, the missing element in Moréna's identity is the heredity of her biological mother. Moréna's stepbrother, Algénib, a brother only because of his adoption by Pilar, fills Moréna in on the details of the mother's talents, her generosity, her life with his father, her affair with the Duke, and, especially, he instructs Moréna in her "mother('s) tongue." It is important to note that Pilar never speaks in the novel; she utters not a word throughout the childbirth scene — Moréna

---

29. Waller, however, does so in her introductory text which follows DeJean's (xv), *Ourika* (New York: MLA, 1994).

30. *The Psychology of Adoption*, ed. David M. Brodzinsky and Marshall D. Schechter (New York: Oxford University Press, 1990) attributes this greater difficulty in identity formation to the fact that the adoptee's situation is potentially reversible. See the discussion of "family romance" fantasies in this volume.

will speak for her. Marianne Hirsch has written that to know the mother's story is to gain the ability not to relive it (67).[31] Although not always the case in Sand's novels, the Hirsch paradigm seems useful here, as Sand specifies the parallel between mother and daughter, giving her heroine, at twenty, the same age at the end of the book that her mother had, at her death, in the early pages.[32]

The ending, which Marie-Paule Rambeau criticizes as "faussement optimiste" (5), seems to me, on the contrary, entirely apposite. The heroine has integrated her various identities and assumed them proudly. Her departure on tour with her Gypsy stepbrother allows full expression of her authenticity. It shows, for example: the affirmation of her name, Moréna, a name representing many things— her dark Gypsy skin, her Spanish heritage, her animal passions, and the Gypsies' sub-human conditions (her mother had savagely killed the Duke's pampered dog, named Moréna, to obtain the agreed-upon token of the gold collar which later inspired the newborn girl's name);[33] her wish for adventure, seen earlier in her desire to "aller loin, bien loin" (132) on horseback, and her rejection of the "enterrement somptueux" (170) with Anicée and Stéphen; her delight in the theater, which she previously had to repress: "j'aime tant le spectacle! L'effort que je fais pour cacher le plaisir que j'y goûte me donne chaque fois la fièvre" (157); her joy and confidence in her performance of dance and song, her exaltation in the realization of her "rêves ambitieux" (168): "Elle [...]parle de sa gloire au moins autant que de son bonheur, ou plutôt elle confond les deux choses" (236); and, finally, it shows her love for her companion, someone as passionate as she, and also a cultural hybrid because of his years of musical training in France and elsewhere.

Again, I disagree with Marie-Paule Rambeau, who states categorically, "Aucun principe éducatif ne peut avoir raison de l'hérédité" (19). This is not a simple case of nature winning out over nurture. Moréna regrets her adolescent rebellion against her adoptive family soon after having opted for the Duke's Parisian elegance: "à chaque moment, elle sentait le prix de ce qu'elle avait dédaigné" (181). At the end of the novel, Moréna and Algénib, as husband and wife, depart on tour but remain in epistolary contact with Anicée and Stéphen. They do not join a band of

---

31. Marianne Hirsch, *The Mother-Daughter Plot: Narrative, Psychoanalysis, Feminism* (Bloomington: Indiana University Press, 1989) 67. Trumpener quotes a Gypsy proverb: "He who wants to enslave you . . . will never tell you the truth about your forefathers," 356. Sand has pointed out very clearly that the foremothers too must be included for a complete affirmation of one's identity. She has also, in the attitudes of Stéphen and Anicée, suggested what is known as the "myth of the 'bad seed,'" where the parents "unconsciously expect the child to repeat his (sic) parents' unhappy story" (Brodzinsky and Schechter 51).

32. For a contrast to *La Filleule*, see *Isidora*, for example, where the mother's story is withheld.

33. Note that Ourika's skin color remains a malediction throughout: "ce mal de ma couleur" (48). We can also see in Moréna's affirmation of the Gypsy mother's identity another Sandian example of the battle between the two mothers that she herself experienced, in her grandmother and mother's rivalry.

Gypsies. They go off on their own, representing the typically Sandian "small-scale, private reform" I have often spoken of. Sand has given us a modern tale of racial, cultural, and social hybridity through interracial adoption, marriage between classes and cultures — the various miscegenations must have made Gobineau, Renan and their ilk shudder.

More clearly than others of her time, George Sand spoke out against what today we call racism — the term has come into use only in our century.[34] Characteristically, she called for the overthrow, not of government, but of mental structures. Her political ideas have too often been discussed in reductive — and patronizing — terms as, for example, "une autre forme [...]de l'amour."[35] I am suggesting that we should define Sand's politics in what a group of Latin American writers has characterized as the "original sense": "a moral platform embodying values of justice, equality, and dignity."[36] To respond to the question of my title, for me, an "a-political Sand" represents, quite simply, a contradiction in terms.

Occidental College

---

34. I agree with Waller, who speaks of the racial message of *Ourika* as blunted (xviii), and with Bertrand-Jennings, who sees Ourika's fate as "une métaphore pour la condition féminine" (47). Curiously, Rambeau says that *La Filleule* "n'est pas [...] un roman sur les gitans" (16) because it does not give an exotic, picturesque view of them. *La Filleule* is much more a book about Gypsies and racism than Claire de Duras's is about black Africans and injustices they suffered in slavery. As we see in Thelma Jurgrau's study, in this volume, of the evolution of Sand's attitude toward the Jews in her correspondence, Sand was not, however, free of influence from the ambient antisemitism. I look forward to the expansion of this important analysis to the Jewish characters in her works. For the dating of the term "racism," Biddiss gives the 1930s in English (103); the *Petit Robert* traces its origins in French to 1902.

35. Vermeylen quotes Pierre de Boisdeffre: "La politique n'a été pour [Sand] qu'une autre forme et peut-être la plus haute expression de l'amour" (7).

36. The quote comes from Chilean Luis Sepúlveda in an interview by Delphine Peras with three Latin American writers, in *L'Evénement du Jeudi*. *World Press Review*, September, 1996: 41.

Sand: du socialisme à son abandon

Michèle Hecquet

S'interroger sur l'abandon du socialisme chez Sand implique que l'on définisse celui-ci. Nous proposons l'ensemble de traits suivants: volonté d'amélioration du sort de la classe la plus nombreuse et la plus pauvre (volonté, et non souhait); connaissance de, et sympathie pour paysans, artisans, ouvriers; intérêt pour les penseurs, hommes politiques, mouvements se réclamant de cette volonté, et œuvrant à l'émancipation populaire; enfin, point de partage fondamental, désir d'un changement de régime de la propriété; pendant les années quarante, nul doute que Sand est socialiste; ses propos dans sa correspondance, les sujets et la conclusion de maint roman, plusieurs articles très engagés en témoignent sans équivoque.

C'est en 1839 que la lecture du *Livre du Compagnonnage* de Perdiguier, faite à l'incitation de Pierre Leroux, détermine Sand à un engagement en faveur du peuple ouvrier. Mais, auparavant, elle avait plusieurs fois exprimé son adhésion au principe saint-simonien de l'abolition de la propriété[1]. Dans le *Compagnon du tour de France*, elle décrit la condition et les travaux d'ouvriers organisés en compagnonnage, plaide pour que cesse leurs divisions; l'année suivante, *Horace* fait retour sur l'insurrection de juin 1832, où se mêlaient ouvriers et étudiants, rappelle leur commun intérêt pour le saint-simonisme. Mais Sand est également attentive à la misère paysanne des provinces enclavées, évoquées avec tant de force et de justesse dans *Jeanne*. A l'exception, qui la condamnera longtemps à l'oubli, de l'ouvrier de la grande industrie, aucun aspect de la misère populaire n'échappe à son attention, à sa compassion. Elle ne refuse à aucun sa sollicitude: ni aux "geindres"[2] de la boulangerie parisienne, ni aux vagabonds, et mendiants comme le Père Va-tout-seul[3],

---

1. *Corr* III:72, vers le 20 octobre 1835 à Adolphe Guéroult: "je vous dis, moi, que je ne connais et n'ai jamais connu qu'un principe: celui de l'abolition de la propriété. Voilà en quoi j'ai toujours vénéré le saint-simonisme." Pour l'examen des relations de Sand avec les saint-simoniens, on se reportera à la synthèse de Jeanne Goldin, dans *George Sand, une Correspondance*, textes réunis par Nicole Mozet (Christian Pirot, 1994) 163-191. Cf. aussi cette lettre du 24 décembre 1840 à Hippolyte Chatiron: "Quant à la question philosophique de la propriété qui nous a tant fait batailler contre Chopin, c'est un principe à conserver dans le cœur [...]. Mais avant que ce principe passe dans l'application générale et devienne un *fait* possible, il faudra bien du temps et peut-être ne le verrons-nous pàs. En effet l'amour sauvage de la propriété domine les hommes petits et grands. Mais ce que nous sommes peut-être destinés à voir, si le peuple s'éclaire, c'est une gestion nouvelle de la propriété [...] où les lois régleront l'héritage et restreindra (*sic*) le droit de l'individu. Ceci est un idéal. Il faut l'avoir devant les yeux, et s'y laisser porter tout doucement par l'intérêt et le bon sens des masses" (*Corr* V:188-89).

2. *Les Ouvriers boulangers de Paris*, paru le 28 septembre 1844 dans *L'Eclaireur de l'Indre*, et repris dans *Souvenirs de 1848* (Paris: Calmann-Lévy, 1880).

3. *Le Père Va-tout-seul*, paru dans l'*Almanach populaire de France pour 1845*, et repris dans *Souvenirs de 1848*.

comme Cadoche dans *Le Meunier d'Angibault*, ni à ceux qui sont incapables de fournir un travail intense, comme le mari de la Piaulette, dans le même roman. Et elle récuse, par la bouche du plus intelligent de ses prolétaires, Pierre Huguenin, toute distinction entre le bon et le mauvais peuple:

> Le peuple, dites-vous [...] c'est la partie saine de la population, qui gagne honnêtement sa vie, qui respecte les droits acquis, cherchant à mériter les mêmes droits, non par la violence et l'anarchie, mais par la persévérance au travail, l'aptitude à s'instruire et le respect aux lois du pays [...]. Mais l'habit grossier que porte le travailleur dans la semaine, mais ses plaies horribles, ses maladies honteuses et sa vermine; mais ses indignation profondes quand la misère le réduit aux abois; mais ses trop justes menaces quand il se voit oublié et foulé; mais ses délires affreux lorsque le regret de la veille et l'effroi du lendemain le forcent à *boire*, comme a dit un de vos poètes, *l'oubli des douleurs*; mais tout ce qu'il y a de rage, de désordre et d'oubli de soi-même dans le fait de la misère, vous vous en lavez les mains; vous ne connaissez pas cela [...]; vous dites: "Ceux-là sont nos ennemis aussi; ils sont l'épouvante et l'opprobre de la société." Et pourtant, ceux-là aussi, c'est le peuple! [...] il n'y a pas deux peuples, il n'y en qu'un.[4]

Cette époque est aussi celle de sa correspondance et de son amitié avec penseurs et organisateurs du mouvement socialiste: faut-il rappeler son amitié avec Pierre Leroux, Agricol Perdiguier, Barbès, Louis Blanc, son soutien à Ledru-Rollin en 1848; ses échanges pleins d'estime avec les poètes ouvriers, Poncy, Magu, Gilland. Les œuvres et la correspondance de ces années la montrent avertie des discussions et de leurs enjeux, et avide d'informations sur les mouvements sociaux: en 1840, elle demande au docteur Guépin, de Nantes, de la renseigner sur une association d'ouvriers cloutiers pendant les années 1820; son dialogue épistolaire avec le fouriériste Edouard de Pompéry, pressenti pour diriger l'*Eclaireur de l'Indre* la montre lectrice attentive des textes utopiques, encore qu'elle n'accorde son suffrage à aucune des "sectes" qui prétendent détenir seules les clés de la science sociale. Les troubles de Buzançais — ceux qui inspireront à Vallès sa pièce *Les Blouses* — où la disette avait poussé à la réclamation de subsistances, puis, par un engrenage fatal, au meurtre, des paysans affamés, qu'elle raconte de manière détaillée dans une lettre de l'hiver 1847 à son cousin René Vallet de Villeneuve lui inspirent un farouche soutien des paysans accusés: "Ce sont des gens qui ont faim et qui se fâchent contre les avares et les spéculateurs. Ils ont montré un rare discernement dans leurs vengeances qui, pour être illégales, n'en étaient pas moins justes. Ne plaignez pas le propriétaire de Villedieu" (lettre du 5 février 1847, *Corr* VI:608).

Sans aller jusqu'à cette légitimation de la violence, ses œuvres narratives

---

4. *Le Compagnon du tour de France*, ed. René Bourgeois (Grenoble: Presses Universitaires de Grenoble, 1979) 274-75.

plaident alors pour l'"association": association des ouvriers surmontant les rivalités de compagnonnages; association surtout des bonnes volontés, prolétaires et possédants réunis, pour œuvrer en mettant en commun les bénéfices, pour cultiver ensemble une terre indivise: *Le Meunier d'Angibault*, *Le Péché de Monsieur Antoine* s'achèvent sur cette détermination. De ces communautés utopiques sont exclus les capitalistes: le riche fermier Bricolin, l'industriel Cardonnet. Ses œuvres sont hostiles au partage et à la clôture des terres: dans un rêve utopique, Pierre Huguenin les voit disparaître, et dans sa "Lettre d'un paysan de la Vallée noire" (parue dans *L'Eclaireur de l'Indre* des 5 et 12 octobre 1844) Sand manifeste son hostilité au partage des biens communaux. Comme Leroux elle distingue entre propriété légitime et illégitime; entre celle qui favorise la constitution de la personne, et celle qui est usurpation du bien commun; en 1848, elle suit attentivement les discussions parlementaires sur la nationalisation des chemins de fer, des assurances.

> Je crois moi, écrit-elle à Charles Poncy en 1848, qu'il y aura éternellement une propriété divisée et individuelle, et une propriété indivise et commune. Toute la science sociale [...] consistera donc à établir cette distinction, à protéger la propriété individuelle jusqu'au point où elle veut empiéter sur le domaine commun, à étendre le domaine commun jusqu'au point où le domaine personnel lui pose sa limite. (Lettre du 1er août 1848, *Corr* VIII: 580)

Comment a-t-elle pu se montrer si hostile à la Commune, s'accommoder de Thiers, alors qu'elle disait en juin 48 son dégoût pour une république qui assassinait ses prolétaires? Nous ne pouvons prétendre suivre les cheminements d'une conscience, mais nous indiquerons, des étapes et des divergences significatives avec ses positions des années quarante.

La violente hostilité aux "communistes" qui s'exprime lors de la manifestation du 16 avril (lettre de la nuit suivante à Maurice, *Corr* VIII: 416-417) la haine des "partageux" qui la prend pour cible à Nohant, ont certainement dû la faire réfléchir; dans la grande lettre où elle défend les socialistes rendus responsables par Mazzini de la défaite de la République, sa position n'est déjà plus la leur; elle prend acte du choix populaire en faveur de Napoléon; elle qui, en 1848 croyait le moment venu de mettre enfin en œuvre la devise républicaine, repousse dans un futur indéterminé sa réalisation; le socialisme — elle dit aussi "communisme" — lui est devenu "religion"; elle est désormais devenue ce qu'elle reprochait à Pierre Leroux d'être en février 48: pacifiste. Elle ne croit ni possible, ni souhaitable de faire le bonheur du peuple malgré lui; mais elle dresse un bilan positif de la seconde république:"La France a conquis la sanction, la vraie, la seule sanction légitime de tous les pouvoirs, l'élection populaire, la délégation directe." (23 mai 1852, *Corr* XI: 178). Cette conquête civique est une émancipation sociale.

D'autres lettres du second empire montrent une hauteur de vues, un souci de la totalité sociale, et témoignent d'une qualité de réflexion politique comparables à ceux des plus grands. On croit entendre ici Chateaubriand, définissant et revendiquant l'effet majeur de la révolution dans un célèbre discours de 1827: "le fait politique ou moral qui reste d'une révolution est toute cette révolution. Quel est le fait dévolu aux deux mondes après cinquante ans de guerres civiles et étrangères. Ce fait est la liberté"[5]. Ou encore Victor Hugo, se demandant en 1861 dans *Les Misérables*: "Faut-il trouver bon Waterloo?" Et, comme le souligne Michelle Perrot, les années du Second Empire furent pour Sand une époque d'intense réflexion politique[6].

Elle semble, d'après cette lettre, n'avoir que peu et mal connu les soulèvements populaires contre le coup d'état du 2 décembre: "Je ne sais au nom de qui se sont levées les bandes du Midi et du Centre après le 2 décembre. On les a intitulées socialistes" (*Corr* XI:187). C'est, selon notre hypothèse, ces insurrections qu'elle vise, lorsqu'elle décrit, en les situant dans le Bourbonnais du XVIIIe siècle, les violentes turbulences des corporations de la forêt. Mais *Les Maîtres Sonneurs* sont toujours une œuvre de conciliation et d'union, entre gens du bois et gens des blés, entre ouvriers et paysans; synthèse populaire, amélioration du sort des plus pauvres sont toujours son premier souci; cependant ce progrès se confond avec une moralisation, elle nécessite l'élimination ou la normalisation des figures les plus singulières, sédentarise les errants; enfin, la petite propriété est le noyau qui réunit les personnages positifs.

Un peu plus tardive, une lettre étonnante, adressée mais jamais envoyée à Jules Janin, montre à quel point les convictions socialistes de Sand ont pu être ébranlées par le radical changement de climat politique et moral qui succède à l'échec de 48; pour son interlocuteur, qui lui reprochait de vilipender les bourgeois dans l'une des pièces qu'elle fait alors représenter, elle inclut le capitaliste dans la société à la fois économiquement développée et réconciliée de sa vision; la contradiction des intérêts, si nettement perçue dans *Le Péché de Monsieur Antoine*, entre l'industriel et l'ouvrier, l'industriel et le paysan tend à s'effacer, non pas grâce à un effort de concertation et de partage, mais grâce aux bienfaits de la reproduction des richesses, et de la mondialisation de l'économie: on croit lire un hymne saint-simonien.

> Si l'on s'élève au-dessus de ses propres intérêts froissés dans cette lutte, si l'on se détache du sentiments personnel pour considérer la marche du torrent économique et le but vers lequel ses flots se précipitent, on est frappé de voir le salut général au bout de cette carrière ouverte à l'individualisme effréné. On voit les capitaux s'élancer vers les conquêtes merveilleuses de l'industrie, et se mettre forcément, fatalement au service du génie des découvertes. On voit le principe de l'association se dégager comme le soleil du sein des orages, les machines remplacer les durs labeurs de l'humanité et de nouvelles industries ouvrir un refuge aux travailleurs

---

5. Chateaubriand, "Opinion sur le projet de loi relatif à la police de la presse" (7 mai 1827), *Œuvres complètes*, XXVII:127 et suivantes, cité par Jean-Paul Clément, *Chateaubriand politique* (Paris: Pluriel, Hachette 1987) 250.

6. Michelle Perrot: "La morale politique de George Sand", in *Les Femmes et l'invention d'une nouvelle morale*, textes réunis par Stéphane Michaud (Créaphis, 1994) 95.

délivré du métier de bêtes de somme et appelés à des occupations plus intelligentes, plus douces et plus saines. On voit enfin le socialisme, votre bête de l'Apocalypse, mon cher confrère, se faire place et devenir la société européenne, quelles que soient les formes apparentes d'égalité ou d'autorité, de république, de dictature ou d'autocratie qu'il plaise aux nations d'inscrire en tête de leurs constitutions actuelles ou futures. (1er oct. 1855, *Corr* XIII:371-379)

Sand est, maintenant que son idéal a reculé au-delà de l'horizon, décidée à accepter, à accueillir la réalité, à la déchiffrer à la lumière de principes moins exigeants, mais toujours orientés dans la même direction; déjà, en avril 52, elle prédisait à Alphonse Fleury que le nouveau régime, établi par le suffrage universel, sans la bourgeoisie ni l'aristocratie, était contraint à un "socialisme matérialiste" (*Corr* XI:16).

Sand, dans la longue lettre à Mazzini citée plus haut, fait état d'une très riche, quoiqu'incomplète lecture des théoriciens socialises: Pecqueur, Louis Blanc, Leroux bien sûr; Cabet, Fourier, Vidal, bien d'autres encore; elle juge sévèrement Proudhon, qu'elle n'a pas lu, qu'elle ne lira pas. Plus jamais son intérêt intellectuel et politique pour le socialisme ne sera aussi vif; ni la correspondance, ni les agendas ne font apparaître de contacts avec théoriciens et leaders socialistes, ou de lecture de leurs œuvres; elle entretient fidèlement, par contre, la flamme du souvenir: avec Barbès, Perdiguier, Poncy, les exilés qu'elle soutient. Il est certain que Sand est devenue pacifiste, et qu'elle ne songe plus à installer le socialisme à la suite d'une révolution. Nous ne sommes plus à l'époque où elle se distanciait du pacifisme saint-simonien: "Vous êtes les prêtres, nous sommes les soldats"(*Corr* III:326); elle semble au contraire attirée par le saint-simonisme, par cet aspect du saint-simonisme qui prévalut sous le Second Empire, soucieux de développement matériel; lorsqu'elle met au point, au début d'un long échange, pour le financier saint-simonien Edouard Rodrigues l'état de ses "croyances", notamment dans les longues lettres des 4 et 17 avril 1863, nous ne trouvons plus trace de la contradiction, si vivement dénoncée dans *Le Péché de Monsieur Antoine*, dans *Le Meunier d'Angibault*, entre l'enrichissement de quelques-uns et l'appauvrissement du plus grand nombre; il semble qu'aux yeux de Sand, sans révolution, plus même, sans intervention du politique, le développement, à condition d'être conduit dans un "esprit de fraternité" ait pour résultat logique le socialisme; car tel est toujours le but, l'idéal auquel on mesure tout événement politique, tout choix idéologique; et elle rappelle avec netteté à son correspondant l'insuffisance du mot d'ordre saint-simonien: "Voilà pourquoi le saint-simonisme [...] est resté incomplet. Il a dit à chacun selon sa capacité et à chacun selon son œuvre." Ce qui équivaut à dire: soyez intelligent et actif, ou restez dans les bas-fonds. Il a négligé de dire: A chacun selon ses besoins" (*Corr* XVII:589).

Lecture des deux derniers romans sociaux: Du socialisme au féminisme?

Dans les *Lettres à Marcie* (1837) Sand subordonnait l'émancipation des femmes à la transformation de la société, à l'émancipation des hommes: "Les femmes crient à l'esclavage; qu'elles attendent que l'homme soit libre, car l'esclavage ne peut donner la liberté"[7], écrivait-elle alors; à l'inverse, dans ses deux romans sociaux d'après 1853 — ceux dont les protagonistes sont ouvriers ou paysans — , *La Ville noire* (1859) et *Nanon* (1872), c'est grâce à l'activité de l'héroïne que s'instaurent la synthèse sociale et le développement. *La Ville noire* constitue à bien des égards un retour sur *Le Compagnon du tour de France*; Sand reprend même un carnet de cette époque, où figurait notamment le nom compagnonnique du héros, Sept-Épées[8]. Le roman explore les différentes issues possibles — possibles? — pour l'ouvrier qui ne veut pas, comme Gaucher, se contenter de la vie monotone et limitée de l'être dénué d'ambition; Sept-Épées reprend l'installation d'Audebert; celui-ci, plus âgé, appartient bien à la génération utopiste des années quarante, il veut se créer un capital dont il se servirait pour le bien de tous, il s'investit d'une mission démesurée: supprimer la misère; mais il échoue, se ruine, et Sept-Épées le sauve du suicide. L'enrichissement par un travail assidu, énergique, forcené se révèle également impossible au jeune homme. Lassé à son tour, lui qui est excellent artisan, presqu'artiste, reprend les routes du compagnonnage qui le conduisent jusqu'en Allemagne; on aura reconnu, sous ces doublets dégradés de Pierre Huguenin et d'Amaury, le couple du réformateur social et de l'artiste. Mais tandis que les hommes sacrifient — par orgueil suggère avec insistance le récit — le proche au lointain, la gaieté et l'amitié à des buts inaccessibles, l'ouvrière Tonine, négligée par le jeune héros, n'a cessé de se montrer gaie et serviable envers tous, d'améliorer, par de petites négociations, de menues trouvailles pratiques, le sort de chacun. Lorsqu'un héritage inespéré la rend propriétaire d'une grande usine, c'est sous sa bienveillante direction que s'inaugure, célébrée par Audebert devenu poète, une ère d'harmonie sociale et de développement économique où tous participent dans la mesure de leurs forces.

Nanon procède de la même manière, en récompensant d'un très gros héritage l'énergie inventive et généreuse d'une jeune fille. Mais là, rien qui ressemble à la communauté utopique de *La Ville noire*. Dans ce roman écrit au lendemain de la Commune dans un but de réconciliation nationale, Sand , et c'est méritoire, refuse toute exclusion; des mariages plus ou moins heureux, mais toujours féconds, unissent à la fin du roman un noble et une paysanne — Nanon — , une noble et un bourgeois jacobin. *Nanon* renouvelle le geste conciliateur des *Maîtres Sonneurs* au lendemain du coup d'état, et fait toujours du paysan le pivot d'une civilisation heureuse et paisible. On peut considérer ce roman de Sand comme une reprise et une réécriture de l'*Histoire de la révolution racontée par un paysan*, d'Erckmann-Chatrian (1868), puisque l'héroïne est la narratrice, prouvant ainsi l'immense conquête symbolique permise aux paysans par la révolution française. Mais Nanon ne se contente pas de l'honnête aisance des héros de Phalsbourg; pour que le jeune noble dont elle est éprise

---

7. *Lettres à Marcie*, IIIe lettre, in *Les Sept cordes de la lyre* (Paris: Calmann-Lévy 1883) 194.
8. Bibliothèque nationale, Carnet n.a. fr. 13646.

ne déroge pas trop en l'épousant, elle décide de se rendre propriétaire d'un domaine seigneurial, et devient une capitaliste. *Nanon* est à la fois une célébration de la révolution française et un refus, à la fois féminin et paysan, du politique.

Plus gravement, et ceci constitue une véritable palinodie, le roman, par de très fines et convaincantes analyses, prend à cœur de montrer le caractère formateur de la propriété individuelle, susceptible d'éveiller, non seulement le sens des responsabilités, mais la conscience de soi et la vie intellectuelle; Nanon fait dater le commencement de son être, "le point de départ de (s)on existence"[9] de sa première possession; ainsi, après avoir, près de trente ans plus tôt, refusé les analyses de Michelet ("Je suis utopiste, vous êtes réformateur"lui écrivait-elle en 1845 [*Corr* VI, 836]), Sand adhère à sa vision du paysan, et appuie sur les paysans son espoir d'une société meilleure. Elle consent à ce qu'ils soient des propriétaires passionnés, et les propose même comme modèles aux ouvriers. Et dans *Nanon*, aucune limite n'est posée à l'accroissement de la propriété individuelle, accroissement dont les effets négatifs ne sont pas décrits. Sand, qui a tant célébré la figure de l'artiste errant, qui écrivait dans *Histoire de ma vie* "Voir, c'est avoir" *(OA* I:665), inverse là cette proposition: avoir, c'est voir, et Nanon ne regarde avec attention la maison où elle demeure que du jour où elle en est faite propriétaire:"Alors [...] je regardai pour la première fois cette masure avec des yeux étonnés. Elle était très ancienne et encore solide" (*N* 70).

Que conclure? Assurément, Sand, qui n'a pas noué de relations avec les penseurs socialistes de la seconde partie du siècle, qui s'est montrée violemment hostile à la Commune, qui accepte sans correctif le principe de la propriété privée, qui condamne le politique, seul susceptible d'intervenir au nom du bien commun, et s'en remet à la bonne volonté des riches entrepreneurs, a bien abandonné ses convictions socialistes. A la fin de sa vie, ses principes sont ceux de la démocratie libérale.

Nous ne croyons pas cependant à un reniement; d'une part, parce que les préceptes de vie à l'œuvre chez Nanon sont précocement inscrits dans sa pensée: ce sont ceux que formule Franklin, lu assidûment dans sa jeunesse[10] ceux que Max Weber assigne à *l'Esprit du capitalisme*[11]: goût du travail, de l'économie, de la prévision, conscience de ses devoirs: elle ne les a jamais exclus, même s'il lui arrive de s'interroger plus souvent et plus sérieusement, dans les années quarante, sur le

---

9. *Nanon*, préface de Nicole Mozet (Meylan: Éditions de l'Aurore, 1987) 32. Les références dans le texte (*N*) renverront à cette édition.

10. Cf. cette lettre du 4 avril 1835 à Sainte-Beuve: "J'aurais dû m'en tenir à Franklin dont j'ai fait mes délices jusqu'à vingt-cinq ans et dont le portrait suspendu près de mon lit, me donne toujours envie de pleurer comme ferait celui d'un ami que j'aurais trahi. Je ne retournerai plus à Franklin, ni à mon confesseur jésuite." et, le 14 avril, dans la même lettre: "J'ai relu Franklin, j'ai causé avec un vieux ami, qui est sage et heureux, et qui fait aussi ses délices du bonhomme Richard." (*Corr* II:861 et 863).

11. Max Weber: *L'Ethique protestante et l'esprit du capitalisme*, trad. fr. Plon, 1964 (I° édition 1920).

pauvre inapte au travail, ou de célébrer l'insouciance de l'artiste. Et, dans sa vie comme dans son œuvre, Sand n'a jamais abandonné le souci des plus démunis, ni le désir de synthèse sociale.

Université Charles de Gaulle (Lille)

CLAUDIE DE GEORGE SAND (1851)
VISION PROLÉTAIRE ET FÉMINISTE ?

Sylvie CHARRON

La pièce *Claudie* s'inscrit dans la longue lignée des écrits champêtres de George Sand et nous intéresse ici par son aspect subversif plutôt que bucolique. Depuis *La Petite Fadette* (1848) et la montée de la censure après l'échec de la révolution de 1848, Sand s'est en effet aperçue qu'il lui est plus facile de faire passer ses idées sous couvert de naïveté campagnarde que dans un contexte plus direct et ouvertement contestataire. De plus, le succès retentissant de la pièce *François le Champi* avec 140 représentations de novembre 1849 à avril 1850 sur la scène parisienne encourage la dame de Nohant à persévérer dans un genre qui semble lui réussir. Par contraste, la pièce *Cosima* (1840), sorte de drame hugolien, avait été huée et l'infortunée *Gabriel* (1839) qui traite de l'ambiguité des rôles sexuels, ne réussit jamais à trouver le moindre petit théâtre qui voulut bien l'héberger, malgré les efforts sans cesse renouvelés de l'auteur et des réécritures multiples pour faire accepter l'œuvre.

Claudie, drame en trois actes, fut mis en scène pour la première fois à la Porte Saint Martin le 11 janvier 1851, et y connut un succès manifeste avec 43 représentations. La même année, Sand eut d'ailleurs deux autres pièces à l'affiche: *Molière* et *Le Mariage de Victorine,* qui furent elles aussi assez bien accueillies. Gay Manifold dans son étude magistrale sur le théâtre de Sand a déjà souligné l'originalité de *Claudie.* Elle a relevé en particulier le réalisme du décor et des costumes, celui des personnages, et le jeu des acteurs dans une distribution où tous les rôles forment un ensemble, alors qu'il existait à ce moment-là un système de vedettariat[1] où les seconds rôles ne servaient qu'à mettre en valeur les acteurs en vue. Manifold note de plus que l'aspect subversif de l'œuvre n'échappa ni à la censure, ni au public contemporain qui lui fit un accueil délirant: "When *Claudie* played in the town of Nantes in March 1851, it was so popular with the people, the workers, that the town officials closed it down, fearing 'popular enthusiasm' or uprisings might be caused by the play's 'socialist ideas'"[2]

J'aimerais montrer comment *Claudie* s'inscrit en fait dans le cadre des écrits théoriques et politiques des années quarante, en particulier ceux qui sont rassemblés dans les recueils *Questions d'art et de littérature* et *Questions politiques et sociales.* A travers ce spectacle, Sand montre en effet l'injustice de la répartition des biens entre les classes, critique l'exploitation de la femme paysanne, pose la question du mariage et celle d'une juste rémunération pour un travail fourni. Ces revendications s'incarnent à travers l'histoire de la jeune Claudie qui est une jeune paysanne telle que l'on peut véritablement les trouver dans les campagnes de France sous le Second Empire, et non un type bouffon comme par exemple ceux du *Dom Juan* de Molière.

---

1. *George Sand's Theater Career* (Ann Arbor: UMI, 1985).
2. Lettre de d'Arpigny à Sand, 12 mars 1851, *Corr* X:185n. Cité par Manifold, 170n42.

Il faut souligner que dans la préface générale à l'édition du *Théâtre complet*,[3] Sand insiste sur le rôle social que doivent jouer l'art en général et le théâtre en particulier. Bien avant les existentialistes, elle pose la question du théâtre engagé. Elle déclare en effet que même si le but principal du théâtre est de divertir, comme l'avait signalé Molière, "Les fictions scéniques n'existent qu'à la condition d'enseigner" et "ce qui n'enseigne rien lasse vite." Pour elle, il faut que "Le divertissement serve avant tout à faire passer un message social ou philosophique. L'artiste possède une responsabilité morale de se montrer la conscience de son temps" (7). Elle tient absolument à "n'avoir pas manqué de conscience et de dignité dans [ses] études de la vie humaine" (9). Pourtant, elle refuse la tentation naturaliste qui présente le prolétariat (généralement urbain) sous des couleurs désolantes et sans lueur d'espoir. Dans la préface générale aux *Œuvres complètes*,[4] Sand réitère la question du droit social et se demande: "quelle justice était praticable de nos jours, et comment il fallait s'y prendre pour persuader aux prolétaires que l'égalité des droits et des moyens de développement était le dernier mot de la forme sociale et de la force des lois"[5].

On doit noter par ailleurs, comme l'a souligné Brigitte Lane, que la paysannerie française en 1846 représentait les trois quarts de la population française en nombres[6], mais ne possédait aucun pouvoir politique. C'est pécisément ce que critique Sand dans sa *Lettre d'un paysan de la vallée noire écrite sous la dictée de Blaise Bonnin* (1848), où elle se plaint que cette classe n'ait pas le droit de vote: "Quelle part avons-nous, nous qui ne votons sur rien, aux bienfaits d'un beau gouvernement?"[7] Elle maintient que la condition paysanne n'a guère évolué malgré les rêves de la révolution: "Le jour où nous nous sommes trouvés sans seigneurs, sans abbés, sans dixmes ni redevances, nous nous sommes tous imaginé que nous allions être libres et gaillards comme alouettes au champ. Nous nous sommes trompés" (*QPS* 39). Elle se révolte contre la misère insigne et l'état de servage des paysans qui se tuent à la tâche sans recevoir de salaire adéquat même pour manger à leur faim: "Le servage, c'est notre état de misère qui nous livre à la merci de l'usurier bourgeois, du fermier bourgeois, du propriétaire bourgeois ou non bourgeois" (*QPS* 39). Elle s'insurge par ailleurs contre la toute puissance que donne l'argent et critique l'inégalité de la distribution des biens. Elle accuse: "cette monnaie jaune qui permet tout aux uns et qui défend tout aux autres!" (*QPS* 40). Enfin, elle pose la question de la vulnérabilité de la femme paysanne qui, même si elle n'est normalement plus

---

3. George Sand: *Théâtre complet*, 4 volumes (Paris: Michel Lévy, 1877).

4. *Œuvres complètes* (Paris: Michel Lévy, 1877).

5. *Questions d'art et de littérature*, Ed. D.J. Colwell (Egham Hill: Runnymede books, 1992) 4. Toute référence dans le texte (*QAL*) renverra à cette édition.

6. "Mystique ouvrière et utopie sociale dans *Le Compagnon du tour de France*: le 'mariage' du Christ et la (recon)naissance du 'peuple roi,' deux contrats sociaux impossibles," *George Sand Studies* 14. 1-2 (1995), 55 n2.

7. *Questions politiques et sociales* (Paris: Calman-Lévy, 1878) 42. Toute référence dans le texte (*QPS*) renverra à cette édition.

victime du droit de cuissage depuis l'abolition des droits aristocratiques, le reste souvent de facto de façon souvent beaucoup plus insidieuse:

> A présent le diable s'est fait bonhomme: il se promène en redingote et en casquette autour de nos maisons, on s'en défie moins. Mais, quand on y songe, on doit s'en méfier davantage; car, si l'on défend ses brebis, qui vous dit que ce riche qui ne craint ni dieu ni diable, qui se moque du scandale comme du curé, et de la loi qui est faite et appliquée par lui et pour lui, ne vous ruinera pas bientôt en vous chassant de votre maison qu'il vous a louée, en réclamant l'argent qu'il vous a prêté (je ne veux pas dire à quel taux d'intérêt!); enfin, en vous refusant l'ouvrage dont vous ne pouvez pas vous passer? (*QPS* 41)

Enfin, Sand pose dans cet écrit la question cruciale de la prise de pouvoir par le discours dans l'espace public: "Mais qui est-ce qui prendra donc enfin un beau jour la défense de la petite propriété contre la grande? M'est avis que ça serait temps. Et la défense de la non-propriété, c'est-à-dire de la vie des pauvres contre tous les propriétaires petits et grands?"(*QPS* 47).

La pièce *Claudie* me semble précisément une tentative de donner publiquement la parole à cette classe sans voix en mettant en scène de véritables paysans avec leurs soucis quotidiens sans en faire des marionnettes ni des êtres infantiles. La profonde originalité de Sand pourrait se comparer au progrès de la représentation des Noirs Américains dans la littérature ou les films de Hollywood, qui furent victimes de caricatures choquantes dans des livres comme *Uncle Tom's Cabin* ou des films comme *Gone with the Wind* avant de devenir des héros à part entière dans les écrits ou le cinéma contemporain. Ce désir de prise de parole des classes opprimées correspond également au souhait qu'avait exprimé Sand dans son article sur les poètes populaires, d'abord paru dans le premier numéro de *La Revue Indépendante* dirigée par Pierre Leroux, en novembre 1841. Elle revendique en effet un espace public pour la voix des exclus (le prolétariat et les femmes) car, selon Sand, ce ne peut être que des rêves du peuple que surgira une meilleure société: "C'est vous tous, ce sont vos amis réunis à la veillée, ce sont vos filles et vos femmes qui rêvent la tête penchée, en travaillant et en vous écoutant, qui feront redescendre le Messie sur la terre" (*QAL* 166). Dans un article de 1842, elle déclare: "Il n'y a que les ouvriers pour s'occuper des maux de la société, dont ils sont, en tant qu'ouvriers et en tant qu'hommes, les plus nombreuses et plus infortunées victimes" (*QAL* 104).

La pièce *Claudie* se passe dans une ferme et la jeune héroïne qui donne son nom à l'œuvre est une jeune paysanne totalement démunie, venue se louer pour la moisson en compagnie de son grand-père, un vaillant soldat de Napoléon que la nation aurait dû remercier de ses services, mais qui vit dans la plus grande des misères. Comme l'a noté Gay Manifold, la pièce *Claudie* est aussi la première représentation positive d'une fille-mère sur la scène parisienne. Le rôle de Claudie fut d'ailleurs joué par George Sand elle-même dans la mise en scène de Nohant, ce qui peut confirmer que ce personnage est bien le porte-voix de l'auteur.

De même que la Fadette et le François des romans champêtres, Claudie est une jeune orpheline, qui a perdu ses parents à l'âge de cinq ans [8]. Elle n'a personne pour la protéger, si ce n'est un humble vieillard qui veille sur elle et sur qui elle doit veiller. Sa seule richesse est sa capacité de travail. Il est donc particulièrement significatif que l'entrée en scène de Claudie, à la scène 5 du premier acte, soit marquée par une âpre discussion d'argent entre l'employeur agricole Fauveau et son fils Sylvain, à propos de ces pauvres moissoneurs. Fauveau ergote à la fois le nombre de jours travaillés (il essaie de n'en payer que 20 sur les 25) et le salaire dû. Il s'agit en effet de savoir si le travail d'une femme ne doit pas compter du tout, compter pour une demi-part, ou une part entière:

> **Sylvain**: L'ouvrage d'une femme comme cette Claudie, ça doit compter. Tenez, pour être juste, vous devriez payer le père Rémy et sa petite-fille comme un et demi.
> **Fauveau**: Ah bien, par exemple!...
> **Claudie**: Nous n'avons pas demandé tant que ça, Maître Sylvain [...].
> **Sylvain**: [...] Je vous atteste que cette jeunesse-là travaille autant qu'un homme. [...] C'est pourquoi je vous dirai qu'en considération de leur pauvreté, de leur fatigue et de leur grand cœur à l'ouvrage, vous agiriez comme un homme juste que vous êtes en leur payant la journée à raison de trois francs, et, si vous vouliez être encore plus juste, juste comme le bon Dieu, qui mesure son secours à la misère d'un chacun, vous les payeriez comme un et demi!
> **Fauveau**, *avec humeur et en élevant la voix*: C'est ça! Et puis comme deux, peut-être! Es-tu fou, Sylvain, de me pousser comme ça... Tu veux donc ma ruine et la tienne, que tu soutiens mes ouvriers contre moi?
> **Claudie**, *les arrêtant du geste*: Pas tant de paroles! Merci pour votre bon cœur, maître Sylvain; mais ça serait une aumône, et nous ne la demandons point. On est misérable, mais, avec votre permission, on est aussi fier que d'autres. Qu'on nous paye comme un et nous serons contents. [...]
> **Fauveau** [...] Va pour trois francs, puisque mon garçon dit que c'est la justice. La justice avant tout! (234-6)

Cet échange est particulièrement révélateur, car il pose la question de l'équité salariale pour le travail de l'employé, et le travail féminin en particulier. Pour Sand, il semble en effet indispensable que le travail des femmes soit considéré à sa juste valeur. Même si dans cette scène, Claudie n'obtient qu'une partie de ce qui lui est dû, le public prend conscience d'une injustice régnante. Il importe de plus de souligner que Claudie n'a pas affaire à un employeur qui soit malhonnête ou méchant, mais tout simplement un individu qui profite d'une situation inique où l'employé n'a aucune protection légale. Par le biais de cette discussion, Sand signale que le salaire accordé aux prolétariat des deux sexes ne doit pas être un acte de charité laissé au bon

---

[8]. *Claudie* dans *Théâtre Complet de* George *Sand*, vol. I (Paris: Michel Lévy, 1877) 239. Toutes les références à *Claudie* renvoient à cette édition.

vouloir de l'employeur, mais un droit établi et garanti par la loi.

Cette œuvre se rebelle par ailleurs contre l'iniquité qui donne aux bourgeois tous les droits à cause de leur richesse et leur permet d'abuser des jeunes filles en toute impunité. Le jeune Ronciat, un paysan "faraud", nous apparaît comme un être dépourvu de principes et qui représente tout ce que l'auteur déteste.

D'abord, il abandonne ses terres à la garde d'autrui par paresse et laisser-aller, ce qui est un crime impardonnable aux yeux de l'auteur qui se révolte dans de nombreux écrits contre le fait que certains se tuent à la tâche pour faire fructifier des biens qui ne leur appartiennent pas alors que d'autres en possèdent trop et s'en occupent peu ou prou. Ces rentiers sont en réalité des êtres parasites, paresseux, qui profitent des autres sans vergogne. Dans la pièce, Ronciat, qui est le seul que Sand choisisse de ne pas présenter sur scène en costume de travail, est venu chercher la main de la jolie Rose, la riche propriétaire qu'il espère épouser pour sa "belle dot" et son joli corps. Il se présente dont en conquérant et propriétaire plutôt qu'en amoureux respectueux d'un autre être humain. Par contraste, le jeune métayer Sylvain voit plutôt le mariage comme un lien associatif et égalitaire entre deux travailleurs: "Nous avons nos bras et notre courage au travail, et Claudie apporterait cette dot-là, bien ronde et bien belle!" (260). Pour Sand, le travail doit en effet être à la fois un droit et un devoir, et c'est la base de la dignité humaine. Il n'y a pas de maturité sans participation active au bien-être de la communauté. (L'on pense par exemple à la différence entre Landry et Sylvinet dans *La petiteFadette*, l'un travaillant et l'autre pas.) La pièce se termine sur la tirade suivante: "le travail, ce n'est point la punition de l'homme... c'est sa récompense et sa force... C'est sa gloire et sa fête!" (307). Du moins si le salaire et une qualité de vie suivent!.... La clôture de *Claudie*: "grâce rendue à Dieu, au travail et à votre bonheur..." (308), qui est la bénédiction du vieux Rémy pour l'hymen de sa petite fille, fait songer à une affiche de propagande bolchévique dans les années trente.

La faute fondamentale de Ronciat ne gît cependant pas dans sa paresse, mais dans une tare morale beaucoup plus grave. L'on apprend en effet qu'il a profité de l'innocence de Claudie dans sa jeunesse et lui a promis de l'épouser, car il pensait qu'elle hériterait d'une vieille tante. Lorsque l'héritage se volatilise, Ronciat abandonne Claudie pour aller chercher verte pâture ailleurs. Malheureusement, de cette union naquit un fils que du coup Ronciat ne voulut jamais reconnaître, et dont il ne s'occupa jamais, si bien que l'enfant mourut de misère. Pour Sand, ce bourgeois insouciant et volage est en réalité un meurtrier. Ce qui est particulièrement sordide dans ce cas, si l'on en croit l'historien Henri Vincenot, c'est que les relations sexuelles avant le mariage dans les campagnes sous le Second Empire étaient coutumières et même désirables pour garantir que le couple ne reste pas stérile:

> Le nombre des enfants illégitimes est très bas dans toute la Bourgogne. [entre 60 et 24 pour 1000, moins que moyenne nationale de 72 pour 1000...] Cela tient à ce que la mariage avait lieu, honnêtement, régulièrement, mais avec le décalage nécessaire de quatre mois, 'pour voir.' [...] Le nombre d'enfants nés deux, trois ou quatre mois après le

mariage est très grand... Pourquoi? Tout simplement parce que la stérilité est considérée comme une tare, aussi bien par la fille que par le garçon[9].

Il semblerait donc que Claudie n'ait fait que suivre la coutume de son pays en laissant son fiancé l'approcher, mais que celui-ci lui ait fait un tort impardonnable lorsqu'il l'a abandonnée, car avoir un enfant hors mariage est considéré comme le pire des opprobres. Ce que Sand critique avec véhémence, c'est que Claudie se trouve non seulement dans la misère économique, mais doit subir la honte d'une faute qu'elle n'a en réalité pas commise puisque Ronciat lui menti sur ses intentions. De plus, pour un homme honnête comme Sylvain, il serait normalement impensable d'épouser une fille-mère, donc cette faute une fois commise devient irréparable. Il est par ailleurs impossible pour une fille-mère de trouver un emploi qui lui permette de vivre, de se placer dans une famille, ou de se faire respecter. Claudie doit porter tout le poids de son calvaire, avec un courage véritablement héroïque, alors que le bourgeois qui l'a engrossée peut continuer allégrement sa vie de papillonnage: "j'ai juré de me punir moi-même, en portant seule la peine de ma faute" (306). Cet héroisme est en fait ce que la société attend d'elle (car la société du dix-neuvième veut que la femme soit sainte ou victime, choix qui n'est jamais imposé à l'homme), mais Sand montre que cela est foncièrement révoltant.

Cependant, comme il s'agit d'un texte champêtre de la bonne dame de Nohant, justice est faite à la fin, et l'homme honnête et travailleur, le tendre Sylvain, prend pour épouse la pure Claudie. Tout se termine avec bonheur dans le meilleur des mondes possibles au son des violonneux accourus pour célébrer la fin de la moisson. Cette fin peu réaliste fait songer au film de Coline Serreau *Romuald et Juliette* où contre tout préjugé social une femme de ménage noire se retrouve mariée sans encombre à un PDG riche et blanc. Dans les deux cas, il s'agit de situations auxquelles le spectateur croit peu mais qui suggèrent que les barrières apparemment infranchissables érigées par la société sont des murs artificiels, instables, et qui n'ont pas de raison intrinsèque d'exister.

Un autre aspect particulièrement moderne de cette pièce est le réalisme des actions quotidiennes présentées sur la scène. La vie paysanne présentée ici se déroule dans un labeur incessant. Alors que dans le théâtre classique, selon les règles de la bienséance, l'action se déroule toujours hors scène et le spectateur n'a droit qu'au récit d'exploits ou meurtres commis par des héros aristocratiques, ici, le spectateur observe devant lui des personnages du menu peuple sans aspirations ou exploits héroïques, mais dont la vie se déroule au rythme des saisons et des tâches à accomplir. Comme le feront les impressionnistes un peu plus tard, cette œuvre présente une tranche de vie quotidienne plutôt qu'un évènement historique marquant.

Les directions scéniques sont à ce propos particulièrement remarquables. Chaque personnage est en effet systématiquement introduit en posture de travail, à

---

9. *La vie quotidienne des paysans bourguignons au temps de Lamartine* (Paris: Hachette, 1977) 169-70.

l'exception de Ronciat dont Sand nous dit simplement qu'il est "fort endimanché" (scène 8), ce qui indique que, pour lui, tous les jours sont fête et souligne son aspect de dandy parasite et désœuvré. Le premier personnage qui paraisse sur scène, Fauveau, tient devant lui "une ardoise encadrée et près de lui une grande bourse de cuir. Il est en train de compter son argent" (221). Cela souligne à la fois son rôle d'employeur et son avarice paysanne. Quant à sa femme, la mère Fauveau, elle "porte un grand panier couvert d'une serviette." Elle est en pleine tâche ménagère, comme il se doit d'une femme de sa classe. De plus, dès que son fils Sylvain entre en scène, elle se précipite sur lui sans un mot afin de ravauder sa chemise où il manque un bouton (230), puis elle s'occupe de préparer le dîner. Elle sort des légumes du panier et commence à les éplucher, tandis que Sylvain va puiser de l'eau pour les besoins domestiques. C'est une classe qui cause peu mais agit beaucoup. Nous sommes loin de théâtre classique ou même romantique, où la vie quotidienne, surtout celle du bas peuple, ne saurait se montrer. Lorsque Sylvain fait son entrée sur scène, "il tient une fourche qu'il dépose à droite de l'entrée", et les deux employés agricoles Rémy et Claudie se présentent "tous deux faucille en main." Ces trois personnages arrivent à la fin d'une longue journée de labeur. Le plus frappant, c'est qu'à peine arrivée, Claudie doit se mettre à faire toutes sortes de travaux ménagers: prendre des nappes et des couverts, puiser de l'eau etc. Son activité sur scène est incessante. Elle ne passe pas une minute inactive devant le spectateur. Elle plie du linge, fait la vaisselle et même le repassage devant un public qui sait qu'elle a passé une grosse journée aux champs, où elle s'est démenée "comme un homme," si bien qu'elle s'évanouit presque de fatigue. Toujours d'après l'historien Vincenot, le travail au champ n'est en effet pas une mince affaire:

> Les faucheurs, qui ont commencé à l'aube, un peu avant quatre heures au soleil, taillent jusqu'à sept heures [...]. A sept heures, on leur apporte la soupe, qu'ils avalent promptement. [...Ensuite, reprise du travail jusqu'à dix heures qui est l'heure de la collation avec pain, fromage et eau vinaigrée.] Par temps très chaud et très sec, les faucheurs ne reprenaient pas la faux après dix heures... On réservait pour la troisième attaque, de dix heures à midi, les bordures près des rivières. On ne reprenait la faux que vers les trois heures et demie ou même quatre heures, pour faucher à la fraîche. Les fauchaisons n'étaient pas terminées que commençaient les moissons, avec les mêmes équipes. [...] Ainsi, les faucheurs commençaient de 'mettre l'herbe par terre' à la Saint-Jean et ne remisaient leur dard que moisson faite, c'est-à-dire au-delà du 15 août avec le plus grand soin selon leur rang social... (320)

La jeune Claudie est donc épuisée lorsqu'il lui faut faire double ouvrage, alors que l'insupportable Ronciat ne fait que bavasser. Sand établit volontairement un contraste visuel entre ces deux personnages, qui ne peut manquer de toucher le public en faveur de Claudie.

Tout le tableau de la cérémonie de la célébration de la Gerbe à la scène 11 du premier acte sert également à souligner la générosité populaire contre l'avarice bourgeoise. Dans ses directions scéniques, Sand place ses personnages sur la scène avec le plus grand soin: "Le père Fauveau conduit la Grand'Rose à droite près de la gerbe, et va à gauche près de son fils et de sa femme. Rémy est au fond avec Claudie. Denis est à droite entre la Grand' Rose et le cornemuseux." Les deux bourgeois (la Grand'Rose et Ronciat) sont à droite, la famille des métayers est à gauche, et les pauvres sont au fond.

Par ailleurs, les offrandes que chaque personnage place devant la gerbe, et qui repésentent un acte de charité envers les plus déshérités, révèlent leur psychologie profonde. Rose montre l'exemple et "met une pièce de cinq francs au pied de la gerbe" (248), ce qui suggére à la fois sa générosité et sa simplicité directe. Par contraste, le père Fauveau "s'approche lentement et fouille dans sa poche pour choisir une petite pièce de monnaie." La lenteur de son pas et la façon dont il fouille dans sa poche marquent son avarice, alors que "La mère Fauveau s'approche aussi et retire de ses poches un dé à coudre, une paire de ciseaux, un couteau, une pelotte, du fil, et met le tout au pied de la gerbe" (249). Par ce geste, cette femme indique qu'elle respecte Claudie et l'adopte quasiment comme sa fille en lui faisant don de précieux outils de travail pour toute jeune fille qui se respecte. Le cas de Sylvain est assez incongru, car son cadeau est beaucoup trop généreux. Il tire sa montre, qu'il veut aussi déposer. Il met sa montre et serre la main à Rémy. En reprenant sa place, il salue Claudie (249). Son geste extravagant montre bien qu'il est amoureux fou de la pauvre Claudie. Par ailleurs, une des offrandes les plus touchantes vient d'une pauvre gamine: "une toute petite fille apporte gravement une grosse pomme verte." Cette enfant qui n'a rien est prête à tout partager, selon l'exemple de ses aînés. Enfin, le seul qui ne fasse aucun signe de vouloir rien donner est sans doute le plus riche du lot. Lorsque Rose s'étonne, Ronciat "s'approche pour faire le même jeu de scène que les autres" (249). Mais son cadeau est refusé car le vieux Rémy hait cet homme qui a détruit la vie de Claudie et a laissé son enfant mourir d'inanition. Ainsi, chaque geste de ce tableau est minutieusement réglé par l'auteur et nous fait mieux comprendre la psychologie des personnages par leurs gestes et leur comportement plutôt que par des discours. Là aussi, nous sommes loin de l'esthétique classique où le discours dominait.

Enfin, l'on peut dire que Sand donne véritablement la parole à la classe paysanne lorsqu'elle les laisse s'exprimer dans leur dialecte patoisant. Depuis Racine et Corneille, la scène parisienne a en effet privilégié la langue de la cour et l'on a chassé le parler populaire de toute œuvre dite sérieuse. Or Sand tient à revaloriser cette langue, comme les Québécois d'aujourd'hui revendiquent la leur, et peste soit du beau parler. La langue de *Claudie* est truffée d'expression dialectales qui ne sont pas choisies pour leur valeur comique (comme chez Molière) mais par revendication et souci d'authenticité. Les expressions "diache, ma fine, désenfourcher, cornemuseux, poulain désenfargé, trigauderis, folletés, galantiser" manifestent un effort de la part de l'auteur de donner une place officielle et publique au langage du peuple. C'est d'ailleurs dans le même esprit qu'elle se préoccupe (dans sa correspondance à propos de la mise en scène de *Claudie*) de nombreux détails sur les costumes, chants et danses traditionnels du Berry, afin d'établir un espace public pour ces traditions populaires et recréer un tableau juste d'une paysannerie qu'elle connaît bien, respecte et aime profondément. Il est aussi concevable que l'auteur emploie également ce biais pour créer une distance qui puisse faire accepter un message socialiste à un public *bourgeois* parisien venu se divertir, et répondre en partie à l'image d'épinal qu'il aime à se faire de la paysannerie.

L'on peut conclure que cette pièce se sert particulièrement efficacement du cadre champêtre pour faire passer sur la rampe du théâtre parisien des années 1850 un message et une esthétiques entièrement neufs et bouleversants à la fois au point de vue social et esthétique. Pour reprendre une analogie d'Alain Pessin dans *Le Mythe du Peuple et la société française du XIXe siècle*, qui déclare que "Michelet s'assigne la mission du parler le peuple, d'être le premier historien du peuple" (102), l'on pourrait dire que George Sand parle le paysan et surtout la paysanne sur la scène parisienne, et qu'elle en est la première dramaturge. Elle réalise en quelque sorte l'intention de Michelet qui demande: "Moi [...] que pouvais-je donner à ce grand peuple muet? Ce que j'avais [...] une voix"[10].

University of Maine, Farmington

---

10. Alain Pessin: *Le Mythe du Peuple et la société française du XIXe siècle* (Paris: PUF, 1992) 195.

BETWEEN THE BASTILLE AND THE MADELEINE: SAND'S THEATRE POLITICS (1832-1848)

Shira MALKIN

During her formative years as a writer, Sand's investigation of theatre dynamics concerned primarily the impact a single performer could make on a single spectator. Sand's views on theatre were first spelled out in fiction, in an 1832 short-story entitled *La Marquise*[1] which explored the clash between classic and romantic acting styles and the relation between art and life. But because *La Marquise* also focused on the issue of performance reception, it created a complex dialectic between the theatre of the world and the stage proper. In this narrative set in the 18th century, the upper class is the very epitome of falsehood, evil and vice. Though in 1832 Sand had little political consciousness other than her personal experience of class differences within her own family, Sand's text stresses the immutability of aristocratic public rituals. These seem to her designed to repress the life of the heart and perpetuate the idea that one must always live as if on display. In the salons and the theatre *loges*, all the players' energies are geared toward maintaining a well-orchestrated game of feigning and concealment. On stage, by contrast, the acting style of Lélio the romantic performer is deeply felt, "sans méthode, sans prévention" (*M* 62), and thus quite effective.[2] For her part, the Marquise is a character depicted as unfeeling in her everyday life ("Cette femme est méprisante et froide; elle n'a pas de cœur" [*M* 60]). Constrained by the artificial conventions of her *milieu*, the Marquise seeks to break away from the expectations of her class, finding true experience through the mediation of the theatre. Lélio's "natural" performance functions as a catalyst which enables the Marquise to discover a multi-layered self she never imagined existed. Galvanized by Lélio the actor, the Marquise experiences an intense, albeit platonic, passion for the first and only time in her life. This theatre passion "me créait une vie nouvelle; elle m'initiait enfin à tout ce que j'avais désiré connaître et sentir; jusqu'à un certain point, elle me faisait femme" (*M* 63). As such, the innovations the Romantic theatre movement has brought about become the means to achieve self-knowledge. Theatre performance completes a life that would have otherwise remained static and death-like. Furthermore, Sand's early theatre criticism hints that, as the device that strips away all the layers of social deception, theatre reveals society to be a masquerade.[3]

---

[1]. George Sand, *La Marquise*, in *Nouvelles de George Sand*, ed. Eve Sourian (Paris: des femmes, 1989) 45-92. All subsequent references will be to *M*.

[2]. The mannerisms of classicism were not above change, and the same magnetic force that flowed between Lélio and the Marquise seemed to affect positively his partner on stage as well. Mlle Clairon "subissait l'influence de son génie sans s'en apercevoir, et s'inspirait de lui lorsque la passion les mettait en rapport sur la scène" (*M* 73).

[3]. For a penetrating analysis of Sand's keen sense of the theatrical with regard to social, gender, and literary roles, see Larry W. Riggs, "Class, Gender, and Performance in George Sand's *Leone Leoni*," *George Sand Studies*, X (1990-91) 50-59.

While a performance could be analyzed in terms of its impact on the public, Sand was also interested in the features that made a performance compelling. According to the classical acting method of the 17th century, the tragic actor resorted to a stylized repertory of poses, gestures, and facial expressions, not to mention a vocabulary of speech modulations and effects, as prescribed by numerous treatises on the art of rhetoric.[4] Sand's *La Marquise* highlighted the 18th century's slavish imitation of classicism and rejected the artificial and declamatory acting method of its star Mlle Clairon. What Sand valued most in an actor's performance included simplicity, energy and sincerity, as exemplified by Lélio's style. These qualities constituted for her an elusive ideal that paradoxically could be found only on the stage and in the fictions theatre (re)presents and inspires (*M* 74). At best, this idealized theatre creates a space of trance, unpredictability, and communion which makes it an instrument of personal freedom and empowerment.

Sand's subsequent theatre reviews of the 1830s similarly acknowledged the power of stage performance and the transformations it can effect on an audience. That power was described in terms of heat, electricity, and magnetic influence. Describing her reaction to Lélio's interpretation of the great roles of classic tragedy, the old marquise recalls that: "Cet homme [..] exerça sur moi une puissance vraiment électrique" (*M* 62). Throughout her narrative, she equates the great performer to a magician, a sorcerer, endowed with divine eloquence which is channeled through text, physical presence, gestures, and the voice's emotional resonance:

> [Lélio] avait des moments de puissance sublime et de fascination irrésistible, où il prenait tout ce public rétif et ingrat dans son regard et dans sa parole, comme dans le creux de sa main et le forçait d'applaudir et de frissonner. (*M* 69)

Sand's own response to the major performers of her day, such as Mme Malibran, Marie Dorval, Bocage, Pauline Garcia and Deburau was consistently couched in similar terms.[5]

When successful, according to Sand's early view, the theatrical event is a total experience which assails both the spectator's senses and mind. It is what Roland Barthes called "une véritable polyphonie informationnelle, [...] *une épaisseur de signes*."[6] It is akin to the fusion that can be achieved in communion (the Marquise

---

4. For an extensive discussion of 17th-century acting styles, see David Maskell, *Racine: A Theatrical Reading* (Oxford: Clarendon Press, 1991) 110-119.

5. Most of Sand's early theatre criticism can be found in *Questions d'art et de littérature*, eds. Henriette Bessis and Janis Glasgow (Paris: des femmes, 1991). All subsequent references to this volume will be to *QAL*. This edition includes "Mars et Dorval," 31-44; "Marie Dorval" 92-96; "Deburau" 163-172. See also "Le théâtre italien de Pauline Garcia," in *Autour de la table* (Paris: Michel Lévy, 1875) 351-367.

6. Roland Barthes, *Essais critiques* (Paris: Seuil, Collection Tel Quel, 1964) 258.

speaks of her "culte" for Lélio, of "le recueillement profond" with which she solemnly awaits the raising of the curtain (*M* 66-8). Furthermore, in most of Sand's first theatre accounts, the spectator's response to stage performance is unmistakenly described in terms that connote sexual arousal, ecstasy, and release (*M* 68). These match the actor's creative process, his or her ability to take on a role, to conceptualize and transform it on the stage. Writing about Marie Dorval, Sand noted that:

> [...] madame Dorval compose son drame elle-même, elle s'en pénètre, et, obéissant à l'impulsion de son génie, elle se trouve tout à coup jetée hors d'elle-même, au- delà de ce qu'elle avait prévu d'heureux, au-delà de ce que nous osions espérer de pathétique et d'entraînant. (*QAL* 43)

Sand uses a terminology of violence in an attempt to capture Dorval's trance-like intensity and the temporary marks it leaves on her body. Here the text not only emphasizes the audience's eager anticipation of Dorval's powerful artistry (*impulsion, jetée hors d'elle-même*); it also celebrates the intoxicating unpredictability of her genius (*au-delà de ce nous osions espérer de pathétique et d'entraînant*). For a short while, great theatre performances can produce pleasure, inducing a loss of control both in the actor (the notion of giving oneself over to a role) and in the spectator (the notion of allowing oneself to be overtaken by make-believe).

Less than a decade after having hailed the liberating effect a romantic performer could produce on a single spectator, Sand the republican thoroughly shifted her position. In 1840, the Marquise's idealized vision of the stage as the locus for self-discovery became severely tested when Sand's play *Cosima* failed miserably at the Comédie-Française. Sand's disillusionment with the "Maison de Molière" as well as her desire to denounce the unfavorable conditions prevailing in the contemporary professional theatre are apparent in three theatre reviews she wrote between 1844 and 1848. Taken together, these texts underscore the evolution of Sand's theatre politics. Like many writers of her generation, Sand had whole-heartedly embraced Leroux's socialist theories by 1837. According to Leroux, art's sacred mission was to teach the masses about bettering themselves and taking their destiny into their own hands.[7] Because Sand had repeatedly experienced the potential of the stage as a spectator, she believed then, as she would during 1848, that theatre was the most reliable and the most forceful medium to convey her socialist message to the public.

Her article "A propos de la traduction de *Werther*",[8] a review she wrote in 1844 about Leroux's translation of Goethe's *Werther*, exemplifies the tension between

---

[7] Pierre Leroux, "Aux artistes. De la poésie à notre époque," *Revue encyclopédique* (Nov-Dec. 1831), quoted in Michèle Hecquet, *Poétique de la parabole* (Paris: Klincksieck, 1992) 11.

[8] George Sand, "A Propos de la traduction de *Werther* par Pierre Leroux," in *Oeuvres complètes de George Sand* (Paris: Hetzel, 1851) 70-71. All subsequent references will be to *TW*.

Sand's idealized theatre and the actual unrest of the years preceding 1848. In her analysis of the reasons which caused the demise of the performing arts, Sand focused on each of the constitutive elements of the theatrical experience: the public, the author, and the actor. In addition, she paid close attention to the dramatic possibilities of Goethe's story,[9] holding up the tale's simplicity as the model to which all contemporary theatre practitioners should adhere.

Sand's article charged that contemporary theatre was all about excess. In her view, it was imperative for all concerned to identify the root of the problem and to understand how aesthetics were linked to ideology. First, Sand claimed the public was so used to being subjected to the twists and turns of plot and overdone performances, that its feelings had become blunted. In order to keep from being bored, spectators could not help but ask for more excitement. Using a culinary metaphor, Sand chided the public for its gluttony: " Plus on lui en donne, plus vite il apprend à absorber cette nourriture excitante, qui ne le nourrit pas véritablement" (*TW* 70). More importantly, cultural greed was tied to economic greed: "Le luxe est partout, le bien-être nulle part. Le *riche* a étouffé le beau" (*TW* 71).

Second, because of the spiralling demand for increasingly complicated plots, playwrights felt obliged to provide an overabundance of details and effects. Without advocating a return to the rigid rules of classical tragedy, Sand urged writers to steer toward more simplicity, toward the kinds of techniques that give a play a clearly defined "through line," which, "par la progression naturelle et nécessaire [...], se concentre [...] sur une figure principale, sur une situation dominante" (*TW* 70). The concept of through line is an intrinsic part of the teachings of Russian director Stanislavski. It refers specifically to the way actors "build" their performance by mentally tracing a logical or organic line which runs through each role, leading them to "the undercurrent of the play, the inner content of events expressed in action."[10] In her excellent *George Sand's Theatrical Career*, Gay Manifold convincingly suggests that when Sand argued for a character to evolve naturally within the framework of a play's dominant objective, she was in fact rejecting Scribe's recipe for the plot-driven "well-made play," and anticipating Stanislavki's modern system.[11]

Third, Sand particularly deplored the state of exhaustion of contemporary

---

9. While Sand had analyzed Goethe's metaphysical theatre in "Essai sur le drame fantastique" *Revue des Deux Mondes*, XX, 1 December 1839, in 1844 she focused instead on the theatricality of his prose. For further discussion of Sand's early interpretation of Goethe, see René Bourgeois, "Les deux cordes de la lyre, ou Goethe jugé par George Sand," in *Hommage à George Sand*, ed. Léon Cellier (Paris: PUF, 1969), 92-100; as well as Barbara Waldinger, "George Sand's Search for the Heart of Faust," in the present volume.

10. Sonia Moore, *The Stanislavski System: The Professional Training of an Actor* (New York: Penguin Books, 1977) 59.

11. Gay Manifold, *George Sand's Theatrical Career* (Ann Arbor: UMI Research Press, 1985) 28; and "George Sand et l'acteur" *Présence de George Sand* XIX (February 1984) 22-29. For an overview of Sand's theatre criticism, see also Dorrya Fahmy's *George Sand auteur dramatique*, (Paris: Nizet, 1934) 183-201.

performers. Referring to both opera singers and theatre actors in her critique, Sand rejected what she termed their "puissance factice" (*TW* 72). While Sand had once celebrated the performer's magnetic force, she was dismayed by what appeared now like a meaningless parody:

> [l'acteur] a la fièvre, ou il feint de l'avoir, pour entretenir la fièvre dans son auditoire. Mais que lui reste-t-il au bout d'une heure [...]? Epuisé, il ne peut plus arriver à la véritable émotion qui commanderait l'émotion à son public. [...] Non, non! tout cela n'est pas l'art véritable, c'est l'art qui fait fausse route; [...] c'est un gaspillage de merveilleuses facultés. (ibid.)

Sand's antitheatricalism in 1844 was the consequence of her political reading of the era. The sorry state of the performing arts reflected the degradation of socio-economic conditions. What was lacking everywhere was inner conviction and genuineness:

> La faute en est au siècle tout entier, à l'histoire, [...] aux événements qui nous pressent, à la destruction qui s'est opérée en nous d'anciennes croyances, à l'absence de nouvelles doctrines dans l'art comme dans tout le reste. (ibid.)

By contrast, *Werther* provided Sand with a powerful aesthetic model based on simplicity and silence. The story's through line was reduced to its barest essential, the characters were drawn in broad strokes, the dialogue was non-existent, and the plot offered no surprises. The story's minimalist structure greatly appealed to Sand because it drew her out as a reader and made her participate fully in the act of interpreting the tale's events and characters. Masters like Goethe, Sand believed, "loin de s'appesantir, comme nous faisons, sur toutes les parties de leur œuvre, [...] laissent penser et comprendre ce qu'ils ne disent pas" (ibid.). Sand held that the potential interchange between the reader and such a text was much more theatrical than the usual fare offered then on the *Boulevard* stages. Referring specifically to the character of the farmhand in *Werther*, Sand judged that his presence was "si dramatique et si saisissante" (ibid.) because its sketchy description ("une lacune apparente") gave his story more potential.

In the early 1830s, Sand had been attracted by the expansive eloquence of Marie Dorval, in contrast to her own overwhelming sense of paralysis as a writer. As an established author a decade later, Sand's own eloquence was curtailed under an increasingly repressive government.[12] In this perspective, Sand's comment on Goethe's decision to leave some things unsaid takes on a political dimension. It seems to imply that her era's over-theatricalization had a badgering effect on the mind and

---

12. One example is the contract Sand had to sign with the newspaper *Le Siècle* for her novel *La Filleule*: "Ce roman sera exclusivement littéraire, c'est-à-dire ne traitant aucune question politique, ni religieuse, ni sociale," (*Corr* XI:157-18, May 1852). See also *Corr* VIII:701 (12 November 1848), clause number 6 of her contract for *La Petite Fadette*.

the senses, and thus did not allow the public to think for themselves. As she emphasized in the preface of *Lucrezia Floriani* (1847), making the public think was precisely the mission of the writer. Readers should seek "quelque vérité, quelque profondeur, je ne dirai pas quelque enseignement, c'est à vous de trouver les conclusions, et tout l'office de l'écrivain consiste à vous faire réfléchir."[13] Before long, however, Sand's wish for a new minimalist aesthetics of the stage would be strikingly fulfilled.

A few years after she swore she would no longer have anything to do with the theatre, and two years before the revolution of 1848, Sand became interested in theatre again after attending a performance of Deburau's pantomime at the Théâtre des Funambules: "Je n'ai jamais vu d'artiste plus sérieux, plus consciencieux, plus religieux dans son art" (*OA* II:136). In her article "Deburau", Sand delighted in recreating for her readers an exceptional theatrical experience which featured many facets of her ideal of a total theatre. According to Sand, Deburau's performance was compelling in several ways. First, the mime was obviously dedicated to his art and to his working-class audience who seemed in perfect physical and emotional symbiosis with him. He performed:

> [d]ans une étroite enceinte où la scène est à peine séparée de l'auditoire, où aucun des linéaments de la physionomie délicate d'un mime n'échappe aux regards avides de ses élèves, où tout est homogène, artistes et spectateurs, où alternativement ils s'étudient et s'inspirent les uns des autres à force de se lire mutuellement dans les yeux. (*QAL* 168)

The proximity of all the protagonists to one another was in marked contrast to the Marquise's physical distance from the proscenium stage of the Comédie-Française and to her acceptance of the social and artistic barrier ("the fourth wall") separating her from Lélio ("cette rampe de quinquets qui trace une ligne invincible entre moi et le reste de la société" [*M* 79]). Furthermore, it eliminated the private erotics[14] of theatre activated by the Marquise's unilateral gaze as female spectator. In 1846, Sand's insistence on the proximity between actor and public underscores her acute awareness of the working class as a new political force to be reckoned with. Despite her impulse to idealize her proletarian performer *(physionomie délicate)*, Sand's review evokes the sort of sweaty coarseness that can be found at a boxing event. Yet there is no animosity between the stage and the "house". Rather, one senses a palpable tension

---

13. George Sand, Notice, *Lucrezia Floriani*, in *Vies d'artistes*, ed. M-M. Fragonard (Paris: Presses de la Cité, 1992) 683.

14. Isabelle Naginski, *Préface à La Marquise*, in *Nouvelles de George Sand*, 41-43; Françoise Massardier-Kenney, "L'Espace du féminin dans *La Marquise*," *George Sand Studies*, X (1990-91) 28-33. More recent studies on this topic include: Shira Malkin Baker, "Fictional Stages: Sand's Literary Figures of Performance," diss., SUNY-Buffalo, 1996, 25-57; and Pratima Prasad, "Displaced Performances: The Erotics of George Sand's Theatrical Space", MLA Convention, Washington, D.C., December 1996.

that seems based on a sustained *reciprocal* exchange of gazes. Interestingly, this gaze is posited as pegadogically enriching (*regards avides de ses élèves*) and suggests a new direction for Sand. Instead of a voyeuristic enjoyment of the forbidden other as described in *La Marquise*, Sand in 1846 seems to shift toward a greater involvement in the scene of the gaze. Instead of watching, she appears poised to participate.

Second, the most compelling feature of Deburau's act was the power of his silence. Like Goethe's *Werther*, Deburau's pantomime was stripped to its bare minimum: his face was a mask ("sa face blafarde est impassible" *QAL* 169), and he was forbidden to use words.[15] Thus, in the pantomime, it is the performer's art that is central to his performance: his body in action is the text. Yet Deburau's act transcends his silence, so much so that Sand is deeply impressed by the fact that the members of the audience actually believe that they can *hear* him:

> [...] je dis son auditoire, bien qu'il soit, lui, un personnage muet. Mais on l'écoute pourtant, on croit qu'il parle, on pourrait écrire tous les bons mots de son rôle, toutes les reparties caustiques, toutes les formes de conciliation éloquentes et persuasives. Quand les machinistes et les comparses s'agitent derrière le théâtre, le public, qui craint de perdre un *mot* du rôle de Pierrot, s'écrie avec indignation: *Silence dans la coulisse!* Et Pierrot qui est dans un rapport continuel et intime avec son public, le remercie par un de ces regards affectueux qui disent tant de choses! (*QAL* 170)

Watching Deburau's performance, Sand discovered an alternative theatrical experience which established new lines of communication between the artist and the public. As such, this kind of theatre seemed to allow for a certain freedom. It provided a new type of audience (the working class at a time when it had no representational status); a new spatial and symbolic relationship between public and performer (the breaking down of the "fourth wall"); a new status for the performer (the performer as pedagogue); and a focus on an effective and potentially subversive form of non-verbal communication.

Sand's review of Deburau's *spectacle* was meant ostensibly as an appeal to the authorities not to close down the Funambules, the only popular stage still running in Paris at the time. But in light of Sand's socialism, "Deburau" is also a fascinating document that goes beyond aesthetic criticism: in fact, it foreshadows the brutal conflict that would erupt between the bourgeoisie and the working class in the upcoming events of 1848. In her review, Sand's narrator-spectator inaugurates a new type of social act when he pays as much attention to Deburau's masterful artistry on stage as to the mixed public watching him. An example is the way in which the position of the bourgeois members of the audience is skillfully devalued in favor of the idealized *peuple de Paris*. Throughout his pantomime, the figure of Deburau

---

15. Frederick Brown, *Theatre and Revolution: The Culture of the French Stage* (New York: Viking Press, 1980) 41-49; 52.

functions on a double level, first, as we have seen, as genuine entertainer, and second, as an idealized master of ceremonies to the raw social antagonism brewing at his feet:

> L'entracte a été orageux. Malheur à qui ose promener un impertinent lorgnon sur ces groupes pittoresques entassés ou suspendus d'une manière effrayante aux grilles du pourtour. [...] Mille quolibets inouïs, un hourra impétueux, des cris d'animaux, un luxe incroyable d'imagination, de tapage et de sonorité imitative auraient aussitôt fait justice de la moindre inconvenance. Mais que Deburau apparaisse, et, aux premières acclamations d'enthousiasme, succède le silence du recueillement. (*QAL* 168-9)

Sand manages to recreate the lively, yet slightly menacing, atmosphere of the Funambules, by constantly switching points of view. "Malheur à qui ose promener un impertinent lorgnon" suggests that members of the *peuple* are on their turf and that they have little tolerance for the intrusion of the upper classes. Conversely, "ces groupes pittoresques entassés ou suspendus de manière effrayante" evokes the bourgeois perspective, ranging from an attitude of amused or feigned detachment to one of alarm at being so close to the dreaded masses. It is worth noting that although violence can indeed erupt at any moment, the conditional "auraient aussitôt fait justice" puts that threat in the realm of the hypothetical. However Sand does luxuriate in depicting how the *peuple* would retaliate if provoked: violence here is metaphorical as it expresses itself in an infinitely rich variety of the loudest sounds imaginable. One feels a tremendous sense of energy and exhiliration in Sand's joyous accumulation of explosive adjectives and nouns. This potential cacophony is truly a revolutionary clamor for the right to *prendre la parole*. And it is all the more powerful, placed as it is, in counterpoint to Deburau's silent performance. Sand here seems to allow herself to join in Deburau's project, realizing her wish "[d'] écrire tous les bons mots de son rôle, toutes les réparties caustiques, toutes les formes de conciliation éloquentes et persuasives."

Thus "Deburau" stages Sand's fantasy of artistic and social interaction: the 1840s bourgeoisie gets its come-uppance, the *peuple* commands respect, and the artist mediates between the warring factions. In her enthusiastic endorsement of Deburau, Sand projects her political theatre utopia: that those "du côté de la Bastille" let go of their proletarian hero long enough to allow the public "moitié de Paris, [..] du côté de la Madeleine" (*QAL* 172) to discover the mime's genius. Here Deburau stands for the paradigm of the ideal artist, technically perfect, culturally valorized, and morally irreproachable. It was that very paradigm, as yet unformulated in 1830, that had drawn the young Aurore Dudevant to the theatre. Fifteen years later, theatre and the theatre performer functioned as the experimental models for rehearsing the revolution. And indeed, during the short-lived Second Republic, it was Sand who found herself in Deburau's double posture.

While all through the 1840s, Sand had repeatedly declined to join the political arena whenever she was asked by the extreme left, in 1848, she threw herself into the fray with an energy that surprised even her closest friends:

> Je me rappelle que bon nombre de ceux qui, en 1847, me reprochaient vivement mon apathie politique et me prêchaient l'*action* en fort beaux termes, furent, en 1848, bien plus calmes et bien plus doux que je ne l'avais jamais été. (*OA* II:221)

By all accounts, the revolution of 1848 was a revolution that could have been, but never took off. It is ironic that Sand of all people committed herself so actively to a political event which was perceived as "inauthentic" by participants as diverse in background as Lamartine, Tocqueville and Karl Marx. As Richard Terdiman has demonstrated, for the 1848 generation, the Revolution was an empty ritual that was overshadowed by the specter of 1789.[16] The urge to re-enact 1789's momentous actions at the National Assembly failed to bring about the desired changes in a lasting manner. Interestingly, Sand staged the "real" revolution as taking place at the Comédie-Française instead. This is revealed in the last of Sand's theatre reviews from that period, a text entitled "Théâtre de la République" (formerly the Comédie-Française).[17] In the review, Sand must in fact critique her own one-act play *Le Roi attend*, which was presented during a patriotic celebration of the rebirth of the Republic in April 1848.

In a pastiche of Molière's *L'Impromptu de Versailles*, in which the King is waiting on Molière and his actors to get a play ready for him within a very short time, Sand staged Molière having to come up with a play for the new 1848 king, the *Peuple*. Molière was thus a version of Sand herself, an idealist who jubilates in the triumph of the masses and vows to put his talent at the service of the common good. The Bastille was finally face to face with the Madeleine in a theatrical space where the imperatives of art excluded all other considerations.

Because she was both author and reviewer, Sand chose not to focus on the play itself but rather to give an account of how the play was received by the public. Whereas the play was a political tract, the review locates the play in the realm of utopia, thereby diffusing its impact. Sand, the champion of the people, is on the defensive, going out of her way to stress that, on that night, the audience from the *faubourgs* had been admitted free and was on its best behavior:

> Quant aux rumeurs et aux désordres *attendus* par certaines gens, il y eut désappointement complet. Jamais le beau public des Italiens et de l'Opéra n'a écouté, goûté, senti, applaudi à propos comme les ouvriers, et les ouvriers de Paris savent le faire. Jamais nos grands artistes n'ont trouvé un public plus sympathique et plus intelligent. Il n'y a pas eu une pelure de pomme ou d'orange dans les loges, pas une parole échangée pendant les

---

16. Richard Terdiman, "Class Struggles in France," in *A New History of French Literature*, ed. Denis Hollier (Cambridge: Harvard UP, 1989) 705-10.

17. George Sand, "Théâtre de la République," in *QAL*, 177-185.

vers de Corneille ou la prose de Molière. Un silence religieux, une douceur de manières, une délicatesses d'applaudissements dont on chercherait en vain l'exemple ailleurs. (*QAL* 184)

We would be hard pressed to find here even an echo of Sand's recreation of the Funambules's boisterous atmosphere. The people of the *faubourgs* are no longer on their turf. Although Sand takes great pains to show that they are not a blood-thirsty mob and that they too have manners (they even raise a small sum of money to offer a bouquet to Mlle Rachel), one cannot help wondering whether Sand is not short-changing them, no longer in touch with the vibrant, spontaneous messiness of their everyday life. The people at the Théâtre de la République are putting on a show, but it is not of their making. They are watching a theatrical celebration of their republic, but they are no longer deeply connected to its performers off-stage.

Indeed, two short months later, Sand's utopian theatrical harmony would give way to violence and repression, ushering in yet another authoritarian regime. Sand withdrew from politics to Nohant[18] and continued her exploration of alternative theatre techniques, such as *commedia dell'arte* and marionnettes. She went on to produce over twenty plays for the Parisian stage. Yet, in subsequent texts, especially in the individual prefaces included her *Théâtre complet* (1866), Sand would reluctantly admit that her ideal, writing plays to entertain and educate the masses in the spirit of social reconciliation, had utterly failed. Caught between the Bastille and the Madeleine, Sand realized her audiences were overwhelmingly middle-class, and that the working class stayed home: "J'ai blessé la bourgeoisie qui me lisait, je n'ai pas instruit le peuple qui ne pouvait pas me lire" (*Corr* X:143).

That fiasco was a bitter lesson experienced by the generation of 1848 who had hoped to relive the heady passions of 1789: "Je ne crois plus à l'existence d'une république qui commence par tuer ses prolétaires" (*Corr* VIII:544). Such disillusionment was inevitable given the fact that the true stakes of 1848 were, in the words of Richard Terdiman, the "preservation or destruction of the bourgeois order".[19] In this perspective, Sand's theatre reviews of the late 1840s represent more than the mapping out of an utopian order, they are also the blueprint of that utopia's undoing.

Sand believed that theatre was "le plus vaste et le plus complet de tous les

---

18. During the Second Republic (1848-1851), Sand wished to renew the revolutionary tradition of the civic theatre. In that spirit, she wrote five plays for state-sponsored playhouses such as the Theatre de la République (formerly the Comédie-Française) and the Odéon. They include *Le Roi attend* (6 April 1848). a theatrical reworking of her popular novel *François le Champi* (23 November 1849); *Claudie* (11 January 1851); *Molière* (10 May 1851); *Le mariage de Victorine* (26 November 1851), whose run was interrupted by the December *coup d'état*. Michèle Hecquet has analyzed these plays in "Théâtre et Révolution: Sand et le théâtre sous la Seconde République," *Présence de George Sand* 34 (April 1989) 42-48.

19. Terdiman, 706.

arts,"[20] and devoted much attention to investigating its nature, analyzing its mechanisms, and dreaming about its potential. The theatre criticism Sand wrote between 1832 and 1848 reflects how for her this potential could encompass both aesthetics and politics. After 1848, Sand shifted strategies. While she started on a demanding professional playwriting career, she once more incorporated theatre into novels such as *Le Château des Désertes* (1851) and *L'Homme de neige* (1858) in order to resume her exploration of its endless possibilities. Both stories, however, reveal the glaring absence of the theatre spectator who had been so central a figure in Sand's early theatre narratives. Such a choice suggests Sand's continued need to invent a utopian creative space for herself. Away from the contingencies of real live performance, whether political or theatrical, this space would allow her to combine the central notion of dreaming (a notion that had first led her to storytelling) with her idealist belief in Art as a creator of community and as a force for social change.

Rhodes College

---

20. George Sand, *Le Château des Désertes*, ed. Joseph-Marc Bailbé (Meylan: Editions de l'Aurore, 1985) 111.

"Ton Vengeur Veille": *La Cause* de George Sand at the Théâtre de la République, April 6, 1848

Tim WILKERSON

Little serious scholarly attention has been given to George Sand's involvement in the Revolution of 1848 and even less to *Le roi attend,* the dramatic prologue she wrote to start off the first evening of entertainment offered *gratis* to the *peuple* of Paris on April 6, 1848. This date is an important one in Sand's career because it marks the moment at which she achieved the pinnacle of idealist enthusiasm from which she will fall as the Second Republic progresses through the spring of that turbulent year, only to sink eventually into the political morass of the consequences of poor governance and finally ending up in the hands of Louis-Napoléon before the end of the year. Apart from the fact that the performance of *Le roi attend* may serve for us as a historical marker in Sand's career, this unassuming play interests me both as a literary document that demonstrates Sand's skill as a dramatist and for the political project it puts forward. I will retrace Sand's steps through the Revolution of 1848 by reporting and interpreting selections from her correspondence, from her initial reactions to the first reports of the events of mid-February, then to those that undermine her faith in the Republic.

In the first months of 1848, Sand is in Nohant feverishly working away on volume one of *Histoire de ma vie,* trying to piece together her family's story. She has enlisted the help of a number of people in this task, most notably her son, Maurice, in Paris at this time, dawdling pleasantly on his mission to retrieve the records of her father's military service in Napoleon's army. In a letter to him dated February 18, she writes:

> je n'y vois pas de prétexte raisonnable dans l'affaire des banquets.[1] C'est une intrigue entre ministres qui tombent et ministres qui veulent monter. Si l'on fait du bruit autour de leur table, il n'en résultera que des horions, des assassinats commis par les mouchards sur des badauds inoffensifs... S'il fallait que tu te sacrifies pour *la patrie,* je ne t'arrêterais pas, tu le sais. Mais se faire assommer pour Odilon Barrot et compagnie, ce serait trop bête. Écris-moi ce que tu auras vu *de loin,* et ne te fourre pas dans la bagarre, si bagarre il y a, ce que je ne crois pourtant pas. (*Corr* VIII:299)

Sand's reaction to the news that the opposition has organized a banquet is consistent with that of the rest of her correspondence at the time and shows not only her lack of faith that there will be any change in the July Monarchy, but in the ability of the members of the opposition to do much else but fight among themselves. Even

---

[1]. Lubin notes: "On annonçait le 18 un banquet organisé par 92 membres de l'opposition pour le 22: le banquet du 12ᵉ arrondissement. Les députés se désisteront d'ailleurs le 21" (*Corr* VIII,:299).

if some violence were to result from the *banquet,* she proposes that the only victims will be inoffensive bystanders *("des badauds inoffensifs"),* presumably like Maurice, were he to attend such an event. By the 24th, however, her tone changes to one of real concern and she writes Maurice once again, this time labelling the Revolution "ce grand ébranlement" *(Corr* VIII:306) to insist again that he return to Nohant immediately if the situation becomes serious.

At this point, a gap appears in the correspondence. The next entry is addressed to Eugène Delacroix, written in Paris, dated March 2. "Soyez donc gai et tranquille sur l'avenir, du moins si Dieu veut que mes amis restent au pouvoir" *(Corr* VIII:308). In spite of her insistence that Maurice avoid *la bagarre, si bagarre il y a,* and that he return to Nohant if this turns out to be the case, at some point, she rushes into the fray and, little more than a week later, finds herself at or very near the vortex of power.[2] André Maurois suggests that she initially went to Paris to retrieve Maurice:

> Quand la bagarre éclata, elle s'étonna de ne pas voir Maurice revenir à Nohant, comme elle le lui avait conseillé.... Inquiète, elle partit pour aller chercher son fils.... En arrivant à Paris, elle eut soudain l'impression que c'était le grand jour et que non seulement la République, mais la République sociale était faite.[3]

When she arrives in Paris a number of her socialist friends have already seized power, among them Louis Blanc and Ledru-Rollin, and she is swept up into the train of events. On March 3, she writes her adoptive daughter Augustine Brault, "Tout va ici aussi bien que possible. Le Gouvernement est bon et honnête, le peuple excellent... Je vois tous les jours nos gouvernants" *(Corr* VIII:311). By March 23, she writes to Maurice:

> Mon Bouli, me voilà déjà occupée comme un homme d'État. J'ai fait déjà deux circulaires gouvernementales aujourd'hui, une pour le ministère de l'instruction publique, et une pour le ministère intérieur. Ce qui m'amuse, c'est que tout cela s'adresse aux maires, et que tu vas recevoir par la voie officielle les instructions de ta *mère*. Ah! ah! monsieur le *maire!* vous allez marchez droit, et pour commencer, vous allez lire vos *Bulletins de la République* tous les dimanches à votre garde nationale réunie. Quand vous l'aurez lue [*sic*], vous l'expliquerez, et quand ce sera fait vous afficherez ledit Bulletin à la porte de l'Église... Tu entends bien aussi que ma rédaction dans les actes officiels du gouvernement ne doit pas être criée sur les toits. Je ne signe pas... *(Corr* VIII: 359)

---

2. For a detailed account of the Revolution, see George Duveau, *1848: The Making of a Revolution,* trans. Anne Carter (Cambridge, MA: Harvard University Press, 1967).

3. André Maurois, *Lélia ou la vie de George Sand* (Paris: Hachette, 1952) 377.

Even in this gleeful state of mind, Sand does not forget to include precise instructions for him as to how the *Bulletins* are to be used, revealing as well the provisional government's strategy for carrying out its mission of educating the people, which, by posting it on the church door, associates it with religion.[4] This mélange of religion and socialist propaganda is one that pervades Sand's evangelical, even apocalyptic, writing in *La Cause du Peuple,* in which she tends to describe the advent of popular sovereignty as the accomplishment of divine providence. Also of note is the secrecy with which she prepares the *Bulletins,* perhaps for obvious reasons considering the political situation of women at the time and the provisional government's certain risk of being ridiculed, even discredited, were it to be known that Sand were the author of official government documents.

The fact that Sand's authorship of these texts could not be recognized officially did not keep her from publicly exercising political discourse and from doing so in prodigious quantities. In addition to the well-known articles "Un mot à la classe moyenne," "Lettres aux peuple," and "Aux riches," Sand launched *La Cause du Peuple,* which provided her a vehicle to express her opinions, without having to write anonymously or to ghost-write for one of the reformist politicians of the time, such as Ledru-Rollin.[5] She also wrote and assisted in the production of *Le roi attend,* which she describes, in the first issue of *La Cause du Peuple,* as "[une] sorte de pastiche où l'auteur a exprimé ses bonnes intentions, en s'attachant le plus possible à faire parler les maîtres mis en scène" (*CdP* 1, 16). In what follows, I hope to demonstrate that the work is much less modest in scope than Sand's description might lead us to believe.

Sand's previous experience as a playwright and, especially, with the politics of Parisian theater, had been discouraging, to say the least. The humiliating failure of *Cosima* in 1840, which closed after only seven performances, caused her, according to Gay Manifold, to abandon writing for the stage altogether.[6] Sand's return to the theater after this eight-year hiatus offered her a second chance as a playwright. She was eager to write for working class audiences because it gave her access to those she considered most in need of socialist education as well as the opportunity to proselytize for *la bonne cause.* It also presented an opportunity for self-promotion. In an attempt to encourage chanteuse Pauline Viardot to join the other performers for the upcoming

---

4. This method of informing the general public of governmental or royal decrees had been standard practice in France since the Middle Ages and is therefore in no way particular to the provisional government. I do wish to point out, however, that its continuation reflects the intimate relationship between legitimate government and religion already well established by Sand's day and of which many socialist reformers were quick to make good use.

5. See George Sand, *Questions politiques et sociales* (Paris: Calmann Levy, 1879). "Un mot à la classe moyenne,"197-202; "Lettres aux peuple," 203-224; "Aux riches," 225-230. The text of *Le roi attend* that I use here appears in *La Cause du peuple* 2 (16 avril 1848) 27-32, B.N. Lc2 1768.

6. Gay Manifold, *George Sand's Theatre Career* (Ann Arbor, MI: UMI Research Press, 1985) 22-23.

event, she writes on April 1ˢᵗ, "Il ne s'agit plus de s'user pour des bourgeois, mais de conquérir le peuple et le pouvoir," ending her missive, "Brûlez ma lettre" (*Corr* VIII:381). The request that Pauline, like several other recipients of her letters containing sensitive information during this period, burn her letter interests me because her desire for secrecy belies a personal ambition to exercise influence and power which she understates or denies elsewhere.

The prologue opens as an overworked Molière and his *servante* discuss the preparations for a play to be performed that afternoon for the king, which has not only been unrehearsed by his troupe, but still lacks a dénouement. When his troupe of actors arrives, they refuse to go on stage, unwilling to attempt the performance despite Molière's entreaties. A series of several *nécessaires* interrupts them to announce that the king is waiting (thus the title). The actors flee, leaving Molière alone and despondent. He then delivers an instructive soliloquy in which he muses on the relationship of the king to his subjects and on the nature of comedy. He explains, "l'emploi de la comédie est de corriger les vices par des leçons agréables, et que rien ne reprend mieux la plupart des hommes que la peinture de leurs défauts" (*CdP*, 29). Molière then falls asleep, exhausted from his constant, thankless labors. A cloud hiding a chorus slowly envelopes him. When it dissipates, we see the shadows of ancient and modern poets surrounding the sleeping author, beside whom appears *la Muse,* who proclaims:

> O Molière, tu ne t'es pas trompé, et les pensées au milieu desquelles la vision te surprend sont comme la voix lointaine de tes devanciers qui s'unit à celle de la posterité pour te dire: Courage, ô ami du vrai, censeur du vice! tu souffres, tu languis: mais tu chantes, tu travailles: fils de l'artisan, lumière du peuple, prends toujours conseil de l'enfant du peuple. Aie confiance, ami! si les soucis du monde te consument, si les grands te dédaignent, si les hypocrites te persécutent, ton vengeur veille: la raison humaine, la logique du peuple te préserveront de l'oubli, et, dans l'avenir, tu ne seras plus l'amusement d'une cour, mais l'enseignement d'une nation. (*CdP* 30)

Keeping in mind that this work is intended for an audience of mostly illiterate working class people who in all probability know little, if anything, about the life and works of Molière, the motivation for portraying him as the hard-working, but persecuted servant of an unreasonable master is obvious: the worker is to identify and sympathize with the great playwright. The situation is standard to dramatic comedy. Northrop Frye's *Anatomy of Criticism,* perhaps a surprising choice for a critic of my generation of Foucauldian, post-structuralist, Lacanians has been of immense service to me in interpreting this neglected play.[7] Reading *Le roi attend* as a comedy that

---

7. See Northrop Frye, *Anatomy of Criticism: Four Essays* (Princeton, NJ: Princeton UP, 1957).

makes use of the usual repertoire of devices and functions of the genre is crucial for understanding this work. Frye reminds us that:

> Comedy seems to make a more functional use of the social, even the moral judgement, than tragedy, yet comedy seems to raise the corresponding emotions, which are sympathy and ridicule, and cast them out in the same way. Comedy ranges from the most savage irony to the most dreamy wish-fulfilment romance.... (177)

Sand does not use comedy to "corriger les vices par des leçons agréables," as she would have Molière do, but rather to create and reinforce a social attitude she goes to great lengths to promote later in *La Cause du Peuple:* that the goal of progress throughout the ages has been none other than to put the power of government into the hands of the people. Frye's essay on comedy suggests, moreover, that the genre is particularly well-suited to the representation of real or imagined social change:

> the movement of comedy is usually a movement from one kind of society to another. At the beginning of the play the obstructing characters are in charge of the play's society, and the audience recognizes that they are usurpers. At the end of the play the device in the plot... causes a new society to crystallize around the hero, and the movement when this crystallization occurs is the point of resolution in the action, the comic discovery.... (163)

Molière's descent into sleep, into the dream of being supported in his labors by other classic playwrights, while tempting to dismiss as facile, is also characteristic of comedy, as Frye points out by asserting that "[u]nlikely conversions, miraculous transformations, and providential assistance are inseparable from comedy" (Frye 170). Sand could not have followed the conventions of the genre more closely had she had access to Frye's book.

Each of the dramatists comes forward to pronounce his invariably sententious version of some aspect of republican doctrine à la Sand: Æschylus denounces the evils of opulence, Sophocles warns the "impies consecrateurs de l'esclavage" that they will be reduced to the same fate to which they submit others, Euripides announces equal rights for all, Shakespeare predicts that "Cassius affranchira Cassius d'esclavage," and Voltaire emerges holding Jean-Jacques Rousseau's hand in brotherly praise of revolution, and so on (*CdP*, 30-1). Before she entreats Molière to awaken, the Muse cries:

> La raison humaine a triomphé, l'obstacle est détruit, le chemin est libre; levez-vous, poëtes de l'avenir! qu'elle est belle, la poësie qui se prépare, qu'il est grand, l'art qui va naître au souffle de la liberté! O vous qui

viendrez cueillir des fleurs sur cette terre féconde, n'oubliez pas qu'elle fut longtemps arrosée de sang, de sueurs et de larmes. Songez que vos pères l'ont trouvée inculte et qu'ils y ont semé la vie. Rappelez-vous qu'ils n'ont dû l'éclat du talent qu'à la grandeur de la pensée, et que le génie est stérile quand le cœur est froid. Réchauffez-vous à cet éternel foyer dont les vrais poëtes ont fait jaillir l'étincelle. Promenez-en la flamme sur le monde, et que le rayonnement de la France libre s'étende du couchant à l'aurore!

This announcement rings in the new era of popular sovereignty as the triumph, not of justice or of violent struggle, but of *human reason.* It is *literature,* in particular, that will celebrate this triumph and preserve its memory for future generations, which places *authors* in the role of political mediators (an unproblematic notion at this time, since Lamartine is at the head of the provisional government) and *le peuple* who will, as the hopeful subjunctive of the last propositions suggests, export it internationally. As author of a drama in which the great playwrights from throughout history demonstrate their sympathy with and complicity in rule by the *peuple,* Sand is undoubtedly suggesting that she and others like her act as agents of the people's continued rule through reason. Sand will accomplish her project to "conquérir le peuple et le pouvoir," cited above, by glorifying them in literary works, thus administering socialist doctrine, much in the same way her son will administer the *Bulletin de la République* to the *garde nationale* and to the people of Nohant-Vic.

Sand was evidently aware, as Frye points out, that "As the final society reached by comedy is the one that the audience has recognized all along to be the proper and desirable state of affairs, an act of communion with the audience is in order.... The resolution of comedy comes ... from the audience's side of the stage" (Frye 164). In fact, Sand enacts both the "happy ending" and "communion with the audience" with one masterful twist of the plot. Molière returns from his dream to find his *servante* scolding him for continuing to keep the king waiting, hinting that the king is directly before him in the audience. He approaches the front of the stage, hand over eye, looking for the king, "Le roi? je ne vois point le roi, où se peut-il être caché?... Je vois bien un roi, mais il ne s'appelle plus Louis XIV, il s'appelle le peuple! le peuple souverain!" (*CdP 31*). The "comic discovery" is that he has awakened in 1848, and as we have seen, the new society that magically crystallizes around him is the Sandian version of the Republic.

Théophile Gautier reported that "this salute was greeted by a tumultuous applause" (Manifold 38). In his review of the event, Gautier thought Sand's speeches "beautiful, lyrical... of that ample and large style familiar to George Sand" (Manifold 38). *Le roi attend* also succeeded brilliantly on that evening because of the manner in which it accomplishes the comic task of including as many people in the audience as possible in what Frye calls its "final society" (165). He adds:

the audience simply understands an ideal state of affairs which it knows to be better than what is revealed in the play.... This ternary action is ... like the removal of a neurosis or blocking point and the restoring of an unbroken current of energy and memory. (171)

I find this ending for the play especially artful since, on the one hand, it solves Molière's dilemma doubly by removing him from the threat of the king's wrath and by transporting him into a future in which his play has already been successfully performed, though unrehearsed and in the absence of his rebellious troupe. On the other, it transforms the impatient and unreasonable *senex iratus,* Louis XIV, into an audience of wildly cheering, newly-coronated sovereigns while announcing the reversal of the social order, thus completing the work of comedy.

Sand's revolutionary fervor begins its downward spiral soon afterward, however, and discouraged by the demonstrations on April 16, she writes to Maurice:

> j'ai bien dans l'idée que la république a été tuée dans son principe et dans son avenir, du moins dans son prochain avenir, aujourd'hui. Elle a été souillée par ses cris de *mort,* la liberté et l'égalité ont été foulées aux pieds, avec la fraternité, pendant toute cette journée... (*Corr* VIII:411)

At this point, the bourgeois reaction has begun to take shape and rapidly to gain political momentum among the general public. The workers, many of them armed, gathered at the Hôtel de Ville, "croyant qu'on y égorgeait quelques membres du gouvernement provisoire" and "avertie par je ne sais quelles criminelles rumeurs," she writes (*La CdP* 3, 36). Sand was particularly upset by the cries of "Mort aux communistes!" shouted by thousands of demonstrators, most of whom she was convinced did not even understand the word, a situation she attempts to rectify in *La Cause du Peuple.* It is after the events of this day that she writes the infamous article for the XVIe *Bulletin de la République* in which she encourages the people to rebuild the barricades if the elections do not reflect the new *vérité sociale.* Sand goes on in this same letter:

> Tout ce qu'on a d'idées à répandre et à faire comprendre suffirait à la situation, si les hommes qui représentent ces idées étaient *bons,* ce qui pèche ce sont les *caractères.* La vérité n'a de vie que dans une âme droite et d'influence que dans une bouche pure. Les hommes sont faux, ambitieux, vaniteux, égoïstes, et le meilleur ne vaut pas le diable, c'est bien triste à voir de près!... La bourgeoisie a pris sa revanche... Je suis bien triste, mon garçon... (*Corr. VIII,* 418-420)

These words recall Sand's previously cited lack of faith in politicians in general as we have seen in her correspondence prior to February 24. Her contempt for the men who represent the provisional government on the basis of character shows a radical change in position from the letter to Augustine Brault in which she described the government as "bon et honnête." Reality having intervened, Sand briefly returns to her original cynicism.

On the night of April 18, she describes the agitation in Paris as "une vraie comédie," suggesting that no one is able to comprehend the events of that day, as violence once again erupts in the streets and further rumors undermine the relative calm that had temporarily ensued after the events of late February (*Corr* VIII:421). She has yet, however, to lose faith entirely in the Republic. On April 21, she writes again to Maurice, saying "Il ne faut jamais croire que nous pourrons nous arrêter. Pourvu que nous marchions en avant, voilà notre victoire et notre repos" (*Corr* VIII: 429-430). On April 29, she writes to Eliza Ashurst, "oui l'espérance est la conséquence de la foi. Nous avons pourtant ici des jours de doute et de tristesse, et quelquefois je pleure amèrement" (*Corr* VIII:437). Her faith, in spite of her determination, will continue to wane as she realizes she can do little but stand by and watch, like the "badauds inoffensifs" she described in her February 18 letter to Maurice, as the Republic slips ever further from the ideal of popular sovereignty that had inspired her initial enthusiasm.

By May 5, Sand's disappointment has turned to bitter resentment, although she continues to hold tenaciously to her faith in the Republic. She writes to Charles Poncy, who lost his bid for a seat in the Assemblée Nationale, that "L'intrigue a triomphé partout... J'ai été triste et accablée pendant q[uel]q[ue]s jours, mais je reprends courage malgré les obstacles qui nous environnent" (*Corr* VIII:446). On the 15[th], a crowd of agitators forced its way into the Palais Bourbon, disrupting the Assemblée Nationale, ending in an attempt to dissolve it. These events undermined confidence, which was fragile at best even before this, in the newly-elected government and public opinion swerved further to the right as a result.[8] The next day, Sand writes Étienne Arago, "J'ai l'âme navrée et le corps brisé" (*Corr* VIII: 457). Her disillusionment seems complete, but by May 20, in a letter to her cousin, René Vallet de Villeneuve, worried that the working class will react violently to the return to business-as-usual and still certain that it is God's will that they be delivered from the oppression of poverty and disenfranchisement, she writes, "les *meneurs* de la véritable idée sociale ne sont guère plus éclairés que ceux qu'ils combattent, et jouent trop la partie à leur profit... Eh bien, que la volonté de Dieu s'accomplisse dans le calme ou dans l'orage, mes pensées à moi, ne changeront pas... (*Corr* VIII: 464-466).

Sand's reluctance to abandon her hopes for the *révolution sociale* remained unaltered in spite of the bourgeoisie's success in undermining it. The people's reign lasted only as long as the performance on the night of April 6, perhaps the last moment in Sand's life in which she could still clearly envision the realization of her dream to improve the lot of the working classes. The notion that French society could be transformed ended simply as an *illusion comique,* one the few critics who have

---

8. Georges Duveau, *1848: The Making of a Revolution*, trans. Anne Carter (Cambridge: Harvard University Press, 1967) 115-128.

treated Sand's involvement in the Second Republic, such as Maurois and Marie-Louise Pailleron, find naïve, if not ludicrous and risible.[9] From this point on, Sand abandons the arena of public politics, just as she had the theater eight years before when her enemies conspired to halt the production of *Cosima,* and she returns to literature as her only vehicle of activism and to cynicism in matters of state. If the failure of the agenda *Le roi attend* proposes marks the end of Sand's well-meaning, but unfortunate attempt at a political career, its success allows her, like the Muse in her play, to continue her lonely vigil as the avenger of social injustice and inaugurates nearly a quarter century of contributions to French theater.

Wittenberg University

---

9. See Marie-Louise Pailleron, *George Sand et les hommes de 48* (Paris: Grasset, 1953). Her treatment of Sand's role in the Second Republic is particularly unkind.

THE WOMAN WRITER AND THE WORKER: SOCIAL MOBILITY AND SOLIDARITY IN *LA VILLE NOIRE*

Mary RICE-DEFOSSE

George Sand's *La Ville noire* represents working class existence in a small industrial city in mid-nineteenth century France. In it, Sand reworks issues raised in previous works, including the tension between upward social mobility and working class solidarity, the problematic of interclass love and marriage, and the need to ameliorate the lives of members of the lower classes through social reform. These are not, of course, new themes for Sand. In 1860, she herself underscored her new novel's continuity with a previous work, *Le Compagnon du tour de France*, published in 1840. She wrote in a letter to Agricol Perdiguier,

> Je viens de terminer un ouvrage qui pourrait faire suite au *Tour de France* que vous avez si bravement soutenue contre les critiques. Ce n'est pourtant ni une suite, ni une étude du même genre.[1]

In her analysis of the earlier novel in *George Sand and Idealism*, Naomi Schor suggests that the woman writer is herself reflected in the working class characters she depicts, both in their intellectual qualities and in their social agenda. Schor remarks, "[b]y blurring the differences between the upwardly mobile worker and the socially conscious writer, the writer succeeds in advancing her own claims to moral leadership while pressing the working class's claims to self-representation.". Schor suggests that in *Le Compagnon du tour de France*, Sand adopts a utopian, open-ended narrative strategy that ultimately underscores class differences and hence weakens the novel's ideological message, for the result is a distorted, idealized representation of the worker.[2]

As a sequel to *Le Compagnon du tour de France*, *La Ville noire* serves as a response to such criticism. The evolution in Sand's thought is evident in the 1859 novel. In *La Ville noire*, Sand not only depicts the workers' lives, work, and struggles for social justice, she also puts forth concrete solutions to their problems. Sand's protagonists, Sept-Epées and Tonine, are successful in resolving initial conflicts between the quest for individual fulfillment and the strength of class ties. Moreover, the impetus for practicable change originates with the proletarian woman, Tonine. This text thus reinscribes the dynamic of the woman writer and the worker in a very different way.

The work portrays the French economy in transition. The medieval craft guilds are in decline as the industrial revolution gains momentum. Despite names like

---

1. Jean Briquet, *Agricol Perdiguier: Compagnon du Tour de France et représentant du peuple, 1805-1875* (Paris: Marcel Rivière, 1955) 384.

2. Naomi Schor, *George Sand and Idealism* (New York: Columbia University Press). Indeed, this was also a key point in critiques of the novel in 1840 as well, as Schor notes, 91-93.

Sept-Epées and Va-sans-Peur — traces of the system of *compagnonnage* — the laborers of Thiers, the city in which the novel is set, have become members of the urban proletariat. Industrialization represents great strides for society as a whole, but at the same time it reifies the individual worker, reducing him[3] to a piece of machinery ("une pièce mécanique"[4]). The worker's intimate connection to the products of his labor has also changed. Where he once took pride in the quality of his work, it now is most important for its value as a commodity in the commercial marketplace.

Sand's protagonist, Etienne Lavoute, called Sept-Epées, neatly delineates the novel's central conflict in its opening pages: "il y a deux partis à prendre: ou rester pauvre avec le cœur content, ou se rendre malheureux pour devenir riche" (31). He himself faces the new dilemma confronting the enterprising working man. His ambition drives him to become a *maître*, but the class to which Sept-Epées aspires is not that of the master crafstmen, the *maîtres* of the artisan class, but rather to the new captains of industrial capitalism. The meaning of the term "*maître*" has changed, and now seems closer to the binary opposition of master and servant, or even master and slave. Although Sept-Epées continues to work alongside his employees once he has acquired a factory, his ultimate goal remains the kind of comfortable, leisure existence available only to the bourgeoisie.

Sept-Epées' social ascent promises to be no less alienating than industrialization has been, for he must distinguish himself from his co-workers, a process which inevitably establishes distance, if not barriers, between the former artisan and his loved ones and friends.[5] His own words indicate the price: the upwardly mobile worker must pay with his happiness. In exchange, Sept-Epées hopes one day to mark his higher social status with appropriate indicators. He declares, "moi aussi j'aurai quelque jour là haut ma maison peinte et mon jardin fleuri" (30). These outward signs of social status are, according to Pierre Bourdieu, overdetermined. They structure the social world, but are also structured by it.[6] The path taken by the *parvenu* has been imposed from above; his choices reflect bourgeois ideology. The result is a split between Sept-Epées' desires and his identity as a proud artisan.

The novel encodes the transformation of French society into opposing groups through a series of spatial metaphors. Thiers is a hill city whose cutlery, arms, and paper industries are powered by a series of falls in the river. Because of the city's

---

3. I use the masculine pronoun since Sand is describing men. In the novel the women of the proletariat appear to have a very different relationship to industrialization, as we shall see.

4. Sand, *La Ville noire* (Meylan: Editions de l'Aurore, 1989) 89.

5. One might argue that the impulse toward distinction is inherent in Sept-Epées: from the novel's opening pages he is marked as more gifted and handsome than other workers, and he already knows how to read and write, as does Tonine. Robert Godwin-Jones emphasizes that he is, moreover, an outsider, from an agricultural background, *Romantic Vision: The Novels of George Sand* (Birmingham: Summa Publications, 1995) 247.

6. This is precisely that process of social differentiation in a modern, consumer society analyzed by Pierre Bourdieu in *La Distinction: Critique social du jugement* (Paris: Minuit, 1979).

geographical situation, upward social mobility finds a clear metaphor in the ascent from "la ville basse" or lower city of the workers and the upper city, "là-haut," where the bourgeoisie resides. Moreover, the play of obscurity and light also figures in this contrast, since the lower city is known as "la ville noire," an abyss, a dark hole, a hell in contrast to the paradise above. Its poverty, dirt, and noise form a strange counterpart to the natural world:

> tous ces toits de bois noircis par la fumée, ces passerelles tremblantes sur les cascades, ce pêle-mêle de hangars qui allongent sur l'eau leurs grands bras chargés de vigne, ces porches voûtées, ces rues souterraines qui portent des maisons disloquées, [...] tous ces bruits qui fendent la tête et qui n'empêchent pas l'artisan de réfléchir et même de rêver. (31)

Sept-Epées' dilapidated factory is even farther down river in a spot called the "Creux Perdu," a name which portends the ultimate doom of the protagonist's own dreams and capital investment. Yet Sept-Epées reads another, more favorable outcome in the city's geography: "en descendant le cours de la rivière, je remonterais celui de la fortune" (54). The text itself cautions against the facile interpretation of metaphor, however.

> Cette métaphore charma les esprits de l'armurier. Quand on s'est trouvé aux prises de grandes perplexités de la conscience, on prend quelquefois avec plaisir une formule quelconque, un simple jeu de mots qui se présente, pour une solution triomphante. (54)

In the long run, *La Ville noire* will require a reformulation of all its metaphors, and with them the seemingly contradictory terms of success and happiness.

Tonine, the work's other protagonist, knows only too well the cost of this antithesis. Her sister, Suzanne, had married into bourgeois Thiers, only to find herself isolated and betrayed in the upper city; she had finally died giving birth to a still-born child, a sign of the fruitlessness of her quest for fulfillment through interclass marriage. It is telling that Suzanne's story is described as "un roman" (37), linking that genre to the bourgeois individualism that drives the social climber. Tonine, on the other hand, has fallen in love with someone from her own class, *La Ville noire*'s masculine protagonist. Yet because the gifted young man chooses his social ambitions over his feelings for Tonine — ironically enough because he loves her and wants to better himself for her —, the two principal characters in *La Ville noire* represent divergent choices: their love appears impossible.

The resolution to this dilemma is not marriage outside one's own social group, an alternative suggested, but never realized in *Le Compagnon du tour de France*. Indeed, the fate of Tonine's sister implies a complete rejection of that strategy. Tonine herself refuses marriage to Anthime, the young doctor who proposes to her, for she does not love him as she does the work's artisan hero. Sept-Epées, for his part, chooses a kind of self-exile rather than marry Clarisse Trottin, the daughter of a mill owner. Unlike her beloved, Tonine refuses to consider her place anywhere but among her own. Although marriage with the doctor would enable her to help the workers of Thiers, it would also displace her, and she could only render service as an outsider. Instead of upward social mobility, Sand emphasizes through Tonine the importance of working class solidarity as the real source of happiness for members of the laboring classes.

It is the heroine whose actions best suggest Sand's own proposals for social reform. When Tonine inherits a factory and a small fortune from her brother-in-law, she embarks upon the systematic improvement of the *ville noire*. Regardless of her relative's posthumous attempts to expiate his sins through the legacy,[7] the impetus for change originates with Tonine. Once she acquires sufficient capital, the heroine is able to improve working and living conditions among her fellow workers. She has a new, wide road constructed to open up the lower city, complete with arcades to protect pedestrians from heavier traffic. She renovates the Barre-Molino factory, converting it into a model workshop, with light, air, and space for repose, medical care, job training and continuing education. The factory's workers become its managers and its profits return to benefit them. Equipped with baths, gymnasiums, and study rooms, the factory is in fact a palace ("un véritable palais" 131) in the tradition of the utopian socialists or more practical reformers like Flora Tristan.[8] Although the incremental changes effected in Thiers are similar to socialism's "piecemeal empirical trials," there is a distinct difference between Tonine's efforts and the socialists' critiques of society's very foundations.[9] The solutions put forth in *La Ville noire* represent a pragmatic agenda for change at the local level and within the existing economic system. They are therefore closer to the programs of workers' mutual aid associations, with one significant exception: such organizations generally excluded women from their membership, not to mention their leadership.

The mechanisms for reform originate and operate within the proletariat itself;

---

[7] This sudden inheritance is the kind of *coup de théâtre* typical of Sand's novels. Witness, for example, the inheritance the heroine receives in *La Petite Fadette*. Moreover, as in the case of Fadette, Tonine's character and motivation have already been well established, making that which ensues all the more plausible.

[8] Tristan, long considered a utopian socialist, presents a practical agenda for a workers' "palace" which closely resembles the one in *La Ville noire*. Recent studies by scholars like Laura S. Strumingher, *The Odyssey of Flora Tristan* (New York: Peter Lang, 1988) and Margaret Talbot, "An Emancipated Voice: Flora Tristan and Utopian Allegory," *Feminist Studies* 17 (Summer 1991): 219-39, however, reveal how nineteenth-century rhetoric about reform, and about women reformers in particular, colored what was a pragmatic approach to social change. This suggests that the concrete solutions proposed in *La Ville noire* also need to be reconsidered.

[9] Paul E. Corcoran (8) emphasizes that utopian socialism was in fact a theoretical critique of *laissez-faire* economics and aimed at dismantling the social system as it then existed, *Before Marx: Socialism and Communism in France, 1830-1848* (New York: St. Martin's Press, 1983).

they are not imposed from outside, by a more "enlightened" bourgeoisie or intelligentsia, as had been the case in *Le Compagnon du tour de France*.[10] Although Tonine has had to educate herself about the French economy, she is self-motivated and self-directed: "sans être sortie de son Val-d'Enfer, elle s'était mise au courant du mouvement industriel et commercial de la France" (141). Sept-Epées' failure — which, as he ultimately realizes, stems from a lack of engineering knowledge — serves as a touchstone in this process. The desire for self-improvement is likewise not provoked by bourgeois standards as were Sept-Epées' dreams, but instead springs from an inner force of will. In this way, Tonine embodies a position of working class solidarity which ultimately succeeds, while her lover and future husband incorporates the failure of bourgeois individualism as a model for the proletariat.

The question remains as to whether Tonine must be considered an idealized worker like Pierre Huguenin, the *compagnon* whose ideas had marked him as different from his fellow artisans in *Le Compagnon du tour de France*.[11] In the end, Tonine manages to remain first among equals, clearly indicated when the proud Sept-Epées takes her as his wife. Were she now a bourgeoise, such an outcome would be entirely implausible. Titles like "la patronne, la bourgeoise, la bienfaiteuse des ouvriers" (138) are ironic, used by a close circle of friends. In fact, Tonine's character remains constant throughout the text, and thoroughly grounded in her proletarian milieu.

Unlike Pierre Huguenin or Sept-Epées, this working-class protagonist is not naturally beautiful, but as is the case with many of Sand's heroines, love and accomplishment lend her a certain radiance. Sand is careful to point out that Tonine's mores are consistant with those of the working class and in fact represent a rejection of bourgeois values. As her sister's ward she had lived in the upper city, but she had experienced only shame, indignation and pity in that setting: "[e]lle avait vécu à contre-cœur dans la richesse" (38). The text tells us, "Tonine était restée tranquille, propre, et décente comme une enfant naturellement sage et fière qu'elle était" (38). Even those qualities which distinguish her from her working-class sisters are largely inherent, and do not derive from a bourgeois system of ideals: "[o]n remarquait aussi en elle une élégance de manières que l'on ne pouvait point attribuer à sa courte phase de richesse"(38). The one mark of distinction she takes from the upper city is the graceful cut of her simple clothing.

The elegance of Tonine's manners, which has nothing to do with the dominant bourgeois culture, and the simple elegance of her attire, which is, on the contrary, an acquired taste, both indicate that for Sand there is an absolute measure of esthetic and moral worth which transcends class differences. Bourdieu characterizes

---

10. Lucette Czyba makes the point that bourgeois ideology heavily influences that work in her article, "La femme et le prolétaire dans *Le Compagnon du tour de France*," *George Sand*, ed. S. Vierne (Paris: CDU/SEDES, 1983).

11. Both Robert Godwin-Jones and Frank Triplett, "The Importance of George Sand's *La Ville noire*: Notes and Translation," *George Sand Studies* 14 (Fall 1995): 111-20, come to this conclusion.

this kind of esthetic — in Kant — as "un refus principiel du *facile* (566)." For Bourdieu, to presuppose a pure esthetic is to fall back upon oppositional notions like "good taste" and distaste for that which is base or vulgar. Such a move naturalizes categories like "clean" or "neat" or "spotless," which, if they do not reflect financial or symbolic capital as would *haute couture*, can nonetheless be ascribed to a certain education, what Bourdieu terms "*capital culturel*." Sand's text, however, posits a more open field of possibilities, one which is not necessarily organized by duality. *La Ville noire* not only identifies a culture specific to the proletariat, it acknowledges and affirms its difference. Sand is careful to stress that Tonine's elegant manners owe nothing to bourgeois culture.

In point of fact, Sand's feminine protagonist is able to explode the hieratic polarities that had previously governed distinctions between classes. Through the heroine, Sand deconstructs the binary thinking that, according to Bourdieu, subtends social constructions of class difference:

> Tous les agents d'une formation sociale déterminée ont en effet en commun un ensemble de schèmes de perception fondamentaux, qui reçoivent un commencement d'objectivation dans les couples d'adjectifs antagonistes communément employés pour classer et qualifier les personnes et les objets dans les domaine les plus différents de la pratique. (546)

For Bourdieu, such oppositions always hark back to the most fundamental divisions in the social fabric, those grounded in the division of labor. Tonine's efforts, on the other hand, infuse light into the dark lower city, thereby subverting the exclusive association between enlightenment and the dominant class. This is no role reversal, for Tonine had done the same when she transformed le père Laguerre's living quarters: "[a]u lieu du trou noir et hideux où l'ancienne demeure de son parrain était enfouie, il avait une chambre claire, élevée au flanc du rocher"(89). Through her efforts, *la ville noire* can no longer be considered a hell on earth. As Sept-Epées exclaims upon his first sight of the model factory: "si l'intérieur répond au dehors, nos noirs compagnons sont là comme des tâches dans le soleil!" (133). Both light and darkness now have their place in the "lower" city, as does the garden of Sept-Epées' dreams. Tonine, now the *demoiselle* of her city, lives on an island in the lower city, "une petite île longuette plantée en jardin, où les roses et les œillets se miraient dans l'eau unie comme une glace" (138). Sept-Epées himself has, in the course of his travels, learned that to cultivate one's own garden is better than to aspire to one that belongs to someone else:

> Sept-Epées, qui avait eu les hallucinations de la jeunesse, devint plus froid et plus sage en voyant, dans les différents ateliers, beaucoup d'ouvriers capables et réfléchis qui amélioraient les procédés et tiraient parti du possible, sans se croire de grands hommes et sans aspirer à être portés en triomphe. (117)

The workers' own milieu provides fertile ground for the good life.

Naomi Schor's critique of Sand's representation of the worker, like others before it, focuses largely on the writer as a bourgeoise, and therefore sets her in opposition to the worker in terms of social class, much as the spatial imagery of the novel contrasts upper and lower cities. There is, however, a site of more even terrain within the text: the writer, like the traditional craftsman, is an artist. Her writing is a form of productive labor. Moreover, she shares creative struggles and concerns with the worker in an age in which literature, too, has increasingly emerged as an industrial commodity. The black marks of the workers' forms against the light also call to mind the mark of dark print against a book's light pages. Moreover, the novel's two protagonists together evoke the paired tools of the writer's trade: Tonine is a paper worker, while Sept-Epées produces pointed blades not unlike a pen in their shape. The writer's and the worker's labors exist in correlation, but theirs is not a perfect congruence. Metaphor, as the text has already told us, is never easy or transparent.

In *La Ville noire*, Sand gives us a heroine who transcends the ideological positions of either class. The fresh air and light of the renovated factory clearly signify a new enlightenment, a more developed class consciousness and pride, one which is not rooted in oppositional struggle as was le père Laguerre's hatred of the upper city. Not surprisingly, Sand's text also requires a reconsideration of idealism and realism.[12] Its social agenda has less to do with theory or ideology than with praxis. Sand presents a model for social coexistence in the work's final chapter, in which Tonine and Etienne are married. The text never dismisses class tension in an easy alliance which subsumes all conflict, but rather stresses the interdependence and potential cooperation of different social groups: "on vit...les deux villes rivales, mais toujours sœurs, se mêler cordialement dans une fête improvisée" (148).

The final chapter consists largely of the narrative transcription of the wedding "cantata," composed by Audebert. Once a character whose economic and social theories have nearly driven him mad,[13] Audebert finally finds his authorial "voice" in a genre whose *art poétique* might well apply to Sand's own writing:

> Audebert avait méconnu sa véritable aptitude. Il était poète; les mots lui venaient en abondance, et sous ses mots il y avait de la peinture et de la vie. Il avait le sens de l'observation idéalisée, et son attendrissement était facilement provoqué par les petits drames de la vie ouvrière. Son erreur

---

[12]. The relationship between realism and idealism in Sand's works is clearly beyond the scope of this paper, and has been analyzed in great detail elsewhere. In addition to Schor, Isabelle Naginski, *George Sand: Writing for Her Life* (New Brunswick: Rutgers University Press, 1991) and Béatrice Didier, "George Sand ecrivain réaliste?" *George Sand et l'écriture du roman* (Montréal: Université de Montréal, 1996) have directly addressed the question in recent analyses. Naginski has argued convincingly that the two movements exist in a dialogical, rather than an oppositional relationship.

[13]. Triplett stresses the satire evident in Audebert's character to the end. I see in him a caricature of utopian socialists in particular.

> était d'avoir cru pouvoir aborder, sans culture, et dans un âge trop avancé, les abstractions et les calculs de l'économie sociale. (91)

The idealized portrait of proletarian life does not result in a representation lacking in realism, but does involve a rejection of theoretical abstraction. This is a poetics as distinctive as Tonine's manners and dress. This last, described as her "pauvre petite robe" (38) is nonetheless elegant, spotless, and without holes. The same might be said of Sand's text. True to her claim to Perdiguier, the work belongs to a genre apart, distinct from the novel of bourgeois individualism. Yet, for all that, it remains elegant. It never exhibits the kind of gaps evident, for example in *Le Compagnon du tour de France*, with its shift in focus from *compagnonnage* to carbonarism. Nor does one find in it the insalubrious details of proletarian existence that appear in the works of naturalist writers like Zola or the brothers Goncourt. Above all, Sand's representation of the worker is never facile in *La Ville noire*. When Tonine is finally called a saint ("toi qui fus bénie en devenant sainte" 147), the words are from the cantata. By using the term only through the satiric figure of Audebert, Sand foregrounds the culturally constructed discourse of her period, in which the image of the woman as social reformer is overlaid with an idealized, religious discourse. Sand's text renders this idealization opaque.

Like its heroine, *La Ville noire* is a work which transcends the binary thinking of the dominant culture. It is the central pair's story that enables Sand to overcome traits which had been perceived as flaws in her previous work. All of this produces a very different, more radical work than Sand's earlier proletarian novels. *La Ville noire*, for all its surface simplicity, is an exceptionally complex, mature work.

Bates College

WHEN THE PEOPLE ARE NOT THE PEOPLE POPULIST PARODOXES IN SAND AND MICHELET

Carolyn BETENSKY

In the decade or so that led up to the revolution of 1848, bourgeois reformists, along with a whole range of their bourgeois adversaries, were fascinated and even obsessed with the idea of a collective subject they termed "*le peuple*."[1] Diverse authors featured *le peuple* in their texts, translating their recent discovery into imaginative and political possibilities. Whether they admired *le peuple* or felt contempt for them, longed for the participation of *le peuple* in their own political or social activities or wished them forever out of sight, few writers with social interests refrained from investigating and commenting at length on their character and importance.

While many writers took the identity of this *peuple* to be self-evident and wrote about them with confidence in their adulation or denigration, others, such as Sand and Michelet, regarded the identity of *le peuple* as a central question in their work of this period. For although they saw *le peuple* as essentially good, both Sand and Michelet recognized quite early on that the idea of *le peuple* was complex and hid many stakes. Neither could accept that *le peuple* might be easily characterized. Who were *le peuple*, really? And equally important, who could not be considered *peuple*? What made some people *peuple*? When did the people stop being *peuple* and start being bourgeoisie? Could the bourgeoisie remain *peuple*? If not, could they become *peuple*?

Yet, as I mentioned before, Sand and Michelet did not only insist on the complexity of *le peuple*, on their virtual unknowability, but also, at the same time, they insisted on their instrinsic goodness, on their simplicity, on their knowability. It is this tension between Sand's and Michelet's adulation of *le peuple* and their persistant probing of the very foundations of the category that I will be exploring in this study. For the tension between the perceived necessity of idealization -- the necessity of creating counterpropaganda to defend the people against their detractors -- on the one hand, and the necessity of questioning the self-evidence of the identity of the people on the other, generated very different and problematic texts by these authors. Each had to come up with a way to portray *le peuple* as being vastly different from their brutish stereotype, and they did this by giving the people a new sort of cachet, by granting them a new breed of glamor that could not be simulated. At the same time, however, both Sand and Michelet were trying to represent *le peuple* not only as good, as morally superior, but also as diverse and difficult to pin

---

1. In this study, *le peuple* refers to the imaginary collective subject constructed and debated by July-Monarchy-era authors. By insisting on the imaginary nature of *le peuple* as a subject, I am not disputing the existence of "the people" as a group with distinct economic and cultural features separating it from the various other strata of the bourgeoisie, etc.

down. Not only were they challenging the authority of negative representations of the people, but in a sense, for different reasons and in different ways, they were questioning the very possibility of an adequate representation. Of course this tension between the need to idealize and the need to challenge definition of the people put them in a rather paradoxical position, and the ultimate unknowability of the people dominates and greatly complicates Michelet's *Le Peuple* and Sand's *Le Compagnon du tour de France*, as well as other novels Sand wrote over the same period.

Michelet published *Le Peuple* in 1846 after working on it for nine years. A rich and difficult compendium of impressions of an elastic entity he terms *le peuple*, memories of his own humble childhood, nationalistic proclamations, prescriptions, predictions and admonitions, and results of erratic investigations he had undertaken on travels through France, the book celebrates this *peuple* in various transcendant mutations. He explains in his preface addressed to Edgar Quinet why he wrote it: too many French novelists, and he hints not so subtly to let us know that he means Sand, Sue, and Balzac, have given readers, particularly foreign readers, the misimpression that the people — here, the humble people, the poor — are bizarre and degenerate (I will return to Michelet's indictment of Sand shortly). He fears that these readers will conclude, "Ce peuple est tel"; he sees it as his duty to tell the real story: "Et moi, qui en suis sorti, moi qui ai vécu avec lui, travaillé, souffert avec lui, qui plus qu'un autre ai acheté le droit de dire que je le connais, je viens poser contre tous la personnalité du peuple."[2]

A full treatment of Michelet's project, or even of the idea of the people in *Le Peuple*, is of course beyond the scope of this paper. How exactly Michelet uses the word "peuple", what he means by it, whether he means *populus* or *plebs* or *tout le monde*, has been debated at length by Paul Viallaneix, and recently Alain Pessin, among others.[3] What is important for our present purposes is how Michelet, in the service of the people, in the name of rehabilitating the people, is forced to construct this "personnalité du peuple" *outside* of the people, outside of the people demarcated *originally* as a shunned social class.

Michelet opens *Le Peuple* with the sentence, "Ce livre est plus qu'un livre; c'est moi-même," and continues, "Nous représentons nous-mêmes [...] [addressing Quinet] les deux faces modernes du Peuple, et son récent avènement. Ce livre, je

---

2. Jules Michelet, *Le Peuple* (Paris: Flammarion, 1974) 63.

3. See Georges Cogniot, "Qu'est-ce que 'le peuple' pour Michelet et pour nous?" in *Europe* (nov.-déc. 1973) 535-536; Robert Mandrou, "Pourquoi 'relire' 'Le peuple'?" in *L'Arc* n° 52 (1973); Paul Viallaneix, Françoise Gaillard, Madeleine Reberioux, Robert Mandrou, Jacques Seebacher, Roland Barthes et al., "Resurrection de Michelet" in *Michelet cent ans après* (Grenoble: Presses Universitaires de Grenoble, 1975); Paul Viallaneix, *La Voie royale: Essai sur l'idée du peuple dans l'œuvre de Michelet* (Paris: Flammarion, 1971); Alain Pessin, *Le Mythe du peuple et la société française du XIXe siècle* (Paris: Presses Universitaires de la France, 1992).

l'ai fait de moi-même, de ma vie, et de mon cœur. Il est sorti de mon expérience, bien plus que de mon étude" (52). He establishes himself not only as an authority on the people, but as *peuple*, the real McCoy; yet by the time he reaches the end of the first of the book's three parts, he has split himself off from *le peuple*: discussing the need for the bourgeoisie and the people (whom he has clearly designated as the poor and potentially envious) to meet and to come to terms, he writes, "Nous, par exemple, les esprits cultivés, que de peine nous avons à reconnaître, ce qu'il y a du bon dans le peuple!" He continues, "Le peuple réfléchit, sans doute, et souvent plus que nous. Néanmoins, ce qui le caractérise, ce sont les puissances instinctives, qui touchent également à la pensée et à l'activité. L'homme du peuple, c'est surtout l'homme d'instinct et d'action" (146). The "nous" is here distinctly the opposite term to "le peuple," but "le peuple" ends up assimilating the "nous" in the end by containing and surpassing the characteristic activity of the "nous", namely, thinking.

Le Peuple is an extended series of just such totalizing assimilations and distinctions, with the category of *peuple* each time culminating in triumph. Yet as Michelet sets out in the second part of the book to define what he means by instinct, the instinct that characterizes the people, the people he has defined economically and culturally in opposition to the "nous", he pulls the people right out from under the people. Still valorizing *le peuple*, he locates their true expression elsewhere.

It is the category of the "homme de génie" in *Le Peuple* that occasions the greatest alienation of the people from the concept of *le peuple*. After establishing commonality between the people and (bourgeois) children, Michelet turns his attention to the man of genius, whom he sees as the figure in whom culminate all virtues, including those virtues explicitly assigned to *le peuple*, as an economic class, from the beginning of the text, "la vertu du sacrifice," and "l'instinct." Michelet is led to conclude:

> Le peuple, en sa plus haute idée, se trouve difficilement dans le peuple. Que je l'observe ici ou là, ce n'est pas lui, c'est telle classe, telle forme partielle du peuple, altérée et éphémère. Il n'est dans sa vérité, à sa plus haute puissance, que dans l'homme de génie. (186)

In this formulation, the people have been explicitly defined right out of *le peuple*. Indeed, this is Michelet's challenge, this is what makes *Le Peuple* so difficult to pin down. To develop their cachet, to heighten their interest for the bourgeois readers he fears will have decided that "ce peuple est tel," Michelet attributes to them qualities already heavily valorized in others (and who had been more heavily valorized by 1846 than the *homme de génie*?); yet his very process of valorization, in the context of an investigation of what the people are, who is *peuple* and who is not, strains the boundaries of the identity he is trying to carve out, and he ends up not assimilating the people in terms these readers will understand so much as dissolving and even excluding them.

It is tempting to see Michelet's focus on the *homme de génie* as an expression of his own anxiety over his status as *peuple*/no-longer-*peuple*, as an exercise in self-justification. For *Le Peuple* is, among so many other things, a confession and a plea for forgiveness. He writes openly of his feelings of guilt at not working side by side with the people and of how these feelings provided the impetus for the text at hand. He recalls telling himself, "Si tu travaillais avec le peuple, tu ne travaillerais pas pour lui... Va donc, si tu donnes à la patrie son histoire, je t'absoudrai d'être heureux" (70). But if it is his own quest that leads him to essentialize the people right out of the people in his valorization of them, it is also his own identity, as *peuple*/no-longer-*peuple*, that forces him to account for their diversity. It is his own position that leads him to put the people into such a paradoxical position.

Michelet's preface to *Le Peuple*, as I mentioned before, contains a mild, somewhat cryptic denunciation of Sand. Unlike his critical remarks directed at Sue and Balzac which pertain to novels they had only recently published, Michelet's criticism of Sand relates to novels she had written thirteen and fourteen years earlier that had nothing to do with *le peuple*. While expressing admiration for the novels, he faults *Indiana* and *Lélia* for suggesting to Europe that "il n'y a plus de famille en France" (61). Compared with his criticism of Balzac and Sue for having made readers think ill of the people in *Les Paysans* and *Les Mystères de Paris*, his criticism of these novels of "les classes riches et aisées" (his own characterization) seems strangely irrelevant. What stands out even more than the irrelevance of Michelet's criticism of Sand and the fact that such criticism was by then already old news, is his neglect of the several novels she had written in the 1840s that *were* quite relevant to his subject.

It is difficult to ascertain whether Michelet actually had read any of Sand's socialist novels, but his journal shows that he was at least on pretty familiar terms with *Le Compagnon du tour de France*. On the 24th of August 1841, he entered her home on the rue Pigalle in Paris, at the invitation of a guest of hers (Eugène Pelletan). Sand was not home, and Michelet, who had never met her, was led around her apartment by Pelletan. There he admired some of her paintings, among which hung "un dessin de la *Savinienne*, d'*Amaury le Corinthien*."[4] The way Michelet refers to the subjects of these drawings -- characters from *Le Compagnon du tour de France* -- it is clear that even if he had not read the novel, he had heard enough about it to know what these paintings represented. Indeed, it would be surprising if he had not heard about the novel, for it had been pilloried in the press quite famously just months before Michelet had the chance to nose around. By the time Michelet wrote *Le Peuple*, in 1846, Sand had written *Le Meunier d'Angibault*, *Le Péché de Monsieur Antoine*, and other strong social novels. By then, further, Michelet and Sand had established a friendly and respectful correspondence.

Why, then, does Michelet ignore *Le Compagnon du tour de France* and Sand's other socialist novels and go out of his way to dredge up the old "family

---

4. Jules Michelet, *Journal* (Paris: Gallimard, 1959) I:368.

values" attack on her work? Perhaps Michelet did not want her political notoriety to rub off on him; perhaps he did not want to share, or to be seen as sharing, intellectual territory with another reform-minded author; perhaps it was just a matter of the same old sexism that dogged Sand then and continues to do so in some quarters now — the sexism that determined that Sand was to be enjoyed, tolerated, but not to be taken seriously. In any case, whether neglectful or intentional, Michelet's attitude toward Sand in *Le Peuple* does not do justice to Sand's original and provocative handling of the same questions he was facing in his text.

Like Michelet, Sand sees the need to create a text that will highlight the positive qualities of *le peuple* — *le peuple* implicitly but consistently designated by her as the economically and culturally distinct group assumed to be shunned by such people as her readers. Like Michelet, she idealizes them; in *Le Compagnon du tour de France*, she embraces the nobility and the artistic nature dwelling in her *compagnon* hero, Pierre Huguenin, as well as in his friend, Amaury le Corinthien. We should note here how Sand attempts to rehabilitate her *peuple* by showcasing exactly those qualities most highly prized by her aestheticizing bourgeois contemporaries, something Michelet does as well, as we have seen, but something that he does by snatching the assigned quality back from them and relocating it in the more *vraisemblant* repository of the *homme de génie*.

Yet George Sand was well aware of the inherently problematic nature of any attempt to represent "the people," textually or otherwise. Several of her novels of the 1840s inveigh, in prefaces as well as in authorial asides tucked within the narratives, against those bourgeois who would presume to "know," to stereotype, or to judge the people. In *Le Compagnon du tour de France*, she anticipates and rejects her reader's objections to her representation of Pierre Huguenin:

> Peut-être accuseras-tu ce pâle intermédiaire de prêter à ses héros des sentiments et des idées qu'ils ne peuvent avoir. A ce reproche, il n'a qu'un mot à répondre: informe-toi. Quitte les sommets où la muse littéraire se tient depuis si longtemps isolée de la grande masse du genre humain... daigne envisager la face sérieuse de ce peuple pensif et profondément inspiré que tu crois encore inculte et grossier: tu y verras plus d'un Pierre Huguenin à l'heure qu'il est.[5]

Sand defends the people against the brutishness of their stereotype and herself against charges of inverisimilitude by sending her readers off to meet Pierre Huguenins of their own. However, Sand herself is in a bind, for in her effort to defeat her reader's negative expectations for the rural poor, she creates a hero who achieves his hyperbolic, heroic stature precisely by distinguishing himself in every respect from his class as she represents it in the novel itself. The norm against which Pierre is defined ultimately confirms the coarse stereotype Sand wishes to

---

5. George Sand, *Le Compagnon du tour de France* (Grenoble: Presses Universitaires de Grenoble, 1988) 108.

combat. Not that any of Sand's peasants in the novel resemble the grubby, uncouth monsters of a bourgeois (Balzacian) nightmare — all of her peasants are too aestheticized and hyperbolically good for that — but by casting Pierre in constant opposition to the uncomprehending, unthinking, uncomplicated, and instinct-bound people who surround him, by continually emphasizing his alienation from them and his superiority over them, Sand ends up, in spite of herself, reinforcing the common image she is trying to challenge.

For Sand, however, matters do not end here. Rather, she greatly complicates her representation of the people, and the very idea of their representability, in a number of ways. She does this first by representing different bourgeois attitudes toward *le peuple,* including reformist ones, and letting them self-destruct. Over the course of the novel, the count de Villepreux exposes his faux-liberal views on the people and is revealed for the self-preserving hypocrite he is. His granddaughter, Yseult, genuinely yearns to help the people, but she has a martyr complex and views marriage into the people as a way to achieve a sort of sainthood — her proposed marriage to Pierre is represented as a mirage. Achille Lefort, the bumbling Carbonarist conspirator, is the one who falls flattest on his face for his disingenuous, ingratiating and ultimately rather hostile attitude toward the very *peuple* he purports to revere.

In addition, Sand challenges the representability of the people by having Pierre refuse to cooperate with those who want him to *represent* (either as a type or as a political leader) the people. He is highly suspicious of anyone who seeks out contact with a "man of the people." For a hero in a novel, especially one so full of ideas as Pierre, he is remarkably reticent. Throughout the novel, bourgeois characters implore him to open up, and he characteristically turns down these requests. When he does give in to them, he is represented as regretting doing so.

Yet the most daring way Sand complicates her novel and lays bare the fundamentally paradoxical representation of the people at its core, is by giving Pierre the chance to question his own anomalous representation. Addressing Achille, who is seeking his assistance in rousing the people, Pierre criticizes him for idealizing him at the expense of his friends and kin:

> C'est en vain que voulez faire des distinctions et des catégories; il n'y a pas deux peuples, il n'y en a qu'un. Celui qui travaille dans vos maisons, souriant, tranquille et bien vêtu, est le même qui rugit à vos portes, irrité, sombre, et couvert de haillons. [...] Pourquoi [...] me mettez-vous sans cesse, dans vos éloges, en dehors de la famille? Vous croyez m'honorer? nullement, je ne veux point de cela. (274-75)

By thus incorporating Pierre's objections to his own characterization, Sand unsettles the novel and expresses a practically postmodern wariness of any intellectual or political enterprise — including her own — that would seek to define the people.

We should not push this postmodernist or poststructuralist Sand angle too far, since it is not as if Sand were taking some kind of antiessentialist position here; you need only look at Pierre's insistence that "il n'y a pas deux peuples, il n'y en a qu'un." But this one *peuple* is, for Sand, multiple and hard to conceptualize. Sand's insistence on their complexity as a unit and on the political stakes hidden in bourgeois characterizations of them makes *Le Compagnon du tour de France* come across as a book ahead of its time. For if Michelet also recognizes the complexity of this *peuple* and the problems inherent in their representation, the way he frames his project — by establishing the unquestionability of his own authority — does not allow him to turn his gaze around with the same radius of motion. Sand's perspective is achieved at the expense of a sense of unshakeable authority, an effect which may go at least part way toward explaining how poorly this and other socialist novels she wrote were understood. However, with this space that she opens for critical bourgeois self-reflection in *Le Compagnon du tour de France*, Sand must be seen as inaugurating what amounts to a radically new technique in bourgeois social writing.

Columbia University

GEORGE SAND ET LE COUP D'ETAT DE LOUIS-NAPOLÉON BONAPARTE

Eve SOURIAN

"Je ne suis pas Mme de Staël. Je n'ai ni son génie ni l'orgueil qu'elle mit à lutter contre la double force du génie et de la puissance" (*Corr* X:659) écrivait George Sand au Prince Louis-Napoléon Bonaparte dans la première lettre qu'elle lui adressait, le 20 janvier 1852 après le coup d'Etat. George Sand déclarait ainsi qu'elle venait non en ennemie mais pour implorer l'amnistie de tous les prisonniers politiques au lendemain du coup d'Etat. Avec dignité, elle ne reniait en rien son passé politique et se présentait comme républicaine et socialiste.

Certes ce n'était pas la première fois qu'il y avait échange de lettres entre l'écrivain et le prince. En 1845, prisonnier au fort de Ham, il lui avait adressé ces lignes élogieuses: "Croyez que le plus beau titre que vous puissiez me donner est le titre d'ami, car il indique une intimité que je serais fier de voir régner entre nous."[1] Dès le début pourtant, les positions politiques, de part et d'autre étaient bien établies. George Sand se déclarait démocrate et lui écrivait qu'elle ne reconnaissait d'autre souverain que le peuple, que la souveraineté de tous paraîtrait toujours incompatible avec celle d'un homme." Et Louis-Napoléon de répondre: "Je ne suis pas républicain parce que je crois la république impossible aujourd'hui en présence de l'Europe monarchique et de la division des partis" (Karénine 161). Cependant tous deux étaient soucieux des classes laborieuses. Il avait écrit *l'Extinction du paupérisme*, ce qui n'était pas sans la toucher et déclarait désirer de tout son cœur "l'avènement d'un gouvernement quelconque qui s'efforce d'amener en France les institutions démocratiques, qui s'occupe du bien être du plus grand nombre et qui fasse triompher la liberté, la vertu, la justice" (Karénine 161). De sa part à lui, il y avait de l'estime et de l'admiration, de sa part à elle, une certaine méfiance car elle ne croyait pas à son amour pour l'égalité. Le prince s'échappa du fort de Ham et leurs relations ne reprirent qu'en 1852, après le coup d'Etat lorsqu'elle lui envoya sa première lettre, le 20 janvier 1852.

Adversaires politiques, ils l'étaient. En effet lorsque Clésinger demanda au prince de contribuer à la souscription d'une statue de George Sand, il essuya le 27 mai 1851 un refus ferme et poli: "L'attitude politique de l'écrivain," écrivait le président de la République, ne me permet pas de souscrire pour l'œuvre de l'éminent sculpteur" (*Corr* X:269).

De fait, après le coup d'Etat, George Sand écrivit: "On a fait jusqu'à un certain point la solitude autour de moi, et ceux qui ont échappé, par hasard ou par miracle, à ce système de proscriptions décrétées souvent par la réaction passionnée et les rancunes personnelles des provinces, vivent comme moi de regrets et d'aspirations."[2] Ce n'était autour d'elle qu'arrestations, emprisonnements,

---

1. Wladimir Karénine, *George Sand, sa vie et ses œuvres*, 4 vol. (Paris: Plon-Nourrit, 1899-1926) 3:161.
2. *OA*, II:450, 451.

déportations et proscriptions. Pauline Roland, à peine sortie des prisons de la République fut arrêtée le 31 janvier et déportée en Algérie. A Paris le 4 décembre on compte 4.133 détenus et plus de 4.000 après. En province il y en a plus de 22.000.[3] Quant à George Sand dans cette tourmente elle écrit à Lise Perdiguier: "Ne m'écrivez pas. Je suis l'objet d'une surveillance inouïe" (*Corr* X:648). Il y eut un mandat d'amener contre elle formulé par le sous-préfet de l'Indre qui n'osa y donner suite. Elle aurait donc pu être déportée et si elle ne le fut pas, elle le dut certainement à la gloire attachée à son nom.

Pourtant, George Sand, la républicaine socialiste ne s'enfuit pas. Courageusement elle fit face au nouveau pouvoir pour demander l'amnistie et en son nom à elle la grâce de ses amis ou du moins de ceux qui voulaient bien qu'elle la demandât. Elle eut d'ailleurs l'agréable surprise de trouver Louis-Napoléon très différent de ce qu'on lui en avait dit et disposé à l'écouter. "J'ai vu, écrit-elle, une larme dans cet œil froid et il m'a tendu les deux mains d'un coup [...] il m'a dit: 'Demandez-moi tout ce que vous voudrez'" (*Corr* X: 672, 673). A son cousin René de Villeneuve, elle écrit: "Il m'a témoigné la plus grande estime pour mon caractère, bien que je lui aie dit que j'étais aussi républicaine, aussi communiste qu'il m'avait connue et que je ne changerais jamais" (*Corr* X:682). Après cette rencontre, George Sand consacra son temps et son énergie à aider ses amis et à demander leur grâce. Elle fit parvenir quatre lettres à Napoléon, elle fut reçue en audience deux fois et ne cessa d'écrire à ses intimes, le docteur Henri Conneau, le prince Napoléon, le comte d'Orsay, M. de Persigny, le général Roguet pour qu'ils usent de leur influence auprès du prince. Son but c'était l'amnistie générale, la commutation de la déportation en bannissement, la grâce, la libération sans condition d'internement, la permission de rentrer avec passeport. Elle défendait ses amis et toutes les victimes de l'Indre, mais elle avait une rubrique en plus: Tous ceux qui demandaient grâce et qu'elle ne connaissait pas. C'est ainsi qu'elle obtint la grâce de quatre soldats condamnés à mort. La liste de ceux qu'elle aida, réconforta et à qui elle envoya de l'argent est trop longue. Marc Dufraisse, ancien préfet de l'Indre dont elle réussit à faire commuer la déportation à Cayenne en exil l'appela "Notre Dame du Bon Secours" (Karénine 222).

Cependant beaucoup d'exilés l'attaquèrent. Ils l'accusèrent de les compromettre en demandant l'amnistie et de placer toutes ses espérances socialistes dans le président de la république. Comme elle l'écrit à Hetzel: "Pour récompense, on m'a dit et on m'écrit de tous côtés: 'Vous vous compromettez, vous vous perdez, vous vous déshonorez, vous êtes bonapartiste!'" (*Corr* X:737). Ce même Marc Dufraisse tout en lui demandant d'intervenir encore car le gouvernement belge veut l'envoyer à Saint Hubert, dans la région de la Meuse belge, lui écrit ces lignes assez perfides: "Sans doute, je vous aurais mieux aimée attaquant le parjure, la violation du droit et des lois, et faisant par votre courage de femme rougir les hommes de leur lâcheté... peut-être vaut-il mieux être vous, vous intercédant pour la France, pour les

---

[3]. Pour les arrestations, les expulsions et les déportations voir Pierre de la Gorce, *Histoire du Second Empire*, 7 vol. (Paris: Plon-Nourrit, 1902-1905) 1:17-24.

victimes, pour vos amis, que de refaire Mme de Staël, même avec supériorité... Qui donc en ce naufrage universel, vous ferait raisonnablement grief de votre sollicitude" (Karénine 226). En outre, il la remercie de demander l'amnistie car ainsi les républicains pourront rentrer et lutter contre Louis-Napoléon qu'il refuse de croire chevaleresque. Il faut rappeler que le président l'avait libéré tout en sachant qu'il était son ennemi personnel. "Insistez-donc, poursuivait-il, pour une rentrée en masse des bannis. Les mères, les femmes, les enfants vous béniront. C'est beaucoup déjà; mais je vous jure, moi qui vous observe, vous aurez servi indirectement, mais efficacement la cause républicaine" (Karénine 227). Au bas de cette lettre, George Sand avait écrit ces mots: "Non mon ami, je suis plus loyale que vous" (Karénine 229). Peut-être, pense-t-elle à cette lettre lorsqu'elle écrit, écœurée à Hetzel qu'on lui dit: "Demandez et obtenez pour nous, mais haïssez l'homme qui accorde, et, si vous ne dites pas qu'il mange des enfants tout crus nous vous mettons hors la loi" (*Corr* X:737).

On lui disait qu'elle était dupe du prince, mais elle avait besoin de croire en Louis-Napoléon, elle le devait car dit-elle "flatter c'est tromper, c'est mentir, et je flatterais le jour où je dirais au Président: J'espère cela de vous sans l'espérer véritablement" (*Corr* X:726). D'ailleurs il faut noter que George Sand n'obtenait pas tout ce qu'elle demandait, étant donné les résistances des fonctionnaires qui s'opposaient ouvertement aux grâces octroyées par Louis-Napoléon ou Persigny. "Les grâces ou les justices qu'on obtient, sont, écrit-elle, la plupart du temps, non avenues, grâce à la résistance d'une réaction plus forte que le président et aussi à un désordre dont il n'est plus possible de sortir vite, si jamais on en sort. La moitié de la France a dénoncé l'autre. Une haine aveugle et le zèle atroce d'une police furieuse se sont assouvis" (*Corr* X:734).

Non, asssurément, George Sand n'était pas bonapartiste. De fait son attitude politique était la résignation, le coup d'Etat n'étant que la conséquence logique de l'évolution de cette république dont elle avait salué avec tant d'enthousiasme la naissance en février 1848. Il est donc nécessaire ici de rappeler le rôle que joua George Sand dans la deuxième République afin de comprendre son changement d'attitude.

Quoique n'ayant aucune fonction officielle dans le nouveau gouvernement de 1848, profondément républicaine et socialiste elle rédigeait des articles pour les *Bulletins de la République*. Comme le note Jean Larnac, "près de la moitié de la propagande édictée par le gouvernement provisoire fut l'œuvre de George Sand, qui pendant trois mois consacra toute sa vie à travailler gratuitement pour le nouveau gouvernement,"[4] le but de cette propagande étant de constituer une majorité républicaine dans le pays et par conséquent dans la future Assemblée nationale. En effet on craignait l'élection d'une assemblée conservatrice. George Sand s'engagea à fond avec les socialistes républicains. Il semble bien alors qu'un coup se soit

---

4. Jean Larnac, *George Sand révolutionnaire* (Paris: Hier et Aujourd'hui, 1948) 146.

préparé et que les conspirateurs se soient réunis chez elle. Ce qui reste de son Journal de 1848 montre bien que Barbès et Leroux s'étaient réunis dans son appartement et qu'il avait été décidé "qu'on essayerait d'obliger la majorité du gouvernement à donner sa démission" (Larnac 174). Il y eut aussi une autre réunion secrète chez Ledru-Rollin à laquelle assistaient Louis Blanc, Flocon, Barbès, Caussidière, mais l'entente ne se réalisa pas. Blanqui, Raspail et Cabet s'étaient rapprochés pour former un triumvirat. Louis Blanc écarté poursuivait une politique personnelle et finalement Ledru-Rollin suivi de tous les autres membres agissants du gouvernement provisoire préféra le statut quo à ce coup. La grande manifestation prolétaire du 16 avril 1848 dans laquelle l'écrivain avait mis tous ses espoirs fut donc un échec car toute la garde nationale ainsi que la mobile étaient là pour protéger le gouvernement contre les communistes. Ce qui est très important ici c'est de constater l'engagement de George Sand pour une république sociale. Le fameux seizième bulletin daté du 15 avril, la veille de la manifestation, nous la montre en plein accord avec les conspirateurs. Il y était écrit:

> Les élections, si elles ne font pas triompher la vérité sociale, si elles sont l'expression des intérêts d'une caste, arrachée à la confiante loyauté du peuple, les élections qui devaient être le salut de la République, seront sa perte, il n'en faut pas douter. Il n'y aurait alors qu'une voie de salut pour le peuple qui a fait les barricades, ce serait de manifester une seconde fois sa volonté et d'ajourner les décisions d'une fausse représentation nationale. (*Corr* VIII:423)

Il est clair que George Sand était pour la conspiration. Ses lettres à Maurice le prouvent.

> Cette conspiration, lui écrit-elle, était bien fondée [...]. Cette conspiration eût donc pu sauver la république, proclamer à l'instant la diminution des impôts du pauvre, prendre des mesures qui, sans ruiner les fortunes honnêtes, eût tiré la France de la crise financière, changé la forme de la loi électorale, qui est mauvaise et donnera des élections de clocher, enfin faire tout le bien possible dans ce moment, ramener le peuple à la République, dont le bourgeois a réussi déjà à le dégoûter dans toute les provinces, et nous procurer une assemblée nationale qu'on n'aurait pas été forcé de violenter. (*Corr* VIII:412)

La république sociale, tel est son idéal. Malheureusement elle est déçue par les chefs républicains socialistes: "Le grand mal ne vient pas tant, comme on le dit, de ce que le peuple n'est pas encore capable de comprendre les idées [...] si les hommes qui représentent ces idées étaient bons, ce qui pèche ce sont les caractères" (*Corr*

VIII:418). Seuls Barbès, qu'elle appelait "le Bayard de la Révolution"[5] et Etienne Arago ne la déçoivent pas: "C'est qu'ils sont braves comme des lions et dévoués de tout leur cœur." (*Corr* VIII:418, 419) Pour les autres elle n'a qu'amertume: ils sont faux, vaniteux, égoïstes et "le meilleur ne vaut pas le diable, c'est bien triste à voir de près!..." (*Corr* VIII:418). Leur idéal c'est: "Moi, moi, moi" (*Corr* VIII:410).

Après l'échec du 16 avril, elle rejette ce qu'elle et Barbès appellent la souveraineté du but, c'est à dire la fin justifie les moyens, la dictature révolutionnaire. C'est dans le journal *La Vraie République* de Théophile Thoré qu'elle publie une mise au point de ses opinions sur le communisme:

> Si par le communisme, vous entendez une conspiration disposée à tenter un coup de main pour s'emparer de la dictature comme on disait au 16 avril, nous ne sommes point communistes, car une pensée d'avenir ne s'impose que par la conviction et on ne se bat que pour faire triompher un principe immédiatement réalisable.[6]

Le communisme pour elle, "c'est la protection accordée par l'Etat à l'association vaste et toujours progressive des travailleurs [...] le désir et la volonté que, grâce à tous les moyens légitimes et avoués par la conscience publique, l'inégalité révoltante de l'extrême richesse et de l'extrême pauvreté disparaissent dès aujourd'hui pour faire place à un commencement d'égalité véritable" (Larnac 192). Quand le communisme serait devenu l'idéal le plus répandu, alors il se réaliserait.

Le 15 mai 1848 marque une autre étape dans la république sociale et dans la vie de George Sand. Le 15 mai marque son renoncement à la politique active. Ce fut le jour où profitant d'une démonstration en faveur de la Pologne, Barbès, Blanqui, Raspail et leurs amis marchèrent sur le Palais Bourbon, envahirent la salle des séances pour s'emparer du pouvoir par la force et réaliser en quelque sorte le projet formé un mois plus tôt chez George Sand. Elle prétendit n'avoir pas été au courant de la conspiration et s'être mêlée à la foule en spectatrice. D'ailleurs, dans une lettre à Thoré, elle critique durement ce coup de tête qui s'était soldé par un échec et plus spécifiquement le manque de tenue et de consentement général. "On avait mené là, écrit-elle, par surprise et à l'aide d'une tromperie, des gens qui n'y comprenaient goutte, et il y a là-dedans quelque chose [...] qui sent la secte, quelque chose enfin que je ne puis souffrir et que je désavouerais hautement, si Barbès, Louis Blanc et vous n'aviez pas été forcés d'en subir la conséquence fatale" (*Corr* VIII:481). Et d'ajouter: "Les grandes convictions sont sereines" (*Corr* VIII:482).

La répression qui s'ensuivit fut brutale. Toute la police était mobilisée

---

[5]. *George Sand révolutionnaire*, 223. Larnac prend ce terme dans l'apologie que George Sand a faite de Barbès dans *La Vraie République*, le 9 juin 1848.

[6]. *George Sand révolutionnaire*, 192. Larnac cite *La Vraie République* du 18 mai 1848 où sous le titre de "Revue politique et morale de la semaine" George Sand publia une mise au point de ses opinions.

contre les communistes et les socialistes. Dans la nuit du 15 au 16 mai, on arrêta en masse. Leroux, Barbès, Albert, Blanqui furent arrêtés. On demanda la levée de l'immunité parlementaire de Louis Blanc. Thoré se cachait. A Paris, une commission d'enquête retenait contre George Sand deux chefs d'accusation: la rédaction du seizième bulletin et la participation à la manifestation du 15 mai. Heureusement la commission exécutive s'opposa à ce qu'elle fût poursuivie. Le 18 mai George Sand retourna à Nohant. Elle renonça à toute politique active sans pour autant renoncer à faire entendre sa voix. Avec beaucoup de courage, dès la mise en accusation de Louis Blanc, elle écrivit deux articles sur lui dans *La Vraie République*.[7] Quant à Barbès déjà à mi-mort dans les cachots de la monarchie et qui recommençait son agonie dans les cachots de la République, elle lui dédia *La Petite Fadette* et lui consacra de très belles pages dans *Histoire de ma vie*.

Lors des journées révolutionnaires de juin 1848 (les 23, 24 et 25) George Sand était donc à Nohant. C'est là qu'elle apprit la répression sanglante faite par Cavaignac, l'ancien gouverneur d'Algérie, "le sabre sanglant de l'Algérie" (*Corr* VIII:710), à qui on avait donné des pouvoirs dictatoriaux, pouvoirs dont il usa avec la plus grande brutalité. De nombreuses arrestations et déportations suivirent. Cette fois George Sand sait que c'est vraiment la fin de cette république sociale qu'elle avait tant voulue. "Je ne crois plus à l'existence d'une république qui commence à tuer ses prolétaires," écrit-elle à Madame Marliani (*Corr* VIII:544). La République devient de plus en plus réactionnaire: La liberté de la presse disparaît progressivement et finalement le 31 mai 1850 le suffrage universel est aboli.

Voilà donc pourquoi George Sand ne fut ni surprise, ni désespérée à l'annonce du coup d'Etat le 2 décembre 1851. A la dictature militaire de Cavaignac succédait celle de Louis-Napoléon Bonaparte. A Hetzel, son ami et éditeur en exil qui fut le secrétaire général de Cavaignac du 21 au 27 juin 1848, elle fait remarquer que les deux dictatures exilent les opposants et que les proscriptions étaient même plus nombreuses en 1848 qu'en 1851. (D'après Karl Marx, en 1848 il y aurait eu plus de 3.000 insurgés massacrés, et 15.000 déportés sans jugement.)[8] Karl Marx fait ironiquement les mêmes constatations. Il écrit: "[La bourgeoisie] avait déporté sans jugement et maintenant c'est elle que l'on déporte sans jugement. Elle avait réprimé à l'aide de la force publique tout mouvement de la société et maintenant le pouvoir d'Etat réprime à son tour, tout mouvement de sa propre société" (253-54).

Pour George Sand ces deux dictatures sont deux exemples de ce qu'elle réprouve: la souveraineté du but. Hetzel tout comme son ami Fleury l'avait acceptée

---

7. Voir *La Vraie République*, 2 et 3 juin 1848.

8. Karl Marx. *Les luttes de classes en France 1848-1850. Le 18 Brumaire de Louis Bonaparte* (Paris: Editions sociales, 1948) 179. Il est à noter qu'on ne possède pas de chiffres exacts pour le nombre des victimes. Charles H. Pouthas écrit: "On ignore, sauf pour les troupes (un millier), le nombre des victimes tuées dans le combat ou dans les représailles du lendemain, il fut grand." Voir George Lefebvre, Charles H. Pouthas, Maurice Baumont, *Histoire de la France pour tous les Français*, 2 vol. (Paris: Hachette, 1950) 2:274.

venant de Cavaignac. Pour elle, l'une ne vaut pas mieux que l'autre: "Nous n'étions plus vraiment en république, écrit-elle, nous étions gouvernés par une oligarchie et je ne tiens pas plus à l'oligarchie qu'à l'empire (*Corr* X:614). Karl Marx portait le même jugement sur le coup d'Etat. A Engels qui était plein de haine pour Louis-Napoléon, Marx écrivait: "En tout cas la situation me paraît plutôt améliorée qu'envenimée par le coup d'Etat. Il est plus facile de venir à bout de Napoléon que cela aurait été possible de l'Assemblée nationale et de ses généraux. Et la dictature de l'Assemblée était imminente" (161). Tous deux s'accommodent donc mieux de Louis-Napoléon. D'ailleurs George Sand fait remarquer à tous ses amis exilés que le peuple ne réagit pas: "Autant que je peux juger la situation jusqu'à ce jour, le vrai peuple de Paris a refusé le combat, et selon moi, il a fait son devoir sagement" (*Corr* X:569). "On vous a dit, écrit-elle, à Mazzini, que le peuple avait voté sous la pression de la peur, sous l'influence de la calomnie. Ce n'est pas vrai. Il y a eu terreur et calomnie avec excès, mais le peuple eût voté sans cela comme il a voté" (*Corr* XI:178-179). Elle constate que dans les campagnes Louis-Napoléon est l'idole du peuple qui l'avait élu à la présidence de la République en 1848. Or dit-elle, "un peuple n'abandonne pas en si peu d'années l'objet de son engouement, il ne se donne pas un démenti à lui-même. Depuis trois ans [l'élection du 10 décembre 1848] la majorité du peuple de France n'a pas bronché. Je ne parle pas de Paris, qui forme une nation différente au sein de la nation, je parle de 5 millions de voix, au moins, qui se tenaient bien compactes sur tous les points du territoire, et toutes prêtes à maintenir le principe de délégation en faveur d'un seul" (*Corr* XI:179). Karl Marx lui fait écho: "Pendant trois ans, écrit-il, les villes avaient réussi à fausser le sens de l'élection du 10 décembre et à voler aux paysans le rétablissement de l'Empire. Le coup d'Etat du 2 décembre ne fit que compléter l'élection du 10 décembre 1848" (257). Tous deux notaient bien l'attachement du paysan à sa parcelle de terre que la révolution lui donna et que Napoléon Ier lui permit de conserver. Tous deux notaient aussi l'opposition ville/campagne, mais surtout ils constataient que la révolution de 1848 marquait la rupture entre la bourgeoisie et le prolétariat.

Pour George Sand tant que le prolétariat et la bourgeoisie croiront avoir des intérêts différents, la république ne sera pas possible. Pour elle il n'y a désormais plus que deux classes sociales: les producteurs et les consommateurs, les pauvres et les riches, les prolétaires, ouvriers et paysans et la bourgeoisie. Pourtant elle demeurait convaincue qu'un jour viendrait où le prolétaire serait non seulement producteur mais consommateur et que son aisance ferait la prosperité et la sécurité du bourgeois. C'était voir loin. Elle le savait. Mais à l'inverse de Karl Marx elle espérait que Louis-Napoléon Bonaparte pourrait utiliser son pouvoir pour imposer une réconciliation des deux classes. "Le président, écrit-elle, veut-il faire ce miracle de régner sans diviser? Il le peut, lui seul le peut — qu'il fasse fonctionner cette machine inconnue dans son application et cependant si simple et si logique, la réciprocité des intérêts, et dans peu d'années la paix sera faite entre les deux classes" (*Corr* X:614). Certes, éternelle optimiste, elle croit au progrès et à l'avenir, mais elle se dit que la "main d'un homme pourrait en précipiter la marche, en imposant des sacrifices prudents mais sérieux et progressifs à la richesse et en rapportant d'immenses économies dans l'administration de l'état. Cela n'était pas possible à une république qui n'était pas républicaine. Un dictateur le pourrait s'il voulait s'appuyer également sur le peuple et sur la classe moyenne" (*Corr* X:614). George Sand se rendit d'ailleurs compte très vite que Louis-Napoléon n'était pas ce dictateur éclairé.

Néanmoins elle reste optimiste. Comme elle l'écrit à Mazzini: "La France a conquis la sanction, la vraie, la seule sanction légitime de tous les pouvoirs, l'élection populaire, la délégation directe [...]. La France électorale marche comme l'enfance, mais elle marche; aucune autre nation n'a encore marché aussi longtemps dans cette voie nouvelle, l'élection populaire!" (*Corr* XI:178). Le plébicite ratifiant le coup d'Etat eut 7.439.216 oui, et 640.757 non. Le peuple a parlé. Il faut se résigner.

Certes, elle était consciente du fait que le peuple ne savait pas vraiment utiliser le suffrage universel. "De la possession d'un droit, à l'exercice raisonnable et utile de ce droit, il y a un abîme. Il nous eût fallu, pense-t-elle, dix ans d'union, de vertus, de courage et de patience, dix ans de pouvoir et de force en un mot pour combler cet abîme [...]. Notre erreur à nous, socialistes et politiques [...] a été de croire que nous pouvions en même temps initier et mettre en pratique" (*Corr* XI:180, 179). Optimiste malgré tout elle se dit que "le peuple, qui apprend aujourd'hui à faire les empereurs, apprendra fatalement par la même loi à les défaire." (*Corr* XI:179).

George Sand fit preuve d'un esprit critique politique et historique remarquable. Son analyse de la situation en 1851-1852 et du caractère de Louis-Napoléon en est encore un autre exemple. Elle voulait d'abord le croire l'homme de la Providence, mais bien vite dès le 22 février 1852, elle revient sur son jugement et ne voit en lui que l'instrument du hasard. Il est l'homme du moment "dont le gouvernement est une nécessité matérielle des temps qui l'ont produit" (*Corr* XI:17). La vraie responsabilité du coup d'Etat revient à cette république qui n'avait plus rien d'une république car conclut-elle "tout le talent des usurpateurs est de tirer parti d'une situation, ils n'en auront jamais assez pour créer du jour au lendemain cette situation" (*Corr* XI:180). Or la situation était mûre car "La république s'était suicidée en juin par une effroyable scission entre le peuple et la bourgeoisie. Nous n'étions plus dignes de la liberté."[9]

Karl Marx partage les mêmes vues: "Quant à moi, écrit-il, je montre, par contre, comment la lutte des classes en France créa des circonstances et une situation telles qu'elle permît à un personnage médiocre et grotesque de faire figure de héros" (172).

Karl Marx aussi bien que George Sand se devaient donc par la suite de critiquer le "Napoléon le Petit" de Victor Hugo. Victor Hugo, dit Marx, n'y voit que le coup de force d'un individu, dont le coup d'Etat apparaît dans un ciel serein. Il ne

---

9. Karénine 253. Karénine reproduit "Dans le bois", un article de George Sand pour *Le Temps* du 30 janvier 1873. Cet article a été écrit à la mort de Napoléon III et est reproduit dans *Dernières pages*.

se rend pas compte qu'il le grandit au lieu de le diminuer, en lui attribuant une force d'initiative personnelle, sans exemple dans l'histoire (171). Quant à George Sand elle déclare: "Son chef d'œuvre restera comme un monument littéraire, il n'a pas de valeur historique. Napoléon III ne mérita jamais ni cet excès d'honneur ni cette indignité d'être traité comme un monstre" (Karénine 253).

En conclusion les réactions de George Sand au coup d'Etat nous montrent certes cette Notre Dame du Bon Secours prônée par tant de critiques mais surtout une femme extrêmement lucide qui a fait une analyse critique remarquable de la situation. Il est regrettable qu'on lui ait presque toujours accordé le cœur sans mentionner l'intelligence politique ou même la vision.

The City College, CUNY

'HE SAID/SHE SAID' IN *HORACE*

Nancy E. ROGERS

Horace is perhaps George Sand's most overtly and explicitly political novel. In his own novel, *Sylvie*, Gérard de Nerval described the general political atmosphere of the era depicted in *Horace* (the early 1830s) as follows:

> Nous vivions alors dans une époque étrange, comme celles d'ordinaire succèdent aux révolutions ou aux abaissements des grands règnes. [...] c'était un mélange d'activité, d'hésitation et de paresse, d'utopies brillantes, d'aspirations philosophiques ou religieuses, d'enthousiasmes vagues, mêlés de certains instincts de renaissance; d'ennui des discordes passées, d'espoirs incertains....[1]

It is my contention that the kind of vacillation that Nerval sensed "in the air" among a generation of young people — of confused utopian yearnings mixed with leanings toward inaction — is reflected in the narrator's point of view, especially in three areas: his attitude toward the protagonist, Horace; his political ideology; and his relationships with women.

Narratological critic Susan Lanser has postulated that "The authority of a given voice or text is produced from a conjunction of social and rhetorical properties."[2] In this study I will examine the question of narrational authority in *Horace*, with its shifting, unstable, agitated political atmosphere, in the three areas outlined above. In addition, I will explore Sand's means of allowing the female voice to resonate in the text. The "He said/she said" of *Horace* is an interesting aspect of textual politics.

Originally entitled "L'étudiant," which would have directly alerted readers to the stereotypical nature of the work, *Horace* soon became the story of a "type moderne," as Sand termed her protagonist in her Notice to the novel. Sand's dedication of the work to her friend Charles Duvernet reveals her affection for her flawed hero, who, like many of Sand's and Duvernet's friends, has developed a personality "avec un excès effrayant,"[3] one of those ambitious young people who often hurt others while wanting to do good. The last line of the dedication expresses Sand's contradictory feelings towards these "type[s]...dangereux," when she writes: "Nous les avons parfois raillés, souvent repris; plus souvent nous les avons plaints et toujours nous les avons aimés *quand même!*" (25) The double emphasis, conveyed by the italicized "quand même" and an exclamation point, are ironic ("Aren't we silly to love

---

1. Gérard de Nerval, *Sylvie* (Paris: Société d'édition d'enseignement supérieur, 1970) 28.
2. Susan Sniader Lanser, *The Narrative Act: Point of View in Prose Fiction* (Princeton: Princeton University Press, 1981) 6.
3. George Sand, *Horace* (Meylan: Les Editions de l'Aurore, 1982) 25. All citations will be taken from this edition of the novel.

them anyway, when they are such jerks"), conjoining ("I'm not alone in this folly"), and assertive ("It's O.K. to love such guys, a proof of superior friendship").

The conflicting, dueling emotions expressed here in the author's voice resonate clearly in the first line of the novel, in which the narrator, both a witness to and participant in the events, states: "Les êtres qui nous inspirent la plus d'affection ne sont pas toujours ceux que nous estimons le plus" (27). With a paean to friendship, the novel is launched, Théophile's voice seemingly having subsumed Sand's.

If we accept the premise that novelistic authority is a social and cultural construct, then Théophile, Sand's narrator and only son of the count of Mont..., with entrée into the highest ranks of Parisian society, has all the proper authoritative credentials. Critic of the bourgeoisie, friend of many student revolutionaries, raised to believe in equality and the importance of an independent and honest (not brilliant) place in society, this son of the aristocracy has been encouraged by his father to enter a profession rather than that "triste chose," "une éducation de gentilhomme" (108). Now studying medicine, Théophile lives like his fellow students, sharing his small apartment with his Saint-Simonian mistress, Eugénie. Yet, he has maintained his relationship with la comtesse de Chailly, another member of the nobility devoid of any "préjugé aristocratique." The ease with which Théophile slips between the two worlds — of poverty-stricken students seeking equality and ball-going aristocrats — affords him a superb vantage point to narrate the story of Horace, a man encircled by the first world, but aspiring to the second.

Théophile soon establishes his authority as a narrator by his stance, which reveals him as a solid, warm, sympathetic witness. Sometimes humorous, sometimes ironic, but always calm and thoughtful, Théophile reveals a series of rhetorical patterns that serve to make the reader believe in him and the truth of his account. For example, he is a great generalizer, stating maxim-like truths so often that the reader is led to accept his accounting of the story as true as well. His beliefs — stated as generalized truths — on such topics as friendship, love, superior men, guilt, literature, pride, and jealousy, establish his seriousness of spirit and undergird his reliability as a narrator. He states these beliefs forcefully and directly, often establishing complicity with the reader through his use of *ces* or *cette*, as in "Mais par une de ces bizarreries de la raison humaine, qui ne nous quitte que lorsque nous voulons la retenir..." (300). In fact, Théophile is a narrator with many manipulative tricks aimed at convincing the reader of his accuracy and authority: direct address (to, always, a single or group of male readers); requests for pardon from those faceless persons; statements of his personal beliefs ("Je crois que..."); disingenuous (since they can never be answered) questions to the reader ("Dirai-je toute ma pensée à cet égard?" (112); use of hindsight to explain events; judgments of other characters and of actual people, such as Cavaignac; psychoanalysis of characters in the story; sarcasm; and such "teases" to the reader as "Je ne vous dirai point le reste de l'histoire de..." (227). At several junctures, Théophile demonstrates detailed knowledge of events that he could not possibly have witnessed without explaining how he has obtained such specifics; in other instances, he admits that he simply doesn't know certain information; and in still others, he claims that even though he wasn't present, he can assure us that things occurred exactly as he has reported.

By these means, Théophile, like most of Sand's narrators, conveys a full and deep impression of authority, using his rhetorical skills to keep the reader believing and loyal. Although clearly a pivotal character within the fabric of the story, Théophile also expresses opinions that tend to identify his thinking with that of Sand. This identity is clearest in their responses to Horace, as noted earlier, for each is swayed by this charmer — or perhaps snake-charmer is a better term. Sand's enraptured response to such a character in her dedication, with its obvious conflicted emotions, is echoed throughout the novel itself in Théophile's vacillations regarding his friend. Indeed, Théophile's inability to come to grips with the deficiencies in Horace's character tend to shake the foundations of his narrational authority, leading the reader to question his credentials. Horace is the most noticeable chink in this knight's armor.

Attitude toward Horace

Théophile's contradictory feelings regarding Horace are a constant throughout the novel. On the one hand, he directly and matter-of-factly outlines the negative side of his friend's character: His flawed "wild Republicanism," tempered by his insatiable desire for an aristocratic mistress. His lack of any (Yeatsian) conviction. His weakness and cowardice. His propensity to get into debt and then to feel no obligation toward the lender. His tendency to brag and to promote himself shamelessly. His lack of care for his loving parents. His superior disdain for women and for children. All of these faults — and more — would seem to be enough to shake the faith of even such a loyal friend as our narrator. However, from the very first paragraph in the novel, Théophile lets the reader know that, despite such negative qualities, Horace will always have his determined admiration; as he explains: "J'aurais bien mauvaise opinion d'un homme qui ne pourrait aimer ce qu'il admire; j'en aurais une plus mauvaise encore de celui qui ne pourrait aimer que ce qu'il admire" (27). The reader has received just warning — our narrator does not admire Horace; still, he loves him.

The credulity of this message is achingly strained during the course of the narrative. If, as the Greeks believed, it is action that defines character, then Théophile's just and upright character must be questioned, for his actions regarding Horace speak far more forcefully than his words. Despite his detailed recounting of the defects in Horace's makeup, Théophile does everything in his power to make life easy for his friend. Lies for him. Introduces him "dans le monde" (admittedly at Eugénie's urging, for she hopes by such an avenue to save her friend Marthe from Horace's weak character). Defends him to Eugénie and others, while accusing them of being too hard on his friend. Suffers when Horace breaks with him. Signs notes for him and doesn't dare to ask for repayment. Pretends to be Horace's benefactor so that he will travel, escape from Paris, and find a new life. And, in the end, exults that his friend has found success as a writer and as a lawyer. The last words of the novel contain his highest hopes that Horace will soon be "l'avocat le plus brillant" in his province.

Political ideology

The narrator's liberal leanings are evident in both his spoken beliefs and in the way he lives his life. For example, he chides the rich "qui trouvent la fortune publique très équitablement répartie!" (28) Théophile firmly believes that high society is mediocre and that the real French genius lies in "le peuple." He has high hopes for social progress and is determined to live daily in a way contrary to his noble ancestors; thus, his chosen partner is a feminist "grisette" who attends Saint-Simonian meetings; he has close friends among the lowest classes of society, "le type peuple," as he calls Paul Arsène (48); and he follows his chosen "honorable" profession, medicine, by treating rich and poor alike during the cholera epidemic.

Yet, since the novel is set in a time of agitated political action, the reader cannot help wondering where the narrator stands on the question of revolution. The answer would have to be a decided "neutral," a position that sets him apart from others in the text. He yearns for a time of calm and freedom, different from his own, which he sees as dominated by "la fièvre de l'inquiétude et [...] l'agitation de la lutte" (30). In such a tranquil time, young men will no longer be drawn to either becoming outstanding leaders or blowing their brains out, which is the way he views his own slice of history. While seeming to admire the student youths, who in 1830 "s'est montrée brave et franchement républicaine" (68), he also believes that their contemporary actions constitute their last gasp of glory. Following this line of thought, he declares that these student revolutionaries will grow up to blush over their youthful follies and will even deny ever having attacked "la macro-Sainte propriety." (70) Théophile identifies himself with "les étudiants un peu aristocratiques" (70), who disdain the "étudiants d'estaminet," those "bousingots" who are naturally drawn to riots. On the other hand, he admires Godefroy Cavaignac, who inspires both the bellicose and the generous students to work for free public education, suffrage for all, and the emancipation of the people. In his political discussions with Paul Arsène and with Horace, our narrator prides himself on always taking the long view; in other words, his faith lies not in individual men but in the power of ideas. According to Théophile, one can be either a philosopher or a revolutionary; "Il n'y a pas de terme moyen" (228).

When Horace asks Théophile whether he should join a revolution that he no longer believes in, Théophile responds by rationalizing his own lack of action:

> "fils de gentilhomme, ami et parent de légitimistes, j'ai une sorte de dignité extérieure assez délicate à garder. Bien que mes principes, mes certitudes, ma foi, mes sympathies soient encore plus démocratiques peut-être que ceux de Laravinière et ses consorts, je ne puis, chose étrange et pénible, leur donner la main pour fair un seul pas avec eux. J'aurais l'air d'un transfuge; je serai méprisé dans le camp où j'ai été élevé; je serais repoussé avec méfiance de celui où je viendrais me presenter. (225)

This revealing passage, which stresses the "convenances" that prohibit any political action on his part, separates Théophile from his fellow students and friends and engages the reader in an internal debate regarding his authenticity. How can a person who leads the life of a simple student, who loves a fiercely egalitarian woman, who is a 25-year-old with "le cœur et le bras solide," justify a removed, uninvolved position in this time of hotly disputed ideas? While many of those he loves are living like rats in holes as they recover from their revolution-inflicted wounds, Théophile falls back on his aristocratic origins (which he immodestly describes as "de très bonne souche" (107) to explain his lack of action and his neutrality on the question of revolution. It is not a satisfying position. Taking the philosophical high road is, of course, prudent, attractive, and reflective of the thinking of the George Sand of 1841; however, to base this road upon the need to keep up appearances among his class is hardly sufficient reason for the reader to trust fully the political authority of the strength of character of this narrator. "Chose étrange," indeed!

Sexual politics/women

In his most important relationship with a woman, i.e., the one with Eugénie, Théophile demonstrates many admirable qualities. He freely states his love for her, calling her "ma sœur, ma compagne, ma maîtresse, ma femme, si l'on veut" (154). He sees their union as absolute and permanent and would be happy if she should become pregnant (211). Overall, Eugénie is an angel in Théophile's eyes, his life's partner, symbolized by her becoming part of the narrative "nous" when she accompanies her lover on his trip to aid noble cholera victims in the provinces.

On the other hand, Théophile's contradictory attitude toward the women in the novel is also reflected in his depiction of Eugénie, for he often doubts her judgment when it is a matter of Horace. At several junctures, when Eugénie insists upon confronting Horace and analyzing his conduct negatively, her lover, our narrator, responds by characterizing her as "sévère", "imprudente", and "injuste". He even scolds her for doubting that Horace will be able to lead a productive life, while simultaneously admitting his own doubts to the reader ("je n'étais pas éloigné de partager ses craintes," 322); obeying the "convenances" seems to extend to Théophile's love relationships as well as to his politics. Does it make him less of a man to criticize a male friend? Finally, although Théophile often reports Eugénie's strong Saint-Simonian beliefs, he also lets the reader know that "Je connaissais mieux qu'elle, peut-être, par l'examen et par la lecture, le fort et le faible de cette philosophie" (185). In other words, he is smarter and better informed than she. He seems to consider her beliefs heartfelt, and even sees her as the ideal person to formulate "les droits et les devoirs de la femme." However, he does not defend her beliefs to Horace. For instance, when she delivers a long dissertation on male jealousy, which she connects to ownership and materialism, Horace responds by telling her lover: "Mon Cher, tu la laisses trop aller *au prêche* de la salle Taitbout" (85). Rather than comment on this charge, the narrator moves to a new subject.

In contrast to his treatment of the negative qualities of the males in the novel (in the case of Horace, benign neglect; for Larivinière, a kind of jolly old-boyism), Théophile can be absolutely vicious when it is a question of the less-than-sterling female characters. Paul's sister Louison, for example, is depicted as overbearing, intolerant, and provincially narrow-minded. Her perfidious machinations, deviousness, and lies designed to keep Marthe away from her brother are gleefully outlined by the narrator, who seems to delight in quoting her country language ("Nenni, Monsieur") even though he could not possibly have heard it. Even the idealized Marthe, while complimented for being a reader, is later criticized for reading too much, thus rendering herself vulnerable to romantic behavior. But it is the sarcastically described "merveilleuse vicomtesse Léonie" who comes in for Théophile's most searing indictment. Everything from her "ridiculous" court, her empty marriage, and her indolence to her silly fantasies about love, her essential coldness, and, worst of all, her lack of love for her children is minutely described. This empty, artificial woman, guilty of all the sins of the worst of the "ancien régime" richly deserves the narrator's scorn; however, the depths of his anger seem a bit excessive, especially in his benign overlooking of some of the same traits in Horace.

To summarize briefly: these three aspects of the narrative voice — the lack of good judgment regarding Horace; the excuses given for lack of action on political beliefs; and the ambivalent or harsh judgment of women in the novel — undermine the credibility of Théophile as an authoritative, completely believable narrator. His fierce neutrality is underlined at several junctures. For example, Horace thanks him for "votre neutralité" in the battle between Horace and Paul for Marthe's love (156). Later, when Horace shows the breadth of his egotism, the narrator demonstrates a singular lack of pluck: "Je le trouvai en cet instant si absurde et si imjuste que, n'ayant pas le courage de le blâmer hautement [...] je gardai le silence. [...] Je le quittai sans lui rien dire qui pût influencer son jugement" (216). This inability to say anything that might result in benefits to others than Horace is accompanied by a lack of decisive action. An interesting study could be made of the question of active versus passive players in this novel, where it is the women and the lesser-player men (Paul and Larivinière) who are the real actors in the narrative. But that is not the subject of this study.

Instead, I would like to conclude by again following the lead of Susan Lanser, who, in a 1996 article, called for a closer confluence between feminist criticism and narratology: "narratology has had little impact on feminist scholarship, and feminist insights about narrative have been similarly overlooked by narratology."[4] Lanser's later book, *Fictions of Authority*, takes up the author's own challenge and applies feminist perspectives to a panoply of women writers from the 18th to the 20th century,

---

4. Susan Sniader Lanser, "Toward a Feminist Narratology," in *Feminisms: An Anthology of Literary Theory and Criticism*, ed. Robyn C. Warhol and Diane Price Herndl (New Brunswick: Rutgers University Press, 1991) 610-29.

including a chapter on "Romantic Voice: The Hero's Text."[5] In this chapter in which she studies the works of Gemaine de Staël, Mary Shelley, and George Sand as representatives or romanticism, Lanser finds that the female personal voice disappears from romantic novels, obliterated by a kind of "narrative masculinization," the result of "a historically situated struggle with contemporary social values and literary forms" (157).

It is my contention that Sand was able — even in novels with a male narrator — to convey a penetrating look into the female consciousness and point of view and to allow the female voice to resonate. I would go further and say that in *Horace*, it is the female voice that often is the seat of authority; here, the clear-sighted statements of Eugénie serve as a corrective to Théophile's vision. In fact, Eugénie seems to say the things that Théophile will not allow himself to say, thus permitting a fuller and more accurate picture to emerge.

Throughout the text it is Eugénie's good common sense, calm reason, and discerning analysis of Horace that stand in sharp contrast to Théophile's stubborn insistence on his friend's essentially good nature. For example, when it becomes clear that Horace is incorrigibly lazy, Eugénie expresses deep indignation, while Théophile merely smiles indulgently, terming his indolence "superbe" (105). And when Horace becomes obsessed with marthe, Eugenie understands that it is a fantasy, that he will abandon her, and that Théophile should think of protecting Marthe; his reply is a hands-off policy: "Qu'en savions-nous après tout?" (107). In sum, she has little sympathy for Horace's foibles and failures and is willing to speak her mind while the narrator obviously hides his thoughts.

In a recent article Françoise Massardier-Kenney explores the ways in which Sand has allowed "une voix feminine" to infiltrate in *Horace*.[6] She traces the gradual inclusion of the direct speech of Eugénie and Marthe by the patriarchal narrator, noting that thethree speakers (théophile, Eugénie, and Marthe) "semblent tous parler d'une même voix" (291) and finding that a "glissement" occurs in which the feminine voice is made one with the voice of the narrator and submerges it. However, since much of the speech in the novel, including that of Horace, displays the linguistic patterns ascribed by Massardier-Kenney to Eugénie and Marthe, I see less a "glissement" occurring here than a deliberate choice by Sand to allow a kind of subversive "narrative feminization" to occur. Although closely allied with Théophile emotionally, Eugénie undermines and contradicts his judgment almost every time that she opens hermouth. Leaving Marthe aside, since her opinion of Horace is not essential to an understanding of the real character of the protagonist (and, thus, the question of the authority of the text), I see Sand using Eugénie as a kind of foil to

---

5. Lanser, *Fictions of Authority: Women Writers and Narrative Voice* (Ithaca: Cornell University Press, 1992) 155-75.

6. Françoise Massardier-Kenney, "Questions de narration dans *Horace*, ou les limites de la subversion," *George Sand et l'écriture du roman*, ed. Jeanne Goldin (Montréal: Université de Montréal, 1996) 287-92.

Théophile, a means of allowing contradictory beliefs to surface clearly and to shake the foundations of the patriarchal authority established by the male narrator. The irony, of course, is that by repeating Eugénie's opinion verbatim, opinions that ooze with indignation and that often are borne out in the text, Théophile knowingly undermines his own position. It is almost as though he understands his own weakness and is happy that Eugénie will say what he dares not. "He said/she said" with a twist.

Sand was obviously aware that in patriarchal societies, such as the France of the early 1840s, the reading public would ascribe an autobiographical intention to any novel with a female narrator written by a woman novelist. And her own hesitations about men like Horace, revolutionary politics, the Saint-Simonian movement, and other key issues in *Horace* are well translated through the passive and hesitant voice of her narrator, ultimately a sympathetic, if somewhat weak, character. The contrasting vigor of the voice of his companion, Eugénie, however, serves to "keep the tale honest," so to speak, even though much of the narrational authority is shaken, and the reader must decide for herself whose vision contains the most truth. In creating the voice of Eugénie, even though it is heard only through that of her lvoer, Sand foreshadows the vibrant, crystal-clear, determined voice of Nanon decades later, a voice that is unquestionably authoritative and indisputably feminine.

The National Endowment for the Humanities

Femme, Féminin, Féminisme

GEORGE SAND ET LES MOUVEMENTS D'ÉMANCIPATION FÉMININE: LECTURES ÉTRANGÈRES

Suzan van Dijk

"Il est difficile aujourd'hui de mesurer l'incroyable impact de ses œuvres dans toute l'Europe et jusqu'aux Etats-Unis", écrit l'*Histoire des femmes* sur George Sand[1]. Aussi cet impact n'y est-il pas davantage mesuré et se contente-t-on de nous donner quelques noms d'auteurs à rayonnement international auxquels Sand a pu être comparée: Byron, Henry James, Goethe. Comparaison faite pour nous impressionner, étant donné les places occupées par ces trois grands dans le canon littéraire actuel. Cependant, le cas de Sand est-il effectivement comparable à ceux des trois autorités dont on lui permet ici d'approcher? N'a-t-elle pas dû avoir, au XIXe siècle, un "impact" sinon plus large du moins plus diversifié?

Le terme approximatif d'"impact" paraît fait pour brouiller quelque peu les pistes. A l'égard de George Sand peut-être plus que pour d'autres auteurs, il est nécessaire de distinguer entre plusieurs types d'"impact": s'agit-il, hors des frontières françaises, de son statut, de sa réputation, de son influence, de sa réception, de son succès? Le *statut* d'autorité reconnue[2] qu'elle avait en France — obtenu grâce à ses romans, comme l'a démontré Françoise van Rossum-Guyon[3] — elle ne pouvait guère l'occuper ailleurs; cependant l'étranger en était informé par la presse française. Sa *réputation* personnelle auprès d'un certain public international (probablement large) a certes été douteuse, mais cela n'a pas dû avoir que des effets négatifs pour la *réception* de son œuvre par d'autres ou carrément par les mêmes lecteurs que ceux qui se disaient scandalisés. Car en effet, le *succès* énorme de cette œuvre est attesté par les chiffres de ventes et de prêts, fournis par des recherches faites dans plusieurs pays[4]. Finalement, son *influence* sur d'autres auteurs a été peut-être plus considérable à l'étranger que chez elle. Il me semble même qu'en ne considérant George Sand que dans le contexte de l'histoire littéraire française, on lui fait tort. En même temps, étant donné l'extrême diversité des voies que cette influence a empruntées, il est

---

1. Voir Annelise Maugue, "L'Ève nouvelle et le vieil Adam. Identités sexuelles en crise," *Histoire des femmes en occident*, t. 4: *Le XIXe siècle* (Paris: Plon, 1991) 539.
2. Très bien illustré par Rachel Sauvé, rappelant combien souvent on demandait à George Sand de préfacer d'autres auteurs: "le fait [...] de se voir demander une préface par un éditeur, constitue sur-le-champ cet individu en préfacier autorisé", Rachel Sauvé, "De Goethe à Madame Stowe, la poétique des autres: Sand préfacière allographe," *George Sand et l'écriture du roman* (Montréal: Département d'Études françaises, 1996) 374.
3. Voir Françoise van Rossum-Guyon, "Sand, Balzac et le romen," *George Sand et l'écriture du roman* (Montréal: Département d'Études françaises, 1996) 9-10.
4. Voir, pour l'Allemagne par exemple, Norbert Bachleitner, *Der englische und französische Sozialroman des 19. Jahrhunderts und seine Rezeption in Deutschland* (Amsterdam: Rodopi, 1993) 126-144.

matériellement impossible de les suivre toutes pour en donner un aperçu global. J'utiliserai donc ici l'exemple de l'influence exercée aux Pays-Bas.

Une précison est encore nécessaire. Si Isabelle Naginski faisait remarquer en 1985 que l'influence de Sand sur des auteurs étrangers n'était pas assez étudiée[5], elle pensait principalement à celle exercée sur des auteurs eux-mêmes à statut reconnu et à réputation internationale tels Dostoïevski, pour lesquels elle-même justement a commencé à combler cette lacune. Il est évident qu'il y a de l'intérêt pour nous à établir l'existence de contacts littéraires entre Dostoïevski et Sand. Ils se situent dans le prolongement des contacts directs avec Balzac et Flaubert, de ceux avec Heine et Tourgéniev, et fournissent des arguments forts pour justifier l'insertion de Sand dans le canon littéraire international.

Mais ce n'était peut-être pas en premier lieu cet "impact" sur les "grands hommes" que visait l'*Histoire des femmes*. Il y a en effet une autre influence sandienne, plus difficile à mesurer puisqu'elle ne s'exerçait pas sur des auteurs dûment reconnus et réputés. On la reconnaît chez un grand nombre de femmes écrivains qui ont été influencées par Sand, sans avoir forcément créé elles-mêmes des chefs-d'œuvre dignes d'être longtemps retenus. Pour cette raison-là, ce n'est pas sur le seul terrain littéraire que je voudrais situer le débat. La mention dans l'*Histoire des femmes* l'indique d'ailleurs assez: l'"impact" international de Sand dépasse le littéraire; nous nous situons entre l'histoire de la littérature et celle du féminisme[6].

Les influences qu'un auteur peut exercer hors de son pays ne sont — par définition — pas directes, ni le plus souvent intentionnelles. Et surtout, au XIX[e] siècle encore moins qu'aujourd'hui, l'auteur lui-même n'arrive pas à contrôler ce qui se passe. C'est bien un droit de contrôle que George Sand avait tendance à se réserver en France, où "[d]u contrôle de la production du texte à celui de la réception c'[était] toujours le même combat"[7] — combat qui a laissé (et c'est ce qui nous intéresse) des traces fixées par écrit. Par contre, à la recherche de liens spécifiques entre Sand et l'étranger, il faut une attention supplémentaire pour retrouver les voies que s'est choisies son influence. Notamment les contacts avec des écrivaines étrangères, elles-mêmes parfois peu connues, sont difficiles à documenter.

Le féminisme sandien

En parlant de l'importance de George Sand pour l'histoire du féminisme, il

---

5. "Sand scholars, for the most part, have neglected her impact on foreign literatures", Isabelle Naginski, "The Serenity of Influence: The Literary Relationship of George Sand and Dostoevsky," *George Sand: Collected Essays* (Troy, NY: Whitston, 1985) 111.
6. Par cette approche je m'éloigne donc de la tradition littéraire féminine proprement dite, étudiée notamment par Lucy M. Schwarz, "George Sand et le *roman intime*, Tradition and Innovation in 'Women's Literature'", *George Sand: Collected Essays* (Troy, NY: Whitston, 1985) 220-26. Dans un second temps il faudra établir le rapport.
7. D'après la formule utilisée dans Van Rossum-Guyon, "Le fond e(s)t la forme. Réflexions à partir du *Meunier d'Angibault* et du *Péché de Monsieur Antoine*," *Le Chantier de George Sand - George Sand et l'étranger* (Debrecen: Presses Universitaires,1993) 170.

faut revenir, quand même, sur la vieille question: "est-elle féministe?". Dès les années vingt de ce siècle, Léon Abensour s'opposait sur ce point à Marguerite Thibert. Le premier, dans son *Histoire générale du Féminisme*, ne fait *pas* mention de Sand[8], tandis que Thibert, auteur du *Féminisme dans le socialisme français de 1830 à 1850*, déclare: "[p]our le grand public, l'effort d'émancipation féminine entre 1830 et 1850 se résume en un nom, celui de George Sand. [...] ce grand écrivain [est] le type de la *femme émancipée*, et le brillant avocat de l'affranchissement des femmes"[9]. L'écart entre eux n'est dû qu'en partie au champ plus ou moins large couvert par chaque historien. En effet, c'est à Thibert (en sautant quelques dizaines d'années) qu'Albistur et Armogathe, auteurs de l'*Histoire du féminisme français*, réagissent en déclarant qu'il faut bien apporter

> un démenti formel aux allégations qui font du 'sandisme' une thèse révolutionnaire. [Car...] au moment où les femmes descendent dans la rue et se mobilisent pour accélérer la satisfaction de leurs droits, G. Sand n'utilise le grand crédit qui est le sien que pour douter de l'efficacité de leurs luttes. [...] Son féminisme reste individuel et sentimental; il est romantique. (II: 404)[10]

Ce que, apparemment, il n'aurait pas dû être. Naomi Schor a fait le point sur cette problématique et proposé un moyen de sortir de l'impasse. Elle constate qu'il y a un problème de définition et insiste sur le fait que ce problème est déterminé par le "contexte national spécifique de Sand", celui de la France où "les femmes exceptionnelles qui ont contesté les injustices [...] touchant à la condition des femmes ont en général préféré ne pas se joindre au combat collectif". Le problème de la terminologie se laisserait résoudre par l'emploi d'"une définition du féminisme qui fait de celui-ci un ensemble de contradictions [...]. Le féminisme ce [serait] le débat lui-même. Si donc Sand est féministe, ce [serait] dans la mesure où elle incarne et exprime ces contradictions". Schor propose "d'aborder le féminisme de Sand [...ni] par ses romans, ni par sa biographie, mais à partir de ses écrits [...] théoriques".[11] Elle

---

8. A l'exception d'une brève remarque, Leon Abensour, *Histoire générale du Féminisme des origines à nos jours* (Paris: Slatkine, 1979) 221.

9. Marguerite Thibert, *Le Feminisme dans le socialisme français de 1830 à 1850* (Paris: thèse doctorat, 1926) 264-5, cité d'après Maïté Albistur et Daniel Armogathe, *Histoire du féminisme français* (Paris: des femmes, 1977) II:401.

10. De façon plus personnelle Laure Adler (entre beaucoup d'autres) a formulé, dans "l'après-68", sa profonde déception: "George, c'était pour moi une certaine image de la femme libérée qui, dans ses livres et dans sa vie, militait pour une nouvelle façon de vivre sa féminité. Il a fallu assez vite déchanter. Car George s'est toujours refusée [...] à aider ce mouvement de femmes", Laure Adler, *A l'aube du féminisme: Les premières journalistes (1830-1850)* (Paris: Payot, 1979) 9-10.

11. Naomi Schor, "Le feminisme et George Sand: *Lettres à Marcie*," *Revue des sciences humaines* 226 (1992) 27-28.

donne l'exemple en étudiant les *Lettres à Marcie*, où elle s'approche le plus possible du point de vue de l'émettrice.

Une autre ouverture vers la compréhension du féminisme sandien serait, à mon sens, de l'aborder du côté opposé, celui de l'"impact" de ses écrits romanesques aussi bien que théoriques. On privilégierait alors l'*effet* exercé par l'œuvre, ce qui dans une approche plutôt sociologique de la littérature n'est pas sans intérêt. C'est l'"impact" contemporain sur les *lectrices* qu'il faudrait étudier en particulier. En l'occurrence, on vient de constater que celui-ci fut considérable, et notamment à l'étranger, ce qui permettrait par la même occasion d'éviter les difficultés apparemment inhérentes au contexte français.

En effet, des histoires récentes du féminisme qui utilisent un cadre international, réservent à George Sand une place bien plus honorable que ne le faisaient Albistur et Armogathe[12]. Dans leur *History of Their Own*, Bonnie Anderson et Judith Zinsser rappellent, elles aussi, le refus sandien d'être portée candidate en 1848 ("she angrily and haughtily repudiated them"), mais affirment également, dès la phrase suivante, que Sand "remained a source of inspiration for other women writers". Elles citent des poèmes adressés à Sand par les écrivaines allemandes Louise Otto et Ida von Reinsberg-Düringsfeld, et par l'Anglaise Elizabeth Barrett Browning. Ces exemples tendent à prouver que les trois, mais non pas elles seules, furent inspirées par Sand, puis les unes par les autres, dans cette époque où "women writers began to assert women's moral authority against the conventional limits on women's behaviour".[13]

Dans *The Creation of Feminist Consciousness*, Gerda Lerner ne parle pas seulement d'"inspiration"; son chapitre intitulé "Female Clusters, Female Networks, Social Spaces" met en évidence l'importance des "role models for [...] women's consciousness".[14] C'est comme modèle que Sand aurait fonctionné, avec Germaine de Staël, pour Elizabeth Barrett Browning, elle-même admirée à son tour par "all of the American nineteenth-century woman's rights leaders" (231-32). Les liens existant entre ces écrivaines célèbres ne nous étaient pas inconnus, mais ce qui est important, est de reconnaître que le tissage s'étend beaucoup plus loin qu'entre ces figures de proue de la littérature féminine et va jusqu'à inclure les "leaders" de la première vague féministe. En occupant ce point de vue délibérément international on pourra constater

---

12. Elles se basent souvent sur des témoignages quasi-contemporains, comme celui de Stanton, où il s'avère que pour la Russie, "the subject of women's emancipation was first called into life [...] by the writings of George Sand"; et que pour la Pologne, "the idea of emancipation of women reached us through the widely read novels of George Sand", Theodore Stanton, ed., *The Woman Question in Europe. A Series of Original Essays* (New York: Putnam, 1884) 406, 429.

13. Bonnie Anderson et Judith P. Zinsser, *A History of Their Own. Women in Europe from Prehistory to the Present* (New York: Harper and Row, 1988) 171-72.

14. Gerda Lerner, *The Creation of Feminist Consciousness, From the Middle Ages to Eighteen-Seventy* (New York: Oxford University Press, 1993) 233.

ce que, à vrai dire, on pressentait: comment pour d'innombrables femmes George Sand a été directement et indirectement exemple, modèle et symbole. En même temps, sachant les oppositions féminines, aussi, aux mouvements féministes de l'époque, on situera dans ce cadre l'antipathie suscitée par Sand chez certaines.

Sand et ses lectrices françaises

Pour ce qui est du rapport entre Sand et ses compatriotes, la restriction au conflit entre George Sand et Eugénie Niboyet en 1848 est évidemment source de malentendus. Il a existé des contacts très directs entre Sand et ses lectrices, visibles dans les lettres qu'elles lui adressaient. Brigitte Diaz a pu constater, sur dossier, que la part des femmes parmi les correspondants est importante — souvent fascinées par celle qu'elles décrivent par exemple comme "'l'immortelle déesse de l'Intelligence féminine'".[15] Mais leurs lettres ne disent pas seulement cette distance, certainement impossible à franchir. Ces femmes, à qui très souvent George Sand a répondu, "cherchent avant tout à établir [...] un *espace de connivence*" (103); nombreuses sont celles "qui se sent[ant] humiliées [...] trouvent dans leur dialogue avec George Sand la possibilité d'exprimer, et d'affirmer une *sensibilité féministe*" (105). Distance et proximité sont ainsi réconciliées; c'est Mlle Leroyer de Chantepie qui a cette heureuse formule: "'[v]ous êtes ma véritable sœur, mais une sœur mille fois supérieure à moi'" (105). Bref il y aurait sûrement lieu — rien qu'en se basant sur ces documents présentés par Diaz — d'inclure George Sand dans une histoire du féminisme français.

Il n'en est pas moins vrai que le refus exprimé dans la lettre du 8 avril 1848 au rédacteur de *La Réforme*[16] n'a pas été un événement isolé. Il se laisse comprendre de différentes façons: d'abord par le refus général qu'opposait Sand à toute tentative de l'embarquer dans des mouvements de groupes. C'est cela même qu'on a cherché à faire en raison du statut qui était le sien; ce fut pour se heurter souvent à sa volonté de n'être prise ni "pour l'enseigne d'un cénacle féminin" (comme elle le dit dans cette lettre), ni, par exemple, pour la "papesse" du saint-simonisme[17]. Jeanne Goldin a bien montré que cela ne voulait rien dire sur son attitude envers les idées des cénacles en question. En l'occurrence, dans la même année 1848, elle reprochait justement aux saint-simoniennes "d'avoir retardé l'affranchissement de la femme" (Goldin 182). En fait, le saint-simonisme (pour continuer sur cet exemple) "a toujours été pour George Sand un lieu de malaise, justement parce qu'il soulevait des problèmes qui la

---

15. Brigitte Diaz, "'A l'écrivain George Sand, à Nohant, par la Châtre...'", *Écrire à l'ecrivain*. *Textuel* (Paris: Université de Paris 7, 1994) 92.

16. *Corr* VIII: 391-92; reproduite dans l'article de Schor 21-22.

17. C'est exprimé au moins deux fois dans des lettres citées par Jeanne Goldin: "On prétend que les Saints-Simoniens vont m'offrir le titre de papesse [...]. C'est bien sans le vouloir à coup sûr"; "l'école [d'Enfantin] me désir[ait] pour remplir le rôle de *papesse*. Je ne me sentais pas de vocation pour les grandeurs," lettres de juillet 1832 et du 29 janvier 1846, citées par Jeanne Goldin, "Le saint-simonisme," *George Sand, une correspondance* (Saint-Cyre-sur-Loire: Christian Pirot, 1994) 166, 174.

touchaient au plus vif de ses principes et de son émotivité" (189-90). Il en était certainement de même pour le féminisme.

En deuxième lieu, une solidarité comme celle que des historiennes eussent peut-être souhaitée entre Sand et Niboyet aurait dû passer par des contacts directs, qui avec Niboyet n'avaient pas existé: "Je n'ai pas l'honneur de connaître une seule des dames qui forment des clubs et rédigent des journaux", écrit Sand[18]. Ces relations entre "consœurs" n'étaient d'ailleurs pas aussi simplement et fondamentalement inégales que celles avec des lectrices. Elles étaient empreintes de frictions personnelles, basées peut-être sur une trop grande proximité[19], occasionnant des rivalités en rapport avec la fécondité de la plus célèbre et avec son autorité reconnue — malgré les profits que par ailleurs celle-ci apporta aux autres. Des écrivains, à leurs débuts, comme Marie d'Agoult/Daniel Stern et Hortense Allart en ont, comme on sait, effectivement bénéficié, George Sand leur servant de caution et d'intermédiaire "dans le monde des lettres"[20]. Mais comme le montre Lucienne Frappier-Mazur, discutant l'image de Sand figurant dans des autobiographies de femmes, un certain éloignement par rapport à l'auteur-"phare" n'était pas sans agrandir l'admiration — celle de Suzanne Voilquin étant bien plus "inconditionnelle" (87) et "harmonieuse" (90), que celle de Flora Tristan par exemple, qui pourtant "parle comme une héroïne sandienne"[21]. Le contact le plus intense, durable et familial a été entretenu avec Juliette Adam, qui dans ses mémoires illustre plusieurs fois les rapports difficiles entre Sand et les féministes actuellement reconnues comme telles: elle raconte comment, choquée de l'attitude de Proudhon envers Sand et Stern, elle s'en était ouverte à Jenny d'Héricourt, qui lui aurait répondu que George Sand et Daniel Stern ne recevaient que ce qu'elles méritaient: d'Héricourt elle-même par contre insistait sur la vertu et la pratiquait[22]. Que ce soit à cause des odeurs de

---

18. *Corr* VIII:392, citée par Schor, 22. Niboyet avait fourni comme argument à la candidature de Sand: "Elle s'est faite homme par l'esprit, elle est restée femme par le côté maternel. Sand est puissante et n'effraie personne; c'est elle qu'il faut appeler par le *vœu de toutes au vote de tous*" (*La Voix des femmes*, 6 avril 1848, cité dans *Corr* VIII:391).

19. Lucienne Frappier-Mazur, "La Référence 'George Sand' dans quelques textes autobiographiques de femmes", *Autobiography, Historiography, Rhetoric. A Festschrift in Honor of Frank Paul Bowman* (Amsterdam: Rodopi, 1994) 90.

20. Voir aussi Dominique Desanti, "George, Marie, Flora et les autres...", *George Sand: Collected Essays* (Troy, NY: Whitston, 1985) 217; et ce que dit Brigitte Diaz à propos d'Anna Devoisin (104). Précisons qu'il arrivait également que Sand refusait d'intervenir en faveur d'auteurs femmes qui la sollicitaient; c'est le cas par rapport à Caroline Marbouty (voir aussi la n. 36) que Sand "tient prudemment à bout de greffe" (selon Lubin, *Corr* III:885). Elle publiait, néanmoins, neuf titres entre 1842 et 1867, sous le pseudonyme de Claire Brunne.

21. Mireille Bossis, "La Femme prêtresse dans les romans de George Sand", *George Sand: Collected Essays* (Troy, NY: Whitston, 1985) 268.

22. Cité par Claire Goldberg Moses, *French Feminism in the Nineteenth Century* (Albany: State University of New York Press, 1984) 163, d'après Winifred Stephens, *Madame Adam Juliette Lamber, La Grande Française, from Louis-Philippe until 1917* (New York:

scandale, ou pour d'autres raisons, Louise Michel ne mentionne pas du tout George Sand. Frappier-Mazur tire la conclusion que "pour les générations suivantes, la figure de George Sand ne semble pas avoir eu la même signification" (87)[23].

L'influence à l'étranger

Hors de la France, il en était autrement[24]. En effet, les rapports entre Sand et ses collègues étrangères étaient bien différents, grâce à l'éloignement géographique et culturel: d'une part il était plus difficile de l'embrigader dans des mouvements; d'autre part, si cela arrivait, elle ne s'en apercevait pas forcément. L'absence (le plus souvent) de contact direct mettait les auteurs femmes de l'étranger dans une position comparable à celle des simples lectrices en France. Echappant aux frictions, elles se retrouvaient dans l'œuvre comme dans un espace de connivence. C'est ainsi que cela a fonctionné, non seulement durant la vie de l'auteur, mais même au-delà: pour les "générations suivantes" à l'étranger, la figure de Sand a gardé sa signification bien plus longtemps.

Les ouvrages sur l'histoire féminine internationale, cités plus haut, donnaient quelques exemples d'influence subie, les plus célèbres en réalité, avec une certaine insistance sur le domaine anglais si amoureusement ratissé par Ellen Moers[25]. Mais

---

Dutton, 1917) 48-52.

23. Elle confirme sur ce point précis ce que Claire Goldberg Moses affirme plus généralement: "An overview of feminist development in nineteenth-century France reveals a history that is discontinuous, tied in important ways to the political fluctuations of French history [...]. The discontinuity contrasts dramatically with the largely continuous history of American and English feminism and explains the comparatively slower pace of success" (Moses 229). D'autre part, il faudrait cependant discuter la question si on n'a pas trop cherché la signification de Sand pour des auteurs (même femmes) ayant atteint un certain degré de reconnaissance (cf. ma remarque plus haut concernant les influences russes étudiées par Naginski). Les commentaires de Georges Lubin sur certaines lettres de femmes, auteurs potentiels, et s'adressant à Sand pour cette raison-là, sont à cet égard assez révélateurs — pour deux raisons, puisqu'ils montrent une influence exercée jusqu'ici négligée, et qu'ils ne sont pas sans contenir un certain dédain. Voici ce qu'il ajoute à propos d'une lettre de Caroline Marbouty, "femme de lettres envahissante": "La brillante auréole qui illumine la tête de George Sand empêche les bas-bleus provinciaux de dormir. 'Pourquoi pas moi?', et l'on vient à Paris chercher la célébrité." (*Corr* VIII:23 et III:85).

24. Je continue ici des travaux entrepris depuis le Colloque de Debrecen; voir Van Dijk, "George Sand et ses publics étrangers", *Le Chantier de George Sand - George Sand et l'étranger* (Debrecen: Presses Universitaires, 1993) 251-56, et "Introduction: Un contexte à la réception sandienne aux Pays-Bas", *George Sand lue à l'etranger. Recherches nouvelles 3* (C.R.I.N. 30, 1995) 7-22.

25. Ellen Moers constate d'ailleurs une influence encore plus importante de Germaine de Staël, qui a donné lieu à un chapitre intitulé "Performing Heroinism: The Myth of Corinne", *Literary Women* (Londres: Women's Press, 1980). Cela s'oppose au petit nombre d'allusions à Staël trouvées chez des autobiographes françaises par Frappier-Mazur — pas plus de quatre, il est vrai (Frappier-Mazur 100).

l'"impact" sandien va plus loin, et l'*Histoire des femmes* avait même été modeste: non seulement en Grèce [26] et en Pologne [27], mais jusqu'en Amérique Latine[28] il a été ressenti, dès le XIXe siècle, par des écrivains femmes[29]. Des études de cas précis le démontrent, qui concernent des femmes auteurs influencées par Sand. On a pu entendre qualifier ces études d'"anecdotiques", tant qu'il n'y en avait pas tant. Elles finissent néanmoins par accumuler une évidence importante, dont il sera temps de dresser le bilan[30].

Prenons par exemple toutes celles qui se sont faites dénommer les "George Sand" de leur pays, que ce soit en Allemagne [31], en Espagne [32], en Roumanie[33], en Russie [34] ou même en Belgique[35]. C'est un surnom qui n'a pas toujours été délibérément choisi par ces femmes[36]. Mais à force de réapparaître partout il demande

---

26. Voir Irini Rizaki, *L'Irruption des "Ecrivantes" grecques dans le champ littéraire du XIXe siècle* (Lyon II: mémoire de DEA, 1994).

27. Voir Barbara Wojciechowska, "La réception de George Sand en Pologne", *George Sand et son temps. Hommage à Annarosa Poli* (Genève: Slatkine, 1994) III:1263-80.

28. Information d'Annette Paatz; voir sa communication (à venir) au Colloque de Hanovre (1997).

29. Dans certains pays, il est parfois difficile de faire la distinction entre les réactions à la "féministe" et à la "femme politique".

30. Sur la réception sandienne en Russie, voir aussi les contributions de Hilde Hoogenboom dans le présent volume.

31. Luise Mühlbach, Fanny Lewald, Luise Aston, Ida Hahn-Hahn; voir sur elles Renate Möhrmann, *Die andere Frau. Emanzipationsansätze deutscher Schriftstellerinnen im Vorfeld der Achtundvierziger-Revolution* (Stuttgart: Metzler, 1977) 40, et Kathryn Crecelius, "George Sand en Allemagne: la réception de son œuvre 1833-1856", *George Sand lue à l'étranger. Recherches nouvelles 3* (C.R.I.N. 30, 1995) 53.

32. Gertrudis Gomez de Avellaneda; voir Angels Santa, "George Sand et l'Espagne", *Le Chantier George Sand - George Sand et l'étranger* (Debrecen: Presses Universitaires, 1993) 300.

33. Dora d'Istria; voir sur elle Ileana Miháilá, "George Sand en Roumanie: le rôle des idées politiques pour la réception de son œuvre", *George Sand lue à l'étranger. Recherches nouvelles 3* (C.R.I.N. 30, 1995) 69.

34. Voir Kevin McKenna, "George Sand's Reception in Russia: The Case of Elena Gan", *The World of George Sand* (New York: Greenwood Press, 1991) 227-34.

35. Encore anonyme: dans une correspondance entre journalistes belges, on trouve, à la date du 1er novembre 1834: "J'ai de plus enrôlé un bas-bleu, notre Mme Dudevant, au petit pied," H. Wouters, *Documenten betreffende de geschiedenis der arbeidersbeweging 1831-1853* (Louvain: Nauvelaerts, 1963) III:104-5, cité d'après Ton Baeten et Hans Moors, *"Toujours un peu l'ami de la femme," Liberalisme, socialisme en vrouwenemancipatie in België, 1830-1848* (Utrecht: mémoire de maîtrise, 1990) 76.

36. N'oublions pas de mentionner ici la Française Caroline Marbouty (voir n.20) qui écrivit à George Sand (en mars 1837): "vous êtes la seule femme à qui je serais glorieuse de ressembler". Elle alla en effet jusqu'à s'habiller en homme "se faisant passer à l'occasion pour George Sand"; Georges Lubin commente: "supercherie enivrante pour cette futile assoiffée de gloriole" (*Corr* III:322 et 885).

à être pris au sérieux — même dans les cas où il servait en réalité d'insulte[37]. Ces dénominations voulues positives ou négatives, en fonction de la perspective pratiquée, me semblent indiquer les deux voies qu'a empruntées l'influence exercée par Sand sur des femmes.

La voie courte est celle de l'influence directe, qui est acceptation de la connivence proposée par le texte, sans l'aide d'instances intermédiaires (même pas de traducteurs). Elle est à distinguer d'une influence que je qualifierais d'indirecte puisque basée sur l'action de ces intermédiaires (traducteurs d'abord) s'interposant entre le texte et la lectrice[38]. La distinction n'existe qu'en théorie, faute de documentation suffisante, mais il est clair qu'elle contribue à mettre en évidence le rôle capital joué par des femmes, entrées dans la connivence du texte et y faisant entrer d'autres — figures charnières entre ces deux niveaux d'influence: celle subie par elles et celle qu'elles feront subir à d'autres. Qu'il s'agisse de traductrices[39], de journalistes[40] ou de celles qui se sont laissées inspirer par l'exemple de George Sand[41], les études qui leur ont été consacrées ces dernières années rattachent souvent ces femmes au mouvement féministe et mettent ainsi en valeur l'importance de Sand pour l'histoire de ce mouvement. Evitons néanmoins deux écueils: celui de considérer que toutes les femmes soient entrées dans cette connivence — toute "féminine" que nous puissions l'estimer — , et celui qui nierait l'influence, parfois positive finalement, des interventions d'intermédiaires masculins, même s'ils entendaient s'exprimer négativement.

La lecture directe du texte de Sand par des femmes a certainement mené à des jugements négatifs et à des refus d'influence. C'est ce qui a été moins étudié, semble-t-il, notamment par celles qui, de près ou de loin, sont elles-mêmes liées aux mouvements féministes récents[42]. D'autre part, étant donné le rapport — conflictuel

---

37. C'est ce qui ne semble guère arriver aux "Corinne" anglaises, d'après Moers.
38. Action que Chevrel désigne par le terme "moduler", Yves Chevrel, "Champs des études comparatives de réception: Etat des recherches", *Œuvres et critiques* 11 (1986) 151.
39. Pour ne nommer que des Anglaises, des Allemandes et une Tchèque: Matilda Hays, Eliza Ashurst (voir Patricia Thomson, *George Sand and the Victorians. Her Influence and Reputation in Nineteenth-Century England* [Londres: MacMillan Press, 1977] 36); Maria Saphir, Claire von Glümer, Louise Claudé, Fanny Tarnow, Emilie Wille, Marianne Meyer (voir Crecelius .52); Sophie Podlipska (voir *Corr* XIX: 93).
40. Margaret Fuller, Mary Margaret Busk (Nadia Coiner, "National Chauvinism and Male Chauvinism: The British Critics React to George Sand", *George Sand Papers - 1978* (New York: AMS Press, 1982) 146; Louise Otto (Möhrmann 56).
41. Geraldine Jewsbury (Thomson 31); Camilla Collett (information de Petra Broomans).
42. Nous revenons sur ce qui a été constaté en n. 20 (où le féminisme n'était probablement pour rien), et rejoignons ce que faisait remarquer plus généralement (mais à propos du XIX siècle) Anne Sauvy: "Seules, la littérature féministe ou la littérature engagée attirent l'attention des chercheurs. Il n'est pas de mise de considérer qu'il peut exister pour la femme, parallèlement au malheur domestique, un bonheur domestique [...]", "Une littérature pour les femmes", *Histoire de l'édition française, t. 3 Le Temps des éditeurs* (Paris: Promodis,

depuis le siècle précédent[43] — entre critiques et écrivains femmes, une appréciation négative d'un côté pouvait bien être garante d'éloges de l'autre.

Aux Pays-Bas: un refus de connivence

La situation néerlandaise — dont il faudra bien sûr déterminer le degré de représentativité — fournira des exemples. Elle nous offre d'abord un net refus d'être influencée par Sand. Il est prononcé par la grande romancière néerlandaise, dominant elle aussi son époque, Anna Louisa Geertruida Bosboom-Toussaint, auteur de romans historiques dont certains ont été traduits en français[44]. Elle connaissait bien l'œuvre de Sand, étant abonnée à la *Revue des Deux Mondes*, mais tenait à en prendre ses distances à cause de la réputation de son auteur[45]. Celle qui occupait une position d'autorité comparable à celle de Sand déclarait même explicitement: "Je ne suis pas George Sand, moi!"[46]. Elle se trouvait, en effet, du côté de la majorité bien-pensante masculine, ayant complètement intégré un système de références masculin, comme vient de le montrer M.A. Schenkeveld-Van der Dussen.[47]

Le cas de Bosboom-Toussaint illustre l'énorme emprise aux Pays-Bas du système des normes régissant la place des femmes dans la société, et occasionnant le retard de l'apparition du féminisme ainsi que celui de la réception "productive" de Sand. Alors que des femmes allemandes, anglaises, polonaises, russes ont réagi immédiatement à Sand, dès les années 30, des Néerlandaises ne le feront que dans les années 70 — période où on a l'habitude de situer l'avènement du mouvement féministe néerlandais[48]. Avant cette date on voit Bosboom-Toussaint prononcer son

---

1985) 449.

43. C'est visible, par exemple, dans les préfaces aux œuvres de Jeanne Leprince de Beaumont et Stéphanie de Genlis (en France) et d'Elisabeth Wolff (aux Pays-Bas). Toutes les trois ont eu maille à partir avec la critique; cela semble même une des raisons déterminantes pour l'admiration que portait Wolff aux deux premières (voir à ce sujet Van Dijk/van de Woestijne, "Jeanne Leprince de Beaumont en Elisabeth Wolff", *Tijdschrift voor Nederlandse Taal- en Letterkunde*, à paraître).

44. Par exemple son roman *Majoor Frans* (1873), traduit — et réduit comme la page de titre l'indique déjà — par Albert Réville sous le titre *Le Major Frans, scènes de la vie néerlandaise*. Cette traduction a paru, en 1875, dans la *Revue des Deux Mondes*, et la même année encore en volume. Elle a servi de base à la traduction suédoise, publiée en 1876 aussi par M.A. Goldschmidt. Le lecteur moderne trouvera des fragments de ce roman dans Kristiann Aercke, *Women Writing in Dutch* (New York: Garland, 1994) 321-351.

45. Voir Van Dijk, "Introduction," *C.R.I.N.*

46. Voir pour plus de détails Van Dijk, "A.L.G. Bosboom-Toussaint vs. George Sand, heldin en anti-heldin", *Bulletin Geschiedenis Kunst Cultuur* 4 (1995) 67-82.

47. "Het 'mannelijk' schrijverschap van A.L.G. Bosboom-Toussaint", *Nederlandse Letterkunde* 1 (1996) 71-83.

48. Marqué par exemple par la création de revues, "baromètre par excellence de l'essor du féminisme", Anne-Marie Käppeli, "Scènes féministes", *Histoire des femmes en occident* (Paris: Plon, 1991) 4: 499 — entre autres celle intitulée *Onze Roeping* (Notre Vocation), qui sera citée plus loin.

refus de Sand dans des formules comparables à celles qu'elle utilise à l'égard des "émancipatrices"[49].

Il est sans doute nécessaire de tenir compte du contexte social différent, déterminé aux Pays-Bas par une industrialisation plutôt tardive et par un passage en douceur de l'époque des troubles insurrectionnels. Les femmes y avaient toujours eu une autre position qu'en France: le phénomène salonnier n'avait guère joué de rôle chez nous, par exemple; il n'y avait pas non plus de tradition de la femme-auteur-de-romans, phénomène ressenti en France comme dépendant directement de la nature féminine[50]. Ne pouvant rentrer dans tous les détails comparatifs ici, je me contenterai de constater qu'aux Pays-Bas, durant la période où George Sand publiait ses ouvrages, les femmes écrivains — romancières ou autres — étaient peu nombreuses, ce qui justifie l'étonnement fréquent des critiques devant les grandes quantités à l'étranger[51]. Ils ne s'en enthousiasmaient guère d'ailleurs. La littérature nationale avait, globalement, leur préférence, et ceci s'appliquait tout aussi bien aux auteurs femmes. Ils aimaient notre Petronella Moens nationale, célibataire chantresse de la famille, attendrissante puisqu'aveugle, et surtout notre Bosboom-Toussaint, auteur de romans traitant de l'histoire nationale, mariée au peintre Bosboom connu pour ses intérieurs d'église. Toutes deux étaient respectueuses des normes en vigueur, basées sur la religion protestante, contrairement — on n'en doutait pas — à tout ce qui pouvait venir d'ailleurs.

Etant donné que durant ces années-là, la presse féminine néerlandaise ne s'occupait, en ouvrages de dames, encore que de broderie et de tricot[52], la critique littéraire était — encore plus qu'ailleurs — une affaire d'hommes. Ils n'étaient pas tous inconscients des problèmes que soulevait cette position bizarre entre une femme

---

49. Elle donne comme justification le fait qu'elle "ne souffre pas assez de ce qui est censé me manquer" (dans une lettre au critique influent Potgieter, citée dans Hans Reeser, *De huwelijksjaren van A.L.G. Bosboom-Toussaint, 1851-1886* (Groningue: Wolters-Noordhoff, 1985) 404.

50. Aux Pays-Bas par exemple le nombre de poétesses et même d'auteurs de tragédies était plus important que celui des romancières, qui ne se manifestèrent que dans les années 1780.

51. Que ce soit l'Angleterre, où "la littérature de goût est actuellement pour une grande partie d'origine féminine" (*Vaderlandsche Letteroefeningen* 1840, I: 604), la France, "si richement pourvue en écrivains femmes pratiquant tous les genres" (*Algemeen Letterlievend Maandschrift* 1841, 410), ou l'Allemagne (*De Tijd* 1845, I: 286), les journalistes ne reviennent pas des quantités de "femmes écrivantes" que l'on y rencontre. Ils reconnaissent même, que "parmi ces femmes celles-là ne sont pas peu nombreuses qui se servent de leur plume avec le résultat le plus heureux" (*Vaderlandsche Letteroefeningen*, 604).

52. Notamment *Pénélopé* par Barbara van Meerten-Schilperoort; voir Gert-Jan Johannes, *De barometer van de smaak. Tijdschriften in Nederland 1770-1830* (La Haye: SDU, 1995) 103.

et ses lectrices[53]. Mais l'attitude qu'ils adoptaient à l'égard de la jeune George Sand était néanmoins déterminée apparemment par leur propre masculinité quelque peu offensée. Une méfiance se manifeste dans leurs écrits, qui ne correspond pas seulement à la méfiance[54] générale aux Pays-Bas devant la licence française supposée elle aussi générale. Elle rappelle aussi cette forme particulière de méfiance que suscitaient les mouvements féministes qui se manifestaient hors des Pays-Bas, et dont George Sand se serait justement bien tenue à l'écart[55].

Elle y est ici, au niveau du discours, incorporée. Qu'il suffise de quelques exemples pour en donner une idée. En parlant de l'"auto-émancipation des femmes" en Allemagne qui, en 1845, "avance à pas rapides", on fait remarquer que toutes ces "George Sand en miniature ne dédaignent pas la bonne odeur d'un petit cigare". En 1863, "*Indiana* et *Lélia* prêchent la nouvelle religion de la femme émancipée" L'année d'après, un autre critique "hésite encore pour recommander la lecture de ces écrits à d'autres qu'à ceux qui savent résister aux faux raisonnements d'un esprit plus ou moins émancipé"[56].

Les critiques sont ainsi amenés à classer les auteurs femmes en deux catégories, notamment à opposer George Sand à celles qui rassuraient davantage. Dans cette classe dangereuse, Sand est accompagnée de Louise Colet, de Louise Michel "tristement célèbre", de leurs congénères américaines, des dames pétroleuses et des "hordes effrayantes des vieilles tricoteuses", ainsi que de ses imitatrices (ou celles décrites comme telles). Parmi celles-ci la première est l'Allemande Ida Hahn-Hahn, qui "avec autant de zèle que George Sand prit sous sa protection les droits de

---

53. Des remarques sur leur attitude en la matière sont assez fréquentes: "un jugement négatif et sévère pourrait donner une impression d'indélicatesse à l'égard de son sexe" (*De Recensent* 1840, I: 41); "c'est une femme qui a écrit ce petit ouvrage, par conséquent nous ne voulons pas être trop durs" (*Algemeen Letterlievend Maandschrift* 1842, 195); "en règle générale, rendre compte d'un livre écrit par une femme, même lorsque, satisfait du travail de l'auteur et sous l'impression encore fraîche de sa lecture, on saisit sa plume, est toujours — qui pourra le nier — d'une très grande difficulté" (*Vaderlandsche Letteroefeningen* 1855, 801). Ce dernier journal part d'ailleurs du principe "qu'un livre écrit par une femme, et où une femme est le personnage principal, est surtout destiné à des femmes" (1846, I: 146), et va tirer la conclusion (purement théorique d'ailleurs) qu'un ouvrage "destiné en premier lieu aux femmes" devra "au fond être jugée par les femmes" (1851, 461).

54. Voir à ce sujet Annie Jourdan, "L'image du Français aux Pays-Bas: d'un tyran à l'autre", *George Sand lue à l'étranger. Recherches nouvelles 3*, C.R.I.N. 30 (1995) 100-12. Cette méfiance est assez représentative de ce qui se manifeste dans d'autres pays (voir par exemple Klaus Heitmann, *Der Immoralismus-Prozess gegen die französische Literatur im 19. Jahrhundert* [Bad Homburg: Gehlen, 1970]), dans lesquels par contre la méfiance se trouve compensée par des attitudes plus bienveillantes ou même intéressées.

55. C'était mal connaître les Néerlandais que de penser que George Sand n'effrayait personne (voir n.19).

56. D'après, respectivement, *De Recensent* (1845, II: 263), *Nederlandsche Spectator* (2 mai 1863), et *Leeskabinet* (1864, III: 295) — revues littéraires, pour lesquelles ce n'est pas ici le lieu de discuter les diverses tendances.

la femme". Toutes présenteraient un mélange de sensualité et d'émancipation, qui aurait rendu malheureuses des femmes plus respectables[57].

La méfiance de la critique fut suspendue au moment où Sand publia *Mademoiselle La Quintinie*, roman anti-clérical, lu aux Pays-Bas comme s'il émanait d'une protestante[58], traduit immédiatement et apprécié en conséquence. "La vieille (ancienne?[59]) pécheresse" s'est alors rachetée et est déclarée "réconciliée avec la morale et la chrétienté"[60], absoute par par Conrad Busken Huet, notre Sainte-Beuve national. Ses articles, sa monographie sur la romancière correspondent à une permission quasiment officielle de la lire — du moins pour la majorité protestante de la population: des cabinets de lecture et des bibliothèques (celles d'obédience autre que catholique) vont acheter en effet ses ouvrages[61].

Cependant, il s'agissait de montrer les détours que peut emprunter l'influence. En effet il semble bien que ce ne soit pas cette consécration qui aurait inauguré un début d'influence effective. Le refus que les critiques avaient opposé pendant si longtemps à George Sand, et l'image négative qu'ils n'avaient cessé de présenter d'elle ont peut-être été plus déterminants pour le succès auprès des "émancipatrices" néerlandaises des années 70. Elles ont dû comprendre que c'est de Sand qu'il fallait se réclamer; dans les journaux féministes de cette époque on les voit le faire: Catharina F. van Rees par exemple dans une des premières revues de tendance féministe, *Onze Roeping* (Notre Vocation) créée en 1870[62]. C'est constaté, dans d'autres périodiques, avec une certaine amertume, redoublée évidemment si la provenance est catholique: "ici aussi, nous avons quelques illustrations, qui ont cassé leur rouet et tenté d'enfiler leurs bottes de sept lieues pour se dépêcher sur la route de l'émancipation des femmes"[63].

Une "illustration" précise, fort détestée pour cette raison de Madame

---

57. Respectivement: *Het Dompertje van den ouden Valentijn* (revue populaire catholique) 1883, 44, *De Godsdienstvriend* (revue protestante) 1857, II: 1, *De Huisvriend* 1847, 180-81.

58. Voir sur les rapports entre Sand et le protestantisme: Anne Chevereau, *George Sand. Du catholicisme au paraprotestantisme?* (Antony: éd. brochée, 1988). La réception de *Mademoiselle La Quintinie* aux Pays-Bas a été étudiée avec un certain détail dans Van Dijk et Joop Stoelinga, "*Mademoiselle La Quintinie* aux Pays-Bas, une polémique religieuse", *George Sand. Recherches nouvelles.* C.R.I.N. 6-7 (1983) 221-42.

59. Les deux sens sont actualisés sans doute ici dans le mot néerlandais "oude".

60. *Nederland* 1867, I: 263-64.

61. Par exemple, le cabinet de Van der Hoek à Leyde, pour lequel les acquisitions d'ouvrages de Sand ont été analysées par Danielle Jansen, *L'Œuvre de George Sand dans les catalogues du cabinet de lecture de Vander Hoek à Leyde de 1856 à 1898* (Amsterdam, mémoire de maîtrise, 1996).

62. Dans une série d'articles, intitulée "La femme allemande dans l'histoire". Elle y associe, elle aussi, Sand et Ida Hahn-Hahn: s'exprimant toutes les deux contre le mariage comme étant une espèce de commerce d'êtres humains (*Onze Roeping* mars 1873, 128-131).

63. *Het Dompertje van den ouden Valentijn* 1883, 44.

Bosboom-Toussaint, réussit à fixer l'attention sur elle: Mina Kruseman[64], que l'on classe explicitement avec George Sand et Ida Hahn-Hahn: "trois âmes se ressemblant miraculeusement". Les critiques hommes ses contemporains ne l'aimaient pas beaucoup, surtout pas les "soirées littéraires" qu'elle organisait et qui attiraient un public nombreux[65]. Apparemment, elle-même ne s'est pas proclamée "George Sand" néerlandaise. Mais ses juges ne se sont pas privés de faire la comparaison, et de décider que tel de ses romans rappelle les "élucubrations anti-matrimoniales" de la première George Sand (sans toucher au jugement positif délivré à la plus tardive)[66]. On peut même constater que les reproches qu'encourut George Sand, sont faits maintenant à son imitatrice, ou plutôt à une femme prenant exemple sur cette dernière. Le journaliste enchaîne que Mina Kruseman "a fait plus de mal à la cause d'une émancipation souhaitable et modérée, que nombre d'écrivains raisonnables seront capables de réparer"[67].

Avec moins d'éclat que Kruseman, d'autres femmes appartenant au même mouvement ont pris exemple sur George Sand. Vers la fin du siècle, Hélène Mercier (d'origine Huguenote), journaliste connue et féministe pratique, traduit et commente le *Compagnon du tour de France*. Au début du siècle suivant, Carry van Bruggen, célèbre journaliste, romancière et philosophe, consacre une série d'articles à Staël et Sand, où elle se situe elle-même comme troisième dans la lignée féministe qu'elle vient d'établir. Bref, contrairement à ce qui se passe en France, des générations suivantes prennent le relais, et essaient de rendre, elles aussi, des services à la cause des femmes par leurs écrits[68].

Si l'on peut admettre éventuellement que le féminisme de George Sand a été "individuel et romantique", il a néanmoins largement dépassé sa seule individualité, puisque — et ceci est particulièrement visible à l'étranger — il a influencé d'autres femmes. A plusieurs niveaux même: parmi celles-ci il y eut des écrivains qui ont repris le message et trouvé elles aussi un public féminin. Certaines ont même subi une

---

64. Voir sur cette romancière, chanteuse et actrice: Käppeli 522.

65. Voici comment il en est rendu compte: "La soirée n'avait aucune valeur littéraire — on plaida pour l'émancipation — c'est inutile à notre avis. La femme aux Pays-Bas est relativement émancipée — assez, pensons-nous." (*Nieuwe Arnhemsche Courant* 8 mars 1873).

66. Conrad Busken Huet, *Litterarische Fantasiën en Kritieken*. Haarlem: Tjeenk Willink, 1882, XVI:60. Il parle de son roman *Een Huwelijk in Indië* (Un mariage aux Indes orientales), datant de 1873. Voici comment Käppeli décrit ce roman, qui en effet rappelle *Indiana*: il "raconte l'histoire d'une jeune femme contrainte au mariage. Ce livre réaliste critiquant la soumission de la femme fait tâche noire dans la littérature de fiction hollandaise" (522).

67. Respectivement *De Katholiek* 1881, I: 328, *Eigen Haard* 1877, 111.

68. Cf. *Corr* VIII:407; c'est la longue lettre que Sand adressa aux membres du Comité central en avril 1848 (et qu'elle n'a pas envoyée). Elle y revient sur la problématique, en jeu ici, de ses rapports délicats avec les autres femmes, en particulier Eugénie Niboyet et son "club": "Il me paraît donc insensé, *j'en demande pardon aux personnes de mon sexe qui ont cru devoir procéder ainsi*, de commencer par où l'on doit finir [...]" (401).

influence paradoxale qui passait par la réaction effrayée de certains hommes, mais qui a toujours mené au même résultat: la reconnaissance d'une connivence féminine.

Un féminisme ressenti comme tel

Pour l'histoire des féminismes ailleurs qu'en France, je voudrais donc suggérer, à partir de l'exemple néerlandais, que George Sand a joué un rôle non-négligeable, qui mériterait d'être mieux apprécié. Cela a dû souvent se passer de façon quelque peu ambiguë. Les intermédiaires néerlandais, notamment, ont essayé de lui refuser l'entrée au pays. Mais l'effet a été simplement retardé[69]. La même Mina Kruseman, ne rechignant pas devant quelques indélicatesses, a expliqué ce retard. Pour elle, la responsabilité incombe aussi au public féminin, trop dépendant de ceux qui se proposaient comme intermédiaires: critiques littéraires, éditeurs, directeurs de cabinets littéraires. A la question qu'elle se pose: "Nos femmes néerlandaises seraient-elles plus bêtes, auraient-elles moins d'âme et de talent que d'autres?", elle se répond: "Je ne crois pas. Au contraire! Mais elles sont plus faibles, plus craintives, plus calmes, elles ont davantage besoin d'approbation, je dirais presque"[70].

Toujours est-il que George Sand a réussi à toucher, même aux Pays-Bas, des femmes qui — était-ce grâce à son influence ou à leur caractère propre? — auraient souscrit à ce qu'elle écrivait en 1835: "je prétends posséder aujourd'hui et à jamais la superbe et entière indépendance" dont seuls les hommes se croient en droit de jouir[71]. On peut donc revenir au jugement de Marguerite Thibert, datant de 1926: George Sand comme figure type du féminisme émancipateur — mais à l'étranger et vue de l'étranger. On occupe ainsi la position (et on comprend la déception) de la romancière et pédagogue néerlandaise Elise van Calcar, venue à Paris en 1878 pour assister à un congrès littéraire, et qui y constata l'absence de femmes. Partie demander à Victor Hugo si après la mort de George Sand la France ne possédait plus de femmes écrivains dont la présence puisse faire honneur à un congrès, elle ne reçut pas de réponse[72].

Univeriteit van Amsterdam

---

[69]. Beaucoup plus qu'en Angleterre (Coiner 144).
[70]. *Europa* 1874, I: 316.
[71]. *Corr* II: 880, lettre du 6 mai 1835, citée aussi par Goldin 185.
[72]. J.H. Sikemeier, *Elise van Calcar-Schiotling. Haar leven en omgeving, haar arbeid, haar geestesrichting, 1822-1904* (Haarlem: Tjeenk Willink, 1921) 537.

"LIKE A PROSTITUTED QUEEN": REFIGURING REVOLUTIONARY MISOGYNY IN 1830S FRANCE

Leslie Ann MINOT

>   Men make their own history, but they do not make it just as they please; they do not make it under circumstances chosen by themselves, but under circumstances directly found, given and transmitted from the past. The tradition of all the dead generations weighs like a nightmare on the brain of the living. And just when they seem engaged in revolutionising themselves and things, in creating something entirely new, precisely in such epochs of revolutionary crisis they anxiously conjure up the spirits of the past to their service and borrow from them names, battle slogans and costumes in order to present the new scene of world history in this time-honoured disguise and this borrowed language.
>   Karl Marx, *The Eighteenth Brumaire of Louis Bonaparte*

In a curious digression in *Indiana* (1832) concerning the seducer Raymon's political writing, Sand describes language as "une reine prostituée qui descend et s'élève à tous les rôles, qui se déguise, se pare, se dissimule et s'efface..." (59).[1] Taking this startling metaphor as a point of departure, a number of Sand critics have made excellent analyses of the status of language in the novel.[2] For the most part, they have focused on the idea of "language," treating the vehicle of the metaphor, "la reine prostituée" as a commonplace. Recent historical work on Revolutionary pamphlets suggests, however, that this image of a prostituted queen draws its force from pornographic depictions of Marie-Antoinette that circulated widely throughout the Revolutionary period. Indeed, historian Lynn Hunt notes that the queen was "the favorite individual target of pornographic attacks, both before and after 1789".[3] In

---

1. George Sand, *Romans 1830* (Paris: *Presses de la Cité*, 1991).

2. See, in particular, Isabelle Hoog Naginski's discussion in chapter 3 of her *George Sand: Writing for Her Life* (New Brunswick and London: Rutgers University Press, 1991); and Camille Mortagne's "*Indiana* ou la langue, cette Reine Prostituée: Rapports sociaux et maîtrise des significations" *George Sand: Recherches Nouvelles*, ed. Françoise van Rossum-Guyon (Amsterdam: C.R.I.N., 1983).

3. Lynn Hunt, "Pornography and the French Revolution," *The Invention of Pornography: Obscenity and the Origins of Modernity, 1500-1800* (New York: Zone Books, 1993) 301-339; here 324. See also Chantal Thomas, *La Reine scélérate: Marie-Antoinette dans les pamphlets* (Paris: Seuil, 1989); Vivien Cameron, "Political Exposures: Sexuality and Caricature in the French Revolution," *Eroticism and the Body Politic*, ed. Lynn Hunt (Baltimore: Johns Hopkins University Press, 1991); Joan Landes, "Representing the Body Politic: The Paradox of Gender in the Graphic Politics of the French Revolution" *Rebel Daughters: Women and the French Revolution*, ed. Sara Melzer and Leslie Wahl Rabine (New

this study, I will examine the ways in which French feminist writings of the 1830s grappled with the mnemonics of a sexual and political portrayal of women and prostitution re-activated from the days of the Revolution.

As Antoine de Baecque points out in his discussion of Revolutionary caricature, this genre in which the queen would play a leading role emerged alongside the political pamphlet as the product of a conjunction of a new political culture and a new commodity culture, and was influenced both by political objectives and by marketability.[4] Both royalists seeking a foreign scapegoat for Louis XVI's troubles and revolutionaries seeking the overthrow of the monarchy found in Marie-Antoinette a figure capable of representing all the evils of the *ancien régime*. Both sides in the struggle imagined her betrayal of the nation in terms of sexual appetite, leading to a remarkable coherence of representation across of range of genres. The *"Reine catin"* can appear in charming and witty pieces like *L'Autrichienne en goguettes ou l'Orgie royale*, which through its references to *Le Portier des Chartreux* and the postures of Aretino locates itself within the long tradition of European pornography, although it also makes fun of figures of the court, particularly the king. At the same time, she can discuss the price of sex with a debauched clergy in the far less sexy, far more politically motivated *Bordel Royal*, in which she is clearly an enemy of the people. Bare-breasted, with her skirts hiked up to her waist, she can lead the attempted flight to Varennes, while the king is literally shat upon in the grotesque caricature *L'egout royal*, or appear as a harpy, or an ornamental ostrich (playing on the sounds of *Autriche/autruche*). She can also be a supple and sexy figure of pornographic fantasy about her private life, as other pieces, not properly caricatures, indicate. Indeed, the motif of the sexual or prostitute queen becomes increasingly difficult to read as the genres intermix — are these works prurient condemnations of libertinism, or pornographic texts revelling in the temerity of their protagonists? Where do author and reader locate themselves in this world of grotesque and enticing royal bodies?

The production of pornographic writing and imagery around the figure of the queen seems sufficiently diverse and ubiquitous to be considered as a "discourse" of its own. In the terms proposed by Catherine Gallagher, it can be understood as a "transideological structure" which refers both to "what is said on a particular subject" and "the largely unstated rules that govern what can and cannot be said" in it. Because it exists "between and within ideologies" it creates "the coherence and legibility of ideological conflict."[5] Thus the most important questions to ask of this body of work may not be whether all pornographic representations of the queen are necessarily attacks on the monarchy, or are meant to result in her individual political downfall, or even whether all pornographic representations of her are necessarily misogynous or

---

York: Oxford University Press, 1992).

[4]. Antoine de Baecque, *La Caricature révolutionnaire* (Paris: Presses du CNRS, 1988).

[5]. See Catherine Gallagher, *The Industrial Reformation of English Fiction 1832-1867* (Chicago: University of Chicago Press, 1985) xiii.

degrading. In spite of certain recurring themes and images, the mass of caricatures and pamphlets nominally "about" Marie-Antoinette may resist any univocal "political" interpretation. What I want to suggest, rather, is that they establish a tendency to mingle the discourses of power and pleasure, and that this tendency, which reached such dizzying heights during the Revolution, persisted as a problem in the representation of political power in the subsequent events — and particularly the revolutions — of the nineteenth century.

It is not surprising that this discursive deployment of Marie-Antoinette as a sexual villainess should make a reappearance in the early 1830s. In the year before he was deposed, Charles X began to place political power in the hands of a man who represented much that was hated in the *ancien régime*, Jules de Polignac. In addition to being a highly unpopular and reactionary aristocrat, Polignac was also the son of a favorite of Marie-Antoinette who was frequently portrayed in pamphlets and caricatures as the queen's lesbian lover and partner in sexual crime.

Throughout the nineteenth century in France, allegations of "prostitution" continued to carry both political and sexual meanings, to function in both political and sexual contexts. In the early 1830s, however, this politically and sexually entangled metaphor was undergoing an important transformation, being re-signified, if can be said of a metaphor whose initial signification seems ambiguous at best. On the one hand, prostitution was becoming an area of heightened political concern and state intervention at the instigation of medical professionals interested in venereal disease and of urban administrators concerned with public hygiene. On the other, some feminists, drawing on the increasing attention to prostitution as a political issue, reworked the figure of prostitution as an emblem of the condition of all women. Recent historians of prostitution in nineteenth-century France (and of prostitution in the nineteenth-century French novel) have tended to locate a shift in the discursive paradigm in 1836, with the publication of A. J. B. Parent-Duchâtelet's *La Prostitution dans la ville de Paris*.[6] Parent-Duchâtelet's work focused on the danger to public hygiene posed by poor, urban prostitutes, and effectively shifted some aspects of the popular understanding of prostitution away from the Revolutionary topos of the debauched women of the aristocracy and toward an increased fear of syphilis and of "les classes dangereuses." Parent-Duchâtelet was a crucial figure in the establishment of strict police regulation and regular gynecological examination for prostitutes. While the importance of the work of Parent-Duchâtelet should not be underestimated, I want to suggest that too little attention has been paid to the intersection of these new socio-

---

6. Alexandre-J.-B. Parent-Duchâtelet *De la prostitution dans la ville de Paris*, 2 vols. (Paris, 1836). For recent historical discussion of his significance, see Alain Corbin, *Les filles de noce* (Paris: Flammarion, 1982); and for discussions of Parent-Duchâtelet's work in relation to French literature, see Peter Brooks, "The Mark of the Beast," *Reading for the Plot* (New York: Knopf, 1984) and Charles Bernheimer *Figures of Ill Repute* (Cambridge: Harvard University Press, 1989).

medical discourses with rhetorical shifts in the popular discourses about prostitution that were inherited from the Revolution.

By ignoring these discursive changes — which are, significantly, to be found in the writings of women and feminists — we can easily efface what I take to be an essential continuity between "official" Revolutionary discourses of prostitution and the discourse of medical regulation advocated by Parent-Duchâtelet: the assumption that women and women's sexuality pose a significant threat to the state, and that women must therefore be regulated by the state, whether through subjection to the guillotine or to the speculum.

The public writings of women and feminists in the early 1830s, mark a different sort of intervention in the frequently misogynous Revolutionary discourses about prostitution they inherited. The early novels of George Sand, particularly *Indiana* and the 1833 edition of *Lélia*, as well as the writings and public lectures of the Saint-Simonian feminists, men and women, shift the ground of political discourse about prostitution away from women's sexual iniquity and toward an interrogation of the relationship of language and power.[7] Sand's use of the topos of the prostituted queen in *Indiana* seems designed to turn it from its Revolutionary uses and interpretations. By using this figure to represent language, the political language of a man who also uses language to seduce women, Sand raises crucial questions about the links between women's virtue and men's words.

Rethinking the language of politics and the language of sexual identity was also crucial to the work of the Saint-Simonians, a group of engineers and visionaries who were involved in numerous projects for economic development in France and North Africa, preached the liberation of women, the coming of a female Messiah, and the re-organization of society to take into account the needs of the "poorest and most numerous class." Prostitution and the African slave trade were the favored analogies they used in their public discourses concerning the oppression of women, and Saint-Simonian women, in particular, used their discussions of prostitution to attempt to cut across class boundaries. Any woman whose sexual decisions were dictated not by love but by financial or political consideration was marked by prostitution, they argued, and the institutions of bourgeois marriage could be just as shameful, in their restriction on women's free choice, as a poor woman's fall into streetwalking. Indeed,

---

7. For a general discussion of the Saint-Simonian movement, see Robert B. Carlisle, *The Profferred Crown: Saint-Simonianism and the Doctrine of Hope* (Baltimore: Johns Hopkins University Press, 1987); for more detailed analysis of Saint-Simonian feminism, see Claire Goldberg Moses, *French Feminism in the Nineteenth Century* (Albany: State University of New York Press, 1984); and Claire Goldberg Moses and Leslie Wahl Rabine, *Feminism, Socialism, and French Romanticism* (Bloomington: Indiana University Press, 1993). One can also consult the Bibliothèque Nationale's complete holdings of both *Le Globe*, the major Saint-Simonian newspaper in the early 1830s, and the *Tribune des femmes*, the women-only newspaper, as well as the Fonds Enfantin, the Saint-Simonian archive at the Bibliothèque de l'Arsenal.

as one woman wrote in the fourth number of their women-only newspaper, *La Femme Nouvelle*, which was published regularly from 1832-34, even the "beau front orné du diadème [de la] noble fille des rois" is marked by the seal of prostitution.[8] What distinguishes the Saint-Simonian rhetoric of prostitution from the Revolutionary discourses is the fact that when Saint-Simonians spoke out against this prostitution within palace walls, they were neither simply attacking aristocratic decadence nor attempting to defame prominent women as scapegoat for the troubles of the monarchy. Rather, they were offering a biting critique of the power-relations of the sexes at every level of society.

Certainly, Sand's attack on the political language of men can serve to bring into focus an essential aspect of Revolutionary pamphlets about Marie-Antoinette: their distance from any concern with verifiable truth. One could say anything, write anything about the queen, who served as a blank screen on which the pamphleteers could project their desires, their fears, and their veneer of outraged moralism.[9] Language, not the queen, was in fact precisely what could be said to be "prostituted," and prostituted by and in the writings themselves. Indiana is deeply aware of the power of language to make or ruin reputations, whatever the truth of sexual behavior. After her fateful night in Raymon's chamber, she is only too ready to commit suicide — not because she has committed a sexual fault, but because she has made herself an object of scandalous talk.

A central aspect of Saint-Simonian refiguring of prostitution that is also apparent in Sand's work involves a redefinition of virtue that can encompass women's desires, and that is frequently called upon to subvert class distinctions on which the definition of virtue depends. If, in Revolutionary discourse, the image of the prostituted queen — "the [sexual] accessibility of the queen to everyone" — functions in some cases, as Lynn Hunt suggests, to figure both a more general access to sexuality and a more general access to political power, providing a link between sexual utopia and the democracy that the Revolution promised *for men* (325-6), it does so only by forgetting or ignoring the status distinctions among women which make the queen a conduit of power.

The double characters of Noun and Indiana, alike in their beauty but widely separate in their class (and presumably racial) backgrounds illustrate one of Sand's earliest approaches to these issues, particularly in the parallel scenes in which they meet with Raymon in Indiana's bedroom. It should be no surprise that the figure of the queen as an available object for seduction should appear again as Noun is preparing for her encounter with Raymon. She worries that his love for her has been diminished by the time he has spent in the glittering society of Paris. "Qui sait? se disait-elle naïvement, peut-être que la reine de France est amoureuse de lui" (40). This queen of France is not, of course, Marie-Antoinette, and the real threat is not the

---

[8]. Christine-Sophie, *"De la prostitution" La Femme nouvelle/Apostolat des femmes*, n° 4, 2.

[9]. Chantal Thomas makes this point strongly in her "Introduction."

queen of France, but her own mistress, Indiana. But the distinction is only — and precisely — one of degree. Noun rightly fears that the charms of even a beautiful woman are not equal to the charms of wealth and power in Raymon's eyes. Her attempts to compensate for this situation illustrate, in some sense, the difference between the prostitution of language, as Sand describes it, and what might be the similar prostitution of bodies. If she, like Raymon's language, disguises and adorns herself, attempts to raise herself up to play a noble part in this scene, the results are far from those of seamless and successful seduction. Noun's borrowing of Indiana's clothes and room is counterproductive because she does not recognize the extent to which her mimicking of Indiana works to validate and maintain the sexual and class fantasies Raymon projects onto her, while he, on the other hand, is only too aware of the inadequacies of her performance to his dreams. Noun is "habillée et non pas vêtue" (41) with the clothes of her mistress, and Raymon quickly finds himself impassioned not by the woman he is with, but by the clothes of the wealthier woman who is not there. Even Raymon, it seems, does not understand the contradictions between his sexual and emotional desire for beautiful women without distinction — a desire that allows him to seduce them — and his economic and political desires, which depend on making distinctions among women. Noun is abandoned not because she is a carnal woman, but because she is a serving-maid.

If the prostituted language of men is far more effective and dangerous to women (and to the state) than the sexual desires of women are to the state, how are women to respond to it, to protect themselves from it, to counter its effects? Both Sand and the Saint-Simonians suggest that a change in the relationship of the sexes is necessary, and depends on a change in women's access to language. As part of their quest for the woman Messiah, the Saint-Simonian male leadership arrives in the early 1830s at a "call" to women to speak out concerning their own needs and desires. What is perhaps remarkable in their movement is that the call is taken up in pamphlets, newspapers, and letters by the women followers of the movement. The radical possibilities of this call were recognized, for example, in the writings of Claire Démar, who explains:

> And I, a woman, respond to your call.
> And I, a woman, shall speak — a woman who cannot hold my thoughts captive and silent in the depths of my heart, who cannot veil their rough and daring virile forms, nor clothe TRUTH in a gauzy dress, nor stop on the tip of my tongue a frank, free, audacious word, a naked true caustic poignant word, just to filter it through the conventions of the old society...(180).

> All right! Having set down my terms, I say that we must listen with respect and composure, without any possibility of judgment or blame, to every word of emancipation that rings out, however strange, however unprecedented, I would even say, however revolting [*révoltante*], they may be. I will go further: — I maintain that the word of the WOMAN REDEEMER WILL BE A SUPREMELY REVOLTING WORD, for it

will be the most expansive, and consequently the most satisfying to every nature and every want (183).[10]

Démar begins to describe in graphic terms the possibilities of a new language for women and for society, a language that will be both revolutionary and in some sense revolting, a language that does not yet exist, but one that will come with the woman Messiah. The failure of a common language will be the failure of the movement, as Aglaé St.-Hilaire warns in a letter to the Saint-Simonian hierarchy, noting, "Hé bien, je vous le dis, la femme ne peut être réhabilité par vous, car vous ne savez pas la faire parler et vous avez peur de l'entendre...."[11] Even before the "call," the idea of the need for a new language is clearly being discussed by women and men in the Saint-Simonian movement. In May of 1830, Claire Bazard writes to Charles Duveyrier, with whom she is in love, of a new, androgynous language that will be engendered by a greater intellectual and emotional sharing between men and women:

> Songez qu'un nouveau langage doit amener une loi nouvelle, et que ce nouveau langage, fort & puissant comme l'homme, doux et tendre comme la femme, ne pourra naître que d'un échange continuel de toutes nos pensées, de tous nos sentimens. (carton 7644/122)

For Sand, also, the question of how a woman can or should speak and write is crucial to the development of *Indiana*, as Isabelle Naginski notes. Naginski's study of language in *Indiana* points out the clarity of representation of the language of the three central men in the novel, and the relationship of language to the politics of each (61-2). Noun and Indiana, however, are more problematic, and Naginski comments again and again on their silence both in general and at specific, crucial moments. I want to suggest that while Sand no doubt understood the need for women to find a new language or to transform language — she was, in effect, doing that herself in writing the novel — that she was still uncertain what this language would look like. She can adequately represent the failed or dangerous language of men that she recognizes from her time to reveal its shortcomings. But to represent, to transcribe an authentically powerful female speech is more difficult. Even for the narration of the novel, Sand adopts an ostensibly male voice which she can undercut to reveal its inadequacies, but which she is not yet ready to replace with a female voice.[12] The difficulties experienced by this male narrator, it seems, allow Sand to stage her difficulties in producing an authentic female voice, while continuing to locate the fault in the discredited language of men. When Noun pleads with Raymon, the narrator's

---

10. "My Law of the Future" ["*Ma loi d'avenir*"] (1833; published *Tribune des femmes*, 1834), translated and quoted in Claire Goldberg Moses and Leslie Wahl Rabine.
11. Fonds Enfantin, Bibliothèque de l'Arsenal, carton 7781/2.
12. The discussion of Sand's ironic undercutting of the narrator's voice by Robert Godwin-Jones in chapter 1 of his *Romantic Vision: The Novels of George Sand* (Birmingham, AL: Summa Publications, Inc., 1995) was particularly helpful to me in considering this question.

transcription breaks down, and "he" is forced to conclude:

> Noun parla longtemps ainsi. Elle ne se servit peut-être pas des mêmes mots, mais elle dit les même choses, bien mieux cent fois que je ne pourrais vous les redire. Où trouver le secret de cette éloquence qui se révèle tout à coup à un esprit ignorant et vierge dans la crise d'une passion vraie et d'une douleur profonde?... C'est alors que les mots ont une autre valeur que dans toutes les autres scènes de la vie; c'est alors que des paroles triviales deviennent sublimes par le sentiment qui les dicte et l'accent qui les accompagne. (42)

Although Noun is speaking, it is not a language that can be transcribed, that can be adequately represented by the written word, and certainly not by a male narrator. Similarly, Indiana's final act, in the main section of the narrative, following Ralph's confession, is not to speak, but to respond to him with a kiss. If Sand has not yet found a language that will be adequate to express the desires of women, in contrast to a male language that is caught up in the prostitution of bodies and of power, she is nonetheless acutely aware of this in her struggles with language and narrative strategy in *Indiana*. For Sand's most audacious attempt to solve this problem through the creation of a powerful female voice, a "revolutionary" and perhaps also "revolting" word of women's desire, as well as a new engagement with the topic of prostitution, we need only wait a year for the first publication of *Lélia*.

Certainly, the narrative strategy of *Lélia* differs markedly from both *Indiana* and *Valentine*, the novels which preceded it. The presence of a narrating voice is almost eliminated, and the reader is confronted with the direct speech, soliliquized thoughts, and writings of the principal characters. Even in chapters where a narrative voice can be located, it frequently serves only to set the scene for dialogue between or among characters. The moral universe of *Lélia* becomes considerably more complex than that of *Indiana*, as characters reveal themselves in direct speech to the reader or one another in a language that can be characterized in Démar's terms as both "empancipating" and "supremely revolting" in its earnestness. The obviously "prostituted" language of Raymon's insincere protestations, or of Delmare's unreflective parroting of established political discourse, is replaced by intensely self-conscious and self-reflective language that, when it reveals contradictions within characters and threatens to undo them, does so by some inherently duplicitous quality apparently belonging both to language and to identity, rather than by any simple irony which allows the reader to "know better" or "see further" than the characters.

Moreover, the metaphor of "prostituted language" is replaced by a prostitute who speaks, who tells her story, and who provides some of the most cogent readings of the character of Lélia: Pulchérie, the sister and double of Lélia. Attempts to imagine women's agency and women's speech in both *Indiana* and the writings of the Saint-Simoniennes seem to have depended on imagining prostitution as the definitive site of women's lack of power and lack of authentic voice. In *Lélia*, Sand dramatically problematizes this approach through her presentation of the debate between Pulchérie and Lélia. Indeed, it would be possible to argue that Sand's approach to the problem of women's identity has changed substantially from *Indiana*, where the legal power and verbal deception of men was the primary barrier to the protagonist's happiness, to *Lélia*, where feminine identity is represented as a problem in itself. Lélia demands of her sister, "Vous êtes donc toujours femme et vivante?" (472). And Pulchérie later comments to her sister, "j'ai vu seulement que vous aviez une existence problématique comme femme" (474).

The tension between different approaches to the problem of femininity maintained in the debate between Pulchérie and Lélia, and in the contrasts between the novels *Indiana* and *Lélia*, raise problems that look familiar to contemporary feminists, and Sand stages rather than resolves such questions as whether the sexes are in fact more different or more alike; whether the oppression of women is primarily an external force of laws and men, or a problem internal to "feminine" identities; and whether sexuality serves to liberate or entrap women.

Sand's repeated use of female doubles in her novels has been noted by numerous feminist critics. This repetition, I would suggest, is an intellectual strategy. Part of my intention in comparing the doubles of *Indiana* with the doubles of *Lélia* is to suggest that Sand not only explores femininity through a dialectic, but that her ongoing explorations shift this dialectic in provocative ways from novel to novel. Sand's "feminism" would be difficult to speak of, if by the term we meant something like a programmatic body of ideas about women and/or gender. The term becomes more useful, I believe, if we employ it to refer to Sand's troubling and often inconclusive engagements with ideas of femininity and possible feminine identities — that is, with the tensions produced between the doubles within a given novel, and between and among the different sets of doubles over time in Sand's work.

This type of tension is also apparent in the writings of the Saint-Simoniennes, particularly when the differences between their public writings (pamphlets and newspaper articles, for example) and their private letters are examined. As much as the question of prostitution is crucial to their public discourses, it is absent in large measure from their personal writings, particularly their letters in which they discuss their own sexual concerns, experiments, and desires, whether among themselves or with lovers or sympathetic male friends. The differences between the body of published writings these women produced and their more private writings merits more attention than it has until now received. It suggests, on the one hand, that certain topics like prostitution already held some sort of place in public or political debate, and served as crucial political rallying points for public debate about women and the state. In her study of attempts to regulate prostitution in England in the nineteenth century, Judith Walkowitz[13] has noted that English feminists found in the debates surrounding the Contagious Diseases Acts an opportunity to speak publicly about women's sexuality, although of course within the constraints posed by the discursive structure of these debates themselves. The Saint-Simoniennes may likewise have

---

13.

found in the rhetoric surrounding "public women" a convenient entry into public discourse, a usable representation of the "wrongs of women". Nevertheless, their recourse to the image of prostituted femininity seems to have at times obscured, or may have functioned to screen, their actual daily struggles with femininity and sexuality, which their letters reveal in quite different terms.[14]

One of the achievements of the pornographic Revolutionary pamphlets and caricatures was to realize the hope or possibility of democracy as a palpable, though displaced, pleasure — to express the desire of the people for liberty or power in terms that allowed for some form of immediate gratification. The pamphlets used ambivalences about sexuality to reconcile contradictory narrative positions of, on the one hand, moral contempt for the aristocracy — they do not deserve their power because of their excesses — and, on the other hand, the attempt to appropriate, through imagined sexual contact, this vision of giddy excess as "revolutionary", as empowering. Sand and the Saint-Simoniennes perform almost as tortuous and conflicted a displacement in attempting to take this politico-sexual metaphor seriously, but from a woman's perspective.

The work of Sand and the Saint-Simoniennes in the early 1830s in France suggests ways in which the gendered metaphors of the Revolution continued to inform popular discourses about prostitution, femininity, and democracy, even as these metaphors were transformed, or in some sense began to break down. On the one hand, reworking these metaphors made it possible for women to bring the topic of sexuality into public discourse in a way that differed significantly from that of the hygienists and state bureaucrats engaged in regulating women's behavior. On the other, the predominance of this metaphor in public discourse may have precluded the possibility of envisioning other discourses of sexuality, in which sexuality was not caught up in narratives of liberty and access to power.

University of California, Berkeley

---

14. Prostitution seems to have played a neglible role in the private correspondence of Saint-Simonian women, with a notable exception being one of Aglaé St.-Hilaire's early letters to Pauline Roland (carton 7781/18). Of course, other paradigms of sexual difference existed in Saint-Simonian writing and some could more easily bridge the gap between public and private — for example, the idea that some natures are "mobile" in their desires, like Don Juan, while others are "constant", with the intensity of Othello. This paradigm is notable because it does not condemn either type of character, or rather condemns both equally as extremes of essentially human qualities. The influence of this paradigm can also be seen in Sand's writing.

GEORGE SAND'S "LA MARQUISE"
FEMINISM AND ROMANTIC IDEALISM

Cecilia FERNANDEZ

One of the aspirations of romantics is to structure an ideal by which to judge and transcend a dissatisfying reality. In her complex short story "La Marquise," George Sand constructs a feminist and socialist ideal that includes the values of individual freedom and reciprocity in both male-female and social class relationships as an alternative to what the protagonist terms "men's selfishness and brutality" and "the prejudices of caste."[1] As a romantic, Sand uses transcendence to showcase her ideal vision of equality, both in matters of love and in issues of class. Naomi Schor states that: "What distinguishes Sand's love stories is that the quest for the love ideal is inseparable from an aspiration toward a better world."[2] Unfortunately, the Marquise's ideals are impossible to realize, and the story becomes a representation of the worst of romanticism. As Georg Wilhelm Hegel puts it, "Romantic art destroys the completed union of the Idea and its reality."[3] By keeping love and equality unattainable, Sand demonstrates that — as in many utopian works of fiction — you cannot get there from here. But by offering the tantalizing possibility of transcending the boundaries of gender and class, she nevertheless provides a provocative and irresistable alternative for a "better world."

In "La Marquise," Sand demonstrates that gender and class politics are closely connected and links women's struggle for equality to an unjust social order. She advocates liberating the self through the feminist ideal of, first, unifying the mind and the senses, and, second, merging the masculine and feminine qualities of an individual to transform relationships between men and women. The Marquise rejects physical love as she searches for the spiritual element, and she cross-dresses in an attempt to incorporate her lost masculine self. In the social realm, she demonstrates her ideal of freedom when she again crosses another boundary, this one of class, by dressing as a working woman and choosing to love a non-aristocrat. As Sand tosses about these concepts within the framework of the romantic story, her idealism becomes, as Schor believes, "a politics at least as much as an aesthetics. The quest for the ideal, animated by an unshakable faith in the perfectibility of humankind and the social, was throughout the nineteenth century a powerfully mobilizing force for change."[4]

---

1. Sand, "La Marquise," ed. Brian Wilkie and James Hurt, *Literature of the Western World* (New York: MacMillan, 1992) 897, 900.

2. Naomi Schor, "Idealism," *A New History of French Literature*, ed. Denis Hollier (Cambridge: Harvard University Press, 1989) 773.

3. Hegel, *Introductory Lectures on Aesthetics*, trans. Bernard Bosanquet (London: Penguin, 1993) 85.

4. Schor, *George Sand and Idealism* (New York: Columbia University Press, 1993) 14.

We cannot separate Sand's work from the historical situation in France and from the artistic beliefs being promoted in her time. Sand published "La Marquise" on December 9, 1832, two-and-a-half years after the July Revolution of 1830. The revolution, Sandy Petrey argues, significantly affected the artists of the period: "The July Revolution was crucial to a major reorientation of romantic sensibility during the first half of the 1830's, a time when some of the most influential French romantics began to consider social action no less urgent a task for the artist than individual expression."[5] Sand, along with other writers of the period, was trying to come up with a vision to solve the pervasive social problems of her time.

In "La Marquise," Sand illustrates a social system that does not work for women. Her protagonist realizes that liberty and reciprocity do not exist in relationships of love with men. Women and men marry for money and social status, rendering a union of equals nonexistent. The Marquise's first marriage is a ruinous relationship with an older man, who has no appreciation of the human exchanges necessary in love. He is "an old, worn-out, dissipated man, who had never shown me anything but irony and disdain, and had married me only to secure an office promised with my hand" (896). After his death, the Marquise's mother-in-law urges her to remarry, again for what seems to her to be the wrong reasons: "Of course, it was also true that I was pregnant, and the meager dowry my husband had left me would go back to his family if I managed to acquire a stepfather for his heir" (898). These practical motives corrupt marriage, which becomes a legal transaction devoid of the free association of the spirit and devoid of love.

When the Marquise goes back into society after a period of mourning her dead husband, she is instantly objectified by dozens of suitors who try to erode her spirit in an obsessive attempt to conquer her. The Marquise senses that there is no desire on their part to offer a reciprocal and equal exchange, so she responds by renouncing men and withdrawing from the world, making it clear that marriage — due to its inherent brutality — is not a viable choice for women. Love, for the Marquise, is an impossibility within the social and political framework of her time because it subjugates women, denies their expression, and forces a radical split between the body and the spirit.

Love between the sexes, for the Marquise, can not occur given the substandard conditions women are forced to accept: "I looked at all men with aversion and disgust. Their homage I took as an affront: pretending to be my slaves, their real aim was to tyrannize over me" (896). But in a practical turn of mind, the Marquise accepts the Vicomte de Larrieux, who at least displays "a frankness and uprightness of feeling very rare among the people with whom I had lived" (898). Following the conventions of her day, she enters into a arrangement of convenience, using "his name and his place in the world" while she puts up with his limitations: he is materialistic, appetite-ridden and "was struck only by my beauty; he took no pains to discover my

---

5. Sandy Petry, "Romanticism and Social Vision," *A New History of French Literature* (Cambridge: Harvard University Press, 1989) 661.

heart... The Vicomte was incapable of understanding even in theory the kind of strong friendship I had hoped to find" (898). Nevertheless, she needs him as a protector in a society where a woman without a man has no status: "Once I had accepted a protector for myself, my life became infinitely less disagreeable" (899). She provides sex in exchange, realizing that his protection is "Poor payment for the tedious duties of our intimate relationships" (899) and acknowledging the damage that this body and spirit split has done to her in the final scene with Lelio: "You need to know that Larrieux has defiled me . . . swept along by the horrible necessity of doing what everyone else does, I have submitted to the caresses of a man I never loved" (914). Unable to respond to the Vicomte with her emotions, she becomes separated from her inner self as she forces her body to engage in sex and turns an intimate act into a business transaction.

When she encounters Lelio — "His beauty lay not in the features, but in the nobleness of his forehead, the irresistible grace of his attitude" (901) — she begins to construct an ideal, a perfect love that transcends the physical so as to instill some poetry into the brute facts of animal life" (897). She becomes obsessed with an idealization of the ever-elusive spiritual element of erotic love: "He was more than a man . . . he was a moral force, an intellectual master whose soul molded mine at will" (902). The Marquise is, as Lilian Furst defines the romantic, "entranced by a vision and impelled by the urge to seek it out".[6] Not satisfied with the way things are, she shapes the world with this vision to construct a standard of perfection by which to measure reality. Sand is not blind, says David Powell, to her strong inclination for idealization: "She happily admitted to Balzac that while he portrayed men as they were, she painted them as they ought to be."[7] In this way, romantic idealism becomes a political tool for Sand, who, in rejecting the traditional relationship between the sexes, sets forth a feminist ideal that is transformative and revolutionary.

Part of the patriarchal system that Sand rejects is the practice of educating young women in the convent, demonstrating in her story that this institution has a negative impact on male-female relations. In her narration, the Marquise blames her convent education for having "completely benumbed my faculties. I left the convent with a romantic idea of life and the world" (896). Because of her indoctrination at the convent, love takes on a religious tone for the Marquise. She is handicapped in her ability to reconcile the needs of the flesh with the demands of the spirit: "I went out into the world with ideas that were wholly false, with prejudices that would influence the whole course of my life" (896). Love and religion are interwoven, at times becoming inseparable, as Lucienne Frappier-Mazur observes: "More than any other, the romantic code of love is a religious one. In its purest form, it presupposes the

---

5.

6. Lilian Furst, *The Contours of European Romanticism* (London: Macmillan, 1979)

7. David A. Powell, *George Sand* (Boston: Twayne, 1990) 136.

belief in a transcendent divinity."⁸ The Marquise is unable to shed the influence of her early religious training. In the theater, she imbues Lelio with divine qualities, but when she follows him to the cafe and notices his dull eyes, his vulgar voice, the vision is destroyed: "the divinity had become a man" (905). It is not surprising that, influenced by religious training, the Marquise is unable to distinguish between the illusion she has created and the reality of being human: "My recent adventure seemed but a dream. I could not believe that Lelio was other than he seemed upon the stage" (906). Her disappointment at discovering the less than divine qualities of Lelio and her experiences with prosaic men lead her to the conclusion that a platonic love is best.

But when the Marquise decides that physical love without a spiritual element is not acceptable, she is not demonstrating her inability to respond physically; she is taking a stance, actively rather than passively — refusing to respond. Some critics have accused her of being frigid, but as Gislande Seybert sees it, the Marquise's discovery that "my unwillingness to love had become an inability to love" (897) is an understandable symptom to "a general emotional malaise which afflicts most women in a society that regiments and represses their feelings".⁹ In her analysis of Sand's novel *Lélia*, Seybert concludes that the protagonist is unable to respond physically because "she is not willing in spirit" (109). The same can be said to hold true of the Marquise, who can not reconcile physical and spiritual love in the relationships men offer her.

By renouncing men and later turning her back on Lelio, the Marquise shows that she has no hope of ever reconciling this conflict between the mind and the senses. However, Sand hints at the possibility of reconciliation through the figure of the androgyne. The implication is that the flesh or the senses, personified by the female, and the mind or intellect, personified by the male, rather than remain separated can merge in one androgynous being to form an ideal self. It is not a coincidence that both the Marquise and Lelio are androgynous. She speaks with "masculine lucidity" (894); he is "small and slender" (901) and "wept like a woman" (913). A.J.L. Busst says the image of the androgyne was prevalent during early nineteenth century French romanticism as a positive force in society. Busst concludes that androgyny, "by giving to the activity of the body the same importance as to the activity of the mind, and consequently attesting the fundamental unity of matter and spirit, represented the restoration of the harmony of life."¹⁰ The Marquise tries to achieve this unity and harmony within herself by cross dressing, fusing the outward masculine identity with her inner feminine one. As the fusion takes place, she gains a sense of wholeness and

---

8. Lucienne Frappier-Mazur, "Desire, Writing, and Identity in the Romantic Mystical Novel: Notes for a Definition of the Feminine," *Style* 18.3 (1984): 334.

9. Gislinde Seybert, "A Life of One's Own — The Female Image in the Work of George Sand,," *Anaïs, An International Journal* 9 (1991): 105-16; here 108.

10. A.J.L. Busst, "The Image of the Androgyne in the Nineteenth Century," *Romantic Mythologies*, ed. Ian Fletcher (London: Routeledge & Kegan Paul, 1967) 26.

completeness, but she also assumes the power that merger with the masculine symbolizes. As the Marquise takes on the characteristics of the male, she becomes the aggressor who stalks his female prey; watching from afar, she has the power to pounce in a surprise attack if she so chooses. Virginia Woolf says, "Vain trifles as they seem, clothes have, as they say, more important offices than merely to keep us warm. They change our view of the world and the world's view of us".[11] The Marquise's transformation on the outside affects her inner self. As she watches Lelio, who is masked on stage, she begins to take on from her own masked space a different identity. Isabelle Naginski tells us that "as Lacanian theory has suggested, the constituting of the self is effected through the construction of one's body image."[12] The Marquise, as did Sand in her real life, constructs a new identity and a new self through male attire. The costume obliterates the physical identity, while she is freed inwardly to see and feel her love. She has ceased to be the object and is now the more powerful subject.

The image of the androgyne, which symbolizes the fusion of mind and senses and the masculine and feminine impulses within the self, extends into the social realm by becoming a symbol of social equality. Sand, who uses cross-dressing in many of her works, including *Gabriel*, *Lélia*, and *L'Uscoque*, sets forth a feminist ideal by offering the androgyne as a solution not only to the split between the senses and the mind, but also as a practical way of circumventing the social and political restrictions placed upon women. In *Historie de ma vie* Sand tells of a number of incidents in which she dressed in masculine garb, especially during the early years in Paris, because she found herself in an unequal position in comparison with the young men in her circle. Dressing in men's clothing was simply a way to get about society without succumbing to the "vulnerability, confinement and defeat" symbolized by her restrictive female attire.

But it is important to keep in mind that a disguise provides only a temporary solution, a temporary power, as Annie Woodhouse states: "Transvestism is a form of fractured behavior which compartmentalizes masculinity and femininity; thus the possession of two wardrobes do not make for a more complete self, anymore that it makes for greater sexual equality."[13] The fusion is simply suspended within the mind for an existential or momentary purpose without any lasting benefits. The social and political framework supporting inequality remains the same when the attire is shed. However, Sand's suggestion for transcending the self through disguise sets forth the feminist ideal for attempting gender equality. In the mirroring of disguises that takes place between the Marquise and Lelio in the darkness of the theater, Sand suggests that overcoming social conventions are necessary to satisfy personal, individual needs. Lelio, who is a member of a lower class, cannot transcend his rank without being

---

11. Virginia Woolf, *Orlando* (New York: Harcourt Brace, 1928) 187.

12. Isabelle Naginski, *George Sand: Writing For Her Life* (New Brunswick: Rutgers University Press, 1991) 20.

13. Annie Woodhouse, *Fantastic Women* (New Brunswick: Rutgers University Press, 1989) xv.

masked. In the theater as a masked actor, his emotions pour out of him directly to her — a member of the aristocracy — in the audience because of the freedom of the disguise. He, too, is liberated from the straightjacket of his outside identity. Exposure of the self, becoming unmasked, would bring great consequences. The Marquise would be exposed to ridicule because she is crossing class lines in loving Lelio. And his power as a man would be diminished if he were stripped of his costume: "In the eyes of a woman of rank an actor can never be a man" (900), says the Comtesse de Ferrieres.

In fact, it is only by virtue of the mask that the Marquise can feel love for Lelio. When she follows him to the cafe, she confronts his real self. He has become a vulgar man of the lower classes: "It was no longer Hippolyte — it was Lelio. The temple was empty; the oracle was dumb; the divinity had become a man, not even a man, an actor" (905). Part of his power over her is the magical costume that captivates her imagination and reinforces her desire to believe that he belongs to another historical period where the men were gentler, more devoted, more like her ideal: "He was a man who in his art belonged to another century, just as I did in my values and behavior" (901). Sand demonstrates, through her use of disguises, that only by changing the self into accepted or preferred modes of being can real power be achieved.

Lelio, as women do through their attire, gains the power of attracting a woman of the aristocracy through his costume; the Marquise gains power through masculine garb to steer the direction of the relationship. In this manner, the story becomes a tale of power and subjugation. Both Lelio and the Marquise are precariously balanced on a thin thread; their situation is a marked comment about identity: some forms are constructed as natural and desirable, while others are marginalized and repressed. This idea is seen in the class struggle that develops within the story. Francoise Massardier-Kenney believes the Marquise safely chooses an Italian actor because she can keep him at arms length much more easily by relegating him to the status due to his class, arguing that it is precisely because Lelio, as an actor, cannot be considered to be a real man that he attracts the Marquise.[14] In addition, Lelio is non-threatening, small and slender, displays his emotions, in short, is androgynous. The Marquise feels in control precisely because he is a member of a lower class; her higher class status heightens her power as a woman. She clings to that power, intensely aware of it: "As soon as my thoughts assumed some consistency, as soon as they took the form of any plan, I had the fortitude to suppress them, and all the pride of rank reasserted its empire over my soul" (904). By emphasizing her superiority of rank and class, she keeps herself aloof, safely at a distance.

But at the same time that the Marquise struggles to keep her aristocratic identity, she also easily sheds it by putting on the attire of a working class woman and entering Lelio's world. This is Sand's way of presenting the reader with the

---

14. Françoise Massardier-Kenney, "L'Espace du féminin dans 'La Marquise'," *George Sand Studies* 10.1-2 (1990-91): 28-33.

possibility of blurring class lines — just as she blurs gender boundaries — in an attempt at fusion. Busst suggests that in Sand's society: "The question of woman's emancipation, of the divisions of the sexes, is seen to be intimately connected to the larger problems of society: the uneven distribution of wealth and the distinction between rich and poor" (35). In Sand's story, the problems of sexual relations and class relations are intricately linked.

Lelio, who personifies both class and gender tensions, is painfully aware of his class status. In despair, he exclaims, "Oh, why were you born to pomp and splendor! Why am I an obscure and nameless artist!" (909). He says he once believed that genius was superior to rank, only to find out how important class is in this situation of hopeless love. Lelio believes that if they both had been of the same class, the Marquise would have been his. His reasoning, however, ignores the issue of sexual equality and focuses on class differences. As Lelio attempts to fuse with the Marquise and breach the class gap, she attempts to unite her masculine and feminine selves; both are reaching for the ideal of freedom from social restrictions that Sand believes is the answer.

As the Marquise develops the ideal of freedom in her story, it is ironic to note that her voice is imprisoned within the framework of a male narrator. However, Sand purposely uses this device not only to emphasize the insurmountable differences between men and women and to reinforce the impossibility of breaching the gap, but also to empower women. In this manner, the narrative device becomes a political tool that Sand employs, in rebellion against the patriarchal society, to subvert the power of male authority. The balance of power between the sexes and the threat of subjugation provides a tension with no outlet. As she uses the double narration to frame her feminist ideals, she crafts the male narrator to appear naive and shallow, allowing the Marquise to belittle and dismiss him and to emerge victorious at the conclusion of the tale. The male narrator's superficiality and lack of insight is apparent in his assessment of the Marquise. He describes her as a selfish, one-dimensional, elderly woman but with a streak of kindness in her personality. He focuses on the inconsequential: "Her grandchildren were warmly attached to her, and she gave alms without ostentations" (895). This assessment of the Marquise is trivial and fails to offer any real insights into her character. The Marquise confronts him about his lack of depth: "You young men think you understand women, but you know nothing about them" (900). She voices a common frustration between the sexes.

The male narrator's tendency to focus on the trivial aspects of life becomes grotesque in the final scene when his reaction to her story of impossible love is reduced to a mere: "Were I not so touched, perhaps I might tell you that you were well-advised to let yourself be bled that day" (915; translation modified). He tries to dismiss the seriousness of the issues the Marquise has raised. But the Marquise has a quick rebuttal, and of course, the last word: "Wretched men ... In matters of the heart, you understand nothing at all!" (915). By flippantly dismissing him, however, she does two things: she indulges her need to turn her back decisively on the patriarchal structure, and she reinforces her opening premise about men's lack of sensitivity.

In the final scene — a brutally ironic scene — the struggle between the ideal and the real reaches a conclusion, mainly the inability for any type of reconciliation. During the couple's last meeting, the Marquise, standing erect in the splendor of her simple white gown, seems like the mirrored image of the white marble statue of the Egyptian goddess of fertility that is in the room. But since she has rejected sexuality, the comparison is ironic: there is no danger that the statue's fertility powers will ever have to be evoked in their relationship. The irony is echoed in Lelio. He arrives at their meeting costumed in a Don Juan outfit, and trembles before the Marquise. His outer disguise fails to reflect the inner man. As Don Juan, Lelio should be playing the part of a seductor, a conqueror of women. Instead, he is passive and weeps. Naginski comments: "Lelio n'est pas le séducteur, insolent du mythe, bien au contraire."[15] That both are unable to live up to their outward, physical representation emphasizes the failure to merge the inner with the outer, and directly demonstrates that Sand's wish for reconciliation between the feminine and the masculine and between the senses and the mind is impossible to achieve.

The Marquise wants desperately for Lelio to remain in the realm of the ideal: "Let me carry from this place the delicious satisfaction of having loved you with my heart only... Let us carry from this place a whole future of blissful thoughts and adored memories" (914). Unfortunately, as Schor explains, "the logic of idealization always entails disembodiment" *(George Sand* 19) which is in opposition to the Marquise's desire to unite the mind and the senses. The Marquise's idealization fails because it does not become realized, forcing her to remain in what Hegel calls a "seizure of sickly yearning" (73). As the Marquise turns to leave, she sees that Lelio is still the ideal man "beautiful, still young, still a grandee of Spain" (915). But, moments later, the ideal is destroyed as she takes a last look and sees him for what he is: crushed, old, altered: "he was only Lelio, the shadow of a lover and a prince" (915). She can only love him as he represents the ideal: "It was not he I loved, but those heroes of ancient times whose sincerity, whose fidelity, whose tenderness he knew how to portray; with him and by him I was carried back to an epoch of forgotten virtues" (907). For this heroic image to survive, she must reconstruct the ideal and restore it to its proper place: her romantic imagination.

University of Miami

---

15. Naginski, "Preface," *George Sand: Nouvelles*, ed. Eve Sourian (Paris: des femmes, 1986) 38.

DÉCONSTRUCTION DU GENRE ET INTERTEXTE DE L'ANDROGYNE: *GABRIEL*

Chantal BERTRAND-JENNINGS

Deux articles parus récemment dans un grand quotidien torontois font état de l'existence dans des régions du monde différentes, de femmes vivant sous une identité masculine. Le premier intitulé "Daughter forced to live as a man" se réfère à une paysanne chinoise qui a été élevée en garçon, a vécu en homme pendant 25 ans, et a même été mariée à une autre femme. Le second, intitulé "Albanian 'vowed virgins' keep male family role alive" relate un fait social de l'Albanie actuelle où pauvreté, guerres et vendettas familiales déciment la population masculine et confèrent à certaines femmes le rôle et les prérogatives traditionnellement réservées aux hommes.[1] Ces deux exemples prouvent l'actualité encore aujourd'hui brûlante du sujet traité dans *Gabriel*, tout comme le vraisemblable d'une situation apparemment peu crédible.

Gabriel (1839) de George Sand met la question du sexe de la protagoniste au centre de la pièce, et peut même être considéré comme exemplaire dans son œuvre à l'égard du jeu sur l'appartenance sexuelle.[2] En effet, le glissement constant d'un genre à l'autre se retrouve à tous les niveaux du texte, et tend à révéler l'arbitraire des catégorisations, comme de la construction sociale de l'identité sexuelle, ou même des pratiques de la sexualité. Je me propose d'étudier dans *Gabriel* la déconstruction systématique du genre socio-sexuel à différents strates du texte. Pour ce faire je tâcherai de débusquer le va-et-vient continuel qui s'effectue entre le "masculin" et le "féminin", ces adjectifs étant pris ici dans leur acception traditionnelle pour les besoins de la cause. Je considèrerai d'abord les stratégies langagières telles le rapport d'adresse et le jeu des substantifs, des adjectifs et des pronoms personnels. Puis je m'intéresserai au motif de l'ange, Gabriel/le portant le prénom de l'archange. J'examinerai ensuite l'apparence, le costume, le comportement et la désignation des personnages, surtout à partir du genre théâtral, et je soulignerai l'importance du choix de ce genre littéraire pour le sujet traité. Au fil de mon analyse je tâcherai de situer *Gabriel* dans le tissu intertextuel de l'époque sur le mythe que je définis ici à dessein très vaguement comme celui de l'androgyne. La création de ce personnage androgyne de Gabriel/le rappelle en effet d'autres œuvres de l'époque comme *Mademoiselle de Maupin* (1835) de Gautier, *Séraphîta* (1835) et *La fille aux yeux d'or* (1835) et même *Sarrasine* (1830) de Balzac, ou encore *Fragoletta* (1829) de Henri de Latouche. Mon étude s'ouvrira alors sur une interprétation de *Gabriel* dans ses significations idéologique et conceptuelle, et devrait en faire resortir l'originalité.

---

1. Le *Globe and Mail* des 20 mars 1991 et 11 mai 1996. Ce même thème se retrouve dans de nombreux folklores, littératures et civilisations.

2. Ce jeu est bien connu dans la vie de George Sand, ainsi que le travestissement masculin dans ses avant-textes. Il l'est moins pour son œuvre elle-même.

L'action compliquée de cette tragédie en cinq actes plus un prologue a lieu à Rome à la Renaissance. Le lieu et l'époque réputés licencieux permettent d'une part plus de liberté dans l'expression d'idées et de critiques, et de l'autre risque de faire passer plus facilement une intrigue somme toute audacieuse. Pour résumer brièvement l'action, pour que le nom et l'héritage restent dans la branche aînée d'une famille patricienne dépourvue d'héritier mâle et ne passe pas à la branche cadette qui, elle, a un fils, Gabriel/le[3] a été élevée par son grand-père, Jules de Bramante, en garçon et dans l'ignorance de son sexe anatomique. Le destinataire du texte ne découvre que peu à peu l'identité biologique de la protagoniste, une fois établies ses qualités intellectuelles et morales, l'homophonie des deux prénoms masculin et féminin encourageant la confusion. La question de l'éducation féminine est centrale à ce texte, la thèse étant qu'une fille est tout aussi capable qu'un garçon de développer son corps et son intelligence si l'occasion lui en est donnée. Gabriel/le a appris le latin, le grec, les mathématiques et les sciences. Elle a exercé son corps et est habile au maniement des armes. Elle excelle aux arts de la chasse et de l'équitation, suppléant, dit le texte à "sa moindre force" par son adresse, sa persévérance et son courage.[4] Au lever du rideau Gabriel/le a dix-sept ans. C'est un jeune gentilhomme fier, plein de noblesse et de sagesse, un esprit droit et fort à qui on a enseigné à haïr la condition féminine. Il ne hait pas les femmes, mais il les plaint. Le texte tourne au drame quand Gabriel/le tombe amoureuse de son cousin Astolphe que dans sa probité elle a retrouvé pour lui rendre son titre et sa fortune, ayant deviné depuis longtemps son sexe anatomique. Quant à Astolphe, après être tombé amoureux de celle qu'il croit être un homme, il va tenter de la domestiquer et d'en faire une compagne soumise, aidé dans cette tâche par sa mère, Settimia. Il entreprend de l'obliger à vivre isolée, dans la contrainte physique et morale. Délibérément confinée, privée de liberté, condamnée à l'ennui, astreinte à des tâches abêtissantes, devant subir la volonté tyrannique et la suspicion jalouse et offensante de celui qu'elle aime malgré tout, Gabriel/le tente de vivre selon ses principes, mais finira par être assassinée, après bien des aventures et des complications, la mort étant la seule issue au dilemme qu'est sa vie. Tiraillée entre les exigences d'un grand-père qui lui impose le genre masculin, d'un amant, son cousin, qui la veut femme, et de ses propres désirs qui la poussent vers lui, tout en l'incitant à conserver les privilèges de l'homme, Gabriel/le oscille entre les deux identités, ne pouvant en accepter aucune, située qu'elle est à la frontière entre l'un et l'autre genres.[5]

Les stratégies langagières sont nombreuses qui soulignent l'ambiguïté

---

3. Par fidélité à l'esprit du texte j'utiliserai le doublet et j'oscillerai entre les formes masculine et féminine du pronom personnel et des substantifs, selon l'occurrence citée.

4. Sand, *Gabriel*, préface de Janis Glasgow (Paris: des femmes, 1988) 52.

5. Elle dit à Astolphe: "tu m'as fait redevenir femme, mais je n'ai pas tout à fait renoncé à être homme"(148). Veronica Hubert-Matthews note justement que "son personnage se range alternativement du côté homme ou femme, tout en étant, dans chaque position, à la fois homme et femme", "*Gabriel* ou la pensée sandienne sur l'identité sexuelle" *George Sand Studies* XIII.1-2 (Spring 1994): 26.

sexuelle du personnage principal. Je voudrais en relever quelques-unes, qui toutes entretiennent la confusion des genres. D'abord le brouillage s'exerce au niveau du rapport d'adresse et de l'appellation. D'une part, des titres au féminin tels "altesse", "excellence", "seigneurie" (107) sont donnés au personnage masculin. De l'autre, après les deux premiers actes et le prologue où seul le pronom "il" est attribué à Gabriel/le, dans les trois autres actes "il" et "elle" semblent être indistinctement utilisés de façon arbitraire, et parfois dans la même tirade (186)[6] selon la perception que les interlocuteurs ont du personnage principal, et sans rapport nécessaire avec le costume qu'il porte, comme le note Janice Glasgow (28), mais plutôt avec l'idée préconçue qu'ils ont de lui. De plus, surtout au début du texte, on relève une utilisation presque systématique de substantifs au féminin pour désigner le jeune héros, essentiellement par synecdoque. Les vocables de "figure", "image", "énergie" (50), "taille" (50, 54), "chevelure" (54), "âme" (50, 68), "créature" (68, 69), "victime" (70, 89) sont tous attribués à Gabriel/le comme pour multiplier à dessein les indices de son ambiguïté sexuelle. A l'acte suivant, alors que Gabriel/le est compagne d'Astolphe, c'est au contraire le masculin qui est utilisé pour souligner la même ambiguïté du personnage vêtu en femme. Le Frère Côme la qualifie en effet de "petit esprit fort" (129), et remarque qu'elle monte à cheval "comme Saint-Georges" (131).

Toujours dans le domaine du langage, je voudrais ensuite détacher une occurrence de ces déplacements multiples de sens qui tendent à déstabiliser les oppositions binaires trop catégoriques et absolues. "La barbe ne fait pas l'homme" (92) lance Gabriel/le à son cousin qui le plaisantait sur sa jeunesse et son menton lisse. Ailleurs il fait dire à son grand-père, non sans une certaine ironie acerbe: "je me conduis comme un homme" (85), et "je me comporterai en homme" (98). Dans ces saillies, aussi bien le verbe causatif "faire" dans *faire* l'homme", que la conjonction "comme" dans "*comme* un homme"[7], ou la préposition "en" dans "*en* homme" dévoilent à coup sûr le processus de construction du genre et constituent un clin d'œil complice au destinaire déjà averti.

Par ailleurs, le motif de l'ange, lui aussi, participe du jeu sur le genre et il est omniprésent dans le texte. Gabriel/le est un être hybride situé à mi-chemin entre l'homme et la femme, ange donc, les anges se situant au-delà du sexe. De nombreux signifiants le désignent comme tel, et en cela il n'est pas sans rappeler parfois le message mystique de *Séraphîta*. Ce n'est pas non plus par hasard si Sand a choisi pour son protagoniste le nom de l'archange annonciateur de la bonne nouvelle à Marie. Peut-être la pièce se veut-elle aussi l'"annonce" de la "bonne nouvelle" d'une société à venir, où les femmes auraient la possibilité de s'épanouir et de s'exprimer.

---

6. Ainsi, lors de la scène du carnaval, Astolphe qui voit pour la première fois son cousin travesti s'exclame, troublé: "Gabriel, est-ce toi?...[...] que tu es *belle* (sic) [...] mon enfant!.. ma chère!..." (108-109) et, bouleversé, il passe du "tu" au "vous" (110-111).

7. Cette remarque est à rapprocher du "tu rougis *comme* une jeune fille" (109) qu'Astolphe adresse à son cousin travesti en femme.

L'ange signifie indéniablement une manière de "troisième sexe" comme le nomme Mademoiselle de Maupin dans le roman de Gautier. La pièce s'ouvre sur le rêve prémonitoire de Gabriel/le en ange ailé (60, 72)[8] et se referme sur le retour du même rêve et l'imaginaire "envol" (220) de Gabriel/le alors qu'il est mortellement blessé.[9] De plus, tout au long de la pièce le personnage principal est appelé "ange" (89, 111, 112, 113, 118, 151, 218, 222), "chérubin" (118) ou qualifié d'"angélique" (143). Enfin c'est sur le Pont Saint-Ange (216-218) que Gabriel/le est tué à l'excipit. Ce pont qui relie l'Ancienne et la Nouvelle Rome est jeté entre les deux rives du Tibre comme l'est Gabriel/le entre l'homme et la femme. L'insistance de l'auteur à vouloir représenter ce pont dans les décors de sa pièce[10] atteste, à mon avis, de son importance symbolique car il incarne ainsi la dualité et l'ambiguïté sexuelle de Gabriel/le, fidèle jusqu'à la fin à sa double nature dont la société voudrait à tort en partie l'amputer.

En ce qui concerne l'apparence et le comportement des personnages, l'ambiguïté et l'ambivalence de Gabriel/le sont là aussi totales. Ainsi, c'est le construit social masculin qui caractérise les manières du personnage vêtu en femme. Elle brise son éventail par gaucherie, a l'air emprunté et rustre dans son costume féminin. Par contraste, habillé en homme il fait preuve d'agilité et d'adresse dans la pratique des sports et le maniement des armes, blesse un bandit au pistolet et gagne un duel.[11] D'autre part, c'est aussi le "masculin" qui caratérise la personne morale de Gabriel/le. On ne compte plus ses qualités "viriles": courage, fermeté, sagesse, droiture (96), intelligence, simplicité, générosité, fierté (111), bravoure, voire intrépidité (80), esprit fort (129), etc.. En revanche, c'est presque toujours le "féminin", tout aussi stéréotypé, qui connote l'aspect physique de Gabriel/le: bras rond (111-112), peau blanche et fine (81, 89, 107), joue imberbe et rosée (89, 90), cou blanc et rond (107), chevelure soyeuse et abondante (54, 111), pied joli (111), etc.. Il est à noter cependant que le "front large et pur" de Gabriel/le est, pour son cousin Astolphe, un indice certain de son appartenance au sexe masculin (90).

Par ailleurs, il est significatif que pour Gabriel/le, tout comme pour la

---

8. V. Hubert-Matthews remarque l'ambiguïté de cette créature ailée que le protagoniste a rêvé être. Elle est à la fois désignée comme "femme" ("je n'étais pas un ange, mais une femme" répond Gabriel/le à son précepteur), tout en précisant qu'il n'était pas non plus "un habitant de cette terre" (60).

9. Cette fin est peut-être l'écho de l'assomption finale de Séraphîta/tüs, tandis que son ensevelissement final rappellerait plutôt le dénouement du roman de Latouche.

10. Voir la préface de Janis Glasgow (11).

11. Voir à ce propos l'ouvrage de Robert Nye qui analyse la construction de la masculinité en France, et en particulier le rituel du duel, cette exhibition virile, dans son ouvrage *Masculinity and Male Codes of Honor in Modern France* (New York: Oxford University Press, 1993). On mesure ici la différence de l'œuvre de Sand avec le roman de Gautier. Théodore-Madeleine se bat en effet en duel par bravade, essentiellement pour défendre l'honneur de ses conquêtes féminines et soutenir sa réputation de bravoure virile, alors que Gabriel/le y joue sa vie. Dans la pièce de Sand le sérieux s'est substitué au badinage et à l'ironie.

critique Carolyn Heilbrun[12], tout habillement soit une forme de déguisement. Travesti en femme Gabriel/le songe au moment d'ôter sa robe: "Astolphe, ton trouble va cesser avec ton illusion. Quand j'aurai quitté ce déguisement pour reprendre l'autre, tu seras désenchanté" (126).

Cette remarque souligne, bien entendu, l'arbitraire des conventions et désigne précisément l'habillement comme un art de la performance qui contribue à produire l'identité sexuelle. Ainsi, dans *Gabriel*, on a le genre de son costume qui vous colle à la peau comme le vice à celle de Lorenzaccio.[13]

Dans le même esprit je voudrais insister sur la spécificité et l'importance de *Gabriel* en tant que texte dramatique et que je me permets de qualifier ainsi, bien que l'auteur le nomme "roman dialogué". L'appellation hybride de ce texte n'est d'ailleurs pas sans rappeler la spécifité de Gabriel/le, et le jeu de l'auteur sur le genre pourrait s'entendre aussi bien dans le sens littéraire que sexuel. Je crois d'ailleurs qu'elle me donne raison comme je vais tenter de le montrer, et qu'elle mesurait l'à propos du genre dramatique pour exprimer le genre socio-sexuel, et surtout son hésitation. Ce qui, à mon sens, définit un texte comme théâtral et non narratif, ce sont l'absence d'un narrateur, d'une part, et la présence de didascalies, de l'autre, deux conditions remplies par *Gabriel*. Il convient également de se souvenir que Sand désirait instamment voir sa pièce représentée, et qu'elle persévéra pendant de nombreuses années pour en tenter l'aventure.[14] Elle tenait beaucoup aussi à avoir une actrice d'apparence androgyne pour le rôle de Gabriel/le, comme en font foi les longs développements de sa correspondance sur ce sujet. Ainsi elle persévéra pour y intéresser Mlle Fernande qui à son avis, possédait seule "la tournure, la voix, la taille, la figure [...] l'encolure dégagée", de Gabriel/le, qui seule était "assez garçon pour faire Gabriel", étant "mieux découplée que Rachel pour flanquer des coups d'épée" et ayant "plus de nerfs et de force physique dans les mouvements."[15]

Le caractère théâtral du texte me paraît donc très pertinent et particulièrement significatif pour mon propos. Il souligne d'ailleurs la singularité de l'œuvre de Sand par rapport à celles auxquelles on peut la comparer et qui sont toutes des romans. Un texte de Marie-Claire Pasquier sur les femmes dramaturges, texte qu'elle ne destinait ni à George Sand ni à *Gabriel*, mais qui leur convient tout particulièrement, éclaire la pièce d'un jour intéressant et jette aussi quelque lumière sur la frustration éprouvée par Sand à ne pouvoir la faire jouer. La critique écrit:

> C'est justement, peut-être, parce que le théâtre représente un aspect où le
> jeu est permis, un espace de liberté, que les femmes y trouvent leur

---

12. Dans *Toward a Recognition of Androgyny* (New York: Knopf, 1973).

13. On sait que Sand avait fourni à Musset le canevas de *Lorenzaccio* avec son texte dialogué "Une conspiration en 1537".

14. Voir la préface de J. Glasgow (21) ainsi que l'ouvrage de G. Manifold, *George Sand's Theatre Career* (Ann Arbor, MI: UMI, 1985).

15. Cité par Janis Glasgow dans sa préface à *Gabriel* (11, 12, 14).

compte, comme les marginaux, comme les opprimés. L'imaginaire n'ignore pas les rôles sociaux, mais il les fait circuler, il fait jouer les ambivalences, les renversements possibles.[16]

Plus loin elle poursuit avec un à propos involontaire: "car le théâtre c'est ce qui permet de se voir comme on n'oserait se rêver" et où l'"on est homme et femme à la fois" (266). En effet, de même que la construction sociale du genre sexuel, le théâtre étant essentiellement un art du langage, de la parade, et de l'artifice correspond davantage que ne l'aurait fait le roman à l'entreprise de George Sand, comme le montre en particulier la scène de bal masqué de *Gabriel*, véritable pièce dans la pièce.[17] Gautier avait d'ailleurs subtilement utilisé le genre dramatique lui aussi. Un épisode de son roman est consacré à la représentation de *Comme il vous plaira* de Shakespeare par les pratagonistes. Chez Gautier la pièce dans le roman permet la transition entre personnage masculin et féminin, Théodore devenant pour un temps Rosalinde-Ganymède avant de se métamorphoser en Madeleine Maupin et permettre ainsi le dénouement éventuel de l'intrigue.[18]

En ce qui concerne la désignation des personnages, le genre théâtral me paraît décisif là aussi. En effet, seule parmi les héros androgynes auxquels on peut la comparer, Gabriel/le n'a qu'un nom, si l'on considère uniquement la représentation de la pièce, s'entend, car au théâtre le nom écrit des personnages n'apparaît pas. En revanche, le/la protagoniste de Latouche a trois noms, celui unisexe de Camille, et ceux, opposés sexuellement de Fragoletta et Philippe, selon son apparition dans le roman comme personnage homme ou femme, ou encore indécis. Quant aux héros de Balzac et Gautier, soit ils ont un seul nom au féminin (Zambinella dans *Sarrasine*), soit ils ont deux noms (Séraphîtüs-Séraphîta et Théodore-Madeleine), soit ils ont franchement deux identités opposées sexuellement, comme c'est le cas pour Henry de Marsan et sa demi-sœur Margarita, aimés tous les deux de la même fille aux yeux d'or, Paquita. Dans la pièce de Sand, au contraire, l'homophonie des deux versions, masculine et féminine, de Gabriel/le entretient davantage la confusion des genres, tout en assurant au personnage une plus grande unité que n'en possèdent les autres protagonistes. Par ailleurs, l'absence d'un narrateur évite aussi l'imposition d'un genre grammatical, qui lui, paraît parfois fort artificiel aussi bien chez Balzac que chez Gautier ou Latouche. Là aussi l'ambiguïté du personnage central est ainsi rendue plus crédible chez Sand.

---

16. Marie-Claire Pasquier. "Mon nom est persona. Les femmes et le théâtre," *Stratégies des femmes* (Paris, Editions Tierce, 1984) 262.

17. En lui donnant une portée tragique Sand inverse ici le sens de ce genre de scènes jusque là réservées dans le théâtre à un effet de comique badin.

18. Chapitre XI de *Mademoiselle de Maupin* (Paris: Garnier-Flammarion, 1966). G. Manifold constate que pour cette adaptation, tout comme pour les transformations successives qu'elle fera subir à sa propre pièce, Sand effacera de son texte les éléments les plus audacieux, *Gabriel*, trans. and intro. G. Manifold (Westport, CT: Greenwood Press, 1992) xiv.

Quant à la portée idéologique de l'œuvre, on peut encore aujourd'hui sans hésitation qualifier de féministe la prise de position de ce texte qui revendique l'égalité des femmes en matière d'éducation, d'amour et de comportement. L'embryon de révolte féminine qui se trouve représenté par les tirades de Séraphîta ou de Madeleine Maupin se plaignant du sort des femmes trouve son aboutissement et sa pleine expression dans *Gabriel*.[19] Sand y présente un problème social qui lui tenait à cœur et la touchait de près. La tragédie vient en effet de l'impossiblité de combiner le rôle masculin appris par Gabriel/le avec son sexe anatomique, et de concilier son épanouissement affectif et intellectuel avec son exigence morale de dignité humaine. Il est révélateur que ses qualités de force, d'intelligence et d'indépendance se transforment en défauts dès qu'elle s'habille en femme, comme le note D. Fahmy[20]. En outre, à cause des préjugés, de la dépendance et des contraintes imposées aux femmes, les limites étroites de leurs existences entravées ont fait d'elles, à observer tous les personnages féminins de la pièce sauf Gabriel/le, des êtres mesquins, aigris, abêtis, et ennuyeux comme Settimia, ou bien superficiels et volages comme Faustina. V. Hubert-Matthews remarque avec raison que ces deux dernières incarnent la féminité telle qu'elle est définie par le patriarcat sous les traits bien connus de la mère et de la courtisane (24). En revanche, Gabriel/le est une monstrueuse exception. Elle reste exclue de la société qui la rejette, effectivement supérieure aux femmes par son éducation. Le monde n'est en effet pas prêt à reconnaître ni à respecter, encore moins à encourager ses capacités et sa liberté. Le destin fatal que leur sexe anatomique impose aux femmes dans la société représentée s'y exprime de façon tragique par la mort quasi sacrificielle de la protagoniste.[21] Ainsi famille, éducation, culture, éléments que Louis Althusser désignait autrefois par les termes d'"appareils idéologiques d'état",[22] paraissent, dans *Gabriel*, responsables de la construction du genre, et de l'avilissement féminin comme du mauvais traitement des femmes.

On pourrait appliquer à *Gabriel* la remarque de K. Wingård Vareille à propos d'une autre œuvre, car l'utilisation du doublet Gabriel/le figure aussi à mon sens "la scission de l'être féminin, produite par le dualisme qui commande la vie des femmes", et témoigne du "profond malaise ressenti" entre "l'aspiration à une vie complète", et "le désir de respectabilité sociale" somme toute légitime, dont "la première condition est pour la femme la mutilation de [s]a personnalité"[23]. Sand me semble donc plaider ici en faveur d'une restructuration des rôles socio-sexuels, et

---

19. Dans *Séraphîta* il s'agit d'une demi-page sur 189, et dans *Mademoiselle de Maupin* d'une page sur 376. C'est donc bien uniquement d'un embryon d'expression de révolte qu'il s'agit chez ces deux auteurs.
20. Dorrya Fahmy, *George Sand auteur dramatique* (Paris: Droz, 1935) 270.
21. C'est ce que Hubert-Matthews nomme le refoulement du féminin (20).
22. Dans "Idéologie et appareils idéologiques d'état," *Positions* (Paris: Editions sociales, 1982).
23. Kristina Wingård Vareille, *Sociéte, sexualité et les impasses de l'histoire* (Upsala: Almqvist & Wiksell Int. [Acta Univasilatis Upsaliensis n° 41], 1987) 473.

réclamer l'apparition d'une femme nouvelle[24] dont Astolphe trace le portrait élogieux en la personne de Gabriel/le qu'il prend alors pour un homme, mais dont il est amoureux.

Cette double nature dont l'auteur dote son personnage, elle semble aussi l'accorder à l'être que dans sa notice de 1854 elle nomme par trois fois "artiste" (au masculin, surtout), stratégie textuelle maintes fois relevées dans les avant-textes sandiens, ce même artiste que Gautier semblait vouloir représenter par le truchement de son personnage androgyne d'Albert. Par contraste avec Gautier, Sand montre son "artiste" aussitôt entourée de ses enfants en bonne mère de famille traditionnelle, procédé qui, outre qu'il rassure les destinataires sur la "normalité" et la moralité de l'auteur, souligne également sa propre dualité.

Féministe aussi est la révolte de Gabriel/le-Sand contre le supplice du costume féminin.[25] Le port de la robe est d'ailleurs l'occasion pour Sand de s'insurger avec véhémence contre les contraintes vestimentaires imposées aux femmes et qui entravent leur liberté (106-107,126, 127). Le vêtement porté par Gabriel/le est qualifié de "robe de Déjanire" (126), Déjanire étant l'épouse d'Héraclès dont elle cause la mort en lui donnant une tunique empoisonnée. Cette indignation de Gabriel/le s'éclaire d'un jour nouveau si on la lit à la lumière de la courte étude de Philippe Perrot.[26] Selon lui, au dix-neuvième siècle, et plus spécifiquement vers les années 1830, le costume masculin s'étant simplifié en frac passe-partout sous la poussée de la bourgeoisie utilitaire, c'est à la femme qu'il est demandé dorénavant de paraître et de se distinguer par l'extravagance, le luxe, la multiplicité, et le compliqué du costume. Cette femme-enseigne — d'autres auraient dit "potiche"[27] — ne sert en réalité qu'à faire valoir son propriétaire, et, vestige de l'Ancien Régime, à assurer la pérennité d'une hiéarchie sociale de classes. Le coût du costume féminin, comme son caractère encombrant, incommode, contraignant, voire même douloureux, en font d'ailleurs l'instrument parfait de la subjugation des femmes. Qui plus est, le côté utilitaire, essentiellement mercantile de cette société bourgeoise qui se met en place est transposé et mis en évidence dans la pièce par le sacrifice même de la personne et de la vie de Gabriel/e par son propre grand-père dont le seul souci est d'accaparer un héritage. Ce grand-père indigne va même jusqu'à commanditer le meurtre de sa petite-fille pour atteindre son but lucratif. Une critique véhémente de la pratique de "transmission d'héritage de mâle en mâle" dans la société patriarcale trouve sa place dans la première partie du texte où il occupe deux longues pages (65-67).[28] Sous cet

---

24. Celle peut-être qu'est censé annoncer l'"archange" Gabriel, justement.
25. Que ce soit le corset, les épingles, les lacets ou les dentelles (107, 126, 149)
26. "Le jardin des modes", *Misérable et glorieuse. La femme du dix-neuvième siècle*, éd. J.-P. Aron (Paris: Editions Complexe, 1984).
27. Voir *La femme potiche et la femme bonniche* de Claude Alzon (Paris: Petite collection Maspero, 1977).
28. Certes, Gabriel/le adhère au système qui l'opprime et la rejette; elle en a même si bien intériorisé les valeurs sans en partager les privilèges, que c'est elle qui recherche son cousin pour lui restituer l'héritage qui lui revient selon la loi. (Voir l'interprétation de Anne E. McCall,

angle *Gabriel* peut donc se lire comme politiquement aussi bien qu'idéologiquement engagé et progressiste.

Mais dans sa critique des différences rigides établies entre les sexes par les mœurs la pièce dépasse la satire sociale et politique. De fait, Sand y amorce une reconceptualisation de la différence sexuelle, tendant à subvertir l'opposition binaire masculin/féminin et la notion d'une identité sexuelle stable, pour lui substituer une vision plus graduelle et moins catégorique. "Je ne sais pas que mon âme ait un sexe" (57) affirme en effet Gabriel/le qui insiste sur le caractère relatif de sa psychologie. Gabriel/le dit en effet:

> Je ne sens en moi une faculté absolue pour quoi que ce soit:[...] je ne me sens pas brave d'une manière absolue, ni poltron non plus d'une manière absolue. [...] et l'homme qui se vanterait devant moi de n'avoir jamais eu peur me semblerait un grand fanfaron, de même qu'une femme pourrait dire devant moi qu'elle a des jours de courage sans que j'en fusse étonné. Quand je n'étais encore qu'un enfant, je m'exposais souvent au danger plus volontiers qu'aujourd'hui: c'est que je n'avais pas conscience du danger. (57-58)

Ainsi, Gabriel/le combat le dogmatisme de son précepteur et remplace l'antithèse, plus flexible puisque plus évolutive, d'enfant/adulte, à celle, absolue d'homme/femme, pour mieux la subvertir. Sand propose donc une conception relative du genre et fluctuante de l'identité sexuelle. Elle va ainsi dans le sens de textes ou productions culturelles modernes et contemporaines, opérant un décentrement du point de vue, similaire à celui qu'utilisera par exemple Virginia Woolf dans *Orlando*[29], jetant le désarroi dans l'esprit du destinataire, et déconstruisant le "genre" de façon tout à fait efficace et convaincante.

Qui plus est, ce sont parfois les pratiques sexuelles elles-mêmes qui se trouvent révélées comme faisant l'objet d'une construction sociale. D'abord, à la différence du texte asexué de *Séraphîta*, le désir sexuel est présent chez Sand comme chez Latouche ou Gautier. Dans un des rares exemples de l'œuvre de Sand, comme le souligne Janis Glasgow, l'héroïne exprime directement son émoi sensuel.[30] On retrouve en effet dans la scène du bal masqué un peu de cette sensualité de *Fragoletta*

"George Sand and the Genealogy of Terror," *L'Esprit créateur* XXXV.4 [Winter 1995]: 38-48.) Jules de Bramante se félicite d'ailleurs des qualités de probité et de droiture de son "petit-fils" (71) et y voit avec raison une garantie de discrétion sur son procédé. De toute évidence le sens de l'honneur prévaut — honneur masculin, il va sans dire — même pour les êtres qui en font les frais. On imagine mal, en effet, Gabriel/le accaparant la fortune de son cousin sans se sentir déroger et couvert de honte. C'est que, bien sûr, son éthique ne correspond pas à son statut. Il s'agit-là de ce qu'on appelait naguère l'aliénation.

[29]. Rappelons qu'en 1856 Sand allait traduire et adapter pour la Comédie Française *Comme il vous plaira* de Shakespeare où apparaît le personnage travesti de Rosalinde-Ganymède, amante d'Orlando.

[30]. "Sa dernière étreinte me dévorait" dit Gabriel/le en parlant de son cousin (126).

et de *Mademoiselle de Maupin*. La pièce est hardie aussi dans son évocation de pratiques sexuelles dissidentes. Certes, on l'avait précédée dans cette voie, et de façon beaucoup plus explicite, il est vrai. Mais une femme auteur, quelqu'affranchie soit-elle, pouvait-elle se permettre une égale liberté à l'endroit d'un interdit aussi rigide? S'il est plus prudent de prêter à l'autre sexe des pratiques peu conformes aux conventions et aux bonnes mœurs, on ne s'étonnera pas que dans la pièce de Sand Gabriel/le n'ait aucun goût pour les femmes, au contraire de l'héroïne de Gautier, mais qu'en revanche Astolphe, lui, soit attiré par celui qu'il croit être son cousin, et même qu'il tombe amoureux de lui et se montre très pressant, rappelant ainsi l'émoi de d'Albert devant Théodore-Madeleine. Après son mariage secret avec sa cousine, Astolphe persistera d'ailleurs à l'appeler "mon petit prince"(153), et comme pour souligner l'ambiguïté du personnage Gabriel/le le nomme aussi "ange"(163). Mais, dira-t-on, l'"instinct" d'Astolphe et d'Albert leur faisait deviner une femme en leur compagnon. Certes, mais Astolphe est, de plus, fortement "féminisé", en particulier dans la scène de carnaval: il est coquet, vain, narcissiste, et occupé de sa toilette plus qu'il n'est bienséant pour un homme (99-100). Outre cela, l'attirance d'un homme efféminé pour un personnage à l'identité sexuelle ambiguë réussit à brouiller effectivement la frontière qui sépare homosexualité et hétérosexualité. On peut donc conclure que Sand déstabilise aussi cette opposition binaire, comme elle a déconstruit l'antinomie homme/femme.

Il faut cependant noter que cette pièce touffue n'est pas exempte de contradictions. Ainsi, tout en révélant le processus de construction arbitraire du genre socio-sexuel à partir d'un sexe anatomique, l'auteur semble-t-elle néanmoins affirmer ici et là par le biais de certains personnages, l'existence d'une "nature féminine", tout comme parfois d'une spécificité masculine. Ainsi Gabriel/le, il est vrai, aime un peu trop la parure selon son précepteur (61), a horreur du sang (81) et de la violence (87-88), pleure (72), possède une "organisation moins grossière", plus "délicate" que les hommes (88-89), un cœur naturellement plus "tendre" (188) et une nature plus douce (143), plus portée vers l'amour (188). A l'opposé, "une vie toute d'amour et de recueillement ne pouvait [...] suffire" (212) à Astolphe qui est homme et dont l'"organisation" est donc plus "robuste" (88). Ailleurs, le sens se fait plus obscur encore quand la même tirade se réfère à la fois à l'"éducation" et à "l'instinct" pour justifier une conduite sexuée.[31] De fait, le texte ne tranche pas en ce qui concerne la question de l'essentialisme, et il faut se résoudre avec V. Hubert-Matthews à conclure à la complexité et à l'ambiguïté de la pensée de Sand sur l'identité sexuelle (22). On pourrait peut-être lire dans cette ambiguïté l'affirmation de la différence en même temps que la revendication de l'égalité des droits.

On a pu dire que le mythe de l'androgyne dont j'ai évoqué quelques représentations, aussi bien chez Sand que Latouche, Balzac et Gautier, exprime, entre

---

31. Gabriel/le dit en effet: "Si j'ai repris les vêtements et les occupations de mon sexe, je n'en ai pas moins conservé en moi cet instinct de la grandeur morale et ce calme de la force qu'une éducation mâle a développés et cultivés dans mon sein" (188).

autres choses, l'interrogation de toute une époque sur la question de la différence, incarnée dans la différence des sexes et son inscription dans le social.[32] Les interprétations ne manquent pas sur les causes de la popularité de ce mythe à cette époque précise de l'histoire. Je ne saurais, bien entendu, les aborder ici. Qu'il me suffise de constater l'originalité de Sand par rapport à ses contemporains.

Parmi les œuvres de cette période traitant de l'androgyne certains des protagonistes incarnent la différence physique et les malheurs qu'elle provoque. C'est le cas pour Fragoletta, Zambinella ou Gabriel/le. Toutefois, dès lors que dans *Fragoletta* il s'agit d'un hermaphrodite, et dans *Sarrasine* d'un castrat, ces textes, en un sens frôlent l'anecdotique, même si le protagoniste peut être considéré comme la figure, quelque peu scabreuse, du héros fatal romantique, et si les romans ont une résonance philosophique. En revanche, dans *Gabriel* une infériorité féminine constatée est appréhendée comme construite et voulue, socialement et historiquement située, donc contingente. Y sont en effet révélées et dénoncées les pratiques sociales qui construisent l'inégalité. A la pathologie physique, individuelle et fortuite présentée par Latouche et Balzac, Sand a donc substitué une pathologie sociale collective, celle de la classe des femmes dans leur ensemble.

Sand s'écarte également de la norme au niveau de la portée philosophique des œuvres. Le personnage de Séraphîta/tüs est généralement tenu pour le signifiant transcendental d'une totalité harmonieuse, l'expression de la perfection morale et de la connaissance métaphysique. A cette représentation de l'union harmonieuse des contraires Fragoletta et Zambinella opposent leur fracture interne, dissonnante et vouée au malheur. Un déchirement physique et mental insoutenables les voue en effet irrévocablement à la mort, incapables qu'ils sont d'atteindre jamais à la plénitude ni au bonheur. Dans *La fille aux yeux d'or* s'oppose aussi à la perfection séraphique la division tragique de l'être en deux héros de sexes opposés[33], aimés tous deux par la même femme. Par contraste, encore une fois, dans *Gabriel* le malheur et la tragédie procèdent uniquement des mœurs sociales et non pas d'une quelconque discordance interne ou scission d'un être en deux sexes. A vrai dire, si Gabriel/le figure la dualité humaine, celle-ci constitue une richesse à conserver, incarnée qu'elle est dans la femme idéale dont rêve Astolphe et qu'il croit avoir trouvée en Gabriel/le. Les qualités de cette créature idéale sont doubles et apparemment opposées: "la bravoure dans une organisation délicate", "la candeur mêlée [...] au sentiment de la force" (89, 90). Bref, c'est "un être intelligent et simple, droit et fin, courageux et timide, généreux et fier" (111).

Dans une autre perspective Zambinella et Madeleine de Maupin incarnent

---

32. Dans *La petite sœur de Balzac. Essai sur la femme auteur au dix-neuvième siècle* Christine Planté notait en effet que "la différence des sexes [...] peut devenir, justement par son caractère apparemment naturel et éternel, *métaphorique de toute différence* (sic)" (Paris: Seuil, 1989, 101).

33. Voir l'interprétation de Geneviève Delattre, "De *Séraphîta* à *La fille aux yeux d'or*", *L'Année balzacienne* 1970, 202.

le culte de la beauté, chimère idéale toujours inatteignable puisque le premier est un castrat, et que la seconde disparaît à jamais dès la consommation de l'acte sexuel avec le héros. Dans *Gabriel*, en revanche, il suffirait que changent les mœurs pour que la protagoniste devienne réalité commune et non plus exception. Ainsi Sand détourne-t-elle le mythe vers une signification non plus mystique comme pour Balzac, ou esthétique comme pour Gautier, mais essentiellement sociologique, politique, et même militante.

Pourtant, l'originalité de Sand par rapport aux auteurs de son temps me semble aller encore plus loin, et comporte une réflexion philosophique sur la différence des sexes et la construction de l'identité sexuelle. En effet, à en croire des critiques féministes récentes[34] le mythe de l'androgyne a toujours été une façon de s'approprier le féminin, pour l'homme faisant à l'exemple de Freud le rêve de symétrie que Luce Irigaray a dénoncé comme évacuant effectivement le féminin. En réalité, pour ne prendre que le seul exemple de *Sarrasine* c'est Zambinella, un castrat, qui y incarne la beauté "féminine".[35] Dans cette perspective dominante l'androgyne serait donc l'image de l'"homme parfait" englobant en un seul individu les caractéristiques et les qualités à la fois "féminines" et "masculines", et ce pour mieux éliminer la femme de l'ordre de l'humain. Effectivement, malgré des noms ou des titres au féminin, les héros de *Fragoletta* et de *Séraphîta* tendent à représenter le masculin. C'est, bien entendu, de la perception du récepteur du texte qu'il s'agit ici, car ces personnages étant, soit bisexué pour Fragoletta, soit asexué pour Séraphîta/tüs, c'est le masculin qui l'emporte nécessairement dans l'esprit du lecteur. Parfois, au contraire, les protagonistes peuvent être deux, un homme et une femme, mais c'est alors le personnage masculin qui de loin domine le roman de sa présence. En effet, c'est Henry de Marsan le héros de *La fille aux yeux d'or* et non Margarita qui n'apparaît qu'au dénouement. De même, chez Gautier, c'est un homme, d'Albert, qui est le sujet de la quête. Quant à la femme-homme Théodore-Madeleine, elle fonctionne, en réalité, comme une image spéculaire inversée de ce moi masculin sujet, et qui ne fait que le confirmer dans sa double nature. Ainsi, dans son incarnation masculine, l'androgyne serait-il une variante du mythe de Pygmalion. L'avant-dernier chapitre suggère d'ailleurs alternativement pour d'Albert les rôles de sculpteur, de peintre et d'amant au moment de la célèbre scène du déshabillage, ce qui fait

---

34. En particulier Kari Weil, *Androgyny and the Denial of Difference* (Charlettesville, VA: University of Virginia Press, 1992), Lucienne Frappier-Mazur, "Balzac et l'androgyne", *L'Année balzacienne* (1973) 253-77, et Frédéric Moneyron, "L'Imaginaire androgyne de Honoré de Balzac à Virginia Woolf", *Cahiers de l'Imaginaire* 4 (1989): 128-31, et "De l'androyne au misogyne, l'infernale dialectique des décadents", *Cahiers du Grif* 47 (printemps 1993): 75-86, en part. 84.

35. De même, pour Winkelman le modèle parfait pour sculpter l'androgyne serait un eunuque (cité par K. Weil, 67).

nécessairement penser à Madeleine de Maupin en nouvelle Galatée.[36]

A l'encontre de tous ces textes la pièce de Sand rétablit au contraire la femme comme moitié de l'humanité. En effet, dans *Gabriel*, même si le titre est au masculin, l'héroïne-héros éponyme est de loin le personnage le plus important, et c'est son point de vue qui est présenté, comme son déchirement personnel qui constitue la trame de la fable. Ainsi, en transformant l'androgyne-homme en androgyne-femme Sand fait-elle d'un personnage féminin une figure universelle. C'est là aussi une conception originale du mythe de l'androgyne.

University of Toronto-Scarborough

---

36. La jeune femme est décrite en termes de "marbre antique" (365). Elle apparaît comme une de ces "statues de marbre" montées sur un "socle" (369), comme "un beau corps qui posait devant lui" exhibant "délicatesse et force, forme et couleur, les lignes d'une statue grecque du meilleur temps et le ton d'un Titien" (368-69). De plus, Rosalinde discourt sur son imminente transformation de "fille" en "femme" (368), ce qui élève son amant au rang de créateur.

GEORGE SAND LE DERNIER AMOUR
AND ITS SEXUAL POLITICS

Gislinde SEYBERT

In *Le Dernier Amour* George Sand shows love from its most cruelly and bitterly unfulfilling side. By describing the female protagonist from a male perspective the author corresponds to the "moral decency" postulated by Herder. This technique intensifies the horror felt by the reader, especially the female reader, who is progressively exasperated and frightened by the sophisticated cruelty resulting from the rational handling of love with which the husband as narrator acts towards his wife. The late novel *Le Dernier Amour* (published in 1866 and dedicated to Flaubert) shows a psychological realism and naturalism the shock of which is felt as fatality by the feminine condition. (Naomi Schor does not recognize any intertextuality with naturalism which has already been alluded to in the dedication to Flaubert).

The implacable fatality that directs the husband's "illusionary disillusion" leaves the reader horror-struck because the wife is thus driven to adultery. Félicie's destiny is a modern version of the underlying fairy tale structure of *Melusine*. The mermaid Melusine is condemned to exist without a human status, because of her husband's mistrust, and to finally die by his hand. Félicie whose name forebodes the Félicité of Flaubert's *Un cœur simple* (1876) and promises happiness, is surrounded by three men who all desire her — the renewed constellation of *Lélia* — without taking into account the first seducer causing the "original sin" which will poison all the further relationships with men by the psychological mechanism of a self-fulfilling prophecy. This mechanism affects both Félicie and Sylvestre.

Anna Szabó has elaborated the filiation between *Jacques* and *Le Dernier Amour* which I shall expand on the one hand with Rousseau's *Julie ou La Nouvelle Héloïse*, even though Rousseau's solution of an asexual friendship practiced by the husband neglects his social and political power,[1] and on the other by Flaubert's *Madame Bovary*.[2]

In *Le Dernier Amour* the husband as policeman, detective, spy and judge observes the minor actions of his wife[3] and is ready to fall into the trap of mistrust at the first sign which he interprets as proof of adultery. Sixte More, the possessive landowner, Tonino, the offspring of Italian nobility just as Félicie, playing the child of nature, and Sylvestre representing the values of a Rousseauistic retirement from the world and its possessions contribute all three of them to the despair and confusion of the woman whose only practical solution of the conflict is suicide.

---

1. Cf. G. Seybert, *Liebe als Fiktion* (Bielefeld, 1995)
2. Anna Szabó, "Dernier Amour-Dernière Chance. de *Jacques* au *Dernier Amour*," *George Sand et l'écriture du roman*. Actes du XIe colloque international George Sand, *Paragraphes* 12 (Montréal: Université de Montréal, 1996) 301.
3. Cf. Alain Robbe-Grillet, *La Jalousie*.

The men confront each other in their fight for the woman. Sixte More fulfills his self-chosen social task of undeceiving the cuckolded husband. Sylvestre defends his wife's and his own honor despite appearances. The fight between Sylvestre and Tonino is more subtle, rather psychological. Tonino remains victorious as to Félicie's properties. Sylvestre renouncing love renounces at the same time property; this ending of the novel cannot be coincidental considering the value the author places on land. As to this point it must be taken into consideration that the medieval novel begins with the identity of love for the woman and land in Chrestien de Troyes' *Yvain, le chevalier au lion*.

Contrary to Béatrice Didier's perspicuous article in which she puts forward the husband's conscience which is too good to be true,[4] I consider the doctor's opinion as an ironically wrong tract laid down by the author (cf. the doctor in Platon's *Banquet* discussing love). I do not interpret Félicie as being torn by bodily desire as the doctor postulates, but as a woman looking for love founded on respect. It is respect, which she desperately wishes to obtain from her husband, that society has denied her since her juvenile "fall".

The intensity of Félicie's despair expressed by her heart-breaking violin playing is described with utmost art. It is linked to Aurore's traumatism inflicted upon her as a child by her grandmother who denounced her mother as a fallen woman. This episode in *Histoire de ma vie* reveals the deep wound cut by the person responsible for Aurore's up-bringing. It could be the origin of George Sand's later political and social *engagement* for outlaws and especially for women, their large majority.

Sylvestre deconstructs himself and the male order while pretending to be Christ, savior of woman. Taking on the role of victim, he reveals himself to be the hangman.[5] In *Le Dernier Amour* George Sand uncovers the latent sado-masochism working within the so-called rational subject.

First Stages of Love

During Sylvestre's prolonged presence at Les Diablerettes, Félicie undergoes a metamorphosis. The lifeless expression in her eyes and her contemptuous smile give way to charms that Sylvestre cannot resist. He catches a secret look from Félicie revealing her feelings for him. This intense look breaks Sylvestre's will: "mon âme plia sous la sienne comme un brin d'herbe sous un souffle d'orage."[6] Félicie blushes as a result of Sylvestre's response and her color becomes pronounced as in lightning. The metaphors of fire continue in Sylvestre's reminiscences and resolve in his imagination with the dissolution of the stone: "le marbre s'était fait femme" (97). Félicie's transfiguration by love lights in Sylvestre the same fire; he becomes

---

4. Béatrice Didier, "Narrateurs, narrataires, intertextualité dans *Le Dernier Amour* de George Sand," *(en)jeux de la communication romanesque, Hommage à Françoise Van Rossum-Guyun*, ed. Suzan van Dijk and Christa Stevens (Amsterdam: Rodopi, 1994) 117.

5. Charles Baudelaire, *Les Fleurs du mal*.

6. George Sand, *Le Dernier Amour* (Paris, 1991) 97.

conscious of this love in a paradoxical way: "C'était la première fois que j'aimais, bien que ce fût le second amour de ma vie" (98).

To this enigmatic sentence, Sylvestre adds his reflections on his love to his first wife as instilled by the instincts of juvenile passion that never knew peaceful happiness. Sylvestre's actual desire does not exceed his ideal of tranquillity which he understands as exempt from pleasure. He evens feels ameliorated by this absence of passion. The disposition of the prospective lovers, therefore, is unbalanced from the very beginning, as Félicie is described by Sylvestre as a passionate woman with alert senses. The disparity of expectation is shown by Sylvestre's reaction to Félicie's flushing. He feels himself to be as soft as grass under Félicie's storm-like strength. He feels the magnetic power of love as magic: a magic power that overcomes and abuses him. "Cette puissance magique de l'amour sous laquelle je me sentais abîmé et vaincu." Yet, Félicie's only possibility of expression is her violin of Cremona which sings her love: "l'amour, rien que l'amour!" (194).

Sylvestre understands that it is only the artist who can express truth and love. He alone possesses the holy fire that does not respond to matters of conscience. Sylvestre sees Félicie and Tonino unified in their closeness to art from which he is excluded.

Ironically, it is Tonino who advises Sylvestre to marry Félicie. In this intensely fine psychological study of human behavior, George Sand shows how prejudice and preconceived assumptions drive people to disastrous reactions. Sylvestre's jealousy of art makes him jealous of those who practice it and of their respective feelings and behavior. In Sylvestre's mind, Félicie's violin is speaking to him revealing the author's theory of art:

> Ecoute la voix de l'artiste, lui seul connaît la vérité, car il connaît l'amour. Il a le feu sacré qui ne daigne pas répondre aux cas de conscience; le feu ne raisonne pas, il consume. Il ne s'explique pas plus que Dieu; il éclaire et embrase. Ecoute comme ma note est pure et forte! Devant elle, toutes les notes de la nature font silence. C'est une note qui monte aux astres et remplit le ciel. Elle est simple, elle est nue, comme la vie. Elle vibre jusqu'à l'infini. Aucune de tes pensées ne peut troubler, ni suspendre, ni faire dévier de sa marche éternelle la note souveraine qui dit l'amour. (194)

Thus, Sylvestre hears the violin's playing as the romantic dream of art which unifies truth and love in joint rhythm. Yet, he does not feel capable of responding to this outcry of love which frightens him. "L'amour, rien que l'amour!" can be a dire warning to someone who is not able or willing to love. This is Sylvestre's problem and continuous conflict. Just after having heard this kind of revelation in Félicie's violin playing, he sees Tonino secretly listening to it. And he complains bitterly: "Je ne pouvais entrer chez elle sans le [Tonino] trouver comme toujours *entre nous deux*" (109; emphasis added). Sylvestre is not able to recognize that it is he who places Tonino between Félicie and himself by seeing him as a hindrance to his love.

Le Dernier Amour

From the peripeteia on,[7] Sylvestre has finally lost his love for his wife Félicie. The reader is invited to follow the consecutive stages of a detective story. Sylvestre now sees himself as a policeman and a detective, spy and judge eager to pursue his self-imposed task of convicting his wife of having committed adultery.

The first lie, a white lie, which Félicie utters so as not to be disturbed and questioned any longer, becomes for her husband the first piece of evidence of her culpability. The lack of reliability and comprehension between the couple is built up by Sylvestre as the peripatetic scene of high tragedy and high treason. So we are confronted with the dual register of everyday life as opposed to the high style of classical theater giving an impression of male hysteria. "Où vont-elles, où vont-elles, nos amours passées? Qui me le dira?" (192). The pathos of the repeated question and the apostrophe of an unknown being recalls George Sand's best poetic prose in *Lélia* and *Lettres d'un voyageur*. Yet, in this case, the authentic speech of a suffering man is deciphered as ironic, since the reader has already assembled too many pieces of conviction against the husband himself who has precipitated his own misery by his mistrust arising from so many moments of self-fulfilling prophecies. Sylvestre proves to be a Rousseauistic simpleton whom we cannot believe because of his continuously repeated high aspirations of purity and virtue in spite of or because of his proclamations. He is finally revealed to be a pretender of love weeping over the ruins he created. The pathetic tone is used as an ironic register to uncover Sylvestre's mean streak and inability to love. Philosophically speaking he can be seen as an example of unhappy consciousness.

So Sylvestre repeats the declaration of his task and of the plight of the betrayed husband, which comes to a monstrous anti-climax in the match with Sixte More, his wife's former hopeful who persecutes Félicie with obnoxious hatred for having declined him. Sixte More is to have the last word in Félicie's decline as he reports at her grave that she has yielded to him in despair shortly before her suicide. The reader interprets this act as a last attempt to find love and understanding, albeit distorted by the husband's perspective of seeing the ever sinning female.

In the confrontation with Sixte More, Sylvestre defends his wife against his own knowledge as the husband exposed to public ignominy by his fallen wife. Obliged to protect the honor of his wife and thus his own, Sylvestre is forced to a summit of hypocritical reasoning which is not exempt from ironic truth as to the status of the husband as the legal representative of his wife. Thus George Sand achieves in transposing in narration the violence that law inflicts on both the male and female parties. The husband has the impossible and in a higher sense *immoral* task of repressing the inclinations of his wife should they be directed to a person other than himself.

That Sylvestre assumes this task with all the decisive action of which he

---

[7]. The discovered lie (192).

suddenly shows himself capable contrasts greatly with his former incapacity of demonstrating his supposed love in spite of his repetitive proclamations. At the decisive point, Sylvestre confronts his rival Tonino who represents the partly Italian lover and born seducer and the partly innocent child of nature. Sylvestre drives him out of the country by forcing his wife to throw an enormous sum of money after her lover to silence him.

With this momentum the novel gives a harsh critique of the implications of money and sentiments in rural society. It becomes evident that Tonino's love for Félicie is not without a link to her possessions and an easy-going lifestyle, while Félicie's revolt against Sylvestre's procedure shows that she is conscious of her material power over Tonino. The cruelty of Sylvestre's patriarchal regulation of the incestuous attraction by which the adulterous couple is enmeshed shows clearly that the patriarchal institutions par excellence, family and marriage, are at stake. The oedipal constellation between mother and son, here cousins, Félicie having the role of a stepmother to an adopted son, forms the center of the conflict. The most important condition of the oedipal constellation is presented as the transgression of the generation barrier. Tonino is so much younger than Félicie that he could actually be her son. Since the transition from endogamy to exogamy constitutes the foundations of patriarchal civilization, the relationship of Félicie and Tonino as an endogamic couple saps these foundations by avoiding the exchange of the female.[8] The matriarchal aspect of Félicie's consciousness without her knowing it is stressed by les Diablerette as being her property, the name of which underlines Sylvestre's patriarchal perspective.

With *Le Dernier Amour* George Sand once again shows the fatality by which female values and virtues are destroyed by marital prejudice and resentment. Sylvestre's rational actions constitute a male attitude exempt from the reason of the heart. His one-dimensional thinking and thus feeling drives him more and more into a patriarchal behavior that tries to dominate the woman by force. Sylvestre as a male type is close to Rousseau's larmoyant ascetic anti-heroes and relates to the positivist streak of the apothecary Homais and the later sexless and lifeless eccentrics Bouvard and Pécuchet impressively drawn by Flaubert. Romantic art theory reassembles the world of thinking and feeling as shown in the artist characters of Félicie and Tonino.

Self-alienation and the unhappy consciousness that Hegel analyzed have estranged the male character from his own feelings. That the male characters are unable to love would be of less consequence if they did not destructively affect the life of the woman. George Sand exemplifies in the figure of Sylvestre with his unalterably good conscience the sexual politics discussed in the *Lettres à Marcie*, which were too provocative to be published by Lamennais. The absolute power the husband may legally wield over his wife deprives the woman of her free will, of self-determination and of the evolution of all her own capacities.

---

8. Claude Meillassoux, *Femmes, greniers et capitatum* (Paris, 1975).

In *Horace*, another novel dealing with the problems of the inner development of women, George Sand underlines the difficulties by which women's lives have been obstructed by distrust and tutoring of the eternal minor resulting from an immoral legal situation. Yet, in the real world of facts, the change of jurisdiction did not automatically resolve the problems between the sexes.

George Sand's psychological study *Le Dernier Amour* thus shows both protagonists, male and female, in the trap of their socio-historical context and its respectively produced attitudes as well as the persons' own conception as to gender roles. Tragically, all their efforts to establish communication and understanding fail because of their preconceived and erroneous notions of the partner's character and disposition. To have elaborated and stressed this repetitive structure of misunderstanding despite and even through the best will of the acting characters is the extraordinary achievement of *Le Dernier Amour*.

Universität Hannover

Sand, Lamennais et le féminisme: le cas des *Lettres à Marcie*

Nigel Harkness

Si on cherche à lire dans les *Lettres à Marcie* une expression de la position de Sand vis-à-vis du féminisme, on est amené à conclure que le texte est fortement contradictoire. D'un côté, il exprime une critique assez forte des mouvements féministes en France au dix-neuvième siècle et fait l'éloge de la femme dans son rôle maternel. En même temps, il semble critiquer le sort que la société réserve à une jeune femme qui ne trouve pas à se marier, et semble aussi revendiquer le droit des femmes à une éducation plutôt philosophique. Pour Naomi Schor, ces contradictions reflètent les tensions entre les divers pôles du féminisme dans la mesure où celui-ci regroupe des factions libérales qui demandent l'intégration de la femme dans la vie publique de la société actuelle, et des factions radicales qui refusent tout compromis avec la société patriarcale. Mais selon ce critique, les *Lettres à Marcie* exprimeraient avant tout un féminisme utopiste fondé sur une valorisation du privé comme "une sorte de réserve de valeurs morales autres et supérieures"[1], et ainsi sur un refus des valeurs masculines de la société actuelle. Mais cela ne peut être le cas que si l'on considère le texte comme un traité théorique portant sur le féminisme. Mon but sera ici de remettre en question cette classification du texte en étudiant le personnage du narrateur (l'ami de Marcie), tel qu'il nous apparaît à travers ses six lettres, et en suggérant que les propos de cet homme le rendent peu apte à être le porte-parole de Sand. Cela m'amènera à considérer l'importance des contradictions qu'on peut trouver au sein de ce texte et à m'interroger sur l'influence que la dispute avec Lamennais a pu avoir sur son contenu.

Ce sont surtout les lettres et les événements entourant la publication des *Lettres à Marcie* qui ont fourni à l'ensemble de la critique la preuve de sa valeur féministe et théorique. Cependant ces documents nous poussent à réfléchir également sur le statut du narrateur: dans une lettre écrite à Lamennais, Sand semble en effet établir une certaine distance entre sa propre voix et celle du narrateur de son texte. Elle parle de sa préoccupation vis-à-vis du sort des femmes et de ses propres "pauvres réflexions" qu'elle est en train d'écrire (*Corr* III:711). Bien que ce sujet soit un thème important dans son œuvre littéraire, elle avoue: "je sais à peine à quoi m'en tenir [...] ne m'étant jamais résumée, n'ayant jamais rien conclu que de très vague" (712). Le manque de certitude, l'inquiétude qu'elle semble éprouver à travailler dans un domaine qui, contrairement à la fiction, ne lui était pas "naturel", sont particulièrement marqués. Pourtant à la fin de cette phrase, Sand parle de sa facilité à écrire sur ce sujet dans les *Lettres à Marcie* et utilise des expressions telles: "conclure d'inspiration", "sans pouvoir m'empêcher de conclure" et "trouvant en moi je ne sais quelle certitude" (712). L'accent mis ici sur des opinions définitives et concluantes contraste fortement avec l'incertitude des phrases antérieures. Mais la dernière phrase de ce

---

1. Naomi Schor, "Le Féminisme et George Sand: *Lettres à Marcie*," *Revue des sciences humaines*, 226 (avril-juin 1992) 34.

paragraphe rend encore plus complexe l'interprétation que l'on pourrait donner à cette lettre. Parlent de la composition des *Lettres à Marcie*, Sand écrit en effet: "trouvant en moi je ne sais quelle certitude, qui est peut-être une voix de la vérité, et peut-être une voix impertinente de l'orgueil" (712). Sand semble se distancier ici du narrateur des *Lettres à Marcie* qui prétend parler des femmes avec autorité. Elle se présente non seulement comme ne maîtrisant pas entièrement ce discours, mais va même jusqu'à établir un lien entre d'un côté cette revendication de la Vérité, et de l'autre l'orgueil et l'arrogance. Ce discours philosophique ne serait donc ni détenteur de la Vérité ni arrogant, mais potentiellement les deux en même temps. Ainsi la facilité que Sand éprouve à écrire ce texte ne proviendrait peut-être pas du fait qu'elle exprime ses propres opinions, mais du fait qu'elle utilise un discours philosophique et théorique (donc masculin), tout en le critiquant.

Si on regarde l'ensemble de la correspondance qui constitue les *Lettres à Marcie*, il est impossible de nier que la voix narrative est celle d'un homme — un ami à qui Marcie a demandé des conseils dans une période difficile de sa vie. Les lettres de cette dernière sont pourtant écartées de la correspondance publiée, ce qui met l'accent sur le discours de l'homme et place la femme dans la position d'objet silencieux. Si le seul fait d'être un homme ne suffit pas à faire de ce personnage un représentant de l'ordre patriarcal, il devient pourtant évident d'après ce qu'il dit que sa position idéologique est plutôt réactionnaire. Pourtant cet homme se présente comme étant raisonnable et bien disposé envers le sort des femmes, même s'il ne soutient pas certaines revendications féministes. C'est ce discours double qui est trompeur, et c'est pourquoi il convient d'analyser l'évolution des opinions exprimées par le confident de Marcie.

La première des six lettres est une réponse à ce qu'on pourrait qualifier d'expression de désespoir de la part de Marcie. Elle souffre parce qu'étant pauvre et n'ayant pas de dot, elle se désespère de trouver un mari, et c'est au milieu de cette crise qu'elle écrit à cet homme pour lui demander des conseils. Il prévoit pour elle "une voie d'exception sublime" dans la société au cas où elle ne trouverait pas de mari, et il est convaincu qu'elle peut vivre sans cet homme qu'il qualifie pourtant d'appui "nécessaire aux femmes"[2]. Cette expression indique une certaine conception de la femme et de sa position "naturelle" dans la sphère privée. Mais c'est dans la troisième lettre que s'affirme un discours plutôt conservateur. Dans cette lettre l'ami essayera de combattre les arguments de Marcie sur la condition féminine, ainsi que son désir d'une vie plus active, en glorifiant les qualités féminines et en attaquant les mouvements féministes. Tout en reconnaissant que les femmes sont traitées de façon injuste dans la société, le correspondant de Marcie soutient qu'elles n'ont rien à gagner en tentant d'usurper le rôle public et politique réservé aux hommes. Cet homme fait l'éloge du rôle maternel dans lequel les femmes devraient trouver la

---

2. George Sand, *Lettres à Marcie* (Paris: Perrotin, 1843) 161. Toutes les références à cet ouvrage entre parenthèses renvoient à cette édition.

plénitude (ce qui paraît déplacé étant donné la situation de Marcie). Selon lui, si les femmes sont mal traitées, elles ne devraient pas réclamer un rôle plus actif dans la société, mais devraient attendre que la situation s'améliore, que la société retrouve le chemin de la vérité, et il termine sa lettre en recommandant à Marcie de ne pas se jeter dans la société impure, mais de mener une vie de résignation et de prière. Dans cette lettre il s'éloigne de sa tâche qui est d'aider Marcie et de lui donner des conseils. Ce qui devient primordial maintenant, c'est de combattre les tendances pernicieuses qui naissent dans l'esprit de Marcie et de la ramener à ses devoirs de femme. En effet, tout au long de cette lettre le correspondant de Marcie souligne le côté naturel et universel des identités sexuelles. Pour lui la société devrait être fondée sur la division "naturelle" entre masculin et féminin, public et privé. Si la femme s'occupe de "la vie matérielle des êtres nés de son sein" (188), l'homme est responsable de "la grande famille humaine et de l'avenir des idées" (188), et cette division reflète l'identité naturelle de chaque sexe. Le seul changement que l'ami puisse imaginer dans cet ordre social impliquerait l'usurpation par la femme du rôle de l'homme, et cela entraînerait une corruption de cette division naturelle.

Si on peut voir dans le discours de l'ami certains points communs avec un féminisme radical et utopiste, il me semble pourtant que le contexte de ce discours sert ici à diminuer sinon à effacer toute connotation féministe. Si le féminisme radical valorise le privé en tant que réserve de valeurs para-patriarcales et voit en lui un lieu de subversion possible vis-à-vis de cet ordre patriarcal, ce même panégyrique du féminin et du privé peut signifier, dans un contexte différent, une affirmation du caractère naturel et éternel de l'ordre patriarcal. C'est précisément cette distinction entre discours féministe et discours misogyne qu'il convient de rappeler dans le contexte de cette correspondance, car l'affirmation de la supériorité du féminin de la part de cet homme se situe dans un discours de toute évidence conservateur. Cette position transparaît dans sa critique tranchante des mouvements féministes de l'époque. Selon lui, ces féministes "ont donné d'assez tristes preuves de l'impuissance de leur raisonnement" (181). La façon dont il s'exprime ici s'inscrit dans une tradition de la pensée qui problématise le rapport entre la femme et la raison, et qui trouve dans la spécificité biologique de la femme la justification de son infériorité intellectuelle.

Au cours de cette troisième lettre, le discours religieux devient plus prononcé. Ayant déjà souligné que le manque de vertu était à l'origine de la dégradation de l'humanité, l'ami de Marcie fait maintenant l'éloge de la femme comme personnification de l'esprit chrétien. Les qualités de la femme sont essentielles dans la société chrétienne, ce "règne de Dieu" (165) qu'il semble poser comme la solution aux problèmes de la société contemporaine. Analysant les qualités féminines, il écrit:

> Le cœur des femmes sera le sanctuaire de l'amour, de la mansuétude, du dévouement, de la patience, de la miséricorde, en un mot des reflets les plus doux de la divinité et des inspirations indestructibles de l'Évangile.

> Ce sont elles qui nous conserveront à travers les siècles les traditions de la sublime philosophie chrétienne. (184)

Mais ce "règne de Dieu" que l'ami veut voir rétabli sur terre ne sera pas une société matriarcale comme cette évocation du féminin mythique pourrait l'indiquer. Elle ressemblera plutôt à la société de l'époque, mais sera moins corrompue et plus vertueuse parce qu'elle respectera davantage les normes d'identité sexuelle.

Les quatrième et cinquième lettres de ce texte se rapportent plus explicitement à la religion. Dans la quatrième, l'ami fait référence au manque de foi religieuse dans la société. Il estime que cela a abouti à un manque d'ordre et de moralité puisqu'il n'existe plus de "fond solide" dans la société. Il essaie d'allumer la foi religieuse de sa correspondante et espère que la société sera à l'avenir fondée sur les principes de l'Évangile. Pourtant, dans sa lettre suivante, il doit essayer de modérer l'enthousiasme religieux que sa rhétorique a inspiré à Marcie. Alors qu'elle parle de se retirer du monde, il explique que: "jamais ma pensée n'a été de vous amener à un renoncement éternel" (204). On peut certainement comprendre pourquoi Marcie a envisagé cette possibilité au cas où elle n'aurait pu accomplir son "destin de femme": son ami lui avait déjà parlé d'une "mission de vierge et d'ange" et l'avait poussée vers la religion. Mais, tout comme son désir de mener une vie plus active, et donc plus masculine, dans la société, cette possibilité lui semble être également interdite. Son ami l'encourage à être patiente, à attendre un homme convenable et à avoir foi en la volonté de Dieu. Au bout de cinq lettres de direction pleines de conseils, dans lesquelles il parle des maux de la société, de la position de la femme, et des possibilités qui lui étaient offertes, il écrit: "je vois dans votre avenir beaucoup de fondement à réaliser ces espérances de mariage et de maternité que je n'appellerai pas vaines, car elles sont justes et saintes, et Dieu sans doute les exaucera" (207). Bien qu'il affirme qu'il existe des possibilités pour une femme non-mariée dans la société, il laisse entendre que son devoir est de se marier et de devenir mère, et cherche de toute évidence à la dissuader de tout autre choix.

Mais, cela étant le cas, la dernière lettre de cet homme semble déplacée puisqu'elle parle du droit des femmes non seulement à s'éduquer, mais à étudier la philosophie, à contribuer à ce que Luce Irigaray appelle "le discours des discours" de l'ordre patriarcal[3]. Le correspondant de Marcie a déjà évoqué l'idée que les femmes pourraient améliorer leur situation en s'instruisant (184), et dans cette lettre il critique l'éducation déplorable que les femmes reçoivent, et argumente que les hommes ont fondé leur supériorité sur le maintien de la femme dans l'ignorance. Ayant affirmé que les femmes avaient la capacité de s'instruire et d'étudier la philosophie, il écrit: "Je sais que certains préjugés refusent aux femmes le don d'une volonté susceptible d'être éclairée, l'exercice d'une persévérance raisonnée" (213). C'est un préjugé qui, à le lire, n'est pas le sien. Mais n'a-t-il pas déjà dans sa troisième lettre accusé les femmes

---

[3]. Luce Irigaray, "Pouvoir du discours, subordination du féminin" dans *Ce sexe qui n'en est pas un* (Paris: Minuit, 1977) 72.

qui ont prétendu raisonner contre l'injustice de leur sort d'avoir fait preuve de "l'impuissance de leur raisonnement" (181)? Malgré les tentatives de l'ami à paraître plus éclairé que ses contemporains, sa position n'est guère éloignée de la leur. Pour lui, l'éducation semble offrir aux femmes l'occasion de mieux comprendre leur place dans la société et leur rôle au sein de la famille. Mieux instruites, elles se soumettraient à l'autorité de leur mari, ce "maître aimé et accepté" (216), et loin d'élargir ou de changer la position de la femme dans la société, l'éducation renforcerait donc leur confinement dans le privé. Alors l'éducation remplirait un rôle idéologique et aurait une fonction patriarcale.

Prises dans leur ensemble, ces lettres ne revendiquent pas de grands changements en ce qui concerne le statut des femmes dans la société. Elles ne présentent pas non plus la vision d'une société matriarcale qui pourrait appartenir au féminisme radical. Que cela ne reflète nullement la position de Sand ressort clairement quand on compare les *Lettres à Marcie* à d'autres de ses lettres et écrits politiques, notamment la lettre que Sand a écrite "Aux membres du Comité Central" en 1848. On ne peut pas nier qu'il y a des similitudes entre les idées générales exprimées dans cette lettre et celles des *Lettres à Marcie*: on y lit la même condamnation des mouvements féministes et de la participation de la femme à la politique, la même critique de l'inégalité dont la femme souffre dans la société, mais aussi le même discours sur la valeur sacro-sainte du mariage. Néanmoins il convient de signaler trois différences fondamentales entre les discours tenus dans ces deux textes. Premièrement, la position de l'énonciation dans la lettre de Sand est plus explicitement féminine et plus solidaire de la cause des femmes en général. A plusieurs reprises elle se situe explicitement du côté des femmes ("je demande pardon aux personnes de *mon sexe*," Corr VIII:401) et souligne qu'elle se sent impliquée dans "la cause de [s]on sexe" (407). Bien que Sand se dissocie de ces femmes qui ont voulu proposer sa propre candidature à l'Assemblée Nationale, et qu'elle écrive qu'elle "se sépare personnellement et absolument de leur cause" (401), elle exprime pourtant sa solidarité envers les problèmes des femmes. Pour ce qui est du contenu, et c'est ici le deuxième volet de mon analyse, Sand n'insiste pas dans cette lettre sur la division public/privé, et n'écarte pas la possibilité que la femme pourrait un jour jouer un rôle dans la sphère de la politique. Bien que Sand critique sévèrement les mouvements féministes de l'époque, elle n'écarte pas toute participation de la femme à la politique ou à la réforme de la société. C'est précisément ce que la voix masculine de l'ami dans les *Lettres à Marcie* ne voulait pas accepter, lui qui situait la femme strictement dans le privé. D'ailleurs, la réaction des hommes face aux revendications féministes que Sand semble prédire ici correspond exactement à la réaction de l'ami dans les *Lettres à Marcie*. Elle écrit: "On voit que vous demandez d'emblée l'exercice des droits politiques, on croit que vous demandez encore autre chose, la liberté des passions et, dès lors, on repousse toute idée de réforme" (408). En effet, dès que le correspondant de Marcie aborde la question des mouvements contemporains qui ont suscité l'intérêt des femmes, qu'il s'agisse des Saint-Simoniens ou d'autres groupes, il évoque tout de suite le spectre de l'immoralité, de la liberté des passions, et écarte ainsi la validité de leurs arguments. La troisième et dernière différence qu'il importe de souligner entre le discours de l'ami et celui de Sand se rapporte au refus de l'ami de considérer une réforme radicale de la société qui l'éloignerait de certaines valeurs conservatrices et chrétiennes. Sand ne prévoit pas de solution aux problèmes des femmes sans une transformation radicale de la société qui commencerait par l'égalité de la femme devant la loi et dans le mariage. Elle écrit: "pour que la condition des femmes soit [...] transformée, il faut que la société soit transformée radicalement" (401). Tout en soulignant ici les réalités politiques et sociales de l'époque, Sand montre peu d'attachement aux structures de cette société et adopte une position révolutionnaire inexistante dans les *Lettres à Marcie*.

Si la comparaison entre ces deux écrits tend à confirmer le côté réactionnaire des *Lettres à Marcie*, quelle importance doit-on accorder aux circonstances qui entourent la publication de ce texte? La dispute avec Lamennais et le fait que Sand lui avait écrit qu'elle voulait parler du divorce ont souvent été interprétés comme une preuve du potentiel féministe présent dans ce texte. Puisque le manuscrit n'existe plus, nous ne pouvons connaître le contenu des coupures effectuées par Lamennais. Ce que l'on peut affirmer avec certitude, c'est que rien dans le texte publié ne suggère la présence de propos révolutionnaires. Pourtant, on constate un certain changement de ton dès la quatrième lettre: le discours devient plus abstrait, plus religieux et plus éloigné des problèmes de Marcie, et ce jusqu'à la sixième lettre qui paraît carrément déplacée. Ce changement de ton fait suite à la dispute avec Lamennais, et il apparaît clairement lorsqu'on compare les troisième et quatrième lettres. Peut-on y lire un lien de cause à effet? Il est certain que Sand n'a apprécié ni l'intervention éditoriale de Lamennais ni sa lettre lui interdisant d'aborder le problème du divorce. Il lui avait écrit qu'une "question morale et politique si grave [...] ne doit être résolue ni traitée en passant" et "qu'il y aurait mille inconvénients de toute sorte à la remuer dans un journal"[4]. Il termine en lui disant: "Vous n'avez qu'à ouvrir la main, il en tombera des fleurs charmantes" (158), ce qui amène Kristina Wingård Vareille à conclure que Lamennais "fait bon marché de Sand en tant qu'intellect et conscience morale" et que "Sand fait ainsi une expérience de plus de la misogynie pratique qui caractérise les hommes — même les plus distingués — de son époque"[5]. Une lettre de 1844 à Alphonse Fleury prouve que Sand en a souffert: "[Lamennais] me demandait de la littérature sans idées, de la philosophie sans conclusion. Envoyez-moi des fleurs, me disait-il, et ne me compromettez pas" (*Corr* IV:465-66). Il me semble que cet incident a eu une influence non seulement sur la publication du texte, mais aussi sur son contenu. On sait qu'au moment où Sand commençait à écrire les *Lettres à Marcie*, son admiration pour Lamennais était vive. En 1835 elle lui écrivait: "Aux jours de mon plus grand scepticisme, vous fûtes toujours la seule émanation divine, revêtue de

---

4. Lamennais, *Correspondance Générale*, Tome 6, éd Louis Le Guillou (Paris: Armand Colin, 1977) 158.

5. Kristina Wingård Vareille, *Socialité, sexualité et les impasses de l'histoire* (Uppsala: Almquist & Wiskell, 1987) 495-496.

chair, que mes doutes respectèrent, l'esprit de négation qui s'était logé en moi ne voulut pas s'attaquer à vous" (*Corr* IV:187). Elle explique plus tard dans cette même lettre que grâce à lui elle a vaincu le désespoir, et elle écrit: "A présent que je reprends un peu à la vie, vous me devez d'être le flambeau qui me guidera au sortir des ténèbres" (187). En signe de reconnaissance, elle lui demande dans cette lettre si elle peut soumettre à son autorité "tout écrit un peu sérieux qui sortira de ma solitude" (187), mais on devine ici une volonté plus générale de se soumettre à ses opinions et de répandre des idées qui lui ont été d'une si grande consolation. Les *Lettres à Marcie* seraient-elles donc l'ouvrage qui devait remplir cette fonction? Le fait de le publier dans *Le Monde* aurait été l'occasion d'offrir à Lamennais ce texte qui devait exprimer sa reconnaissance et son respect. Les deux premières lettres pourraient facilement s'intégrer dans un tel projet. La dispute avec Lamennais au sujet de la troisième lettre aurait ensuite révélé à Sand les limites de sa philosophie: c'est-à-dire que ce prêtre révolutionnaire, ce défenseur du peuple et des faibles avait des idées très peu avancées à l'égard des femmes. Les trois dernières lettres témoigneraient donc d'une certaine désillusion de la part de Sand. En effet, l'indignation qu'a éprouvée Sand face à ce refus de reconnaître sa capacité à aborder des questions sérieuses semble resurgir dans la sixième lettre. Bien que le correspondant de Marcie admette que les femmes peuvent philosopher, il définit la philosophie non pas comme une réflexion sur les fondements des valeurs humaines mais comme "amour de la sagesse" (187), qui était selon lui son "sens primitif". La philosophie des femmes ne devait donc pas traiter des mêmes questions graves que celle pratiquée par les hommes, et la position de l'ami en vient ainsi à ressembler à celle de Lamennais. Ces lettres pourraient donc constituer une critique voilée de Lamennais dans la mesure où elles soulignent l'aspect réactionnaire de sa philosophie[6].

La misogynie de Lamennais apparaît en effet souvent dans ce qu'il écrit, et on peut établir des parallèles avec les idées de l'ami de Marcie. Dans *Discussions critiques et pensées diverses sur la religion et la philosophie*, publiées en 1842, Lamennais soutient que l'infériorité intellectuelle de la femme est un fait de la nature: "en fait de raison, de logique [...] la femme, même la plus supérieure, atteint rarement à la hauteur d'un homme de médiocre capacité. L'éducation peut être en cela pour quelque chose, mais le fond de la différence est dans celle des natures"[7]. Quand Sand lui écrit et critique sa position défavorable à l'égard des femmes, il se défend et argumente que les femmes sont différentes des hommes, mais sont supérieures à eux: "Le Christianisme veut Dieu en haut, l'humanité en dessous, et entre l'humanité et

---

6. Vareille lit dans la 4ᵉ lettre une critique implicite de Lamennais, mais n'établit aucun lien avec la dispute qui aurait suivi la publication de la 3ᵉ lettre (voir 342-343).

7. Lamennais, *Discussions critiques et pensées diverses sur la religion et la philosophie* in *Œuvres Complètes*, Tome 11, éd. Louis Le Guillou (Genève: Slatkine, 1981), cité par Vareille (511).

Dieu, qui place-t-elle [sic]? La femme"[8]. Comme l'ami, il critique donc le raisonnement des femmes, et fait un éloge de la femme comme symbole de l'esprit chrétien. Mais ce ne sont pas les seuls parallèles que l'on puisse établir entre le discours de Lamennais et celui de l'ami: le mélange d'idées progressistes et de religion, de radicalisme sur certains points et de conservatisme sur d'autres, pourrait également caractériser l'œuvre de Lamennais, à propos de qui Sand avait écrit en 1836: "Il y a encore en lui [...] beaucoup plus du prêtre que je ne croyais" (*Corr* III:401).

Une telle lecture peut nous éclairer sur le mélange de discours progressiste et réactionnaire qu'on trouve dans ce texte, en même temps qu'elle remet en question l'idée souvent avancée selon laquelle l'histoire de la publication des *Lettres à Marcie* prouve leur valeur féministe. Une analyse plus approfondie des *Lettres à Marcie* nous amène à conclure que les propos conservateurs, religieux et antiféministes du correspondant de Marcie le rendent peu apte à être considéré comme étant le porte-parole de Sand. Loin d'être l'expression d'un féminisme radical et utopiste qui valorise le potentiel subversif du privé, il s'agit ici d'une voix qui fait l'éloge du privé dans un contexte patriarcal supposé "naturel". Mais paradoxalement c'est précisément la distanciation de Sand vis-à-vis de cette voix narrative qui autorise une lecture féministe du texte. Naomi Schor suggère que les incertitudes qui marquent ce texte montrent que Sand n'était pas "à l'aise dans son rôle de théoricienne" (29). Il me semble plutôt que ces incertitudes et contradictions constituent une remise en question de l'autorité de ceux qui s'érigeaient en théoriciens de la féminité, et de la validité des théories qui perpétuaient les injustices contre les femmes.

University of Wales, Swansea

---

8. Lamennais, *Correspondance Générale*, Tome 8, éd. Louis Le Guillou (Paris, Armand Colin, 1981) 79.

"UNE MAUVAISE COPIE DE MONSIEUR DE WOLMAR"
SAND'S SUBVERSION OF ROUSSEAU'S MASCULINITIES

Jacinta M. Wright

In the ninth book of the *Confessions*, Rousseau recalls the imaginative process which produced the protagonists of *Julie ou La nouvelle Héloïse*. Here, he declares his libidinal investment in creating the ideal female types depicted in the novel. The invention of Julie d'Etange and her cousin Claire functions to compensate Rousseau for his own historical failure to meet or have access to the perfect woman:

> L'impossibilité d'atteindre aux êtres réels me jeta dans le pays des chimères, et ne voyant rien d'existant qui fût digne de mon délire, je le nourris dans un monde idéal, que mon imagination créatrice eut bientôt peuplé d'êtres selon mon coeur [...] Oubliant tout à fait la race humaine, je me fis des sociétés de créatures parfaites.[1]

Rousseau gives us to understand that his novel is peopled by perfect types, circulating about the central figure of Julie, an ideal woman. Around the utopian femininities inscribed in the Claire/Julie couple, Rousseau depicts a trinity of male protagonists: her father, the Baron d'Etange; her lover, known as St. Preux; and her husband, Monsieur de Wolmar. This group constitutes the object of my analysis of *Julie*. I will consider how idealized masculinities are constructed through these three figures. I will then reflect on the extent to which George Sand's *Jacques* conspires to subvert Rousseau's narrative construction of masculinity, and also to revise culturally idealized fictions of manhood, male behavior, and men's rights and prerogatives. Sand's text was written seventy-three years after *La nouvelle Héloïse*. The similarities between plot and characterization in these two texts are striking. An epistolary novel set in Switzerland, *Jacques* recounts the marriage of a young woman to a man many years older than herself. One of Sand's characters describes Jacques as "une mauvaise copie de M. de Wolmar."[2] Of aristocratic birth, he, too, is a model of reason, restraint, and overdeveloped management skills who turns his estate into a high bourgeois utilitarian dream-machine. However Sand's text is relentlessly subversive of the latter-day nirvana instituted on the Clarens estate. Jacques is abandoned by his teenage wife for the idle and handsome Octave. This patriarch literally slips through the cracks; Jacques obligingly throws himself into an Alpine abyss, allowing his wife to inherit his property, and to marry her young lover.

As in *Julie*, the novel *Jacques* articulates two highly contradictory variants of manhood which could be described as "phallic" and "non-phallic" masculinities. These terms are employed by Kaja Silverman in her text *Male Subjectivity at the*

---

1. Rousseau, *Les Confessions* (Paris: Gallimard, 1973) II: 181.
2. Sand, *Jacques* (Paris: Michel Lévy, 1869) 260.

Margins.[3] Silverman suggests that society is psychically driven to accord phallic authority to male subjects. She proposes that this equation between penis and phallus is society's "dominant fiction": an ideology through which we are called upon to reinterpret the terms of our social existence. However, Silverman suggests that at times of "historical crisis", representations of authoritative, intensely oedipalized phallic masculinities will give way to the articulation of "deviant" or "non-phallic" masculinities. In her essay "Male Trouble", published in the volume *Constructing Masculinity*, Abigail Solomon-Godeau disputes Silverman's reading of the culture of male representation. Solomon-Godeau submits that this crisis of masculinity is, in fact, a *topos* stating that both pre- and postrevolutionary images and narratives of masculinity abound with figures which resemble Silverman's nonphallic subjectivites. Solomon-Godeau reformulates Silverman's notion of historical crisis, and states instead that: "What needs to be explained . . . are the circumstances and determinations that at different historical moments promotes one fantasy of masculinity over another."[4] This question shall guide my reading of the differential narrative construction of masculinity in these texts by Rousseau and Sand.

Here I am employing the term "masculinity" to denote the culturally received fictions and significations associated with biologically sexed male bodies. I read it as a construct whose sources are located firmly in culture. Such a reading of sexed subjectivity would appear to be particularly applicable to Rousseau's novel. If masculinity is a historical fiction, *La Nouvelle Héloïse* is plagued by the question of authorship: who or what shall decide what constitutes the ideal man? In many ways, the tension induced by this question produces the narrative itself. In *Jacques* and *La nouvelle Héloïse*, this dilemma is intimately linked with the issue of marriage; in both novels, paradigms of desirable masculinity are produced through the status of ideal husband. In order to consider how sexual difference, and specifically masculinity is produced in marriage, I would like to refer to the structuralist concept of the exchange of women as marriage partners among men, and specifically to Gayle Rubin's article "The Traffic in Women".[5] Rubin proposes that the circulation of women in order to create kinship bonds is a primary mechanism in the creation of sexual difference. Women are defined as those who are exchanged, and those without the rights of ownership and bestowal in the exchange of their daughters. Naturally, this narrative also produces meanings about men. Kaja Silverman states that the circulation of women is: "the most basic mechanism for defining men, in contradistinction to women, as the producers and representatives of the social field" (36). I contend that it creates a concomitant traffic in men, which serves to integrate them into the

---

[3] Kaja Silverman, *Male Subjectivity at the Margins* (New York & London: Routledge, 1992).

[4] Abigail Solomon-Godeau, "Male Trouble," *Constructing Masculinity* (New York & London: Routledge, 1995) 74.

[5] Gayle Rubin, "The Traffic in Women," *Toward an Anthropology of Women*, ed. Rayna Reiter (New York: Monthly Review Press, 1975) 157-210.

meanings and narratives assigned to masculinity by patriarchal culture. To be excluded from the marriage system can serve to deny the male subject's access to mythologies of masculinity such as the discourse of male honour, or practices of masculinity such as the management of money or property. Since wives and husbands are appointed by groups of men who wish to form bonds of kinship, these groups of men can be seen to control the reproduction of definitions for masculinity in the social space. The bride's father is charged with concluding a transaction which defines the ideal husband, or ideal man. Such a definition could privilege the groom's wealth, kinship ties, or his public position. Therefore, this traffic in men would appear to be a means of reproducing patriarchal definitions of masculinity, and of foreclosing the possibility of challenging these definitions. In "The Traffic in Women", Gayle Rubin states that "We need to study each society to determine the exact mechanisms by which particular conventions of sexuality are produced and maintained" (177).

Through a comparative study of *Jacques* and *La Nouvelle Héloïse*, I will read the novel of marriage as a space where the codes and conventions of masculinity are produced and maintained, but also challenged and subverted. In Rousseau's novel, the primary object-choice of the perfect Julie is of course, her tutor, known as St. Preux. In their correspondence, she declares their physical and emotional sympathy: "Nos âmes se sont, pour ainsi dire, touchées par tous les points, et nous avons par tout senti la même cohérence" (55). St. Preux is designated by Julie as the partner created for her by nature; according to Lord Bomston: "Ces deux belles âmes sortirent l'une pour l'autre des mains de la nature" (103). Julie chooses St. Preux as her lover and wishes to accord him the status of husband. However, this possibility is utterly destabilised in the text due to the disapproval of the Baron d'Etange. In this novel, the narrative of the husband is drafted not in the private sphere of the affect, but in the domain of social relations. As a result of her father's intervention, Julie must become reconciled to her constructed inability to generate culturally recognizable signs and meanings. In her own terms, she cannot successfully declare St. Preux to be her ideal man, and hence, her husband. Just as the Baron d'Etange controls the circulation of bodies in the text, he is also in control of the circulation of meanings.

In his analysis of *Julie*, Tony Tanner states that the father is "the source of the names and the namings of people and things."[6] At Clarens, the father's mastery of the performative enunciation extends to his control of the terms of sexual difference itself. For the Baron, masculinity can only be constituted through noble birth; this alone provides access to the rituals and praxis of aristocratic manhood. As a *roturier*, St. Preux is automatically excluded from this highly codified construction. When d'Etange writes to St. Preux demanding that he release Julie from her vow to marry him, he confines St. Preux to an androgynous space outside the discourse of social class: "ne croyez pas", declares d'Etange, "que j'ignore comment se venge l'honneur

---

6. Tony Tanner, *Adultry in the Novel* (Baltimore & London: The Johns Hopkins University Press, 1979) 129.

d'un Gentilhomme, offensé par un homme qui ne l'est pas" (326). (Here, I note the ambivalent use of the object pronoun which seems to establish that he who is not a gentleman is not a man.)

In *La Nouvelle Héloïse,* St. Preux is consistently positioned in a sort of gender-free zone, and is repeatedly excluded from the novel's circuits and significations of masculinity. He lives a world of emotional and somatic experience; he is prone to desires and feelings which he cannot control He writes to Julie declaiming his intense sensitivity, and acknowledging the socially deviant nature of a life informed by intuition and feeling: "O Julie, que c'est un fatal présent du ciel qu'une âme sensible! Celui qui l'a reçue doit s'attendre à n'avoir que peine et douleur sur la terre. [...] Les hommes le puniront d'avoir des sentiments droits de chaque chose" (89). In contrast, M. de Wolmar is almost a caricature of socially valued male qualities. He is utterly devoid of sentiment, describing himself as "un homme sans passion" (429). For de Wolmar, all passion is properly subordinated to reason: "il n'aime qu'autant qu'il veut aimer et [...] il ne le veut qu'autant que la raison le permet" (370).

Soon after her marriage, Julie writes to the hapless St. Preux and explains the terms of her preference for M. de Wolmar. Her rejection of her former lover represents a refusal of the affect which has so far dominated all of her social relationships. Instead, she professes to identify with the rationality which governs de Wolmar: "je le trouve bien supérieur à tous nos autres gens à sentiment qui nous admirons tant nous-mêmes; car le cœur nous trompe en mille manières et n'agit que par un principe toujours suspect; mais la raison n'a d'autre fin que ce qui est bien" (370). Julie's choice of reason over emotion reflects a historically determined hierarchy of values. In his article "Reason, Desire, and Male Sexuality," Victor Seidler analyses the archetypes and identities associated with dominant forms of masculinity. He documents the enduring association established by Western culture between reason and male superiority, stating:

> In Western Europe since the period of the Enlightenment in the seventeenth century, men have assumed a strong connection between their rationality and their sense of masculine identity. They have learned to appropriate rationality as if it were an exclusively male quality denied to others, especially women.... Rationality has become a critical basis for male superiority within social life.[7]

Considering Seidler's reflections on the radical contrast between the privileged world of reason, and the debased order of the emotions, de Wolmar's superiority over St. Preux is clearly established in the novel. This superiority is constituted through the network of cultural references which circumscribe the

---

7. Victor Seidler, "Reason, Desire, and Male Sexuality," *The Cultural Construction of Sexuality*, ed. Pat Caplan (London: Tavistock Pulibcations, 1987) 82.

production of masculinity in *La Nouvelle Héloïse*. It is ultimately reified through Julie's definitive choice of de Wolmar over St. Preux. Julie's choice performs an essential function in the novel. It establishes a crucial link in the circuit of homosocial bonding which joins de Wolmar and the Baron d'Etange. Her successful marriage corrects the deviance of Julie's desire for St. Preux, and cements d'Etange's nomination of M. de Wolmar as his ideal man. This marriage augments and sustains the fictions of masculinity created by her father, and celebrated in eighteenth-century culture.

Even though the plots and narratives of *La Nouvelle Héloïse* repeatedly reproduce and sustain paradigms of hegemonic masculinity, the novel's conclusion is a startling reversal of such paradigms. Despite the narrative's painstaking establishment of its masculine ideal in M. de Wolmar, a letter written by Julie on her deathbed reaffirms her original designation of St Preux as her ideal partner. The defeat of the body which is revealed in death is also a moment which stages the defeat of culture. Hence, the instinctive and natural love Julie feels for St. Preux reasserts itself over the culturally imposed ties which Julie has formed with M. de Wolmar. The prejudice which has divided the lovers is revealed to her as an illusion: "Je me suis longtems fait illusion," she declares, "Cette illusion me fut salutaire, elle se détruit au moment que je n'en ai plus besoin" (740). Julie subverts the father's naming power, and declares St. Preux the husband who will be hers in the afterlife. Unfortunately, only Julie's death can produce and legitimate this act of subversion: Julie is "trop heureuse d'acheter au prix de ma vie le droit de t'aimer toujours sans crime, et de te le dire encore une fois" (704). The social and cultural schemes which have divided Julie and lover are nothing but illusion, and the reader is, once more, faced with a question central to this narrative: if masculinity is a cultural fiction, who shall be its author? As we shall see, George Sand seizes on this question, and chooses to provide it with an audacious answer.

The novel *Jacques* can be read as a deliberate inversion of the plot of *La nouvelle Héloïse*. Sand's text stages a revolt against the father's control of the economy of masculinity, and reasserts a woman's power to subvert the mythologies and significations assigned to manhood in a culture obsessed with class, power, and property rights. Sand includes her own evaluation of the models of ideal manhood, and like Rousseau, depicts a sensitive lover, and a stoical older husband. However, the tyrannical father is absent from this text, and its masculine ideal is never definitively fixed or named. Masculinity is characterized as an identity which can be assumed or rejected, and socially consecrated models of genteel masculinity are portrayed as brutalizing and emotionally debilitating to men. In contrast to Rousseau, Sand implies that male types who embody qualities such as bravery, strength, authority, and self-control, may be unsuitable marriage partners as a consequence of the very qualities which integrate them into networks of male friendship and influence.

The novel begins as seventeen year old Fernande leaves the convent where she has been educated, and becomes engaged to a man much older and wealthier than herself. Fernande freely chooses to marry Jacques; her father is dead, and this alliance cannot be seen to participate in a circuit of homosocial exchange. The historical circumstances of this novel differ enormously from those of Rousseau's text. It is set in the period following the Napoleonic wars; definitions of masculinity in this novel are frequently articulated in terms of the military experience of the male protagonists. Interestingly, however, masculinity is still defined and transmitted through a male genealogy. In Sand's novel, Jacques's suitability as a husband, and his credentials as a man are confirmed by M. Borel, Jacques's former comrade at arms. Borel's description constructs Jacques as a sort of superman. He weaves a narrative that describes Jacques's stoicism, his strength, his bravery, his resistance to pain, and his skill in dueling. Borel recounts how, as a sixteen year old soldier, Jacques admirably survives his initiation into the soldier's copious consumption of alcohol and pipe tobacco. In combat, Jacques manages to incorporate every quality appointed as masculine by a patriarchal culture. A hero in battle, Jacques saves Borel's life by carrying him on his back for three leagues during the Russian campaign. While undergoing an operation to remove bullets lodged in his chest, Jacques stoically hums a tune under the surgeon's knife. These war wounds have never quite healed; Borel declares "il a sur la poitrine deux ou trois belles blessures qui auraient tué tout autre que lui" (26). Borel concludes his apotheosis of Jacques's manhood by declaring "je pourrais vous raconter tant d'autres choses! des dettes payées, des duels accomodés, des coups parés tant à la bataille qu'au cabaret, des services à n'en plus finir!" (39). In Borel's eyes, Jacques's most admirable trait is his self-possession "il ne s'enivre jamais, et il ne sort jamais de son sang-froid". This *sang-froid* is, of course the principal trait of Monsieur de Wolmar. De Wolmar's coldness is eroticized in Rousseau's text, and becomes the ultimate index of his suitability as a husband. After her marriage, Julie declares "je le trouve bien supérieur à tous nous autres gens à sentiment" (370). Julie's enthusiasm for her husband's emotional austerity is not echoed by Fernade de Theursan. During Fernande's marriage, the reserve which establishes Jacques's manhood in male-dominated hierarchies prevents their conjugal happiness. In fact, it disqualifies him as an ideal husband.

    Fernande describes the early days of her marriage in a correspondence with her friend Clémence. Their honeymoon period on Jacques's estate appears to offer a deliberate parody of life at Clarens. Like M. de Wolmar, Jacques is the absolute ruler of his property, his finances and his servants. In the following passage, Sand clearly reveals Jacques's literary genealogy. Fernande writes:

> Jacques a continuellement quelque chose d'utile à faire. La conduite de ses biens l'occupe sans l'absorber. Il a su s'entourer d'honnêtes gens, et il les surveille sans les tourmenter. Il a pour système une stricte équité; l'incurie d'une générosité romanesque ne l'éblouit pas. (95)

However, if Jacques is modeled on M. de Wolmar, he is, as Octave later declares, "une mauvaise copie de M. de Wolmar" (260). Unlike Rousseau's ideal husband who causes his wife to embrace and uphold narratives of patriarchal masculinity, Jacques's stoicism and self-possession serve only to alienate his wife. Fernande declares:

> Jacques est trop accompli, cela m'effraie; il n'a pas de défauts, pas de faiblesses; il est toujours le même, calme, égal, réfléchi, équitable. Il semble qu'il soit inaccessible aux travers de la nature humaine, et qu'il ne puisse les tolérer dans les autres qu'à l'aide d'une générosité muette et courageuse; il ne veut point entrer en pourparler avec eux. (126)

Jacques's inability to speak what Jonathan Rutherford calls "the language of private life"[8] opens up a chasm of misunderstanding between the couple. In one of the final exchanges in this novel, Jacques relates his affective inarticulacy to the emotionally brutalizing experience of military life. His sickening experiences of war and death have produced an emotional autism which he cannot overcome. Amidst the carnage of the battlefield, he relates: "Une pâleur éternelle s'étendit sur mon visage, et [...] mon extérieur prit cette glaciale réserve qu'il n'a jamais perdue depuis" (348-349). Thus, in contrast to de Wolmar, whose stoicism is valorised and admired, Jacques's reserve is the product of a sort of post-traumatic shock disorder. This letter expresses Jacques's alienation from the cult of military heroism produced by the Napoleonic wars. He recalls his desire to assassinate Napoleon, whom he saw as a monstrous consumer of human flesh. In his book *Masculinity in Crisis*, Roger Horrocks describes the price exacted from men for their participation in war, declaring that: "Men are ... trained as the shock-troops of patriarchy, that is, trained to practice violence against women (and) other men ... this involves the considerable brutalization and dehumanization of men."[9] In these terms, Jacques is less the war hero described by Borel, than a profoundly damaged character.

Sand's exploration of the debilitating effect of male gender norms is continued, and in some way resolved through her portrayal of Fernande's lover. As in Rousseau's novel, Jacques's Wolmar-like perfection finds its opposite in the figure of a younger, poorer, and propertyless man. Unlike St. Preux, Octave is of noble birth; however, like the hapless tutor, Octave seems unable to create for himself a culturally approved masculine identity. Octave declares himself simply too lazy to be a man. Speaking of his relationship with Sylvia, he writes: "dans les premiers jours, j'ai été tout à fait l'homme qu'elle devait ou qu'elle pouvait aimer. Mais peu à peu l'indolence et la légéreté de mon caractère ont repris le dessous" (168). Octave continually describes and emphasizes his own laziness, inability to concentrate on a profession, his sentimentalism, lack of honour, and of self-control. He has no interest in performing culturally approved masculinities, nor of subscribing to mythologies of heroism or stoicism. Like St. Preux, he can be described as "un homme qui ne l'est

---

8. Jonathan Rutherford, *Men's Silences: Predicaments in Masculinity* (London & New York: Routledge, 1992) 9.

9. Roger Horrocks, *Masculinity in Crisis* (New York: St. Martin's Press, 1994) 182.

pas" (326). In a fascinating letter to Herbert, Octave reviews the behavioral options available to himself and to Jacques. He contemplates the heroic possibilities inherent in his own role; like St. Preux, he could leave Fernande to fulfill her marriage contract. He writes: "C'eût été un autre genre d'héröisme [...]. Mais il est écrit que je ne serai jamais un héros [...]. Les héros sont des hommes qui se donnent à eux-mêmes pour des demi-dieux [...]. A quoi cela sert-il, après tout?" (296).

Thus, Octave consciously rejects the praxis and aspirations of honorable manliness to which Jacques has stringently conformed. In a symmetrical reversal of Rousseau's plot, the older husband is rejected in favor of the younger man; Fernande nominates Octave as her ideal lover and husband. Jacques finally assumes the role of the father so far absent from this text. Declaring "elle est vraiement ma fille à présent" (341), Jacques becomes a sort of revised Baron d'Etange who organizes for the legal transmission of his property and his "daughter" thereby legitimizing the unorthodox masculinity represented by Octave.

In *Family Romances,* Kathryn Crecelius cites Balzac's critique of *Jacques*. Writing to Madame Hanska, Balzac states: "This one is empty and false from beginning to end. A young *naïve* girl, after six months of marriage, leaves a *superior* man for a young whippersnapper, an important man, passionate, in love, for a dandy, without any physiological or moral reason."[10] This is an important commentary on Sand's text, and particularly on the troublesome effect of Sand's reflection on masculinity in *Jacques*. Balzac recognizes that Jacques *is* a heroic character, a "*superior*" and "important" man in the hierarchy of masculinities. However, Jacques's heroism is destabilised by Fernande de Theursan's object choice in preferring Octave. Fernande's preference of a dandy to a hero disrupts a culturally prescribed trajectory of desire. The text is doubly troublesome in that Sand herself, a woman author, has made a love-object of Octave, thus valorizing a deviant masculinity, "a young whippersnapper" over a "*superior*" and "important" man. Balzac, himself an inveterate creator of meanings for masculinity is enraged by Sand's inversion of such meanings.

The sentimental union of Fernande and Octave establishes itself in flagrant opposition to the gendered texts and narratives which permeate and surround this novel. These include *La nouvelle Héloïse*, but they incorporate all prescriptions for the correct execution of marriage, of adultery, of the status of wife, husband, hero or lover. Abigail Solomon-Godeau initiates the inquiry : "What needs to be explained

---

10. Honoré de Balzac, *Lettres à l'étrangère* (Paris: Calmann-Lévy, 1899) I: 196, cited in Kathryn Creculius, *Family Romances: Georges Sand's Early Novels* (Bloomington, IN: Indiana University Press, 1987).

. . . are the circumstances and determinations that at different historical moments promotes one fantasy of masculinity over another" (74). In comparing *Julie* and *Jacques,* I conclude that Sand claims a woman's right to undermine patriarchal conventions of ideal gender types, and in particular, to define herself what constitutes an ideal man.

Brown University

LA FIGURE DE L'ACTRICE ET LA RÉFLEXIVITÉ DU DISCOURS ROMANESQUE DANS *LUCREZIA FLORIANI*

Dominique LAPORTE

La réception critique de *Lucrezia Floriani* est symptomatique de l'incompréhension suscitée par George Sand et son œuvre. Publié dans *le Courrier français* en 1846 et paru en librairie l'année suivante (éd. Desessart), ce roman provoqua une violente controverse qui n'est pas encore éteinte. Des critiques, voire des proches accusèrent la romancière d'avoir transposé irrévérencieusement sa relation avec Chopin, d'avoir fait un portrait en charge de son amant et de s'être donné le beau rôle dans l'histoire. Comme l'écrit Sainte-Beuve, dont l'attitude à l'endroit de George Sand oscilla sans cesse entre la sympathie et l'envie,

> Mme d'Agoult avait livré au public son ancien amant Liszt dans *Nélida*; voilà Mme Sand qui, à ce qu'on me dit, fait la même chose pour Chopin dans *Lucrezia*; elle achève d'immoler les pianistes avec des détails ignobles de cuisine et de lit. Ces dames ne se contentent pas de détruire leurs amants et de les dessécher; elles les dissèquent[1].

Pourtant, George Sand se défend énergiquement contre une telle interprétation de son œuvre. Annonçant le Proust du *Contre Sainte-Beuve*, elle distinguait son moi social de ce qu'elle appelle son "moi littéraire" dans une lettre à Alexandre Dumas fils datée du 10 mars 1862 (*Corr* XVI:841); elle se défendait d'écrire des romans autobiographiques et rappelait fréquemment à ses lecteurs la différence entre la fiction et la réalité. Comme elle l'écrit à Hortense Allart après la parution de *Lucrezia Floriani*:

> [J]e ne connais point le prince Karol ou je le connais en quinze personnes différentes, comme tous les types de romans complets. Car aucun homme, et aucune femme, et aucune existence n'offrent à un artiste épris de son art, de sujet exécutable dans sa réalité. Je crois vous avoir dit cela déjà, et je m'étonne que vous qui êtes artiste aussi, vous ayez la naïveté du public vulgaire qui veut toujours voir dans un roman l'histoire véritable et le portrait d'après nature de quelqu'un de sa connaissance[2].

Qu'il renferme ou non des allusions autobiographiques, *Lucrezia Floriani* constitue l'un des romans clefs de George Sand et marque un tournant dans la trajectoire de l'écrivaine. Par sa thématique théâtrale, il jette un pont entre deux périodes créatrices: les années 1832 à 1846, au cours desquelles George Sand publie essentiellement des œuvres romanesques; et les années 1846 à 1870, jalonnées, entre autres, d'expériences théâtrales multiples, tant au théâtre familial à Nohant que sur les

---

1. Charles Augustin Sainte-Beuve, *Mes Poisons* (Paris: Plon, 1926) 108.
2. Lettre datée du 22 juin 1847, *Corr* VII:757-758. Voir aussi *OA* II:443 et sq.

scènes parisiennes. Œuvre charnière, *Lucrezia Floriani* annonce par ailleurs d'autres romans sandiens portant sur le monde du théâtre: *le Château des Désertes* (écrit en 1847 et publié en 1851), qui met en scène des personnages de *Lucrezia Floriani*; et le diptyque formé par *Pierre qui roule* (1870) et *le Beau Laurence* (1870), deux romans sur la vie d'une troupe de comédiens ambulants.

S'il ne se rattache ni aux romans expressément engagés, ni au *corpus* régionaliste des années 1840, *Lucrezia Floriani* traite avec une acuité particulière de deux thèmes majeurs dans l'œuvre sandienne: les relations de couple et la condition de l'actrice. Présentés dans des textes antérieurs, tels *Pauline* (1841), *Horace* (1842) et *Consuelo*. *La Comtesse de Rudolstadt* (1842-1844), ces thèmes s'entrelacent avec subtilité dans *Lucrezia Floriani* et cristallisent quelques idées féministes de l'auteure.

À rebours des écrivains de son temps (Nerval, Baudelaire, les Goncourt, etc.) et de la misogynie typique du XIXe siècle, George Sand réhabilite dans *Lucrezia Floriani* la figure controversée de l'actrice; de même qu'elle fera l'apologie de Marie Dorval dans *Histoire de ma vie* (1854-1855), elle confère à Lucrezia une grandeur et une force morales qui la rangent parmi les grandes héroïnes de son œuvre. Sans verser dans un idéalisme excessif, elle réussit à faire un portrait très nuancé du personnage et à contourner le cliché bipolaire qui marque en général la représentation romanesque de la femme au XIXe siècle: la Madone et la Putain. Comme elle l'expliquera dans une préface écrite en 1861 pour la réédition, sous forme de recueil, de nouvelles centrées sur différents types de personnages féminins,

> il est très difficile à une femme de bien comprendre, de bien définir et de bien dépeindre un homme d'un mérite complet, et surtout de l'*employer* comme personnage actif et principal dans un roman. [...] Bien plus facile est la tâche de ce même écrivain quand il réserve toutes les couleurs de son pinceau pour le type femme. Celui-ci, il le connaît en lui et hors de lui, parce que l'ordre des sentiments et des idées du sexe dont il fait partie rentre dans le point de vue que son œil peut mesurer et embrasser. Pour être juste, disons que les écrivains-hommes éprouvent aussi de grandes difficultés lorsqu'il s'agit pour eux de pénétrer délicatement et impartialement dans le cœur et le cerveau de la femme. Généralement ils la font trop laide ou trop belle, trop faible ou trop forte [...]³.

Plutôt que de porter un quelconque jugement moral sur le passé trouble de son héroïne ou d'édulcorer le souvenir de sa vie sentimentale agitée, George Sand suggère que la respectabilité individuelle réside moins dans une orthodoxie irréprochable que dans la conquête matérielle et psychologique d'une dignité envers soi-même. Comme elle l'écrit à propos de Lucrezia,

---

3. Préface aux *Nouvelles*, dans Sand, *Œuvres complètes*, t. XXVII (Paris: Slatkine Reprints, 1980) ii-iii. Voir aussi les lettres à Flaubert où George Sand donne son avis sur le réalisme, in Gustave Flaubert et George Sand, *Correspondance* (Paris: Flammarion, 1981) 511, 518-519, 528.

au fond des motifs qui la poussèrent dans ces directions diverses, [...] il y avait, n'en doutez pas, une succession ininterrompue d'histoires d'amour. [...] Vous apprécierez, comme vous l'entendrez, ce naturel élémentaire, limpide dans ses travers comme dans ses qualités. Il est certain que je ne vous cacherai rien de la Floriani, par pruderie et crainte de vous déplaire. Ce qu'elle avait été, ce qu'elle était, elle le disait à qui le lui demandait avec amitié[4].

Après les grandeurs et les servitudes d'une longue carrière, Lucrezia peut jouir pleinement de son autonomie financière et personnelle dans un cadre typiquement sandien: un ermitage au bord d'un lac italien. Alors que l'esprit bourgeois met en doute et discrédite sa réputation, elle déjoue les mythes les plus ancrés et s'oppose aux figures balzaciennes de la femme mûre délaissée ou de l'intellectuelle marginale et malheureuse: Mme de Beauséant, Camile Maupin, Dinah Piédefer. À l'instar de l'actrice Laurence (*Pauline* 1841), elle assume avec la fierté et le courage de l'indépendance ses responsabilités familiales, tout en vivant sa vie amoureuse selon ses propres principes; même sans la présence assidue d'un partenaire, elle réalise sa vie et s'épanouit, contrairement aux personnages d'épouses qui, dans l'œuvre sandienne, connaissent généralement d'amères désillusions: Giovanna dans *l'Uscoque* (1839), Gabrielle dans *Gabriel* (1840), Pauline, par exemple.

Loin d'éloigner Lucrezia de ses responsabilités, l'irruption dans sa vie du prince Karol, un homme-enfant à la santé fragile, dont la mère vient de mourir, la conforte dans son rôle maternel et son idéal d'un amour inconditionnel, à l'image de la charité chrétienne. Ensemble, ils vivent une union libre qui contourne allègrement les conventions sociales et constitue sans doute un exemple unique dans l'histoire littéraire. Sans renier son passé et sa passion du théâtre, qu'elle inculque aux futurs protagonistes du *Château des Désertes*, Lucrezia, d'origine roturière, héberge et entretient son amant aristocrate. En sa présence, elle revoit amicalement ses anciens amants et crée une cellule familiale qui préfigure étonnamment les familles reconstituées de notre temps.

Pour faire ressortir le caractère exceptionnel de Lucrezia, George Sand recourt à un procédé récurrent dans son œuvre romanesque: la mise en contraste de personnages, qu'illustrent notamment les romans sur le monde théâtral. À la grandeur de ses héroïnes artistes, elle oppose d'autres types de personnages qui, en dépit de leur respectabilité aux yeux de la bourgeoisie, incarnent la médiocrité et la fausseté. Si *Pauline* montre la supériorité de l'artiste anticonformiste (Laurence) sur la provinciale rangée, mais jalouse et aigrie (Pauline), *Horace* souligne l'écart moral entre la mondaine corrompue (la vicomtesse de Chailly) et la grisette vertueuse (Marthe).

---

4. *Lucrezia Floriani*, dans Sand, *Vies d'artistes* (Paris: Presses de la Cité, 1992) 702-703. Toute référence notée dans le texte (*LF*) renvoit à cette édition.

Dans *Lucrezia Floriani*, George Sand analyse le conflit sourd entre le traditionalisme étroit d'un aristocrate, imbu de préjugés nobiliaires, et le sens des valeurs exceptionnel d'une fille-mère. "Exclusif dans ses sentiments, exclusif dans ses exigences" (*OA* II:444), le prince Karol s'avère incapable de partager l'esprit communautaire de Lucrezia et, peu à peu, devient jaloux de sa personnalité, de son indépendance, de ses enfants, de son passé de comédienne, de ses anciens amants, pères de ses enfants, et empoisonne peu à peu son existence jusqu'à causer sa mort. Comme l'écrit l'auteure, dans le style elliptique et nu qui caractérise la fin de *Pauline*[5],

> si vous l'exigez, je ne serai pas long, et je ne vous causerai aucune surprise, puisque je m'y suis engagé. Ils s'aimèrent longtemps et vécurent très malheureux. [...] Jamais femme ne fut plus ardemment aimée, et, en même temps, plus calomniée et plus avilie dans le cœur de son amant. (*LF* 844)

Quoiqu'elle présente l'amour exclusif du prince Karol comme une torture psychologique progressive, George Sand se garde toutefois d'une vision trop manichéenne ou d'un féminisme sans nuance. Dans son analyse — proustienne avant la lettre — de la passion amoureuse et de la jalousie, elle ne présente pas son héroïne comme une victime tragique et montre sa part de responsabilité dans son sort. Si Laurence (*Pauline*) dénonce la manipulation masculine, Lucrezia supporte sciemment et jusqu'à la fin la susceptibilité du prince Karol. Alors que Marthe (*Horace*) parvient à fuir un amant manipulateur et recouvre sa liberté en devenant comédienne, Lucrezia succombe à son dévouement, en dépit de sa dignité de femme et de sa liberté d'artiste. Comme en conclut l'auteure, "une nature riche par exubérance et une nature riche par exclusivité ne peuvent se fondre l'une dans l'autre. L'une des deux doit dévorer l'autre et n'en laisser que des cendres. C'est ce qui arriva" (835).

Lucrezia Floriani scandalisa, il va sans dire, les contemporains de l'auteure et déroute encore ses commentateurs. Paradoxalement, la plupart d'entre eux passent sous silence la thématique novatrice du roman et s'attardent essentiellement sur les rapports possibles entre la vie de l'auteure et l'œuvre. Audacieux sur le plan idéologique, ce roman représente par ailleurs une étape significative de l'autonomisation du champ littéraire au XIXe siècle.

Comme en témoignent ses romans, ses nombreuses préfaces, sa correspondance, plusieurs passages d'*Histoire de ma vie*, ses réflexions sur d'autres écrivains, ses conseils donnés à des confrères, elle ne cessa au cours de sa carrière de réfléchir sur la littérature et de définir son univers esthétique en regard du champ littéraire de son époque et des siècles antérieurs. En dépit des pressions sociales et des contraintes éditoriales de son temps, George Sand éprouve très tôt le besoin

---

5. Cf. "Ce plat roman se termina donc par un mariage, et ce fut là le plus grand malheur de Pauline. Montgenays ne l'aimait déjà plus, si tant est qu'il l'eût jamais aimée. [...] Jamais femme plus vaine et plus ambitieuse de gloire ne fut plus délaissée, plus humiliée, plus effacée" (*Pauline*, dans Sand, *Vies d'artistes*, 310).

d'affirmer son individualité littéraire, de s'écarter des écoles et des doctrines, de répliquer aux critiques, d'élaborer sa poétique romanesque et sa pensée sociopolitique, de se démarquer en somme de ses devanciers et de ses contemporains.

À la structure narrative traditionnelle de *Jacques* (1834), par exemple, elle intègre un discours idéologique novateur, mais aussi un discours réflexif qui sert de contrepoint critique à l'histoire et remet en question l'horizon d'attente. Exploitant les ressources du roman épistolaire (ellipses, répétitions, mise en contraste de focalisations, etc.) et tissant un réseau intertextuel sur le mode ironique (Perrault, la comtesse d'Aulnoy, Richardson, Rousseau, Beaumarchais), elle renouvelle le traitement de thèmes habituels (amour, mariage, adultère) et parodie finement les conventions romanesques, sinon le romanesque lui-même. Opposant styles et éclairages, elle remet en question les rôles socioculturels traditionnels et défend une conception égalitaire des relations hommes-femmes[6].

Après s'être imposée comme romancière d'avant-garde au début de la Monarchie de Juillet, George Sand asseoit sa notoriété grâce à une production régulière et variée, qui reprend la thématique des premiers romans. À la fin des années 1830, elle éprouve toutefois le besoin de renouveler son écriture romanesque et d'ignorer l'horizon d'attente des lecteurs de la *Revue des Deux Mondes*, à laquelle elle est liée, bon gré mal gré, par contrat. Comme elle l'écrit dans une lettre adressée à son amie Charlotte Marliani et datée du 17 mars 1839,

> il faut vous dire [...] que tout ce qui est un peu profond dans l'intention effarouche le Bonnaire et le Buloz, parce que leurs abonnés aiment mieux les petits romans comme *André* et compagnie qui vont également aux belles dames et à leurs femmes de chambre. Ces messieurs espèrent que je vais bientôt leur donner quelque nouvelle à la Balzac. Je ne voudrais pas pour tout au monde me condamner à travailler dans ce genre éternellement, j'espère que j'en suis sortie pour toujours. Ne le dites pas à notre butor, mais à moins qu'il ne me vienne un sujet où ces petites formes communes puissent envelopper une grande idée, je n'en ferai plus, j'en ai trop fait. D'ailleurs je crois qu'on en a assez fait et que ce genre s'épuise! Il tombe dans le commun le plus commun. [...] Il faut bien que les lecteurs de la revue se fassent un peu moins bêtes, puisque moi je me fais moins bête de mon côté. (*Corr* IV:607-608)

La sévérité de son jugement sur sa production antérieure et ses lecteurs révèle à quel point elle cherchait à garder une position d'avant-garde dans le champ littéraire romantique. Si les contraintes du feuilleton ne lui permirent pas la liberté créatrice qu'elle eût souhaitée pour la rédaction de *Consuelo*, elle peaufina à son aise

---

6. Nous renvoyons à nos travaux sur *Jacques* : "Un roman épistolaire méconnu, *Jacques* (1834)," mémoire de maîtrise, Université Laval, Sainte-Foy, 1996; " l'Art romanesque et la pensée de George Sand dans *Jacques* (1834)", *Études littéraires*, vol. 29, n 2 (automne 1996) 123-136.

Lucrezia Floriani, qu'elle présente comme "une étude pour [elle]" dans une lettre à Édouard Bourdet (*Corr* VII:398). Insatisfaite d'une première version, elle remania en profondeur son roman. Un tel travail de correction ne va pas sans ébranler l'idée reçue selon laquelle George Sand écrivait au courant de la plume, sans chercher à parfaire son travail de composition ni son style. Dans une lettre datée du 24 septembre 1846, où elle conteste les contraintes éditoriales de son temps, elle écrit à son éditeur Hetzel ce commentaire qui témoigne de sa conscience artistique et de son appartenance à l'avant-garde :

> Vous me direz peut-être que l'on peut me payer à mesure que je livrerai un volume. Je ne peux plus travailler ainsi. Pour faire quelque chose qui ait le sens commun, il faut que je ne me sépare pas de mon manuscrit avant qu'il soit complet ou du moins assez avancé pour ne plus me laisser d'incertitudes. J'ai un travail irrésolu quant aux détails. Je me prends de dégoût pour certaines parties que je supprime en les lisant à tête reposée. Enfin, ma conscience d'écrivain me gêne, mais elle est impitoyable et je ne veux jamais m'ôter le droit de corriger mon œuvre jour par jour, jusque j'en sois contente. (*Corr* VII:484)

Écrit dans le style dense et dépouillé qui caractérisera plus tard *Elle et Lui* (1859), *Lucrezia Floriani* parachève la réflexion sur la littérature que George Sand développe au cours de la Monarchie de Juillet. Comparé à celui qui accompagne les autres romans de l'auteure, le métadiscours dans *Lucrezia Floriani* se distingue par son ampleur exceptionnelle et éclaire d'une manière variée une lecture sociocritique du texte.

Pour la parution en feuilletons (1846), George Sand écrivit un avant-propos dans lequel elle reproche à ses lecteurs leur goût immodéré pour les histoires rocambolesques et outrancières[7]; en retour, elle leur laisse entrevoir un changement majeur dans le champ littéraire. Pour pallier l'impasse dans laquelle s'est engagé le champ littéraire, elle propose un retour à la simplicité classique et prévient son lecteur que *Lucrezia Floriani* s'écarte délibérément de son horizon d'attente; elle lui annonce qu'un discours analytique se mêle à l'histoire et désamorce les rebondissements de l'intrigue.

> Je te préviens que je retrancherai du récit [...] l'élément principal, l'épice la plus forte qui ait cours sur la place : c'est-à-dire l'imprévu, la surprise. [...] Et pourtant, il est fort probable que tu m'accuseras d'être le plus insolent et le plus présomptueux de tous les romanciers, que tu te fâcheras à moitié chemin et que tu refuseras de me suivre. (*LF* 685-86)

---

7. Voir à ce sujet la lettre adressée à Delacroix et datée du 28 septembre 1845, dans laquelle George Sand attaque ironiquement la littérature commerciale de son époque et évoque avec regret les écrivains du XVIIIe siècle (*Corr* VII:99-101).

Dans la notice qu'elle écrivit en 1853 pour la réédition de son roman chez Hetzel, elle exprime plus systématiquement les réflexions contenues dans l'avant-propos de 1846 et présente longuement sa conception de la création romanesque. Elle propose un juste équilibre entre l'action et l'analyse psychologique, et montre que *Lucrezia Floriani*, "livre tout d'analyse et de méditation" (*LF* 681), s'oppose aux romans-feuilletons qu'elle qualifie de "véritables machines à surprises" (*LF* 681).

Lucrezia Floriani comporte, outre un paratexte, un discours réflexif interne qui ponctue l'histoire et s'apparente aux intrusions d'auteur dans *Jacques le Fataliste* de Diderot. S'identifiant expressément au narrateur extradiégétique, George Sand interrompt à maintes reprises son récit; interpellant plus ou moins ironiquement son lecteur, elle commente longuement sa narration et la diégèse; elle contrecarre tout rebondissement et rompt délibérément l'illusion romanesque. D'un point de vue sociocritique, l'œuvre se présente comme un roman pur, tel que le définit Pierre Bourdieu:

> Le roman "pur" est le produit d'un champ dans lequel la frontière tend à s'abolir entre la critique et l'écrivain qui ne fait si bien la théorie de ses romans que parce qu'une pensée réflexive et critique du roman et de son histoire est à l'œuvre dans ses romans, rappelant sans cesse leur statut de fiction[8].

Tout en racontant une histoire, George Sand "démonte" le mécanisme même du discours fictionnel; elle dénonce les *ficelles* (*LF* 732) et, en contrepartie, développe une poétique romanesque visant la vraisemblance classique et appelant une lecture "active":

> J'espère, lecteur, que tu sais d'avance ce qui va se passer dans ce chapitre, et que rien de tout ce qui est arrivé jusqu'ici, dans le cours monotone de cette histoire, ne t'a causé le plus léger étonnement. Je voudrais être auprès de toi quand tu approches du dénouement de chaque phase d'un roman quelconque, et, d'après tes prévisions, je saurais si l'œuvre est dans le chemin de la logique et de la vérité; je me méfie beaucoup d'un dénouement impossible à prévoir pour tout autre que pour l'auteur, parce qu'il n'y a pas plusieurs partis à prendre pour des caractères donnés. Il n'y en a qu'un, et si personne ne s'en doute, c'est que les caractères sont faux et impossibles. (*LF* 752)

---

8. Pierre Bourdieu, *les Règles de l'Art. Genèse et structure du champ littéraire* (Paris: Seuil, 1992) 336.

Par son unité d'action, mais aussi de temps et de lieu[9], *Lucrezia Floriani* prolonge la tradition du roman psychologique; il renoue avec le classicisme de Benjamin Constant dans *Adolphe* (1816), et, par son discours réflexif, s'inscrit dans la quête de l'autonomie du champ littéraire au XIXe siècle. Comme l'explique Pierre Bourdieu,

> l'évolution du champ de production culturelle vers une plus grande autonomie s'accompagne ainsi d'un mouvement vers une plus grande *réflexivité*, qui conduit chacun des "genres" [le roman en l'occurrence] à une sorte de retournement critique sur soi, sur son propre principe, ses propres présupposés: et il est de plus en plus fréquent que l'œuvre d'art, *vanitas* qui se dénonce comme telle, inclut une sorte de dérision d'elle-même. (*LF* 337-38)

Antiroman, *Lucrezia Floriani* ouvrait ainsi la voie à la littérature d'avant-garde sous le Second Empire, et particulièrement aux recherches esthétiques de Flaubert et des Goncourt. À l'instar de l'auteur de *Madame Bovary* (1857), ou "le livre sur rien", et des auteurs de *Madame Gervaisais* (1869), George Sand chercha à épurer le genre romanesque et à orienter son art vers un plus grand réalisme. Sous cet angle, sa conception d'un roman "ouvert" est révélatrice. Comme elle l'écrit au dernier chapitre de *Lucrezia Floriani*

> toi, lecteur sensé, je gage que tu es de mon avis, et que tu trouves les dénouements fort inutiles. Si je suivais en ce point ma conviction et ma fantaisie, aucun roman ne finirait[10], afin de mieux ressembler à la vie *réelle*. Quelles sont donc les histoires d'amour qui s'arrêtent d'une manière absolue par la rupture ou par le bonheur, par l'infidélité ou par le sacrement? Quels sont les événements qui fixent notre existence dans des conditions durables? [...] Un roman n'est jamais qu'un épisode dans la vie. (*LF* 843)

Quelque temps après la parution de *Lucrezia Floriani*, George Sand élabora sa poétique théâtrale qui transpose le parti pris esthétique de 1846. Dans sa préface à *Molière* (1851), qu'elle dédie à Alexandre Dumas père, elle s'adresse à l'auteur

---

9. "Un roman n'est jamais qu'un épisode dans la vie. Je viens de vous raconter ce qui pouvait offrir unité de temps et de lieu dans les amours du prince de Roswald et de la comédienne Lucrezia" (*LF* 843).

10. Dans *le Piccinino*, publié un an après *Lucrezia Floriani*, George Sand rappelle son idéal d'un roman ouvert : "Ici finit le roman, qui pourrait encore durer longtemps si l'on voulait, car je persiste à dire qu'aucun roman ne peut finir", in Sand, *le Piccinino*, t. II, (Grenoble: Glénat, 1994) 275. Voir aussi l'avant-propos de *Mont-Revêche* (1853), dans Sand, *Œuvres complètes*, t. XXVI (Genève: Slatkine Reprints, 1980) 5-6.

d'*Antony* et montre que, pour se renouveler, le théâtre doit se dégager de l'enflure romantique et recouvrer sa simplicité première. En créant des pièces dans l'esprit originel de la commedia dell'arte et en écrivant, par moments, des romans psychologiques dans la lignée de *Lucrezia Floriani*, tels *Adriani* (1854), *Elle et Lui* (1859), *Jean de la Roche* (1860) et *le Dernier amour* (1867) George Sand ne participait-elle pas à sa manière à l'avant-garde réaliste sous le Second Empire?[11]

Université Laval

---

[11]L'auteur tient à dédier cet article à Madame Marielle Caors, en souvenir de sa gentillesse et de ses encouragements.

VISIONS OF THE GREAT WOMAN WRITER: IMAGINING GEORGE SAND THROUGH WORD AND IMAGE

Michael D. GARVAL

> [...] de tous les drames attachés au nom de George Sand, le plus beau, le plus attrayant par un intérêt invincible, c'est le drame de sa vie morale et intellectuelle, l'histoire des métempsychoses de l'écrivain et du romancier.
>
> Bibliophile Jacob,
> *Galerie des femmes de George Sand*[1]

The "Imaginary" George Sand

The centennial of George Sand's death, in 1976, took place amid signs of renewed scholarly interest, after nearly 100 years of relative neglect.[2] In retrospect, the past quarter-century has indeed produced a substantial body of work, not only on Sand's *œuvre*, but also on her remarkable life. Scholars have succeeded admirably in chronicling the details of Sand's activities and relations, and in compiling images of Sand, her circle, and her milieu.

The trouble with much of this excellent biographical and iconographical research lies, paradoxically, with the very source of its excellence: its overriding concern for accuracy and documentary authenticity — what Lubin, in his preface to the *Album Sand*, calls "le [...] souci d'authenticité."[3] Recent scholarship has made great strides toward reconstructing the real, historical George Sand, yet often at the expense of what might best be called the "imaginary" George Sand. "Imaginary" here does not, of course, mean fanciful or fictitious, but rather something more like legendary or mythic, referring to a realm which the French have, at least since Sartre, called "l'imaginaire."

In order to begin exploring the nineteenth century's public myths of George Sand, in all their complexity and variability, we must necessarily focus less on Sand's self-fashioning than on society's fashioning of her; less on the life she actually lived than on perceptions of that life in the collective imagination, the *imaginaire de l'époque*. A unique and unprecedented public figure, George Sand loomed extraordinarily large in her contemporaries' minds. As we examine the collective

---

ii.

1. Bibliophile Jacob, *Galerie des femmes de George Sand* (Paris: Aubert & Cie, 1843)

2. These signs of renewed interest included the publication of Sand's correspondance, beginning in 1964; of the Pléiade *Œuvres autobiographiques* (1970-71) and *Album Sand* (1973); and of biographies such as Curtis Cate's *George Sand* (1975) and Joseph Barry's *Infamous Woman* (1976).

3. Georges Lubin, *Album Sand* (Paris: Gallimard, 1973) 8.

visions of Sand's literary greatness that inform the nineteenth century's abundant visual and verbal representations of her, we can discern two distinct moments: the elusive, protean Sand who haunts wildly divergent portraits of the 1830s and early 1840s; and, the stolid, benevolent, "bonne dame de Nohant," crystallized in the Nadar photographs of the 1860s. The first is a feverish vision of newness, multiplicity, and flux; the second, a reductive, reactionary one which, in large measure, erased the earlier, more radical vision, and helped plunge Sand into the critical purgatory from which she has only recently re-emerged. Ultimately, by shifting our focus from the "real" to the "imaginary" George Sand, we gain a more profound understanding of Sand's reception over the past 165 years. As we scrutinize the nineteenth century's successive visions of Sand, we discover, respectively, the prefiguration of our own contemporary interest in her, and the source of the scholarly neglect which preceded the current Sandian renaissance.

Envisioning the great woman writer

Before examining these two visions of Sand in greater detail, it will be useful to consider their broader cultural context.

Nineteenth-century France witnessed a spectacular rise in the prestige and public appeal of literary fame. This new cult of the author — "le sacre de l'écrivain," in Paul Bénichou's words[4] — went hand-in-hand with a veritable boom in such popularizing visual technologies as lithography, photography, and mechanized printing. Images of literary celebrities spread their fame in ways words alone could not: once known only to a lettered elite, authors became cultural icons, whose faces were etched in the collective imagination, much like film and television stars today. More than simply effigies of famous writers, these images are also "visions" in a figurative sense: in other words, they are renderings, interpretations, conceptions of the particular writer's fame and, more broadly, of fame itself.

The nineteenth century was, moreover, a period in which unprecedented numbers of women aspired to literary renown, seeking open, public recognition as authors: "Tout au long du siècle [...] de plus en plus nombreuses sont les femmes qui écrivent et publient ... [et] revendique[nt] le statut de 'femme auteur,' d''auteure.'"[5] Women's impulse toward the literary spotlight drew them into the emergent mass-media fame machine, which sought to satisfy the public's growing appetite for information about and images of its leading writers — in other words, to satisfy what George Sand herself called "la curiosité [...] un peu niaise du lecteur" (*OA* I:467). At the same time, however, women writers' entry into the limelight flew in the face of nineteenth-century bourgeois ideology, which construed the role of women as strictly

---

4. Paul Bénichou, *Le sacre de l'écrivain, 1750-1830: Essai sur l'avènement d'un pouvoir spirituel laïque dans la France moderne* (Paris: José Corti, 1973).

5. Béatrice Slama, "Femmes écrivains," *Misérable et glorieuse: la femme au XIXe siècle,* ed. Jean-Paul Aron (Paris: Fayard, 1980) 214-216.

private and domestic[6]. In their relation to the public, women writers were thus caught between adulation and condemnation, praise and censure, exhibition and suppression.

While maligned in many of the same ways as other women writers of her time, George Sand nonetheless stood emphatically apart from her peers as a public personnage. A ground-breaking figure, her fame surpassed that of any French woman writer before. No doubt, Germaine de Staël could be said to rival Sand, in the quality of her writing, and in her prominence within the literary world, however she never achieved Sand's broader, public renown. This is because literary fame itself changed in the years separating their careers. Living on the cusp of a media boom, Staël could simply not have been swept up by the more fully-evolved "fame machine" that propelled Sand to unprecedented notoriety as a woman author. More than any of her contemporaries or predecessors, then, Sand embodied the possibility that a woman could be considered truly "great" — and, in studying images of her, we come face-to-face with the 19th-century imagination struggling to "envision" Sand as the great woman writer, both pictorially and conceptually.

At first glance, many popular, contemporary images of George Sand might seem unremarkable enough in themselves — particularly the endless versions of such influential portraits as the 1839 Charpentier painting (cf. example in fig. 4). It would be wrong, however, to consider such images in isolation, for in the 19th century, portraits of literary celebrities are almost always accompanied by biographical or critical articles, chapters, or books about the writer in question, and even texts that do not accompany images directly often comment upon the famous writer's appearance. The nineteenth-century's voluminous production of celebrity galleries, pantheons, illustrated biographies, and print or *carte de visite* series bear witness to the public's seemingly insatiable desire to contemplate its latest cultural luminaries.

Bibliophile Jacob's 1843 *Galerie des femmes de George Sand* provides an extreme example of this burgeoning celebrity voyeurism, offering up fictional characters in place of their author; it is as if images of the author alone could not suffice to meet the public's raging demand. The *Galerie* is revealing in other ways as well. In his preface, Jacob writes,

> La preuve que Lélia pouvait être considérée comme le portrait idéal de George Sand, c'est que l'auteur l'a changé quand la méditation et les enseignements de la douleur ont imprimé à sa physionomie un nouveau caractère.... Voyant que son image n'était plus la même, George Sand a refait son ancien portrait, comme on change les ajustements d'une peinture à la mode passée. Elle a mis une guimpe blanche sur cette belle poitrine,

---

6. "Dans cette période de redéfinition des rapports sociaux, rien n'est plus antagonique au nouvel idéal de la femme, repliée en son foyer, pilier de la famille, toute dévouée aux humbles tâches d'entretien de la vie quotidienne et d'éducation des enfants, que la figure de l'artiste romantique, homme public jusque dans ses passions, guide ou porte-parole des foules, investi d'une mission sociale ou divine," Christine Planté, "Un monstre du XIXe siècle, la femme auteur," *Sources. Travaux historiques* 12 (1987): 49.

autrefois éclatante de diamants; elle a éteint le feu du regard, l'ironie de la bouche et l'orgueil du front. La statue grecque est presque transformée en madone. La princesse superbe finit au couvent. (viii-ix)

The larger context makes abundantly clear that "le portrait idéal de George Sand" does not mean *by* Sand, but rather *of* her. Indeed, the *Galerie* is organized as a visual *métaphore filée*, with an initial frontispiece of Sand followed by a string of lithographs of her novelistic characters, who take turns standing in for their creator. Here Jacob anticipates the public's shift from one vision of Sand to another, by tracing — *par Lélia interposée* — an evolution from youth to maturity, in which the fiery, ravishing young woman is cleaned up, tamed, rendered more virtuous, less offensive, and ultimately less interesting.

In order, then, to understand more fully how nineteenth-century France conceived of its leading woman of letters, we would need to untangle the whole, elaborate web of visual and verbal productions representing her to the public — including depictions of her fictional doubles — and sort out complex patterns of harmony and dissonance, consensus and contradiction, between image and text. Such a vast undertaking is clearly beyond the scope of this study, but we can begin now to move in this direction, by examining selected examples that shed light on the successive visions of Sand already delineated in Jacob's preface.

Divergent visions of George Sand

A representative sampling of Sand portraits from the 1830s and early 1840s displays their astounding variety (fig. 1-9). Indeed, it is hard to believe that these all depict the same person! Several factors can help account for this variability. For one, before the advent of photography 'fixed' famous people's features in the public eye, portraits of the famous were necessarily more open to imaginative interpretation. Sand's bold invention of herself seems, moreover, to have heightened this creative impulse, inspiring artists to continue reinventing her *ad infinitum*. In a broader sense, the sheer variety of the early Sand iconography bespeaks a collective vision of her as infinitely changeable, as preeminently polymorphous.

This is precisely the vision of Sand that flows from the pens of contemporary commentators. For example, Jules Janin launches into his biographical sketch of Sand with a barrage of questions and exclamations:

> Qui est-il ou qui est-elle? Homme ou femme, ange ou démon, paradoxe ou vérité? Quoi qu'il soit, c'est un des plus grands écrivains de notre temps. D'où vient-elle? Comment nous est-il arrivé? Comment tout d'un coup a-t-elle ainsi trouvé ce merveilleux style aux mille formes, et dites-moi pourquoi il s'est mis ainsi à couvrir de ses dédains, de son ironie et de ses cruels mépris la société entière? Quelle énigme cet homme, quel

> phénomène cette femme! quel intéressant objet de nos sympathies et de nos terreurs, cet être aux milles passions diverses, cette femme, ou plutôt cet homme et cette femme!⁷

We should note here the constant fluctuation between masculine and feminine, as well as expressions like "cet être aux milles passions diverses" and "ce merveilleux style aux mille formes," the latter suggesting, moreover, that Sand's multiplicity extends into her literary production. Along the same lines, Sosthènes de La Rochefoucauld writes of Sand, "C'est un Caméléon, c'est un prisme aux mille couleurs que cette personne dont le caractère, aussi remarquable que le talent, offre un composé de tous les contrastes."⁸

An even more powerful evocation of Sand's essential multifariousness can be found in Adolphe Pictet's *Une course à Chamounix*. This extraordinary yet neglected text recounts the author's experiences traveling in Switzerland with Sand, Franz Liszt, and Marie d'Agoult, in the form of a *conte fantastique*. At the beginning of the book, Pictet reflects on the wildly contradictory accounts of George Sand that he has heard:

> Les faits et gestes de George ont eu le privilège d'occuper singulièrement l'imagination du public. [...] C'est un homme fort dangereux, habile à prendre toutes sortes de masques. On assure même qu'il se déguise quelquefois en femme pour mieux ourdir les trames perfides dont les fils lui sont confiés. [...] [En regardant George,] le major comprit qu'il avait sous les yeux un de ces miroirs à mille faces dans lesquels l'âme semble se jouer en pleine liberté.⁹

Here, such formulations as "habile à prendre toutes sortes de masques," and "l'un de ces miroirs à mille faces" once again underscore young George Sand's emphatically protean nature. In the latter part of Pictet's text, moreover, this already unsettling figure is transformed further by the distorting lens of the fantastic, to produce hallucinatory visions of rare intensity. Soaring omnipotently through the cosmos atop a lotus leaf, metamorphosing into a peacock, Medusa head, or burst of fireworks, and haunting the author's nightmares astride a giant, black cat (fig. 10), Sand herself becomes the very embodiment — or perhaps the disembodiment — of the fantastic.

Toward the end of Sand's life, there begins to emerge a distinctly tamer vision of her, which becomes bound up with the series of photos Nadar took in the mid

---

7. Jules Janin, "Mme George Sand," *Biographie des femmes auteurs contemporaines françaises*, éd. Alfred de Montferrand (Paris: Armand-Aubrée, 1837) 439.

8. Quoted in epigraph to Curtis Cate, *George Sand* (Boston: Houghton Mifflin, 1975).

9. Adolphe Pictet, *Une course à Chamounix. Conte fantastique* (Paris: Librairie de Benjamin Duprat, 1838) 2, 5, 14.

1860s (fig. 11 provides a representative example). Nadar was a great admirer of George Sand, and Sand seems to have been pleased with the results of her sittings with him. Certainly Sand appears more tranquil and composed here than in, say, Pictet's fantastic adventure, yet there is nothing in the photos themselves to suggest any disparaging view of her. Indeed, when an engraving of one of the Nadar photos was first showcased in *L'Illustration*, in 1864 (fig. 12), it was described in flattering terms:

> Nous donnons le portrait de Mme Sand d'après la récente photographie de Nadar. Ce portrait rend admirablement le caractère de la belle tête de Mme Sand, de ce visage énergique où la beauté se mêle à la majesté. Les yeux si beaux et si doux, la bouche grande, mais superbe, l'oreille mince et fine, le contour si pur des lignes, tout est vrai. Sous l'écrivain de génie, on retrouve la petite-fille de Maurice de Saxe; il y a de la grande dame dans ce grand homme.[10]

The Nadar photo is thus said to succeed "admirably" in capturing Sand's innate nobility, majestic beauty, and literary genius.

While Nadar photographed Sand in various types of dress — including with a rather silly Louis XIV wig — one guise in particular captured the public's imagination: that in which Sand wears a loose-fitting, striped dress, and distinctive tridentate earrings, as in the 1864 engraving from *L'Illustration*. Indeed, this depiction dominates the later Sand iconography in a way that no single image, not even the Charpentier portrait, could in the early years of her career. Certainly, the rise of photography, with its documentary bent, does help to explain the general shift from a profusion of dissimilar images to a handful of similar ones; it does not, however, explain this overwhelming privileging of one particular effigy, a phenomenon which betrays the reductiveness inherent in the public's new vision of Sand.

Less than a decade after the Nadar portrait's first exposure in *L'Illustration*, Touchatout's *Trombinoscope* appropriates this same image, but to very different effect (fig. 13). Here, Sand's features have been grossly caricatured, and both her literary talent and physical appearance are described ambivalently:

> Mme George Sand fut pendant longtemps un véritable réflecteur de tous les hommes de talent qu'elle côtoyait; ses œuvres s'imprégnaient immédiatement des dernières sensations qui lui avaient été communiquées[...]. Au physique, Mme Georges [sic] Sand est une femme au regard doux et profond; le front est élevé, la bouche expressive. Tout dans ce visage harmonieux de lignes, dénote l'esprit et la bonté.[11]

Both read alone and read in conjunction with the image, this text is full of troubling

---

10. Edmond Texier, "George Sand," *L'Illustration*, March 26, 1864: 203.

11. Touchatout [Léon Bienvenu], *Le Trombinoscope* (Paris: Impr. F. Debons et Cie, 1873), n° 103.

contradictions. While calling Sand a "femme de génie," it nonetheless locates the source of this genius in her relations with great men — making rather obvious insinuations about the nature of these relations (we are expected to infer that more than just Sand's works have been "impregnated" by the "latest sensations" "communicated" to her by the talented men she frequents). Sand's gaze is described as both "gentle" and "profound" — already an apparent contradiction — whereas the drawing depicts her staring out blankly into the void: she is gentle here, perhaps, but certainly not profound! Similarly, the text highlights Sand's prominent forehead, while in the drawing this celebrated *front de penseur* practically disappears, giving Sand a distinctly more Neanderthal look. Touchatout affirms, moreover, that Sand's entire face signifies wit ("esprit") and goodness ("bonté"). This is rather equivocal praise, for sheep are good too — and indeed, in the drawing, Sand, author of popular pastorals, is associated with sheep through proximity (she stands next to them), through vocation (she is a shepherdess), and through resemblance (the distinctly ovine rendering of her hair contrasts with its treatment in other versions of the same portrait). While Touchatout's insinuations about Sand's promiscuity do hark back to one particular part of the earlier vision of her as protean firebrand, the *Trombinoscope* — with its intimations of bleating obtuseness and bucolic benevolence — does nonetheless constitute a significant step toward the later vision of Sand as the *bonne dame de Nohant*.

By the turn of the century, this view of Sand as little more than a simple, benevolent, grandmotherly figure had in fact become the dominant one. In 1904, for the centenary of Sand's birth, *L'Illustration* published a tribute to Sand, which featured an article entitled "George Sand à Nohant. L'Art d'être grand'mère,"[12] accompanied by one of the familiar Nadar photographs of her in the striped dress.[13] The article concludes,

> Telle elle vécut les dernières années de sa vie, telle, près de trente ans après sa mort, elle vit encore dans le souvenir de ses petites filles, dans la mémoire des paysans qui l'ont connue. A Nohant, à La Châtre, à Angibault, les aventures de sa jeunesse, l'histoire compliquée de son existence fiévreuse, qu'elle-même avait à la fin presque oubliée, apparaissent comme des légendes incertaines et un peu calomnieuses, venues de Paris, bonnes à satisfaire les méchants [...] .

---

12. The reference here is of course Victor Hugo's *L'Art d'être grand-père*, a text which in many ways crystallized the late nineteenth-century myth of Hugo. While reductive, this vision was at least grandiose, casting Hugo as the wise, virtuous grandfather of the Third Republic.

13. By now, printing technology had evolved to allow the reproduction of photographs in large-circulation periodicals such as *L'Illustration*. This portrait of Sand, almost identical to the pose featured forty years earlier in the same publication, is captioned simply "George Sand grand'mère."

> L'image qu'y évoque son nom, en cette année de centenaire, est bien celle de la bonne aïeule aux bandeaux gris, qui, malgré son grand âge et les rigueurs de l'hiver, faisait des lieux en cabriolet pour soigner un paysan malade: c'est la grand'mère penchée vers un petit lit; c'est la tendresse ingénieuse et la bonté simple; c'est la «bonne dame de Nohant», — la *boune mé* ...[14]

Casting Sand as simplicity and goodness incarnate, this article moves well beyond the earlier *Trombinoscope*, with a very deliberate attempt to erase her turbulent past. This erasure is accompanied, moreover, by a distinct provincialization of Sand. Coinciding historically with the apotheosis of Paris as *haut-lieu* of the international avant-garde,[15] Sand's identification with sleepy provinciality necessarily worked to tarnish her public image, and minimize her perceived significance as an artist. Indeed, in its most extreme manifestations, this new vision of Sand as the *bonne dame de Nohant* reduces her literary creation to anthologized excerpts from the pastoral novels (we see this tendency already in fig. 14, originally published in *Le Papillon*, June 4, 1882; the titles foregrounded on scrolls are none other than *La Mare au diable* and *François le Champi*).

This, then, is the vision of Sand that emerged and prevailed in the century following her death, until the recent renewal of interest in her life and work helped bring back a richer, more exuberant, innovative, and multifaceted literary figure. The passage of time may have given us some critical distance, and some new critical vocabulary, yet we have in large measure returned to the earlier, protean Sand, who captured the imagination of her public in the very first years of her extraordinary career.

North Carolina State University

---

14. Maurice Kahn, "George Sand à Nohant. L'Art d'être grand'mère," *L'Illustration*, July 2, 1904: 6-7.

15. Cf. for example, Roger Shattuck, *The Banquet Years; the arts in France, 1885-1918* (New York: Harcourt Brace, 1958).

Fig. 1

Fig. 2

Fig. 3

Fig. 4

Fig. 9

Fig. 10

Fig. 11

Fig. 12

Fig. 13

Fig. 14

Credits

Abbreviations:

BN   Bibliothèque Nationale de France
BHVP   Bibliothèque Historique de
            la Ville de Paris

Fig. 1   BHVP, photo M. Garval
Fig. 2   Photo BN
Fig. 3   BHVP, photo M. Garval
Fig. 4   BHVP, photo M. Garval
Fig. 5   BHVP, photo M. Garval
Fig. 6   BHVP, photo M. Garval
Fig. 7   BHVP, photo M. Garval
Fig. 8   BHVP, photo M. Garval
Fig. 9   Photo BN
Fig. 10 Photo BN
Fig. 11 BHVP, photo M. Garval
Fig. 12 BHVP, photo M. Garval
Fig. 13 BHVP, photo M. Garval
Fig. 14 Photo BN

WLADIMIR KARÉNINE AND HER BIOGRAPHY OF GEORGE SAND: ONE RUSSIAN WOMAN WRITER RESPONDS TO SAND[1]

Hilde HOOGENBOOM

Few scholars have analyzed George Sand's tremendous influence on nineteenth-century Russian writers; even fewer have noted the complex reaction of Russian woman writers to Sand.[2] Perhaps this is because Dostoevsky and Turgenev proclaimed that Sand morally and politically inspired their generation in the 1840s, while woman writers of their generation were silent.[3] Dostoevsky and Turgenev tempered their praise by noting that Sand was out of fashion by the 1870s, but evidence exists to indicate that Sand continued to be important to woman writers. Two women did write about Sand after her death, though significantly without professional fanfare. Like the writer, critic, and feminist Mariia Tsebrikova's essay on Sand, Wladimir Karénine's (1862-1942) scholarly biography *George Sand, sa vie et ses œuvres* (1899-26), I believe, developed out of and alongside of her work and

---

1. This paper benefited from comments by Jenifer Presto. Research for this article was supported in part by a grant from the International Research and Exchanges Board (IREX), with funds provided by the National Endowment for the Humanities, the United States Information Agency and the US Department of State, which administers the Russian, Eurasian and East European Research Program (Title VIII).

2. A. I. Beletskii, "Epizod iz istorii russkogo romantizma: Russkie pisatel'nitsy 1830-60 gg.," Kharkov, 1919; IRLI R.1, op.2, n° 44a. Carole Karp, "George Sand's Reception in Russia, 1832-1881," diss., U. of Michigan, 1976; Hugh Anthony Aplin, "M. S. Zhukova and E. A. Gan: Woman Writers and Female Protagonists 1837-1843," diss., U. East Anglia, 1988; Lesley Singer Herrmann, "George Sand and the Nineteenth-Century Russian Novel: The Quest for a Heroine," diss. Columbia University, 1979; Kevin J. McKenna, "George Sand's Reception in Russia: The Case of Elena Gan," *The World of George Sand*, ed. Natalie Datlof, Jeanne Fuchs & David A. Powell (Greenwood Press: Westport, CT, 1991) 227-33; Catriona Kelly, *A History of Russian Women's Writing 1820-1992* (Oxford: Oxford UP, 1994). (This article is part of a book project on the influence of Sand in Russia on aesthetic debates over Realism. These debates intersected with the increased aspirations for a great national literature and the emergence of writing and criticism as professions for both men and women.)

3. F. M. Dostoevskii, "Smert' Zhorzh Zanda" and "Neskol'ko slov o Zhorzh Zande," in "Dnevnik pisatelia za 1876 god, iun'" *Polnoe sobranie sochinenii*, 30 vols. (Leningrad, 1972-90) 23:30-37. Turgenev wrote: "When eight years ago I first met George Sand, the ecstatic surprise that she had at one time aroused in me had long disappeared and I already no longer bowed before her; but it was impossible to enter the circle of her private life and not become her suitor in another, perhaps better sense." "Neskol'ko slov o Zhorzh Sand," *Novoe vremia* 15 June 1876, n° 105; *Polnoe sobranie sochinenii i pisem*, 28 vols. (Moscow, 1960-68) 14:233.

interests as a Russian woman writer.[4]

Before her work on Sand, Karénine had been mapping out her own place in a Russian literary tradition in which men had long invoked Sand in their polemics about women. Thus Karénine's interest in Sand is evident in her first two literary projects (the biography was her third), but this does not answer the two questions my study addresses: why would a Russian woman author, under a male pseudonym, write a monumental biography of Sand? While it was common practice for Russian woman writers to use pseudonyms, female as well as male, it was rare for a scholar. Her pseudonym represented a complex literary identity that appears to have been linked with Tolstoy,[5] whom she figuratively worshipped before his conversion to Christianity and detested as a writer afterwards.

Karénine's interest in Sand was part of a Russian critical tradition of over fifty years of reading Russian woman writers through Sand, and of Russian women reading and translating her novels. Nineteenth-century Russian critics usually characterized the influence of Sand on Russian women writers as personal rather than professional, as emotionally disruptive rather than intellectually productive.[6] For example, in 1900 the critic Kogan stated that Sand's influence had led women to seek freedom by means of their emotions, and now women should free themselves from those emotions to become good writers.[7]

---

4. In 1888, Karénine began her career as a novelist, then worked as a biographer and critic while continuing to write a play, stories, and fairy tales. Her *Sobranie sochinenii* in three volumes had two editions (1911-12, 1913-16). After 1912 she worked mainly as a scholar and archivist at the St. Petersburg Institute of Russian Literature (Pushkin House), writing on her family, the Stasovs, writers, and composers. With few exceptions, Komarova signed her work as Karénine, and because this study is about her written work, I call her Karénine throughout. Varvara Komarova, "Avtobiografiia V. D. Stasovoi-Komarovoi," *Ogonek* 42 (1927): 12; *Russkie pisateli 1800-1917, biograficheskii slovar'* 3 (Moscow, 1994) 42-3. In English, see Mary Zirin's entry on Komarova in *Dictionary of Russian Women Writers*, ed. Marina Ledkovsky, Charlotte Rosenthal, and Mary Zirin (Westport, CT: Greenwood Press, 1994).

5. See her uncle's reply to her letter (15 July 1891; *IRLI, Arkhiv Stasorykh*, f. 294, op. 8, n° 15, ll. 3-7), in which she was angry because her pseudonym had been revealed to Tolstoy. Her uncle also tried to talk her out of breaking with Tolstoy permanently for other reasons by arguing that genius can be combined with despicable behavior. V. V. Stasov, 21 June 1891, *Pis'ma k rodnym*, 3 vols. (Moscow, 1958) 2: 304-5.

6. The response of women critics, who all also happened to be fiction writers, was varied and complicated. Evgeniia Tur, Nadezhda Khvoshchinskaia, and Mariia Tsebrikova read and translated Sand's novels, but they avoided directly connecting their own work with Sand's, which was a critical commonplace. Evgeniia Tur [E. V. Salias de Turnemir], "Zhizn' Zhorzh-Sanda," *Russkii vestnik* (1856) 3.5.9:72-93, 3.6.12:693-715, 4.8.15:667-708. V. Porechnikov [N. D. Khvoshchinskaia], "Provintsial'nye pis'ma o nashei literature, Pis'mo tret'e," *Otechestvennye zapiski* 5 (1862):24-52. M. K. Tsebrikova, "Zhorzh Sand," *Otechestvennye zapiski* (1877) 232.6:439-72, 233.7:255-92.

7. P. S. Kogan, "Iz zhizni i literatury: Intelligentnaia zhenshchina v rasskazakh g-zhi Krandievskoi," *Obrazovanie* 2 (1900): 31-8.

Yet while critics warned women of the danger of Sand's ideas about love, they continued to judge Russian women's writing as artistically inferior to Sand's. Following the reviews written in the 1840s by the extremely influential literary critic Vissarion Belinskii, Russian critics who praised Sand extolled her capacity for ideas and berated Russian women writers for not thinking broadly in a larger social, historical context. Thus in 1889, Chuiko argued that this was because Sand, unlike Russian women, could write like Tolstoy and other male writers about love as a complex social idea.[8]

Thus like many Russians, Karénine's imagination was fired by Sand's political ideals.[9] And like the nineteenth-century Russian women writers who were goaded by critics, Karénine emphasized her interest in ideas as such and in social issues, particularly relations between classes. For example, in an 1892 story she explored, through the eyes of a governess, the consequences for an aristocratic family of a widow's (Sandian) mésalliance with a teacher from a lower class.[10] In her 1906 story "A Feminist from Abrosimovka," a peasant woman tells some aristocratic picnickers how she legally freed herself from an abusive husband, while her listeners react in various ways: the hostess of the picnic, who is active in charities for women, humors her guests at the peasant's expense, while a doctor argues that women are physically inferior, and a male guest says her husband should have killed her.[11]

Here the political and cultural activities of her well-connected family clearly shaped Karénine's depictions of such women's political issues as education, motherhood, marriage, divorce, and work. She dedicated *George Sand* to her father, the prominent liberal lawyer Dmitrii Stasov: "C'est vous qui m'avez appris à aimer George Sand." Her aunt was the feminist activist Nadezhda Stasova, and her sister Elena was a Bolshevik and member of the Comintern. She corresponded about literary matters with her voluble, volatile uncle, the art and music critic Vladimir Stasov, who helped her gather material and publish.[12]

Karénine expounded on the importance of ideas and ideals in and of themselves in her work before the biography of Sand and again in the biography. In

---

8. V. V. Chuiko, "Sovremennye zhenshchiny-pisatel'nitsy," *Nabliudatel'* 4 (1889): 23-50.

9. On Russians preference for Sand's political writings, see Tsebrikova and Carole Karp, "George Sand, Balzac, and the Russian Soul, *Michigan Academician* 10 (1978):347-59.

10. V. Karenin, "Iz detskogo mira, Etiudy; I. Zabyla!," *Vestnik Evropy* 3.6 (1892); *Strekozy: Skazki, rasskazy, povesti* (St. Petersburg, 1912; Petrograd, 1916) 13-33.

11. V. Karenin [V. D. Komarova], "Feministka iz Abrosimovki," *Russkie vedomosti* No. 154 (1906); *Strekozy: Skazki, rasskazy, povesti* (St. Petersburg, 1912; Petrograd, 1916) 113-29.

12. Her uncle gave Karénine's novel *Musia* to Mikhail Stasiulevich, his publisher at *Vestnik Evropy*, and the scholar Aleksandr Pypin. GPB, f. 621, N. 408, three letters in October 1887. Dmitrii Stasov first approached Mme Maurice Sand, while Karénine's archives contain transcriptions of articles about Sand in her uncle's handwriting. GPB, Arkh. V. D. Komarovoi, n° 28, "Pis'mo k neustanovlennomu litsu (Mikhail Mikhailovich)," dated after 1924.

1888, Karénine made her debut to mixed reviews with a female Bildungsroman *Musia*.[13] Her next project was a biographical sketch of the eighteenth-century German actress and playwright Caroline Neuber (1697-1760), which she later turned into an unsuccessful play.[14] In 1891 she first revealed her plan to write about Sand to her father, and later to her uncle. Although Karénine positioned her biography as a rebuttal to the myriad bad, sometimes malicious French biographies of Sand, her work and correspondence also indicate that she developed this project partly out of her concern about ideas in and of themselves as an ideal for women as heroines and as writers.[15]

Karénine conceived of the eponymous Musia within an established Russian literary tradition of responses to Sand's novels about adulterous love. *Musia* was Karénine's reworking of Anna's fate in *Anna Karenina*, in which Tolstoy partly responded to Chernyshevsky's argument in *What is to Be Done?* (1863), based on Sand's *La Comtesse de Rudolstadt* and *Jacques*.[16] Chernyshevsky posited that while love was irrational, the consequences could be managed rationally to the benefit of society. In contrast, Tolstoy created a bleak picture of sexual passion out of control in *Anna Karenina* and later in *The Kreutzer Sonata* (1889). Karénine countered both writers' views, most powerfully embodied in their heroines, by creating a different heroine. By taking the pseudonym Karénine, Varvara Komarova, née Stasova, called attention to her literary intentions.

---

13. V. Karenin [V. D. Komarova], *Musia*, *Vestnik Evropy* (1888):3.5:121-90, 3.6:516-613, 4.7:81-143, 4.8:433-518; (St. Petersburg, 1911, 1913). One reviewer speculated that the writer was a woman because of the author's "remarkable capacity for observation" RGALI, f. 238, op. 1, d. 746, l. 2ob. An unspecified French publication that, like the early review in *Russkaia mysl'* (6 (1888):317-18), was positive. In his negative review, R. A. Disterlo called the author an able "master of literary matters," but uninteresting. *Nedelia*, n° 41 (1888): 1303-7.

14. V. Karenin [V. D. Komarova], "Karolina Neiber (Die Neuberin)" *Severnyi vestnik* 12 (1897): 19-38; *Karolina Neiber. Tragicheskaia byl' v chetyrekh deistviiakh s prologom, Sochineniia*, 3 vols. (St. Petersburg, 1912) 3:37-153. The play was first performed 17 Oct. 1900 in the Maly Theater in St. Petersburg; reviewers thought it was too talky and underrehearsed. Although the publication dates place these works after Karénine was at work on Sand in mid-1891, both archival material and Vladimir Stasov's published letters to her in 1891, indicate that he had read the biography.

15. On this aspect of Sand in French art, see Janis Bergman-Carton, *The Woman of Ideas in French Art, 1830-1848* (New Haven: Yale University Press, 1995) 153-60.

16. Karénine gave her views of Tolstoy in letters to her uncle V. V. Stasov, IRLI, Arkhiv Stasovykh, f. 294, op. 8, n° 15. In published material, see Stasov's response (21 June 1891) to her angry letter about her pseudonym being exposed to Tolstoy among others, and Stasov's defense of Tolstoy. V. V. Stasov, *Pis'ma k rodnym*, 3 vols. (Moscow, 1958) 2:304-6. (On Sand's novels as sources for *What is to Be Done?*, see E. Klenin, "On the Ideological Source of 'Chto delat': Sand, George, Druzhinin, Leroux," *Zeitschrift für Slavische Philologie* 51.2 (1991): 367-407.)

Musia and the men she is involved with repeatedly dwell on how unlike other women she is, implicitly bringing to mind those other heroines. Like Chernyshevsky's heroine Vera Pavlovna, Musia makes a marriage based on friendship and common interests. But unlike Vera or Anna Karenina, Musia loves her husband, and she later loves both him and her lover equally, simultaneously. But the most significant difference is that Musia is both extremely passionate and intelligent in an analytical way that allows her to control her feelings. The novel's epigraph is Heine's "Warum?" and when Musia plays Schumann's song based on this poem, it captures the tension between her emotions, represented by the music and the poetry, and her intellectual quest for meaning and an occupation in life.[17]

Early in the novel, Karénine establishes Musia's cast of mind as a defining feature of her personality. By the end of the novel, when Musia decides to return to her husband, Karénine marks her worldview and the quality of her mind as decidedly Sandian despite the conservative ending — idealistic, intelligent, and passionate.[18]

> They say that any ideals are nonsense and that they are eternally shattered. But now Musia knows that one can only live when one strives to achieve some kind of ideal, *submitting one's whole life to one something*, an idea, a cause, feeling, ... not submitting to anything temporary or accidental.[19]

Musia (like Karénine herself and more or less like Sand) has a masculine pseudonym: her guardian gives her the nickname Misha or Mikhail Nikolaevich because she neither thinks nor talks like a woman. In school Musia is as bright as her best friend, but Nina gets the gold medal (as did Karénine) because Musia learns only whatever interests her. This represents the continued debate about women's education and superficial rote learning versus learning to think for oneself. Significantly the most damning criticism of *Musia*, amidst speculation that the author was a woman,

---

17. This song became the title of Varvara Tsekhovskaia's literary debut with "Warum?" in 1899. The heroine Liza rejects love for the sake of her work in music and painting, thus reworking the tension in Karénine's novel to a different end. Ol'nem, O. N. [V. N. Tsekhovskaia], "Warum?," *Russkoe bogatstvo*, 2 (1899); *Ocherki i rasskazy* (St. Petersburg, 1903, 1912).

18. This was a typically Russian step backwards from the actions of Sand's heroines in the opinion of the feminist critic Tsebrikova. M. K. Tsebrikova, "Gumannyi zashchitnik zhenskikh prav." Po povodu romana A. F. Pisemskogo "Liudi Sorokovykh godov," *Otechestvennye zapiski* 2 (1870): 209-28. More recently, Herrmann has made a similar argument about the recalcitrant radicalism of the Russian Jacques, who became a defender of hearth and home. Klenin has argued that Jacques was not the primary model for Druzhinin's *Polinka Saks* and Chernyshevsky's *What is to Be Done?*.

19. V. Karenin, *Musia*, *Vestnik Evropy* 4.8 (1888): 508.

was that the author lacked "an independent relation to life."[20]

In a letter, Vladimir Stasov praised the novel as "not simply autobiographical. No, it is a novel," thus recalling nineteenth-century critics on women's writing, who claimed women could write only from their (limited) lives and thus copied reality because they could not produce original ideas.[21] Later Stasov wrote to Karénine that he admired Sand's "fire," but detested her idealism, exactly what appealed to Karénine.[22] In the context of such criticism, it seems to me that Karénine's emphasis on Musia's mind clearly reflects back onto that of the author and states her position as a writer. Thus this novel could be considered autobiographical in its reflection of Karénine's professional life, her becoming a writer.

Karénine continued to explore her heroines' (and her) passion for ideas and for staying interested in one's ideas in her next project, the biography of Caroline Neuber.[23] Neuber had a pivotal role in the development of a German national tradition of theater and dramaturgy. Karénine reinterpreted the life of this eighteenth-century woman in light of Sand, calling her biography of Neuber "a deeply sorrowful image of a misunderstood soul and a martyr to an idea"(4). She sent it to her uncle and he identified Karénine with Neuberin, as they affectionately dubbed her, by calling his niece Komarovin. He also connected Neuber with Sand in his proposal for an article on them as two women who achieved much despite the odds against them.[24]

Yet before Stasov made this last connection, Karénine had already moved on from Neuber to Sand, which seems to me to have been an organic progression. The story of how she came to write about Sand and the saga of her book's publication in Russian and in French over twenty seven years contains some odd turns and gray areas. In her published autobiography, as in an unpublished archival account, she credited her father, "who found that her real biography did not exist," for the decision to write about Sand.[25] Yet, in letters to her father and uncle, it is clear that she had long had the idea, which is important because it demonstrates that her conception of Sand is firmly attached to her own work as a writer. In May 1891, she asked her father to visit: "I have to speak with you about a certain literary matter of mine *in*

---

20. R. A. Disterlo, *Nedelia* 41 (1888): 1306. Another earlier review had speculated on her sex: "Nous persistons à croire que cet auteur, malgré son pseudonyme masculin, est une femme," in an unnamed French paper issued in Russia, RGALI, f. 238, op. 1, d. 746.

21. Letter to S. V. Fortunato (his illegitimate daughter), dated 3 Nov. 1887, *Pis'ma k rodnym* 2: 219-20.

22. Letter 6 June 1891, *Pis'ma k rodnym*, 2: 303-4.

23. In Karénine's words, Neuber's accomplishments were that "she translated and adapted French and English classics for the German stage, herself wrote plays, prologues, and dialogues, worked to remove slapstick humor, so-called Hansichkeit, from the stage, to create a literary repertoire, to convert actors from pitiful clowns into artists who cared about their dignity" *Sochineniia*, 3: 4-5.

24. *Pis'ma* 2: 306.

25. "Avtobiografiia," 12. "Pis'mo k neustanovlennomu litsu," dated after 1924, GPB, Arkh. V. D. Komarovoi, n° 28.

secret, therefore it is better to do this at my place."[26] In response to her uncle's June letter containing his idea to write on Neuber and Sand, she was forced to divulge what she called "a secret" (using the same language as to her father): that she had already been doing preparatory work by reading Sand and works about her for two years.[27] Stasov proposed a popular format of great women through the ages, which she did not follow because she clearly already had her own conception.[28] In part her secrecy can be attributed to fear of competition, leading her to make an odd request: "write your article on *G. S. and Neuberin* and give it to me and I will place it in a chapter of my book...." But her secret preparations and consultations also suggest that her project (like her pseudonym) was audacious.

By 1894, Karénine wrote that she wanted to publish the book in France as well because of the threat, later realized, that her work would be plagiarized. She credited the unscrupulous action of S. Rocheblave with changing her life in a positive way because the French edition increased her audience tremendously and brought her into contact with famous and ordinary people throughout Europe and America.[29] When an article was plagiarized, her father and uncle advised her to translate her work into French and publish it simultaneously with the Russian edition, "as there were no litereray conventions between France and Russia and dear Mr. R. could immediately 'use' my Russian book when it came out...."[30] From her notes of meetings with

---

26. 10 May 1891, IRLI, Arkhiv Stasovykh, f. 294, op. 8, N. 44, l. 9.

27. Stasov's letter dated June 21. Her response dated 24 June 1891, IRLI, Arkhiv Stasovykh, F. 294, op. 8, N. 15, l. 9ob-10.

28. Letter 28 June 1891, 2: 310-12.

29. "Pis'mo k neustanovlennomu litsu (Mikhail Mikhailovich)," GPB, Arkhiv V. D. Komarovoi, No. 28, l. 4. An earlier account (citation below) was created for Henry Herrisse, the American lawyer who advised her, which colors somewhat the purpose of these travel notes written up to aid him in establishing her claims on her work. With his help, she composed a letter stating that she would write in whatever language she chose. (Initially she had been warned about Rocheblave by Mme Maurice Sand, who wanted her to get Sand's letters from him and not return them because he did unreliable work. Rocheblave questioned her about her bibliography, much of which he did not know. Despite her comments to the contrary, he assumed she would publish in Russia. When he realized her plan to publish in France, he sent her an odd letter in which he listed all her sources as if he were instructing her; he also asked her to mark all place of interest in the letters he had given her and to hire his copyist; finally, she would write in Russian and he in French. In a second letter he instructed her on how to handle a chapter she had already written and continued to insist they publish only in their respective countries. Most insulting was his patronizing tone: "Il a l'air de vouloir se poser en auteur guidant une pauvre petite commençant dans son travail à faire. C'est trop fort." Otryvki iz ee dorozhnogo literaturnogo dnevnika; Extraits de mon journal littéraire pour M. Harrisse, 6 July 1894, GPB, Arkhiv V. D. Komarovoi, n° 20, l. 13.)

30. "Pis'mo k neustanovlennomu litsu (Mikhail Mikhailovich)," GPB, Arkhiv V. D. Komarovoi, n° 28, l. 2. Rocheblave immediately translated her Russian article, "George Sand, History and not a Legend" (1895), on Sand's relationship with Alfred de Musset, as "La fin d'une legende," and signed his name. Much of the rest of this letter details the trouble she had

Rocheblave, she clearly thought him a poor scholar.

Karénine considered the quality and quantity of evidence supremely important because of the nature of her subject. Karénine wrote the first life-and-works study of Sand because in her view, only this combination did justice to the force of Sand's ideas.

> Ce qui distingue par dessus tout George Sand [...] c'est son attachement passionné à toutes les grandes idées de l'humanité, sa prédication convaincue pour atteindre à cet idéal est la personnalité intense qui règne dans tous ses écrits [...]. C'est, selon nous, dans ces traits de son caractère *humain* et de son tempérament artistique qu'il faut chercher la clef de tout, si l'on veut comprendre sa vie personnelle et son œuvre littéraire que l'on ne peut séparer l'une de l'autre [...]. Nous nous contentons de répéter ici que chez George Sand, plus que chez tout autre écrivain, l'activité littéraire et la vie personnelle sont si étroitement liées l'une à l'autre et tellement soumises à l'influence de ses idées (ou plutôt au développement d'*une seule idée*) qu'il est impossible d'omettre un *fait* de sa vie sans perdre aussitôt le fil du développement progressif de ses idées qui, seul, peut nous faire comprendre son œuvre. (8-10)

This passage reveals Karénine's persistent fascination with a woman's capacity to live for ideas, which she expressed first in *Musia*, then in her biography of Caroline Neuber. But critics of such notorious women as Sand and Catherine the Great had long concentrated on their lives rather than their ideas, so Karénine assailed critics for manipulating the evidence.[31]

When Karénine compares Sand's autobiography to Catherine the Great's *Mémoires*, she comes closest to articulating the difficulty in interpreting this evidence, which is compounded by what she sees as the problem of gender.

> [C]es deux esprits de génie ne pouvaient pas, ne devaient pas oublier, qu'elles étaient pourtant *femmes*, soumises à la modestie féminine, elles ont gardé un silence discret sur certaines choses [...]. On est forcé de lire

---

with the translation of the first volume into French, an indication that Rocheblave's plagiarism significantly sped up her timetable for the French translation. The second she translated herself and the third she already wrote in French, then translated into Russian, which indicates that the French publication was primary for her. The last volume was never issued in Russian, which exists as a two volume edition, with the second volume comprising the second and third French volumes.

31. To ensure that she had good evidence, Karénine laid down four guidelines for her biography, on the partiality of eyewitnesses, the need to speak rather than keep silent about difficult aspects of Sand's life, and the differences between fiction, Sand's *Histoire de ma vie*, and biography. She often relied on original, unpublished letters, because the incomplete collection of published letters had been edited to change details.

entre les lignes, mais l'ensemble, surtout dans l'*Histoire de ma vie*, est tout
à fait conforme à l'idée générale. (67)

Karénine argued that Catherine's and Sand's memoirs shared this particular feature that completely shaped any reading: they were driven by "one idea," and therefore, "tous les événements ne sont plus considérés comme accidentels; ils forment dès lors un ensemble indissoluble"(66). This notion is echoed in Musia's thinking about a purposeful as opposed to incidental life.

An astute reader, Karénine's response to Sand as the vessel of ideas was a function of many factors — Russian criticism, her own writing, her family, her temperament — but she chose to emphasize another factor in the introduction: her Russianness. Karénine quoted Dosteovsky at great length to explain why a Russian had written the most comprehensive critical biography of Sand. Dostoevsky eulogized Sand mainly to illustrate his argument for a middle ground against those who maintained that a historical, intellectual abyss stood between Russia and Europe and therefore Russians might either copy Europe or go their own (Asiatic) way, but never truly understand European ideas.[32] Despite himself, Dostoevsky somewhat undercut his bid for understanding by trying to outdo the French in Russians' capacity to understand Sand, claiming she was a "Russian poet," a claim Karénine did not cite, perhaps judging it to be too idiosyncratic. Eschewing Dostoevsky's polemic, Karénine inserted herself under a male pseudonym as a Russian (male) writer into his general picture of Sand's influence:[33]

> C'est précisément en envisageant George Sand comme *force russe*, comme l'une des souches primordiales de la conscience sociale russe de notre temps, que nous avons considéré comme notre devoir d'écrivain russe de lui consacrer une étude sérieuse. (1:39)

To write about Sand's influence became tantamount to having the right to speak for the Russian people, a (male) political role filled with familiar tensions for Russian writers and critics. Like Dostoevsky, Taine, and Zola, Turgenev had hoped to write a substantial eulogy to Sand, and his letter to Flaubert reveals one motivation

---

32. Isabelle Naginski has termed Dostoevsky's view of Sand as the "serenity of influence," a potentially new way to view cross-cultural influences as less threatening that those Bloom describes within a writer's literary culture. But in Dostoevsky's case, this should be seen in terms of his attempt to heal the rift in Russian intellectual life between Slavophiles' and Westernizers' views of Russia as either Asian or European. This was most evident in his 1880 Pushkin speech, "The Serenity of Influence: The Literary Relationship of George Sand and Dostoevsky," *George Sand: Collected Essays*, ed. Janis Glasgow (Troy NY: The Whitston Publishing Company, 1985) 110-25.

33. Alexander Worontsoff-Dashkoff has discovered that Princess Dashkova employed a similar stratagem when she criticized Peter III by borrowing the words of historians. "Disguise and Gender in Princess Dashkova's *Memoirs*," *Canadian Slavonic Papers* 32.3 (1991): 61-74.

behind his desire: the national, professional honor it conferred on him.

> Je sais que vous êtes allé à Nohant pour l'enterrement — et moi qui voulais envoyer un télégramme de condoléance au nom du public russe, j'ai été retenu par une sorte de modestie ridicule.... Le public russe a été un de ceux sur lequel Mme Sand a eu le plus d'influence — et il fallait le dire, pardieu — et j'en avais le droit — après tout.[34]

The extent to which Karénine, shielded by a male pseudonym, joins hands with her male colleagues becomes evident when we contrast her extensive use of Dostoevsky's views on Sand in her Introduction to Sand's biography with her private discussion with Rocheblave, where she criticized Russians for an excessive interest in Sand's ideas at the expense of form.[35] But unlike Dostoevsky and Turgenev, who blamed Sand for the loss of her reading public and considered her work passé, Karénine, like the woman critic Tsebrikova, saw the reason in society's indifference to problems, often women's issues.[36]

Thus Karénine had a divided identity as a writer. Through her pseudonym and in writing about Sand, I think Karénine constructed herself as a Russian (male) writer and thus rejected writing as a woman writer. But her subject matter often was women and women's issues. The complexity of Karénine's identity is unusual among women who had pseudonyms, for she used it to sign correspondence and even created "him" as a literary character, which, for example, Nadezhda Durova never did.[37] In a short story, "Mister Kaloshkin," Karénine embodied her pseudonym as a male writer who tries to save a lower class version of Musia, also named Maria, from a degrading marriage to a gifted pianist and tyrannical petty bourgeois husband.[38] The hope the fictional Karénine inspires proves too much for Maria and she throws herself from a window. This represents an alternate ending to Musia's life, the one Karénine rejected in *Musia*, her argument against *Anna Karenina*. The story can be read as a

---

34. I. S. Turgenev, 6/18 June 1876, *Pssip*, 11: 272. Turgenev even competes a little with Flaubert for Sand's love, writing that it was "natural" that she love Flaubert more.

35. "Je lui signalai le fait singulier que la plupart de nos critiques russes reprochaent à George Sand sa rentrée, apres 1848, dans la vie privée et son retour vers les pastorales — retours acclamé avec joie par les critiques français. Les critiques russes font trop peu attention à la forme, les français le font trop...." 29 June 1894, "Otryvki," GPB, Arkh. V. D. Komarovoi, n° 20, l. 12 .

36. On the aesthetic significance and issues of gender in Sand's decreased popularity in France, see Naomi Schor, *George Sand and Idealism* (New York: Columbia University Press, 1993).

37. A decorated officer in the War of 1812 and author of *The Calvary Maiden* (trans. Mary Fleming Zirin (London: Angel Books, 1988)), Durova lived her life as a man, even demanding that her son address her as a man, and wrote under a male pseudonym Aleksandrov.

38. V. Karénin [V. D. Komarova], "Gospodin Kaloshkin," *Vestnik Evropy* 3.6 (1897); *Sochineniia: Strekozy*, 3 vols. (St. Petersburg, 1912; Petrograd, 1916) 2:49-111.

pessimistic commentary on Karénine's inability as a writer in the story, and in real life, to improve lives.

In her fiction and privately, Karénine allowed herself to be more ambiguous about the Russian writer's role in society. Clearly, writing about Sand was not writing like Sand, whose works changed literature and lives. Dostoevsky noted that the hopes of Russian writers for Sand's works were not realized, but Karénine seemed aware that the powers of social and political transformation that Dostoevsky envisioned lay beyond writing, perhaps in the organic union of life and work that she envisioned as emblematic of Sand.

College of Wooster

GEORGE SAND AND HER *SAGE-FEMMES* AS AN INSPIRATION FOR JULES MICHELET'S *LA SORCIÈRE*

M. Ione CRUMMY

Scholars have acclaimed as groundbreaking the historian Jules Michelet's 1862 study of witchcraft, *La Sorcière*, which attributes the development of modern scientific medicine to village wise women's experiments in the sciences of pharmacy and anatomy. Yet they fail to note that, prior to Michelet's study, George Sand had already made this attribution. She validated village wisewomen's knowledge of herbal remedies and holistic treatment of psychosomatic and mental illnesses as the result of scientific observation, in her novels *Jeanne* (1844) and *La Petite Fadette* (1848). This study will examine the influence of Sand's portrayals of *sage-femmes* in these novels and of Sand herself on Michelet's depiction of the Witch from the establishment of Christianity through the fourteenth century in the Introduction, Book I and the Epilogue of *La Sorcière*.

The central themes in *La Sorcière* of Good and Evil as two aspects of a whole and of the witch's duality as the poisoner who cures can be traced to Sand. Yet Michelet only mentions her obliquely in the Epilogue as a woman of genius, who, in *Consuelo*, depicts Jesus and the Devil as warring brothers who finally reconcile, which he downplays as "a woman's pleasant idea."[1] Significantly, Michelet notes in his *Journal*, March 14-16, 1862, that after reading the part about Satan in Sand's *Consuelo*, he then dreamed and wrote what later became the epilogue.[2]

Michelet's correspondence and *Journal* entries confirm that he included George Sand among the influential thinkers of his day.[3] On February 28, 1848 he

---

1. Michelet, *La Sorcière* (Paris: Garnier-Flammarion, 1966) 283. Michelet may have read *Consuelo* and its sequel *La Comtesse de Rudolstadt* when they appeared in *La Revue Indépendante* from February 1842 to February 1844, for he mentioned reading an article attacking his book against the Jesuits in the July 10, 1843 issue, Spoelberch de Lovenjoul, *George Sand*. *Étude bibliographique sur ses œuvres* (New York: Lenox Hill, 1971) 20, 21; *Lettres inédites à Alfred Dumesnil et à Eugène Noël (1841-1871)*, ed. Paul Sirven (Paris: Presses Universitaires de France, 1924) 65.

2. Even Michelet's reference to Montanelli's poem *La Conversion de Satan* can be traced to Sand's critique of it in a collection of essays *Autour de la Table* (Paris: Michel Lévy, 1876) that he bought and perused July 1, 1862, *Journal*, ed. Paul Viallaneix (Paris: Gallimard, 1959-72) 3:104, 121-22, 597. In it Sand dwells at length on "the final embrace of the Savior and the demon" and the guilt of the Roman Catholic church in using fear of the Devil and of Hell to control the faithful, 104-106. In early October 1862, Michelet tried to include a confrontation between Jesus and Satan in the epilogue but in the end merely referred to it, *Journal* 3:144, 605. NB: All translations are my own unless otherwise specified.

3. Michelet notes on September 27, 1846, just after beginning *Histoire de la Revolution française*: "[d]reamed of a meeting of Lamennais, George Sand, Béranger, Quinet, Eugène Sue," *Journal* 1:658.

wrote to the new minister of public education to nominate Sand to an expanded Academy of Moral and Political Sciences, praising her as "the foremost socialist writer who in her last two works has just created a new literature, immense hope of the future."[4] The works he probably refers to are *François le Champi*, whose publication in the *Journal des Débats* was interrupted February 4 by the Revolution, and *La Mare au diable* which had begun appearing in *Le Courrier Français* two years earlier (Spoelberch 25-26).

Sand's pastoral works greatly interested Michelet, who was moved by a performance of *François le Champi* in April 1850 to express his admiration and gratitude for her "masterpiece" and her "genius" (*Journal* 2:94, 678). In 1851 Michelet's wife read *Claudie* to him in January and *La Mare au Diable* in September. His appreciation of the realistic yet idealistic depiction of peasant mores in Sand's pastoral novels suggests that he also read *La Petite Fadette* and *Jeanne*.[5] Indeed, the druidic dolmen-centered cult associated with the heroine in *Jeanne*, which began appearing in *Le Constitutionnel* in late April 1844 (Spoelberch 22), may have sparked the interest Michelet expressed in his son-in-law's Celtic walks among the dolmens near Vascœil the following October (*Lettres* 84).

Sand's influence on Michelet was pervasive at the time of the genesis of *La Sorcière*. On February 14, 1861 she congratulated him on the beauty of his book *La Mer* and advised him to write on botany "so that the blind of this world may learn to see, understand and love this earthly paradise, this adorable *Cybèle* that their malice and stupidity have made a hell" (*Corr* XVI:300-1). Sand's reference to the misunderstood *Cybèle* – Nature – may well have inspired Michelet to write in *La Sorcière* of the Christian mistrust and fear of nature. Sand wrote that she was going to the sea near Hyères, her mind filled with his great scenes of nature. She rented a country house at Tamaris, half an hour by sea from Toulon from mid-February through May 1861. Michelet followed in her footsteps that autumn.

Michelet's *Journal* entries of September and October 1861 indicate that in Toulon he was in frequent contact with people who knew George Sand while the seeds of *La Sorcière* were germinating. Michelet called on Sand's friend and protégé, the worker poet Charles-Louis Poncy,[6] and her acquaintances the Margollés and Zurchers almost immediately after arriving in Toulon and Sand often figured in their

---

4. Arthur Mitzman notes "Copy in Dumesnil's hand in Bibliothèque Historique de la Ville de Paris, MS 1588, fol. 30," *Michelet, Historian* (New Haven: Yale University Press, 1990) 174.

5. Gabriel Monod, *Jules Michelet* (Paris: Hachette, 1905) 364; Jacques Viard believes that *Jeanne* inspired aspects of *Le Peuple*, "George Sand et Michelet Disciples de Pierre Leroux," *Revue d'histoire littéraire de la France* 7.5 (Sept.-Oct. 1975): 763-64.

6. Sand had her mail sent to Poncy's address during her stay at Tamaris, *Corr* XVI:305-311.

conversations.[7] Poncy's friend Alexandre Mouttet, a well-read lawyer and active Republican who knew Sand slightly,[8] frequently provided Michelet with information and assistance during his work on *La Sorcière* (*Journal* 2.784; 3.574). Michelet and his wife Athénaïs shared an interest in the natural sciences, especially botany, with Mouttet, the Margollés and the Zurchers, as had Sand, who continued to exchange seeds and dried flowers with them after her departure.[9] This common interest led to long discussions, like that of December 8 in which Athénaïs defended the animals against Margollé, the defender of the reign of man (Michelet, *Journal* 3:87).

From December 22-24, 1861 Michelet reworked the plan of his book, moving "from imagination to pity, to fondness, finally to the rehabilitation of the ancient sorceress" and noted the agreeable feeling this transformation gave him, with his subject returning to "humanity, to the bosom of woman" (*Journal* 3:90). From February 2-5, 1862 Michelet was intensely productive, writing Chapters 1-3 in which the similarities between Sand's peasant wise women in *Jeanne* and *La Petite Fadette* and his depiction of the witch are most striking (*Journal* 3.98, 99). Let us examine some of these similarities in the origins of the witch, the witch as healer, the corrupt witch, and the witch of the black mass.

In Michelet's eyes, witches and women are synonymous. Women, by their very nature, are witches, his Introduction states; Witchcraft is woman's distinctive genius and her temperament. Woman is born a fairy; she is Sibyl through the regular recurrence of exaltation, Magician through love, Sorceress through her keen and mischievous wit; she occasions fate, deadens pains (*Sorcière* 31).

Michelet finds the common source of all primitive religion and science in woman's imagination, which gives birth to visions and gods (31). A strong, undying religion like Greek paganism, he claims, begins with a beautiful virgin, the sibyl, who creates its charm (31). He sees this ancestress of the witch as "ravishing Circe," an oriental priestess respected for her oracular powers, her understanding of the virtues of plants and the movements of the stars (32). This description owes much to Sand's Jeanne, a beautiful virgin of the golden age, a Gallic Isis, a simple peasant girl

---

[7] While visiting Mmes Margollé and Zurcher September 28, Michelet notes seeing "the noble countryside of pines, where Poncy had set up Mme Sand" and a portrait of her. The next day he mentions speaking of her with Poncy, and on October 6 he writes that Mme Michelet wants a page to run errands for her, just as Mme Sand had one, *Journal* 3:574, 63, 65, 66.

[8] Sand had written to Mouttet in November 1845 to thank him for subscribing to Pierre Leroux's *Revue sociale* and had made friendly overtures to him while at Tamaris, *Corr* VII:163, 813; XVI:400.

[9] After her return to Nohant, Sand wrote to Élie Margollé August 24, 1861 thanking him, his wife or the Zurchers for the "graines de nigelle et de votre jolie glycine rouge"; she asked him to suggest a scientific journal to which a doctor friend could send an article "sur la pluralité des races humaines," Margollé responded the 29th, offering his and Zurcher's help and suggesting *l'Ami des sciences* (where the article appeared September 22), *Corr* XVI:525-27.

accustomed to solitary reverie,[10] as well as to Fadette who also enjoys solitude and peaceful musing.[11] Michelet sees woman as the mother, tender protectress and faithful nurse of religions (*Sorcière* 31-32). This is the role Sand attributes to Jeanne's mother Tula, a nursemaid whose lullabies transmit ancient legends (*Jeanne* 53, 48).

Michelet's description of the innocent first witch in Chapter 3 "Le Petit démon du foyer,"[12] who humbly shares her beauty and charm with all of nature (54), corresponds to both Jeanne and Fadette. He describes his first witches as pale roses (65), just as Sand likens the natural pink and white of her peasant heroines' complexions to the wild rose, meadow aster and spring hawthorn (*Jeanne* 23; *Fadette* 151). Michelet imagines a sweet, timid serf who spins while guarding her flock alone in the forest, trusting in God's protection. An ascetic, she has the svelte slimness of church saints (65). In Jeanne, who is compared to Mary Magdalene, Joan of Arc and the Virgin Mary (62, 280), we find the same contemplative asceticism. Shy to the point of wildness, she spends her days alone in deserted places, guarding her flock and spinning; she subsists on black bread and returns at night to her mother's protection (*Jeanne* 74).

In her solitude, Michelet's first innocent witch, like Sand's peasant heroines, talks to her visions, the animals and the trees. This contact with nature awakens in her ancient tales passed down for centuries from mother to daughter. Michelet deems this touching family religion the innocent memory of the old spirits of the land (62, 63). Both Jeanne and Fadette are the repositories of such matrilineally transmitted beliefs and knowledge. From her mother Tula, the descendant of Druïdic priestesses, Jeanne has inherited *"la connaissance,"* a mysterious knowledge of nature's secrets, local legends, and a firm belief in fairies (*Jeanne* 54, 84). Peasant superstition attributes a magical lineage to Fadette's family as well, for her nickname, a diminutive of her grandmother's, means little fairy or female sprite in the local patois (*Fadette* 69).

According to Michelet, early Christianity hated nature, seeing it as a source of temptation. The Church attempted to stamp out the people's allegiance to nature spirits, declaring them demons. Despite it all, the people remained faithful to these indigenous gods of trees, fountains, rivers and hills for centuries, Michelet claims, and even incorporated them into religious legends and Lives of the Saints (46, 47, 54). In *Jeanne*, the Berrichon peasants believe spirits they call *les fades* speak through the mysterious echo of the dolmen of *Ep-Nell* and inhabit fairy holes that were supposedly oracular sites for Gallic prophetesses (87, 79, 90). Michelet mentions troglodyte holes in certain hills of central France (92) – a veiled reference to Sand's Berry.

Michelet's characterization of these spirits and of the peasants' belief in them echoes that of Sand in *Jeanne*. He describes fairies as good and bad, whimsical, capricious, and at times ill-humored. Although small and strange, they have a heart

---

10. Sand, *Jeanne* (Grenoble: Editions Glénat, 1993) 78-79.
11. Sand, *La Petite Fadette* (Paris: Libraire générale française, 1984) 126.
12. This title echoes that of Sand's play "Le Démon du foyer," published in 1852, Spoelberch 34.

and need love. At the birth of a child they endow it with qualities and establish its fate (63). Jeanne, protected by *les fades* from her cradle, believes they are "daughters of God or of the devil, who love or hate us, comfort or torment us, preserve us is goodness or plunge us into evil" (103, 196). To please them, Sand's Berrichon peasants leave small offerings, a stone or leaf, tokens of remembrance and respect – a ritual Jeanne performs, placing a bit of wild thyme in a fairy hole (91, 85). Her attitude is echoed in Michelet's first innocent witch who leaves the fairies a bit of cream out of compassion, for although a good Christian, she keeps a place for them in her heart (55, 66).

In the same manner, Jeanne, who considers herself a devout Christian, does not distinguish between her belief in fairies and in God. She sees no sacrilege in combining the powers of the dolmen of Ep-Nell with her Christian prayers, nor dishonor to the Blessed Virgin in calling her *la Grand'Fade* (*Jeanne* 278, 114). Jeanne conflates druidic priestesses, fairies and saints, who, in her eyes, are all good Christians, souls sent from heaven (233). Similarly, Michelet conflates all witches into one, telling their story as the life of one woman over a thousand years.[13]

Michelet claims the witch possesses two gifts. The first is "[l]'*illuminisme de la folie lucide.*" By degrees, it is poetry, second sight, keen perception, naive and clever speech, and especially the ability to believe in all one's illusions (36). Believing she is protected by the fairies, Jeanne unhesitatingly braves fire, just as Michelet's witch does in the Sabbath scene, to rescue her deceased mother's body from their burning cottage (*Jeanne* 231, 103). Reemerging from the flames, Jeanne resembles a druidesse, a seer in a trance (104). This is reminiscent of the state Mauss terms "the magician's possession," in which another being speaks through her.[14]

According to Michelet, the witch's second gift is the power of solitary conception, parthenogenesis for conceptions of the spirit (37). Although Jeanne, Fadette, and their mothers are unjustly accused of conceiving illegitimate children, they mainly bring into the world creations of their fertile imaginations, which they pass on to their listeners. Fadette entertains the other children with her tales and games (69), while Tula, who is likened to a sibyl, stirs the imaginations of the children in her care through her fantastical tales and songs (*Jeanne* 48).

Jeanne's matrilineally transmitted beliefs carry more weight with her than does official church dogma (84). She refuses to be dissuaded from her vow to remain celibate because it was sworn to her mother over her corpse on the sacred dolmen of Ep-Nell. Jeanne believes that if she broke it her mother's soul would reproach her, the Great Virgin would withdraw her friendship and God would punish her (279). She places this trinity's authority above that of the pope and the church of Rome, because

---

13. Michelet's depiction of the life of the witch as one woman over several hundred years is reminiscent of Albert de Rudolstadt's previous incarnations in *Consuelo* and *La Comtesse de Rudolstadt*.

14. Marcel Mauss, "Esquisse d'une Théorie générale de la magie," *Sociologie et anthropologie* (Paris: Presses Universitaires de France, 1966) 31.

for her no Church is greater than God (279). Jeanne's ignorance of dogma enables her to incorporate Christian and pagan beliefs to form her own cosmology.

Jeanne's saintly fanatical resolution is unshakable (279), her vow is a consecration[15] that ultimately leads to her death when she jumps from a window to avoid seduction by Marsillat. Isabelle Naginski views Jeanne's suicide as a form of rebirth, a baptism, an act of initiation, of defiance and of heroism.[16] Jeanne's beliefs fill her with serene confidence and on her deathbed she believes *la Grand'fade* receives her soul. Michelet's decadent witch is similarly consecrated through martyrdom, but she is far from celibate (21).

Let us now examine the witch's healing mission as doctor. The Witch, unlike her ancestress the Sibyl who merely foretells fate, occasions it, according to Michelet: "she holds the magic wand of the natural miracle, with Nature as her helper and sister. In her begins the sovereign industry that cures, renews man" (32). Whereas Jeanne's role is that of a Sibyl or prophetess, Fadette assumes the more active role of a witch.

A thousand years after the arrival of Christianity, writes Michelet, the ancient religion survives only on moors and in forests, hidden by the witch who is hunted like a wild animal, shamed and tormented (31, 32). Sand's *sage-femmes* experience similar persecution; Jeanne is pursued by her would-be seducer Marsillat and shamed by false accusations, while Fadette is tormented by the village children and maligned by the adults. Michelet's cursed, outlawed witch, the poisoner who cures, lives apart from the peasant village, in the most sinister, isolated places, where the plants she uses to make her beneficial poisons grow (33), just as Sand's shepherdesses do. Jeanne lives in the fields, on uncultivated moors (28), while Fadette collects the plants for her potions and powders in hard to find places (131). For Michelet, the witch is without familial or conjugal ties (36), similarly, Jeanne and Fadette are unmarried orphans, marginal to the peasant community. For Mauss, this separation of shepherds from their fellow peasants, in constant relation with animals, plants and stars, confers on them a magical authority (21).

Despite the Church's mistrust and fear of Nature, Michelet's witch continued to believe in its innocence. For a thousand years the Wisewoman was the only doctor of the common people; generally out of respect and fear, the peasants called her *Bonne dame* (bella donna), like the Fairies – but if she did not cure, she was insulted, called a witch, the Devil's fiancée (33). Her precept, nothing impure or unclean (125), greatly contributed to medical science by making possible the study of matter, says Michelet. The great Renaissance doctor Paracelsus attributed all his knowledge to the popular medicine of the witches or wisewomen, who were accomplished bone-setters, veterinarians, and midwives (33). These are skills Jeanne's mother and Fadette's grandmother, who support their families as herbal healers, possess. Yet their superior

---

15. Mireille Bossis, "La Femme prêtresse dans les romans de George Sand," *George Sand: Collected Essays*, ed. Janis Glasgow (Troy, NY: Whitston, 1985) 255.

16. Isabelle Naginski, *George Sand: Writing for Her Life* (New Brunswick: Rutgers University Press, 1991) 44.

knowledge of the uses of plants in the preparation of remedies also gains them the reputation of witches and persecution.

The witches' audacious homeopathy was "*la médecine à rebours*," based on the great satanic principal of doing the opposite of the sacred world: since poisons were feared, Satan used them as remedies (*Sorcière* 124). To calm or stimulate, writes Michelet, witches relied on a large family of dangerous, but extremely useful plants, such as their favorite, Belladonna, whose somber flowers frightened the ignorant passerby (119, 33). The witch risked death at the hands of a fearful, ignorant mob by collecting these plants that the uninitiated consider poisons, although for those who knew their properties they were medicines (110, 33).

Fadette has learned from her grandmother and her own observations secrets to heal the human body (126) and the uses of seemingly insignificant plants that the ignorant crush underfoot. She realizes that what appears neither beautiful nor good can be helpful and health giving (124). As a demon of curiosity inspires Michelet's witch/healer to probe into everything (38), so Fadette's desire to understand nature's secrets prompts her to study both the good and bad properties of plants. Unlike some other witches, however, Fadette never uses her knowledge for evil (127).

Michelet's witch loves and cares for animals, and is loved by them (113), as does Fadette. The peasants consider Fadette a witch because she hates to see even "evil" animals like frogs, wasps and bats suffer. Fadette's and Jeanne's knowledge of plants and animals enables them to maintain their small flocks in surprisingly good condition for landless peasants such as they (*Fadette* 131, *Jeanne* 74-75). Fadette's herbal "recipes" save a neighbor's sick cow, snake-bitten colt and rabid dog (169).

Fadette's treatment of Sylvinet is an excellent example of *la médecine à rebours*. In order to cure him of his psychosomatic illness, rooted in his feelings of love for her and jealousy of his brother, she scolds him. She treats him harshly despite her feelings of pity for him, thereby working a cure through the use of a sort of reverse psychology.

Gold corrupts Michelet's decadent witch of Chapter 5, "Possession," and Chapter 6, "Le Pacte," as it does Sand's bad witches. Jeanne's aunt, Grand'Gothe exhibits the same attitude of triumph and insolence, the same rage and despair Michelet attributes to his corrupt witch (85, 90). Rumored to have a hidden cache of coins, thanks to her secret dealings with evil spirits, Gothe is considered a bad witch by her neighbors who believe she uses her power to get rich at their expense (*Jeanne* 84, 85). They associate her with the evil cult of *les Pierres Jomâtres* and accuse her of stealing and poisoning livestock and corrupting young girls (*Jeanne* 88, 75). Similarly, the peasants dislike and fear Fadette's grandmother who dies a rich woman after a lifetime of selling potions, for although she uses her knowledge to cure, she also earns money treating non-existent maladies (*Fadette* 66-67). The peasants resent their financial dependence on these wise women's expertise for medical treatment.

Sand's good witches refuse to be corrupted by gold. Tula is considered a "learned matron," because she uses her knowledge selflessly to cure the sick and pray against scourges, accepting whatever payment the peasants offer and living in poverty like them (*Jeanne* 88). She makes Jeanne swear a vow of poverty and chastity to preserve her from the corrupting effect of gold. To remove temptation Fadette entrusts her grandmother's hoard of coins to a neighbor and gives free medical care to the community the old woman had previously exploited.

By rejecting the witch-like aspect of the *sage-femmes* in her criticism of Grand' Gothe and la mère Fadet, Sand undermines their professional status. When Fadette ceases to play upon the villagers' fears of her witchcraft, transforms herself from an outcast into the socially acceptable wife of a well-off peasant, and begins refusing payment for her services, her charity overshadows her professional skill. Sand attributes the wisewoman's cures more to her self-sacrificing love than to her herbal remedies. Fadette, in prayer, offers her own health in exchange for Sylvinet's, while Jeanne, to cure her master's obsessive love for her, sacrifices her life. Sand's portrayal of village wisewomen thus subordinates their practical role of professional healer to a romantic one of ministering angel. Similarly, in his Epilogue, Michelet emphasizes woman's natural gift for healing and her sweetness and humanity over her contribution to medical science.

In *Jeanne*, Sand situates the beliefs of Jeanne and her mother within the ancient traditions of the peaceful, egalitarian druidic cult of the dolmen of Ep-Nell (111) in opposition to the authoritarian cult dedicated to human sacrifice on *les Pierres Jomâtres*. Sand's antiquarian priest conjectures that Jeanne's belief system, qualified as the free religion or heresy, was an attempt at a purer religion or a protesting remnant of a persecuted religion (88). By revising the historic image of Druidic rites as non-sacrificial, Sand attempts to return the French to a peaceful, egalitarian religion that predates Christianity. Just as Jeanne dreamed of finding the golden calf, with the great Fairy's help, in order to alleviate her neighbors' poverty,[17] at the end of *La Petite Fadette*, the heroine teaches the village children the true religion and assists the most needy (245). Fadette thus implements what Sand, during the Revolution of 1848, in her political tract *Aux Riches*, called true Christianity and a religion of brotherhood.[18]

Sand expressed similar ideas in a letter to Michelet April 30, 1845, reproaching the clergy for forgetting the true spirit of the Gospel, the doctrine of equality and community, and deploring that the Church no longer believed in Christ. Michelet was so struck by her ideas that he underlined the key words in red (*Corr* VI:855). Years later he incorporated these ideas into *La Sorcière*, in which the witch gains power because the corrupt medieval Church no longer believes in Christ. Michelet had earlier called on Sand to forge a path where he could follow her (*Corr* 6:854) and so he did, transposing her ideas of a revolutionary religion into the rite of the black mass.

---

17. Similarly, Michelet's peasants dream of finding hidden treasure with a demon or spirit's help (*Sorcière* 77, 75).

18. Sand, *Questions politiques et sociales* (Paris: Calmann-Levy, 1879) 230.

Neither the ancient magician nor the Celtic seer is the "true witch" for Michelet, rather she is the creation, indeed the crime, of the anti-Nature and anti-woman doctrine propagated by the Church of the Middle Ages.[19] Michelet considers the witch's pact with Satan the result of deep despair at the terrible insults and miseries inflicted on the serfs by the secular and ecclesiastic lords (35, 63). The peasants came to believe that Satan cared more for their plight than did Jesus. Michelet's peasants reverence *"Celui à qui on a fait tort,"* the God of Nature, as does Albert de Rudolstadt, while "Esprit d'en bas, soyez béni!" echoes Zdenko's greeting in *Consuelo*.[20]

Michelet's Sabbath witch, the Devil's fiancée, wears a crown of verbena, the ivy of tombs, reminiscent of the cypress one given to Consuelo by Albert (*Consuelo* 1:326). Michelet imagines the Sabbath witch or priestess as a sorrowful beauty with the face of Medea, profound, tragic, feverish eyes, and cascades of wild, black, snake-like hair (128). An "old" woman in her thirties, she bears a strong resemblance to the George Sand Michelet first knew in the 1840s. In the course of the Sabbath's wild dancing, the old woman appears "still desirable, and loved in a confused way" (129). That Michelet had a long-standing sexual attraction to Sand is evidenced in his *Journal* records of erotic thoughts and dreams of her,[21] which he often repressed by contrasting her with his virtuous wife. On November 18 -19, 1861, a mere month before revising his plan of *La Sorcière*, he records: "I dreamed of Mme Sand who was greatly favoring me. Yet, I thought: So many others have passed there! A great difference from my wife who still seems an innocent child" (*Journal* 3:81).

It is significant that Michelet imagines a Black Mass at which, "without a woman one could not be admitted" (128). For him, contact with the magic of Nature is only possible through a woman: his wife, in his conscious mind, and Sand, in his unconscious. His wife, in contrast to Sand, he wrote March 7, 1852, "makes me better feel all that I draw of true life, of refreshment of spirit, and therefore, of fecundity in the habitual contact of charming saintliness" (*Journal* 2:186-87). On October 11, 1861 Michelet notes that since his stay on Lake Geneva a month earlier, he is absorbed in thoughts of the great fairy, Nature, and the little one – a reference, it seems, both to Athénaïs[22] and the Witch (*Journal* 3.68, 576). Much of his inspiration

---

19. Stephen A. Kippur, *Jules Michelet: A Study of Mind and Sensibility* (Albany: State University of New York Press, 1981) 86.

20. Sand, *Consuelo* (Paris: Garnier, 1959) 1:276-77; *Sorcière* 127, 98.

21. April 3, 1867, "J'avais rêvé que j'étais serré, en voiture publique [dans les f. de Mad. Sand] (dont Margollé avait parlé hier). Chose bizarre, c'est une idée qui ne me viendrait pas le jour". Sept. 21, 1867, "Mme Sand couche chez Flaubert (?). Vieille comme femme, mais jeune pour servir aux plaisirs d'Orient (?)," *Journal* 3:453, 522.

22. Michelet's wife's inspiration for this work is incontestable; around May 15, 1856 he noted a "crescendo of beauty" in her as she related her thoughts on "l'âme de la nature, la force divine répandue partout," which moved them both: "Je jouis de cette grandeur," *Journal* 3.301.

likely came from conversations with his wife and from reading Sand's works with her.

In the Sabbath scene of *La Sorcière* Michelet's witch functions as the priesthood, the altar and the host the people receive as communion, nourishing the peasants with her own body in the *Confarreatio* (130). These images of spiritual nurturance are very reminiscent of Michelet's remarks about Sand whom he believed possessed the "maternal genius," an instinctive capacity to nurture the masses. Visiting Sand's study or "sanctuary," as he called it, in her absence, August 24, 1841, Michelet expressed tender interest in "these great spirits so afflicted, so troubled, who each day nourish us with their blood, give us pleasure through their pains" (*Journal* 1:368-69). On November 28, 1851 he appealed to Sand, whom he called "powerful mother, charming and fecund nurse," to nourish herself and the people with the national thought (*Journal* 2:711). In March 1852, he referred to Sand as "this illustrious and unfortunate person who nourishes the whole earth with her rapid production, her charming fecundity, her beautiful imagination, and too easy heart" (*Journal* 2:187).

Michelet's image of the sabbath witch, a formerly proud woman, now prostrate, humiliated in the dust, offering her body and her life as a sacrifice for the people (129), reflects his fantasy of George Sand, whose genius he at once respected and envied, whose sexuality he felt at once drawn to and fearful of. In *La Sorcière* he writes: "many would sell their part of paradise to dare approach [the witch], but an abyss surrounds her, she is too admired and feared!" (138). He imagines her alone forever, without love, left with nothing but the Spirit (139). Michelet seems to want the witch (and Sand) to disappear once she has performed her nourishing function, "the Woman having given herself to be eaten by the crowd, had finished her work" (130). This discomfort perhaps clarifies both Michelet's appropriation of Sand's ideas and images and the omission of her works from his list of sources.

Michelet's comment on June 22, 1869 that, "the socialist élan after 1830, aborted in the State, continued in moral or immoral literature, Sand's novels, etc. Finally, the severe government of 1850 to 1869 only left breathing space in religious history, natural history, etc." (*Journal* 4:127), suggests that he wrote *La Sorcière* to express his social and political views, just as Sand had done in her pastoral novels.

University of Montana

CORINNE AND *CONSUELO*
WOMEN ARTISTS IN DIALOGUE WITH THE WORLD

Erica COCKE

As two of the most influential women artists of Romanticism, it is not surprising that Germaine de Staël and George Sand each wrote a novel about a woman artist and her struggle for creative expression. Staël and Sand tell the stories of thier women artists in *Corinne, ou l'Italie* and *Consuelo*, respectively, and although each novel focuses on a heroine of tremendous courage and genius, Corinne suffers a significantly different fate than does Consuelo. Each heroine must find a way to maintain the independence necessary to her success as an artist while navigating the dangerous waters of personal relationships, for in both novels there exist mutual contradictions between heterosexual love and art, in that male discourse in each novel seeks to control female creativity. While Corinne does not anticipate the devastating effects her relationship has on her creativity, Consuelo is aware of the possible ramifications of her love affairs. Consuelo consciously constructs a dialogue between art and love in her life, and she engages others in her dialogue so effectively that she is able to move through life without being trapped by another's discourse, whereas Corinne is unable to engage others in a productive dialogue with her own values and sense of self. The dynamics of the dialogic in each novel shape Corinne's and Consuelo's very different fates as artists.

Set in the last years of the 18th century, and published in 1807, *Corinne, ou l'Italie* is immersed in the political and personal ramifications of the Revolution. As Doris Kadish points out in her analysis of Corinne as a symbolic figure of the Revolution, the deterioration of her artistic powers at the hands of her lover, Oswald, is an inevitable fate, for the narrative traces the trajectory of a historical moment that culminates in death and betrayal.[1] Thus, it is no small matter that Sand, who wrote *Consuelo* nearly forty years later and in part as a response to *Corinne ou l'Italie*, sets her novel in the early mid-18th century. Indeed, Sand was very much aware that Staël's constant, critical engagement with French politics had earned her exile and censorship, and by drawing on a pre-Revolutionary context, Sand — and her heroine — gain more latitude. Unlike Corinne, Consuelo's actions are not legislated by the historical imperatives contemporary to Sand, and by slipping free of the ramifications of both the 1789 revolution and the impending events of 1848, Sand gains the freedom to explore the woman artist's potential for success in art and love.

Although *Corinne* and *Consuelo* are set in different historical contexts, as women artists each heroine faces a discursive imperative which transcends her given historical moment; that is, each of them must establish her own discursive space in the world. As Bakhtin says in *Discourse in the Novel*, "The speaking person in the novel is always, to one degree or another, an *ideologue*, and his words are always

---

1. Doris Kadish, *Politicizing Gender: Narrative Strategies in the Aftermath of the French Revolution* (New Brunswick and London: Rutgers University Press, 1991).

ideologemes. A particular language in a novel is always a particular way of viewing the world, one that strives for social significance."[2] Each heroine strives for the social significance of her art; each engages in a struggle for the success of her art and her identity as an artist. It is precisely this connection, between Bakhtin's acknowledgment of the power of discourse to shape subjectivity, and women's struggles for self-expression, that has inspired feminist critics to develop "feminist dialogics," a theory essential to the understanding of Corinne's failure and Consuelo's success as an artist.

Dialogism is a means of decentering the subject in that it undermines any single interpretation of reality or any absolute claim to truth. Susan Jaret McKinstry and Dale Bauer state in their introduction to *Feminism, Bakhtin, and the Dialogic* that their goal is to, "create a feminist dialogics that recognizes power and discourse as indivisible, monologism as a model of ideological dominance, and narrative as inherently multivocal."[3] Anne Herrmann goes on to explain why monologism works as a model of ideological dominance in her contrast between the dialogic and dialectic modes of discourse; "unlike the dialectic, which seeks to transcend opposition by means of a synthetic third term, the dialogic resists the reconciliation of opposites by insisting on the reciprocity of two or more antagonistic voices."[4] Whereas the dialectic lends itself to a hierarchical arrangement of difference, multiple voices participate in the dialogic without being collapsed into a single, ultimately powerful ideology, and one point that various theorists of feminist dialogics agree upon is that the maintenance of multiple voices is a source of empowerment for traditionally marginalized voices. Feminist dialogics, then, seeks out the relationships between diverse voices within a text, and characterizes the dynamics between different voices in an effort to understand how and why female subjects are controlled or empowered by an author's discursive strategies.

Thus, the woman artist must engage others in a dialogue with her self and her art in order to maintain a discursive space in which she can create. Staël, however, builds her novel on a series of oppositions which saturate its every word, whether the topic is that of north/south, Protestant/Catholic, restrained/emotional, man/woman, or Oswald/Corinne. The problem for her characters is that these oppositions are mutually exclusive rather than in productive dialogue with one another. Rather than communicating with one another through a shared dialogue, Oswald and Corinne build up their respective paradigms of ethics and values in the vain hope that the other person will relinquish one way of *being* for another. The omnipresence of unresolvable, non-negotiable conflict between the two lovers does not bode well for

---

2. Mikhail Mikhailovich Bakhtin, *The Dialogic Imagination* (Austin: University of Texas Press, 1981) 333.

3. Dale Bauer and Susan Jaret McKinstry, *Feminism, Bakhtin, and the Dialogic* (Albany: State University of New York Press, 1991) 4.

4. Anne Herrmann, *The Dialogic and Difference* (New York: Columbia University Press, 1989) 15.

the character whose paradigm is, for whatever reasons, less powerful than that of the other.

The power of Oswald's discourse lies in his use of authoritative discourse, what Bakhtin refers to as the "dead quotation,"(344) or the "word of the fathers" (342).[5] Because living characters cannot engage the dead quotation in a transformative dialogue, the dead quotation exists in the novel as a non-negotiable world-view. Oswald is entrenched, literally and figuratively, in the dead quotation of the father; he is defined in the novel in terms of his guilt and sorrow over his father's recent death, his anguish at having caused his father's pain, and his general capacity for suffering. He produces an ethical system based on the "dead quotation" of his father with the consequence that "good" decisions for Oswald are contingent upon his ability to do right by his dead father, and "bad" decisions are those based solely on his own desire for happiness. Thus, his relationship with Corinne is condemned from the start by the legacy of his father's unshakable disapproval of Corinne, of Italy, and of the woman artist.

In sharp contrast to Oswald, Corinne appears as a shining model of pluralism. She improvises, sings, acts, and dances; even Oswald notices her all-encompassing talent; "il [...] remarquoit, dans chaque détail, un mélange heureux de tout ce qu'il y a de plus agréable dans les trois nations, française, anglaise et italienne; le goût de la société, l'amour des lettres, et le sentiment des beaux-arts" (38). At the height of her artistic powers, she values, above all absolute interpretations of her life, her own powers of thought and enthusiasm. In her last, vain appeal to Oswald's waning resistance to his father's judgment, she writes a letter in which she defends and defines happiness. She says, "Qu'est-ce donc que le bonheur [...] si ce n'est pas le développement de nos facultés? Ne vaut-il pas autant se tuer physiquement que moralement? Et s'il faut étouffer mon esprit et mon ame, que sert de conserver le misérable reste de vie qui m'agite en vain?" (259). Corinne equates limitations on self-expression with moral and physical death, and she argues that, rather than bowing to stifling absolutes, the artist needs to create her own definitions and interpretations of reality; it is not only her prerogative, but her duty to do so. By the time she writes this letter, however, she is already well aware that her fate is at the mercy of Oswald. Because she herself subscribes to genius and soul, she argues — however unsuccessfully — that her relationship with Oswald is not subject to the prohibitive decree of Oswald's father.

Unlike Corinne, Oswald does not engage in a dialogue on the subject of identity and happiness but, rather than appreciating or reciprocating Corinne's multiplicity, he motivates in her a devastating search for a unified identity that will fit into his highly stratified understanding of the world. As the relationship progresses, the discourse of identity develops, for each of them, along the lines of Oswald's logic of hierarchy; they are aware of the many conflicts between them, yet they seek to

---

5. Staël, Germaine de, *Corinne, ou l'Italie* (New York: Leavitt and Allen, 1864).

eliminate differences rather than looking at their differences as constitutive of any future they might have together. In her attempts to reject her Italian heritage and to become English, and through her imitative attempts to valorize her capacity for suffering over her capacity for joy, Corinne suffers the moral and physical death she describes in her letter. Her voyage to England, during which she leans that Oswald is really unable to see beyond the laws of the father(land), and her solitary return to Italy, signal the end of her life as an artist. Whereas she was once able to don different masks in order to create, she is reduced by the end of the novel to being a heart-sick, forsaken lover who withdraws from the public, from beauty, from art, and, ultimately, from life.

Despite her tragic end, Corinne is unquestionably an enduring symbol of female genius, and she is a link to the success of the woman artist in Sand's *Consuelo*.[6] Consuelo's genius is for music, and her glorious voice stuns listeners in churches, theaters, and salons throughout Europe. In addition to possessing a sublime power over others through her music, Consuelo always walks a moral high ground; she is entirely self-assured in her values and beliefs, and she asserts herself to theater-owners, bishops, archduchesses, criminals, and vagabonds alike. Although Sand's novel overflows with examples of Consuelo's ability to maintain her values and identity in a vast and fascinating series of adventures, whether through masquerade, artistry or eloquence, her ability to undermine authoritative discourse is best seen, in contrast to Corinne, in her relationships with various men in the text, and through her negotiation of contradictions between love and art.

The novel begins with Consuelo's flat rejection of her jealous, traitorous lover, Anzoleto. She says, "Un homme peut-il être jaloux des avantages d'une femme? Un amant peut-il haïr le succès de son amante? Il y a donc bien des choses que je ne sais pas, et que je ne puis pas comprendre!"[7] Rather than struggling with Anzoleto's desire to diminish her success and thwart her abilities, she recognizes his failure to understand and appreciate her, and she moves on. Her next relationship, with the Bohemian count, Albert, provides a pivotal illustration of the discursive structure of Sand's novel, for whereas Anzoleto's discourse is unified and clear, Albert actively engages with Consuelo's point of view, a dynamic that culminates in an interesting and meaningful relationship.

Albert is an inherently dialogic character in that, at the time of Consuelo's arrival, he goes through periods during which he believes he is his tyrannical ancestor, Jean Ziska. A profoundly tormented and guilt-ridden young man, Albert emerges from his internal dialogue with the past only when Consuelo helps him to understand

---

6. As Kadish notes, "*Corinne* . . . was avidly consumed in more than forty editions by 19th century readers, many of whom found in it a source of inspiration because of the heroic model of woman genius that it provided. Sand is one of the many women writers who named Corinne within the pages of their novels and celebrated her in one of her well-known neoclassical poses" (Kadish 15).

7. Sand, George, *Consuelo* (Geneva: Slatkine Reprints, 1980) I:66.

himself as a heteroglot individual. When she first finds Albert in his subterranean refuge, he takes her for the sister of Jean Ziska, and she, in her intelligence and talent for masquerade, steps momentarily into the role of Wanda Ziska. She then adds, "Albert [...] car ton nom n'est plus Jean, de même que le mien n'est plus Wanda, regarde-moi bien, et reconnais que j'ai changé, ainsi que toi, de visage et de caractère" (II: 29). Thus, in their first encounter with one another, Consuelo and Albert try on different roles, speak different languages, and convey themselves to one another through shifting identities. When Consuelo succeeds in enlightening Albert to the fact that they are engaged in masquerade and play, he begins to understand the principle of his own multiplicity. He says of his secret hideaway, "[...] il y a ici un moi que j'y laisse, et qui est le véritable Albert, et qui n'en saurait sortir; un moi que j'y retrouve toujours, et dont le spectre me rappelle et m'obsède quand je suis ailleurs" (II:49). Albert, like Consuelo, possesses a powerful understanding of heteroglossia in the world through his constant inner dialogue with history, and as a result, he can appreciate the coexistence of different voices, however dissonant they may be. The dialogue which Consuelo initiates with Albert in their underground meeting sets the stage for a lasting, if problematic relationship in which each person is able to appreciate the other's complexity.

Furthermore, by anchoring Albert's dialogue in the world outside of his own mind, Consuelo is credited by his family with having rescued him from insanity, a debt which causes them to reconsider the "word of the father," or the family tradition that would prohibit Albert from marrying a relatively impoverished outsider such as Consuelo. However, whereas Corinne was prepared to give up her career entirely in order to gain the approval of the English father and to be with Oswald, Consuelo simply cannot accept the family's ultimatum that she give up performing in order to marry Albert. She responds to the father's gracious offer of acceptance into his family with, "mais monseigneur [...] j'ai un but, une vocation, un état. J'appartiens à l'art auquel je me suis consacrée dés mon enfance" (II:194). Consuelo's initial refusal confuses the patriarch, whose perspective stems from his family's traditional notions of ancestry and nobility. Indeed, she forces Albert's entire family to reinterpret their discursive strategies through her deliberate misreading of the offer of marriage. What they see as a gift to her, she sees as a possible, if not entirely desirable, path for her to take, and she claims the right to deliberate her own fate. Albert and his family, when faced with Consuelo's powerful ability to revise her own situation, become aware of the fact that they are engaged in a complex situation which encompasses different points of view.

Thus, Consuelo is empowered not by overthrowing or overcoming the voice of male authority, but through her active responses to the demands placed on her. She avoids the premise of patriarchal discourse by not only engaging others in dialogue with her needs, but by reciprocating the openness that she asks of them with the result that she cannot bring herself to desert her art, nor can she give up her promise to Albert to keep their future together underconsideration.

As feminist critics indicate, the beauty of the dialogic is that multiple voices, and ideas, coexist without collapsing into a single, decisive and exclusive world view. How, then, can Consuelo's love for Albert and art coexist when they *appear* to be mutually contradictory? Despite her own ability to maintain an inner dialogue between love and art, Consuelo is painfully aware that Albert's fate rests upon a final decision which she must make for his sake, if not for her own. It is at this point that Sand, in a bold move, comes to her heroine's aid by killing off the hero, and thus freeing Consuelo to remain true to both her art and love. Indeed, Consuelo returns to Albert on his deathbed, and the nearly simultaneous marriage and death of Albert serve to transform their relationship into a wholly spiritual union.[8] As his widow, Consuelo carries her love for Albert with her in her heart, as she sets off on her singing career once again, as spiritually intact as ever. Consuelo's evasion of the fate prescribed her by others within the novel, and by the literary tradition of the martyred heroine, is very much a product of her ability to inhabit a narrative space of multiple possibilities, of misreadings, and of complex relationships.

Through the narrative technique of combining many, dissonant voices, Sand shows her reader how polyphony can and does exist in the world, and how the presence of many voices is conducive to discursive freedom. Consuelo may go against the grain in some of her decisions, but there is always a space between herself and others in which her decisions can be understood by them: the discursive space shared by all speaking subjects, where voices intersect and come into conflict with one another, yet coexist in their differences. Corinne seeks this space, where Italy and England, women and men, can be together in their differences, but her inability to create a dialogue with Oswald reflects the extent to which Staël's narrative is governed by Oswald's internally persuasive discourse of hierarchy and "dead quotations." Corinne is crushed by the "word of the father," while Consuelo consistently engages "the word of the father" in a productive dialogue with the result that she establishes a discursive space wherein she can express her own thoughts and feelings, and be heard by others. As Sand notes of her remarkable heroine, "Elle éprouvait le besoin de s'appartenir à elle-même, ce besoin souverain et légitime, véritable condition du progrès et du développement chez l'artiste supérieur" (II:115).

University of California, Davis

---

[8]. A thorough discussion of the spiritual nature of Albert's and Consuelo's marriage is presented by Pierrette Daly in "The Fantastic in *Consuelo*," in *The George Sand Papers*. (New York: AMS Press, Inc., 1978) 77-82.

THE EMPRESS EUGÉNIE IN SAND'S *MALGRÉTOUT*

Ruth Carver CAPASSO

Carmen d'Ortosa's first appearance in the novel *Malgrétout* (1870) is merely as a name, the name of a famous, even notorious woman who excites passions and inspires rumors in the elegant society of Francbois. For many of Sand's readers, the apparent model for this character, the Empress Eugénie, was an equally distant figure, a name evocative of power, elegance and intrigue. Contemporary reading of the novel, which was quickly assumed to be a *roman à clé*, was most probably influenced by this extra-textual presence, defined for much of the public by the discourses of journalism and gossip. Interest was undoubtedly stirred by the promise of finding, within the novel, a more intimate image of the great and distant lady. The novel was a *succès de scandale*: "une autre cause que le nom de l'auteur et les qualités habituelles à toute oeuvre qui sort de sa plume explique, en cette circonstance, l'empressement général" (*La Liberté*, June 25).[1] For the *roman à clé* is always read as something more (or something less) than an "ordinary" novel; it seems to bear a special relationship to outside reality, as it seems to offer, not universal truths about general types but rather insider information on particular individuals who have, for some reason, attained significant positions in their society. Its reading is fueled by curiosity or admiration, the desire to know and by knowing, to somehow participate in or even obtain a kind of superiority to the life of an uncommon individual. The *roman à clé* is read narrowly, almost as an allegory, with an interest in matching character to model. Sand denied any intention to represent the Empress, but her denials could not change the way readers did and still do approach the work. Sand's characterization of Carmen and the reader's association of that figure with the historical Eugénie suggest a reading, not only of an individual woman, but of French society of the time and particularly of its interpretation of the Empress and its adoption of her as a model.

Those who saw Carmen as a thinly veiled version of the Empress can be justified by the numerous correspondences in physical description, personal histories and ambitions. Like Eugénie, Carmen is noted for her reddish hair ("sa riche chevelure d'or rouge," 112), small feet ("son pied espagnol mignon," 112) and lovely eyes ("ses grands yeux d'un vert changeant étaient singuliers," 108). Both women are highly influential for fashion; Carmen says: "je sais arranger un chiffon de manière à éclipser tout" (115). Both are skilled horsewomen (Carmen first appears as "une amazone charmante, admirablement montée," 107), energetic, and fond of male dress and behavior ("Mademoiselle d'Ortosa mangea et but comme un homme," 111), including cigars. There were rumors about Eugénie's birth, while Carmen suggests that her father was a brigand who kidnapped her mother ("je vins au monde à une date qui correspond à cette aventure," 112). Each received an irregular and incomplete education: Carmen says "Je fus élevée à Madrid, à Paris, à Londres, à Naples, à Vienne, c'est-à-dire pas élevée du tout" (112); while one observer of Eugénie, Filon,

---

1. Cited by C. Tricotel, *Malgrétout* (Grenoble: Editions de l'Aurore, 1992) 205.

wrote in his *Souvenirs*: "I doubt if she often read a book through from cover to cover."[2] Both flirted with men but used their carefully guarded virginity as a bargaining chip for the great marriage they dreamed; Carmen declared: "je ne me laisse pas seulement effleurer" (115), while the *Times* saw Eugénie as an "imperial Pamela" because of her virtue (Bierman, 109). A final, perhaps coincidental connection is that Eugénie gave the idea of *Carmen* to Mérimée (Martineau, 24.) However, it is above all Carmen's ambition for power and glory that mirrors the morality and character of the Empress and that renders her role so essential for the novel and for an understanding of Sand's evaluation of the society that created, and then fell prey to, Eugénie.

Carmen is initially introduced through her public image, derived from the gossip surrounding her: "elle était fort remarquée dans le pays." A series of phrases emphasize the voices that speak of Carmen, so that she appears as a product of others' words:

> On la traitait d'excentrique [...] on disait d'elle beaucoup de mal et beaucoup de bien [...]. Selon les uns elle était la maîtresse du jeune lord, selon d'autres elle avait pour amants tous les brillants personnages qui hantaient le château de Francbois, selon d'autres enfin elle était un peu coquette et parfaitement sage. Les pauvres gens la disaient très généreuse. (72)

Just as the language of society creates the readers' first image of Carmen, so she can truly be said to be created by her society, to be a product of its values and tastes. Carmen has carefully analyzed her options as a young woman of little fortune, and her plan for success is based on her acute observations of society. Beauty, fashion sense, daring behavior yet a carefully maintained virginity are her assets as she enters society. The same decisions, the same ploys were used by Eugénie, with significant success. The chaste heroine of the novel, Sarah, criticizes Carmen as "une ambitieuse extravagante" (119) and "une personne qui ne pouvait pas être sérieuse malgré ses hautes prétentions" (121.) Yet it is clear that such behavior is ideally suited for success in contemporary French society. Carmen is courted by many men, imitated and envied by women. Her seduction is not only sexual but social; she has found the way to win over the lower classes by well-placed acts of charity and liberality. Her reading of society allows her to make herself into exactly what is currently desirable and thus to achieve her goals; "d'un bout de l'Europe à l'autre, il y a des salons qui m'appellent, des châteaux qui me rêvent, des fêtes qui m'attendent," she declares (114).

A presentation of Carmen's tactics through the disapproving eyes of the narrator Sarah Owen provides direct criticism of contemporary French society, whose

---

[2] John Bierman, *Napoleon III and His Carnival Empire* (New York: St. Martin's Press, 1988) 142.

value system created such an opportunist. Sarah admits that the unsettled nature of recent French history allows for just the kind of success envisioned by Carmen:

> Certes, mademoiselle d'Ortosa pouvait atteindre son but,nous vivons dans la phase des aventures, et l'histoire moderne est ouverte à toutes les ambitions. Il n'est pas nécessaire d'avoir une grande taille pour faire de grandes enjambées quand le hasard, renversant les vieilles institutions séculaires et bouleversant les mœurs, apporte un élément nouveau et tout à fait imprévu dans les destinées humaines. (121)

In this sense, Carmen is a product of her time, recognized as such by a reviewer in *La Liberté* who called the character "essentiellement de notre temps" (June 25, 1870, cited by Tricotel, 205.) Like Eugénie, she embodies the rampant ambition of several decades, spanning the Revolutionary and Imperial periods and lingering into the latter part of the nineteenth century through compelling visions of the past. Carmen is, as was Eugénie, fascinated by tales of Marie Antoinette: "Je veux connaître les grandes luttes, les grands périls; l'échafaud même a pour moi une étrange fascination. Je n'accepterai jamais l'exil, je ne fuirai jamais; on ne me rattrapera pas, moi, sur le chemin de Varennes" (118).

Sand argues that such behavior is truly a relic of the past:

> Elle ne savait pas davantage ce que le présent appelle, ce que l'avenir promet. Elle appartenait au passé. Elle s'élançait en avant, voulant être de la puissante et funeste race des parvenus de l'histoire. Elle faisait ce qu'ils ont tous fait, ce qui les a tous précipités. Elle voulait copier les volontés absolues des puissances finies. Elle avait tous les préjugés des institutions mortes ou près de mourir. (122)

Carmen still operates in, and profits by, a pattern of thinking that privileged the spectacular, powerful individual, a thinking prevalent in times of monarchy and empire. Sand argues that the time for such visions is past, yet the success of Carmen (and Eugénie) suggest that much of French society looked backwards to these anachronistic models, even as they moved into an increasingly bourgeois and mass-consumer oriented society. Carmen and Eugénie capture the desires of this society in transition.

In a novel heavily structured around contrasts, if Carmen represents the past, her opposite, the heroine Sarah, must represent the future. If so, it is a future based on a different set of values, voiced by the narrator and protagonist Sarah:

> Il me semblait que le vrai pouvoir, celui qui atteint le coeur, la raison et la conscience, n'a besoin ni de trône,ni d'armée, ni d'argent. Pour l'obtenir, il n'y a qu'un travail à faire sur soi-même, chercher le beau, le vrai, et le répandre dans la mesure de ses forces. (121)

Public measures of power and success (the throne, the army, money) become insignificant before private virtues. In the future, Sand seems to argue, a new thinking will recognize the worth of humbler individuals. This modest and egalitarian set of values would seem most appropriate to a republican form of government, and one could argue that the novel *Malgrétout* shows not only individual women struggling for a sense of personal identity and fulfilment but also a culture in the process of defining its identity. Just as Sarah struggles in her love life between the public world of the musician Abel and her closed domestic sphere, so in her value system she resists a culture based on the dominance of materialism and the prestige of appearances or what we would now call "image."

Carmen (and behind her, Eugénie) is troubling as a creature of her society, for the values that she has absorbed and so successfully embodies are materialistic, egotistical and hypocritical. But in the novel, the true threat of Carmen comes from her ability to influence others. Carmen's success depends on controlling the thoughts and feelings of others; she wants to dazzle ("J'ai toujours cherché et produit l'éclat; je veux le fixer, le posséder, le produire sans effort, le manifester sans limites," 117). And she wants to reign:

> Je veux épouser un homme riche, beau, jeune, éperdument épris de moi, à jamais soumis à moi, et portant avec éclat dans le monde un nom très illustre. Je veux aussi qu'il ait la puissance, je veux qu'il soit roi, empereur, tout au moins héritier présomptif ou prince régnant. (117)

She has an ominous ability to succeed in these goals; she temporarily seduces Sarah's beloved Abel and exerts a negative influence over the weak and superficial sister, Adda: "ma pauvre Adda, inquiète et troublée par un malheureux essai de la vie, n'avait pas dû résister au vertige que produisait cette femme caressante et tyannique" (122). A product of her society, she in turn shapes the society, if only by crystallizing its values and leading others to embrace them more fully.

According to the narrator, Carmen does not understand the true value of a public role: "elle prenait l'éclat pour la gloire, elle ne comprenait même pas le véritable éclat de son rôle, elle ne connaissait et en rêvait que l'apparat" (122). A leader, Carmen fails to give moral direction and, by maintaining her own focus on the superficial, encourages her admirers to stay on that level.

For Sand, Eugénie's influence was equally superficial. In a passage of her *Impressions et Souvenirs* dated March 1860, Sand wrote:

> Voilà tous les hommes amoureux d'elle, et ceux qui ne peuvent aspirer à la faveur du moindre regard, s'essayant à faire de leurs femmes des impératrices de comptoir. Ces bonnes bourgeoises s'évertuent à copier la belle Eugénie; elles sablent d'or et de cuivre leurs chevelures vraies ou postiches, elles se fardent, elles deviennent rousses. Elles aussi ont à présent de jolies tailles et des pieds petits.[3]

---

[3]. Sand, *Impressions et Souvenirs* (Paris: Lévy Frères, 1873) 23.

Carmen and Eugénie do not fully comprehend the role that influential figures play in mid-nineteenth century France, as material resources become available to a growing class of consumers. The position of the "great figure" may be considered in pictorial terms; rather than dominating an immense painting (as did Maria de Médicis in works by Rubens or Napoleon as portrayed by David), in a modern bourgeois society public figures seem to be reproducible, like subjects of photography, so that there could in time be a multitude of ersatz Eugénies, "impératrices de comptoir". The empress becomes less a unique figure than an object of mass consumption, as the public, no longer content to admire, attempts to duplicate her way of life. Carmen is the embodiment of the fashionable pretensions that threaten the humble existence of the heroine, a woman who calls herself "de souche parfaitement bourgeoise" (110). Francbois (associated with the Tuileries by those who read this as a *roman à clé*) is a dangerous place, "une bohème titrée [...] le faste y cachait beaucoup d'abîmes, moralement et matériellement parlant" (156). "Le délire aristocratique et nobiliaire du jour" (110) challenges domestic peace and even the future of the children, for the narrator Sarah cannot imagine how they will be educated if their mother is always in society. Thus the fundamental, lasting values of home and family, or an entire way of life, seem threatened by Carmen's seductions. Sand saw the same menace in the influence of the Imperial couple. In *Impressions et Souvenirs* she wrote:

> Les voilà donc ivres, toutes ces belles et bonnes créatures, qui eussent pu rester si charmantes et si vraiment femmes en élevant leurs enfants dans le respect de l'aïeul...Il n'y a donc plus de bourgeoisie. Cette morte a été rejoindre sa soeur aînée, la noblesse, sur le registre des mortalités historiques. Il n'y a plus que deux classes, celle qui consomme et celle qui produit; classe riche ou aisée, classe pauvre ou misérable. (24-5)

Eugénie and Carmen seem anachronistic with their thoughts of personal glory, yet this fascination with old images of power and empire was still very real to their contemporaries, who were clearly not ready to relinquish them for Sand's proposed image of modest private life. Eugénie and Carmen are also very contemporary in their materialism and in the way they leant themselves to reification and reproduction by their admirers, finally becoming both subject and object in a mutual system of exploitation.

It is highly significant that the most important scene involving Carmen is her long conversation with Sarah, in which she exposes her plan for the achievement of her goals. Carmen, it must be noted, is presented as a would-be empress, as an *arriviste* openly revealed in the process of trying to scale society. (For her, also, the title *Malgrétout* has a certain resonance.) This image must have been particularly striking (and particularly fascinating) to those members of Sand's reading public who had for some time been influenced by the image of Eugénie as empress, possessing the power and the trappings that might make her domination of society seem justifiable, even inevitable. If, as Pascal noted, a king's power comes less from his innate worth than from the armed men that accompany him ("il faudrait avoir une raison bien épurée pour regarder comme un autre homme le grand seigneur environné dans son superbe sérail de quarante mille janissaires"[4]), the depiction of Carmen before her success seems to represent Eugénie before arrival at the Tuileries, as stripped of her established power, an unmasked pretender. The novel, then, leads readers to examine the basis of admiration for the imperial couple, to see them in their beginning, perhaps to consider how much the French people have been duped.

Sand's portrayal of Carmen as an *arriviste* stresses that the power she might someday obtain is not hers by divine right but is only a product of her efforts and manipulations. She is, in fact, a construct which Sand takes pleasure in deconstructing. If one reads her as Eugénie, one sees the Empress as nothing more the product, the validation, of her society's tastes and ambitions, the product of a process which Sand invalidates by exposure.

In the novel, Carmen is destroyed as Abel rejects her and she collapses mentally and emotionally. Sarah, the figure of nurturing domesticity, triumphs by acting as her nurse. Thus in fiction justice is served and the destructive values of a superficial society are exposed, while private bourgeois morality triumphs. Eugénie was approaching her own disaster, but the readers of Sand's novel would not know that when it was first published. For them, Eugénie remained a powerful figure, and their interest in the novel seems to have sprung from this extra-literary connection.

Reviews focused on the resemblance between character and Empress. *L'Indépendence Belge* suggested a link without actually naming Eugénie:

> Un des passages les plus curieux de ce troisième chapitre est l'autobiographie d'une aventurière du grand monde, une Espagnole froide et coquette, dont la vie n'a qu'un but: l'éclat et qui s'est mis en tête de couronner par un mariage princier l'édifice de ses coquetteries. Ce portrait est tracé de main de maître. Sans connaître le modèle, on jurerait qu'il est ressemblant. (Tricotel, 201).

Le Soir was more direct, speaking of "un portrait que l'héroïne, une certaine Mlle d'Ortosa, fait d'elle-même, et auquel on trouve un air de ressemblance avec le portrait de l'Impératrice" (Tricotel, 203). *La Liberté* seems to be circumspect, stating: "une individualité, aujourd'hui auguste, semble avoir été le prototype" (Tricotel, 205). This reviewer, writing under the name of Panoptès, does discuss the character's implications and by the phrase "aujourd'hui auguste" seems to second Sand's effort to de-glorify the empress by emphasing the recency of her power. The review ends by suggesting that the character deserves further study: "une telle physionomie veut un premier rôle" (Tricotel, 206.)

Sand found herself obliged to deny any intention to write "satire", which she pronounced as lacking in invention and imagination, "la tâche...du pamphlétaire

---

[4]. Pascal, *Pensées* in *Œuvres complètes*, ed. Louis Lafume (Paris: Seuil, 1963) fragment 44, 505.

honteux" (letter to Emile de Girardin, director of *La Liberté*, July 3, 1870 and cited by Tricotel, 206.) To Flaubert she wrote:

> Moi, je ne fais pas de satire. Je ne sais ce que c'est. Je ne fais pas non plus de *portraits*, ce n'est pas mon état; j'invente. Le public qui ne sait pas en quoi consiste l'invention veut voir partout des modèles. Il se trompe et rabaisse l'art. (March 19, 1870 and cited by Tricotel, 202-3)

Her reaction, indeed, is quite strong, indicating not only a wish to smooth over any political scandal now attached to her name, but also an irritation with the kind of reading that reduced literature to a gossip column. She wrote to Flaubert: "Je trouve qu'avec cette habitude d'interprétation on rabaisse la profession d'écrivain et on confirme le grand public dans sa manie de deviner et de reconnaître tous les personnages de la fiction" (*Corr.* July 3, 1870).

Readers of the *roman à clé* sometimes see it as an *ad hominem* attack intended to satisfy personal needs, to avenge personal wrongs. Sand's novel has indeed received such a narrowly biographical interpretation; Jean Chalon, in his preface to the 1992 edition, comments:

> Sand passe du portrait-charge au pamphlet d'une virulence extrême et d'une accablante dureté. Cela est d'autant plus incompréhensible que l'impératrice n'a jamais refusé un seul des secours d'argent demandés pour ses protégés. Etrange façon de remercier une bienfaitrice. (9)

It is, in my opinion, of little importance whether or not Sand was ungrateful to the Empress. One could argue that her portrait of Carmen revealed a certain sympathy for a woman who was as much a victim of the corrupt values of her society as any of her admirers. But to identify Carmen with Eugénie is of limited value if, like the idly curious of Sand's time, we merely seek anecdotal correspondences. Carmen's story takes on greater significance if we see in it a commentary on nineteenth century French culture, its lingering admiration for flamboyant figures of an aristocratic past and its growing desire to move beyond admiration to imitation, a spreading of material pleasures that had little to do with republicanism or egalitarianism. The story is a cautionary tale, and it is little wonder that Sand was disappointed when her idealistic novel became the object of scandal and gossip, when it was read as a satire. *Malgrétout* invites us to more than a superficial reading based on personalities alone. It challenges readers to examine the truth behind images, to go beyond the "éclat" of the famous names, so that we will not be dazzled by them, as by the glint of some gold dust scattered in a woman's hair.

Kent State University, Canton

Culture
Art et Questions sociales du XIXe siècle

AURORE DIRECTEUR DE CONSCIENCE

Jeanne GOLDIN

"Aurore, directeur de conscience": le titre qui évoque plaisamment "Thérèse philosophe" pourrait être effectivement celui d'un roman libertin du XVIII® siècle. Mais, loin de tout érotisme, le thème est libertin dans le sens philosophique que le XVII® siècle lui prêtait: refus du conformisme et d'un ordre théocratique régissant morale et religion. C'est la direction spirituelle qui est ici visée.

Les traditions religieuses ont institutionnalisé la direction de conscience. Les dictionnaires de spiritualité qui réservent à l'exercice un nombre considérable de pages, s'entendent, tout en privilégiant le rapport au sacré[1], pour élargir le concept dans le temps et la matière[2]. La direction spirituelle n'y est pas théoriquement un privilège masculin: "Un guide, homme ou femme, est nécessaire pour s'avancer dans les voies de la contemplation [...]. Son art consiste [...] à éveiller le dynamisme intérieur de chacun, à montrer le chemin original où le conduit l'Esprit"[3]. Pratiquement les femmes y sont rares; même si la tradition cite souvent Sainte Thérèse d'Avila ou Jeanne de Chantal, ceux mêmes qui aujourd'hui, pour montrer l'"importance du féminin dans la spiritualité chrétienne", exhument Sainte Hildegarde et Sainte Élizabeth de Shonau au XII® siècle, ne vont guères au-delà du XVII® siècle et doivent admettre que "cette spiritualité est [...] contrôlée par des esprits masculins"[4]. C'est sur ce terrain *no woman's land*, que nous suivrons George Sand.

Nous nous limiterons à sa correspondance avec l'abbé Rochet et aux années 1835-1839. Depuis 1835, en effet, Jean-Georges Rochet, à l'époque curé de La

---

1. *Dictionnaire de spiritualité* (Paris: Beauchesne, 1957) tome III, article: "Direction spirituelle", 1002-1214.

2. Ils rattachent ainsi à la direction spirituelle "largement comprise": Hésiode, Pythagore, Socrate, Épicure, Plutarque, Épictete, Sénèque, Marc-Aurèle. Lettres de direction à Lucilius, à Ménécée, dialogues socratiques, pensées à la Marc-Aurèle, diatribes d'Épictete, les formes peuvent être diverses, les champs de réflexion, porter sur des questions morales et pratiques, mais il s'agit, dans tous les cas, de rendre l'homme meilleur. Les *Lettres à Marcie* de George Sand doivent-elles quelque chose aux *Considérations à Marcia* de Sénèque ou au *De tranquillitate animi* où celui-ci prodiguait ses conseils au jeune neurasthénique Sérénus? Les lettres de direction à la baronne Cottu de Lamennais reviennent à plusieurs reprises sur les consolations pour la mort d'un enfant, de la même façon que le directeur de conscience d'Auguste, Aréus, consolait Livie pour la mort de son fils Drusus, dans la *Consolation à Marcia* (*Dictionnaire de spiritualité*, 1002-07).

3. Yves Raguin, *Maître et disciple, La Direction spirituelle* (Paris: Desclée de Brouwer, 1985) 4ᵉ de couverture.

4. *Ibid.*, 70-71. Le *Dictionnaire de spiritualité* défend "l'égalité des deux sexes ès choses spirituelles: la défense faite aux femmes d'enseigner dans l'église [...], ne leur interdit nullement, au sentiment des Pères, la propagation des bonnes doctrines, surtout spirituelles. [...] Si ces *seniores*-femmes sont moins nombreuses (comme dans nos litanies des saints) la quantité ne fait rien à l'affaire: ce qui compte, c'est leur présence qui est un fait de valeur doctrinal, basé sur un principe; leur petit nombre n'a qu'une signification historique et sociologique. (1055).

Champenoise dans l'Indre et mal à l'aise dans son sacerdoce, confie à l'écrivain ses angoisses et réclame ses conseils. La dernière lettre que l'on ait de Sand à Rochet date de 1870, mais c'est entre 1835 et 1839 que les échanges entre eux sont les plus fréquents et les plus significatifs, évoquant à tout lecteur, la Lélia de 1839, abbesse des Camaldules et confesseur d'un cardinal en rupture d'orthodoxie.

Simultanément s'établissaient entre Sand et Lamennais des relations ambigües. Sand, dans la 3ème *Lettre d'un voyageur*, avait parlé des *Paroles d'un croyant*, sans avoir rencontré leur auteur. Liszt les présenta en mai 1835. Elle mettra sept mois avant d'écrire sa première lettre à Lamennais, le 27 décembre. Peignant la crise qu'elle traverse avec son procès en séparation, son scepticisme si bien dramatisé dans la *Lélia* de 1833 dont Lamennais parlait avec enthousiasme[5], elle évoque avec passion la forte impression que lui avaient faite la personnalité et les paroles de Lamennais, lors de leur première rencontre. Elle a "résolu de [lui] demander un mot d'encouragement, une prière, une bénédiction". Elle "implore la main protectrice et bénissante, de celui-là seul qui vivant au milieu de nous, a le don de rebaptiser au nom du Christ, et de rendre la foi à ceux qui l'ont perdue". "Dirigez-moi" demande-t-elle à ce nouveau Saint Jean Baptiste, "seule émanation divine, revêtue de chair". Elle lui propose même de "soumettre à [son] autorité tout écrit un peu sérieux qui sortira de [sa] solitude" (*Corr* n° 1052, III:185-188)[6]. Lamennais accepta mais les choses en restèrent là, car, dans sa lettre du 12 décembre 1836, Sand, "âme agitée, qui n'espère plus qu'en [Lamennais] pour retourner aux sentiers perdus", renouvelle sa demande: "J'avais imploré de vous, l'année dernière, la patience de me diriger un peu dans ma nouvelle voie [...] veuillez m'accepter pour votre disciple selon mes forces, forces bien neuves encore et que vous aurez besoin de ranimer souvent" (*Corr* n° 1303, III:595). Elle commençait à retravailler *Lélia* et demandait à l'abbé "une heure d'entretien" pour parler de la nouvelle orientation de son roman. Enfin, dans le même temps, les *Lettres à Marcie* (1837) et *Spiridion* (1839) offrent des variantes de direction masculine. Bref, ces années présentent des situations curieusement symétriques et inversées de la position idéologique de George Sand, qu'en 1863, ne clarifiera pas Mademoiselle La Quintinie encadrée symétriquement de tous ses directeurs de conscience.

Les thèmes abordés par tous ces *guides d'âme* réels ou fictifs sont récurrents dans l'œuvre sandienne: le mariage, la maternité ou la chasteté, l'action ou la contemplation, le célibat des filles ou, dans le corpus qui nous occupe, le mariage des prêtres et les réformes souhaitées dans l'Église. Ce que nous suivrons ici, ce ne sont, à proprement parler, ni ces motifs, ni l'écriture de la différence, ni même les rapports

---

5. Cf. Ferdinand Denis cité sans références par Louis Le Guillou, *Correspondance générale* de Lamennais, éd. Louis Le Guillou (Paris: Armand Colin) vol. 7 (1836-40) 109. Les référencesdans le texte (*FL.*) Renvoient à ce volume.

6. Le fait n'est pas exceptionnel, l'on voit par exemple Lamennais, en 1824-1825, encourager *Le Lépreux*, ouvrage de la baronne Cottu; cf. *Lettres inédites de Lamennais à la baronne Cottu (1818-1854)* (Paris: Perrin, année?) lettres CXXV, CXLIII.

entre sexualité et confession; mais, ce sont, dans l'osmose de la vie et de l'œuvre, les variations sandiennes dans le jeu des forces en présence, l'alternance des rôles et des sexes et les types de discours et cette ambivalence proprement sandienne entre la fascination pour un discours de pouvoir et son refus.

* * * * *

Sand et l'abbé Rochet

À l'abbé Rochet qui l'avait prise pour confidente, Aurore aurait pu dire ironiquement, comme à Nisard:

> si les vigoureuses couleurs des grands siècles sont perdues, [s']il ne nous reste plus que George Sand et compagnie, l'éternelle infirmité humaine n'en est pas moins encore, sous les yeux du philosophe critique, saignante, lépreuse, digne d'horreur et de compassion[7].

Nous avons trente-neuf lettres de George Sand à Rochet entre 1835 et 1870, dont vingt-trois lettres entre 1835 et 1839[8]; et, dans la même période, neuf lettres de Sand à Lamennais contre sept de celui-ci[9]. Rochet et Sand disciples, Sand et Lamennais directeurs de conscience développent les mêmes thèmes et sur un ton étonnemment semblable: d'un côté, confidences sur la crise que le disciple traverse, sentiments de confiance et d'admiration, demande de conseils; de l'autre, intérêt, sagesse prudente et circonspection.

La première lettre de Rochet à Sand date du 26 novembre 1835[10]: il y exprime son admiration pour une romancière "très orthodoxe et très morale", et des romans "conformes à l'Évangile". Évoquant sa propre situation et ses propres

---

7. G. Sand, *Lettres d'un voyageur*, XII, *OA* II:942.
8. Dans sa notice sur l'abbé Rochet, George Lubin précise que la correspondance George Sand-l'abbé Rochet fut publiée dans *La Nouvelle Revue* en 1896-1897 mais qu'"il en manque certainement pas mal" (III:896). Nous avons deux lettres en 1835, six en 1836, neuf en 1837, quatre en 1838, deux en 1839. À l'exception de l'année 1847 où Sand écrira quatre fois, des années creuses (1841, 1844, 1846, 1849, 1860) et même de longues périodes sans nouvelles (1851-1858, 1860, 1864-1869), la correspondance se maintiendra, à raison d'une lettre annuelle, jusqu'en 1870 et sans doute au-delà.
9. La 1ère lettre du 27 décembre 1835 (n° 1052), une en 1836 (n° 1303), deux en 1837 (n° 1388, n° 1512), une supposée en 1838 (n° 1692D), quatre en 1839 dont l'une attestée (n° 1882, n° 1904, n° 1907, n° 1960D). L'on sait que Sand et Lamennais se rencontrèrent maintes fois à Paris, chez Marie d'Agoult ou Carlotta Marliani. Louis Le Guillou signale, à partir des souvenirs de Ferdinand Denis ou du *Journal* de Didier, les dîners des 19 et 24 novembre, du 12 décembre 1836, du 26 octobre 1839 (*Correspondance générale* de Lamennais, notes aux lettres n° 2503, 2584, 2911).
10. George Lubin laisse entendre que le correspondant de la lettre de G. Sand n° 1019, à la date apocryphe du 14 novembre 1834, correspondant anonyme mais partisan convaincu du mariage des prêtres, pourrait être l'abbé Rochet. C'est probablement le cas, mais il semble évident alors que la date est fausse.

manuscrits, il sollicite un entretien de l'écrivain pour philosopher et avoir son avis. Sand, néanmoins, "ne v[oulant] pas répondre sans être sur [ses] gardes", demandera à Rollinat, le 1ᵉʳ décembre, de prendre quelques informations sur le personnage, pour vérifier si c'est effectivement "un esprit sain et hardi" et s'il "est de mœurs irréprochables" (III:157-158).

Rollinat dut s'en tenir à des généralités car Sand répondit à l'abbé le 5 décembre 1835[11], sur un ton à la fois très respectueux et très prudent (*Corr* n° 1039, III:166-167): méfiance de la femme si souvent attaquée sur le plan de sa vie privée, réticences de l'écrivain trop fréquemment sollicitée, intérêt malgré tout pour l'originalité du correspondant, satisfaction pour Sand d'être placée par un clerc sur le terrain de la philosophie religieuse, comme elle le lui écrit "la seule belle, et [...] la seule vraie philosophie" (III:166). Elle acceptait de le rencontrer ultérieurement pour "philosopher quelques heures" (III:167), elle l'assurait de sa "haute considération" et signait: "Votre très humble se[rvante] George Sand". Ils se croiseront le 24 décembre à Chateauroux, Rochet se chargera de lui procurer un livre de l'abbé Barruel, elle lui enverra *Simon*; il viendra à Nohant et confiera ses angoisses, ses doutes sur sa vocation, son espoir qu'au sein même de l'Église, l'on adapte les règles, en particulier celle du célibat. Il écrira en effet un opuscule sur le mariage des prêtres, qu'il enverra à Sand qui refusera de le préfacer (*Corr* XXV:317, note à la lettre S184; et V:775, n° 2515).

Le discours de direction

Le contexte discursif, la pratique religieuse ont codé en quelque sorte l'exercice de la direction de conscience et les relations entre directeur et dirigé, ce qui explique que dans les correspondances et les fictions qui nous occupent, l'on retrouve les mêmes topoï: relation intime, relation fondée sur la confiance de l'un et l'expérience de l'autre...

La direction spirituelle se fait de bouche à oreille. La lettre privée apparaît comme un substitut de la conversation[12]. Dans la première lettre de G. Sand à Lamennais, l'idée revient comme un *leit-motiv* que la voix de Lamennais couvrira "la voix du scepticisme et de la désolation dont les clameurs retentissent sur cette génération malheureuse" (*Corr* n° 1052, III:185). À ceux qui savent se confier, Lamennais sera "l'oreille de la sagesse et de la charité [..] ouverte à toutes les plaintes de la terre" (III:185). Je vous écoutai, écrit-elle évoquant leur premier entretien et

---

11. Rochet reçoit les premières lettres de Sand par le biais du notaire d'Issoudun. Sa lettre du 24 janvier 1835 à Sand mentionne que, selon le curé d'Ardentes, sa visite à Nohant ayant fait du bruit, l'archevêque ne répondra pas ses vœux de nouvel an: "Peut-être y-a-t-il un petit orage dans l'air", conclura-t-il; cf. *Corr* III:167, note 1 à la lettre n° 1039.
12. Invitant Éliza Tourangin à Nohant, Sand écrit: "Nous n'aurons aucun monde, aucun bruit qui puisse effaroucher une âme blessée. Nous serons seule à seule [...]. Une lettre ne peut faire de bien, [...]. Mais la présence assidue, mais l'intime tête-à-tête peuvent, sinon adoucir, du moins épancher les larmes" (*Corr* n° 1880, I:.675).

"ses consolantes paroles" en sentant que vous étiez la vérité, et je fus étonnée d'avoir pu tant douter de ce qui dans votre bouche, me semblait au-dessus de tous les doutes" (III:186).

"Le directeur ne dirige pas, il oriente"[13]. La relation repose sur la confiance, l'ouverture intérieure du disciple, son effort à communiquer ses pulsions les plus secrètes. Dans sa réponse de janvier 1836, Lamennais reconnaît l'"âme [...] forte et [...] élevée" de sa correspondante, la "mission [qu'elle a] à remplir"(*FL*, n° 2503, 13-14); Aurore, dans la réponse à l'abbé Rochet, exalte "le caractère" et la mission qu'[il] a acceptée en ce monde" (*Corr* III:167). Lamennais se dit honoré de "la confiance" que l'écrivain lui témoigne; il accepte de superviser ses écrits[14]. Sand, dans la lettre à Rollinat juge "la confiance qu[e] témoign[e] [Rochet]" digne de discrétion (III:166); sa seconde lettre du 2 janvier 1836 dira que "la confiance honore celui qui l'accorde encore plus que celui qui l'obtient" (*Corr* n° 1066, III:215).

La relation repose aussi sur l'expérience du directeur, son exemple, l'efficacité de son verbe; il sait écouter et guider. Pour Rochet, Sand est "cette femme sublime par le cœur qui comprend aussi les choses cachées aux âmes vulgaires" (13 juin 1838); elle est "le poète chéri du ciel" (29 juin 1839); elle est "[son] prophète" (29 juin 1839). Le directeur de conscience doit avoir la science, l'expérience et le don de discernement[15]. La seconde réponse de Sand à Rochet, passant rapidement et non sans ironie sur le manuscrit de l'abbé, ses nymphes et ses suaves métaphores[16], redit la direction légitimée par l'expérience: "c'est moi qui ai à vous remercier d'être venu me voir, et de m'avoir confié tout votre cœur comme à un vieux ami. Vous le pouvez sans crainte. J'ai cent ans d'expérience et les douleurs humaines ne sont pas un jeu pour moi (III:215). En 1840, elle évoquera sa propre émancipation pour illustrer à l'abbé les risques de tout choix. De la même façon, c'est son passé de "pêcheresse"

---

13. Yves Raguin, *Maître et disciple*, 6 et 39.

14. "La confiance que vous me témoignez m'honore et me touche vivement, j'accepte avec reconnaissance la proposition que vous me faites d'être le premier à lire ce que vous publierez désormais. Je remplirai religieusement le devoir que vous m'imposez de vous dire avec franchise l'impression que j'en aurai reçue [...]. Ce que je vous promets, c'est de la droiture, de la simplicité, et un cœur déjà plein pour vous d'une respectueuse et tendre affection" (*FL*, n° 2503, 13-15).

15. Le *Dictionnaire de spiritualité* indique que dans certains textes comme *Les Lettres à Olympias* de Saint Jean Chrysostome, grand directeur spirituel, l'amitié prend le pas sur la direction proprement dite (1058).

16. "Vous pouvez faire de grandes choses si vous voulez, mais il faut abandonner les sentiers et les roseaux et les nymphes qui les habitent. Ces gracieuses images ont dû sourire à la suavité de vos premières pensées. Ne craignez pas de les laisser s'envoler, vous avez les yeux faits pour des apparitions plus éclatantes. Laissez le ciel s'ouvrir, et n'ayez plus de regards pour la terre. Sachez bien qu'il n'y a rien qui soit digne de vous désormais. Ceux qui ont vécu du pain de la parole sacrée, ceux dont l'âme s'est élevée à des hauteurs mystiques, à des contemplations divines, à des méditations profondes, ne peuvent plus redescendre vers la vie commune" (III:216).

et sa vertu présente, qui autoriseront le Cardinal à choisir Lélia comme confesseur [17]; avant de répondre à celui-ci, l'abbesse explicitera d'abord sa propre position vis-à-vis de l'Église (*L* 476-479).

Nous avons donc, en premier lieu, un discours de compréhension: Sand compatira aux angoisses de Rochet ou d'Éliza Tourangin[18], comme l'ami philosophe à celles de Marcie: "Vous êtes triste, vous souffrez, l'ennui vous dévore, vous redoutez l'avenir, le présent vous accable, [...] je suis pénétré de votre douleur" (*LaM* 169)[19].

En second lieu, nous avons un discours de persuasion. Il insère traditionnellement des métaphores et apologues: "La parabole fut l'enseignement des simples" (*LaM* 181), dira le philosophe de Marcie en insérant l'histoire de la fille laide et du mauvais mariage dans la première lettre (*LaM* 171-173); celle d'Arpalice et de l'heureux célibat dans la seconde lettre (*LaM* 181-192). La plupart du temps, les images sont prises dans la Bible ou l'Évangile. Yves Le Hir a montré combien elles abondaient chez Lamennais écrivain [20]. George Sand, lectrice de l'*Imitation* et de la Bible, est sensible à leur poésie et leur efficacité équivoque[21]. Exemple parmi tant d'autres, l'apologue du champ, de l'ivraie et du bon grain: Dans sa première lettre à Lamennais, jouant sur le concret et l'abstrait, Aurore file l'image du "champ

---

17. Sand, *Lélia* (Paris: Garnier, 1960) 475. Les références dans le texte (*L*) Renvoient à cette édition.

18. Chère sœur, écrira George à Éliza Tourangin, que puis-je faire pour vous, sinon vous plaindre et m'affliger profondément de vos peines. Contre les peines de cœur, quel remède, quelle philosophie, quel refuge? Notre force morale ne nous sert qu'à combattre ces folles idées mais les sentiments ne seront-ils pas toujours la source où s'épure et se trouble notre vie? Vous souffrez mon pauvre ange, parce que vous voyez souffrir ceux que vous aimez, et moi je souffre de votre douleur sans que cela guérisse ni vous ni ceux que vous aimez. Hélas! hélas! que l'homme est faible puisqu'à chaque instant il se voit insuffisant à sa propre vie et à celle des autres! (*Corr* n° 1651, IV:287).

19. "Je comprends bien et j'excuse ces moments d'angoisses où vous appelez de vos vœux l'heure de la destruction qui seule consommera votre délivrance" *Lettres à Marie* (Paris: éditeur?, année?) 204. (Les références dans le texte (*LaM*) renvoient à cette édition. Dans la cinquième *Lettre à Marcie*, parue le 23 mars 37, le philosophe, tout en exaltant "ces mâles voluptés de l'abstinence" et les règles de l'Église "nécessaires à l'observation des vœux", en montrait à Marcie les souffrances et les drames cachés: "il faut n'avoir rien commis ou tout expié pour oser se présenter à la communion intime de la haute sagesse et de la haute piété" (*LaM* 222-223).

20. Yves Le Hir, *Lamennais écrivain* (Paris: A. Colin, 1948), en particulier la partie IV "L'élément biblique".

21. Déjà, dans la prmière *Lettre d'un voyageur*, elle avait exploité assez lourdement contre Musset l'épisode du Christ au jardin des Oliviers. Dans l'épisode du couvent arménien de la troisième lettre, à une époque où elle ne connaissait pas personnellement Lamennais, la description de la dorade dévorant le sépia, et celui du corbeau et de la colombe, prennaient l'allure de paraboles ironiques sur les relations de l'abbé dissident avec le Pape (*OA* II:721 et 723).

aride" qu'est sa vie; ce "champ altéré et abandonné" que transformeront les "gouttes d'eau de la fontaine sacrée"; qui verra croître son "bon grain"; l'image se mêle à celles de l'orage, aux tourbillons du destin et des oiseaux de tempête. Sand, renversant l'image, évoquait son propre ressourcement "aux champs, "seule vie, qui dans les temps où nous vivons, laisse aux âmes faibles, la faculté de sentir la présence de la Divinité dans l'univers" (*Corr* n° 1052, III:185-186)[22]. La lettre évoquant le chemin de La Chênaie et l'intention d'Aurore d'aller rendre visite à Lamennais, s'élargissait "au sortir des ténèbres, dans cette route inconnue où se lève le crépuscule" vers laquelle la guidera le flambeau de son directeur spirituel (*Corr* n° 1052, III:187). L'on retrouve dans les lettres de Sand à Rochet, l'image du champ aride et dans la réponse de Lamennais, des variations sur "les sombres routes" parcourues par George Sand et le chemin qui mène à Dieu (*FL* 14). Lélia dans sa réponse au Cardinal combinera les images: "Dieu fera fructifier le grain [...] nous traversons des temps de transition, entre un jour qui s'éteint et une aube qui s'allume, incertaine encore et si pâle que nous marchons presque dans les ténèbres" (*L* 477).

Mais le discours spirituel est en même temps un discours d'autorité. Dans tout directeur de conscience et malgré les dénégations, il y a un "dresseur"[23], d'où l'importance des figures d'argumentation. Dans toutes ces directions, les solutions du disciple jugées extrêmes sont déconstruites en faveur d'autres options: respect des vœux, sacrifice consenti. Les verbes d'autorité, les impératifs, les prétéritions qui, en semblant les éluder, posent comme évident l'acquiescement du correspondant, sont partout. L'ami de Marcie a "un droit de conseil" sur elle et le revendique (*LaM* 178)[24].

L'on sait qu'au couvent des Anglaises, à l'exception du paternel abbé Prémord qui avait renvoyé l'apprentie mystique à ses jeux de petite fille, les rapports

---

22. L'évocation de la campagne dut plaire à Lamennais qui se languissait de la Bretagne. Rochet parlant de Nohant écrira à Sand "retirée dans le désert avec [son] génie,": "Qui oserait troubler les promenades solitaires de Socrate, l'antre de numa et de sa nymphe égérie, le songe de Brutus aux champs de Philippes, l'auguste Sinaï de Lamennais, le ciel de Confucius et de George Sand" (23 novembre 1840, in *La Nouvelle Revue*, 1ᵉʳ janvier 1897, 29).

23. Dans la *Lettre à Lucillius*, Sénèque faisait dire à Épicure: "Certains sont parvenus à la vérité sans l'assistance de personne; ils se sont fait eux-même leur chemin... Certains ont besoin d'aide; ils n'avanceront pas, si personne n'a marché devant eux, mais ils sauront suivre... Tu rencontreras encore une catégorie d'hommes qui, elle-même, ne mérite pas le dédain. Elle peut parvenir au bien sous l'empire de la contrainte: ici un guide ne suffirait pas; on appellera un moniteur, et, pour ainsi dire, un dresseur" (*Dictionnaire de spiritualité*, op. cit., p. 1007).

24. En principe, le confesseur détient par le sacrement de pénitence, une autorité que le directeur de conscience n'a pas. Mais dans la religion catholique, les fonctions théoriquememt distinctes de directeur spirituel et de confesseur sont la plupart du temps confondues, pour les laïcs en particulier. *Dictionnaire de spiritualité*, op. cit., p. 1056-57. Comme l'écrit George Sand dans son autobiographie, "l'ascendant du confesseur n'est [...] réel que lorsqu'il est en même temps le directeur de conscience [...] mais c'est à titre de directeur de conscience, et non de confesseur que le prêtre agit réellement sur [les chrétiens fervents]" (*OA* I: 993).

d'Aurore adolescente et des confesseurs ont été plutôt orageux [25]. Mais, dans ses démêlés avec ses confesseurs, l'on sentait que paradoxalement ou rétrospectivement, Aurore n'avait pas été insensible à un rapport de pouvoir qui s'exerçait à son profit. Sa grand mère avait accepté de se confesser au vieux curé de Saint-Chartier "sentant, précise Aurore, combien elle le dominerait" (*OA* I:1067); "redevenue la grand-mère, le chef de famille, capable de diriger les autres, et par conséquent elle-même" (*OA* I:1067), elle l'avait fait avec élégance, pour sa petite fille et devant elle, sans sacrifier "sa dignité personnelle" (*OA I:1069)*; elle avait dit d'Aurore à l'intolérant archevêque: "Elle prêche mieux que vous" (*OA* I:1066). Et si l'autobiographie détaille si complaisamment les discussions entre Aurore et Leblanc de Beaulieu ou le curé de La Châtre, sur la damnation, les bonnes lectures ou les pensées dangereuses, c'est que la jeune rebelle s'y affirme victorieusement[26]. L'on verra la Lélia de 1839, dès sa prise de voile, gauchir le rituel et adopter "un ton de commandement qui pétrifia et domina toute la communauté [...]" (*L* 456) puis "étrangement impérieuse", parler au Cardinal "comme une reine", pour obtenir "la place la plus éminente dont [l'Église] puisse disposer en faveur d'une femme" (*L* 459-460). "Confesse"-moi! [...] Absolvez-moi!" lui dira le Cardinal (le mot revient comme un *leit-motiv*. *L* 466, 469, 470), "car [...] vous êtes la plus forte et la plus sage de nous deux" (*L* 470).

Le pouvoir spirituel du prêtre est assurément parmi les fantasmes les plus courants d'une époque avide de renouer avec le sacré, de façon orthodoxe ou non. "L'écrivain a remplacé le prêtre" dira Balzac[27]. Écho de *L'Encyclopédie nouvelle* d'un ex-saint-simonien, l'ami philosophe des *Lettres à Marcie*[28], que Delphine de

---

[27]Chacun connaît, au moment de la maladie de sa grand mère, les pressions exercées sur "l'ergoteuse" Aurore, par ce Monseigneur Leblanc de Beaulieu qui, lui, croit "*dur comme fer* [...] à l'infaillibilité des papes, à la lettre des conciles" et à l'Enfer (*OA* I:1071). Aurore refusera de se confesser à lui comme elle refusera le curé de La Châtre, dont "l'interrogatoire" indiscret, sur "les pensées confuses" d'une jeune fille, l'avait choquée. "Il me semblait - écrira-t-elle [...], vouloir usurper sur moi une autorité morale que je ne lui avais pas donnée, et cet essai maladroit, au beau milieu d'un sacrement où je portais tant d'austérité d'esprit, me révolta comme un sacrilège" (*OA* I:1073).

26. L'on retrouverait ce retournement de pouvoir dans l'étonnante confession d'Aurore la mal mariée à Casimir, tentative pour neutraliser l'aveu, la condamnation par les autres et le pardon.

27. H. de Balzac in *Le Prêtre catholique* [in *La Comédie humaine*, Pléiade XII, "Ébauches"], cité par Nicole Mozet, "Laïcisation de la soutane: portrait de l'écrivain en prêtre catholique", *Équinoxe* n° 11, (printemps 1994): 5-12. Voir également Philippe Régnier, "Les Saint-Simoniens, le Prêtre et l'Artiste", *Romantisme*, n° 67 (1990-1991). Paul Bénichou, *Le Sacre de l'écrivain (1750-1830)* (Paris: José Corti, 1973).

28. G. Sand, *Lettres à Marcie*, *Le Monde*, 12,19 et 25 février, 14, 23 et 27 mars 1837. Les citations dans le texte renvoient à la publication à la suite des *Sept Cordes de la lyre* (Paris, Calmmann Lévy, 1883, 165-234). Cf. Naomi Schor, "Le Féminisme et George Sand:

Girardin avait d'ailleurs pris pour un prêtre[29], écrit:

> [...] faute de prêtres intelligents et sincères, nous sommes tous prêtres et devons exercer un ministère humble et zélé, chacun dans la mesure de nos forces et dans l'étendue de nos attributions [...] il y a des droits à ressaisir (*LaM* 216).

De la même façon, Trenmor en 1839 croit que la nouvelle religion:

> investira tous ses membres de l'autorité pontificale, c'est-à-dire du droit d'examen et de prédication. Chaque homme serait citoyen, c'est-à-dire époux et père, en même temps que prêtre et docteur de la loi religieuse (*L* 482).

Mais un tel fantasme chez une femme frisait le scandale et le ridicule. En 1832, Aurore en avait ri lorsque les saint-simoniens avaient pensé lui offrir le rôle de femme-Messie [30]. Et pourtant... Lors de la prise de voile de Lélia, n'appelle-t-on pas "prêtresse" l'héroïne (*L* 447)? Lamennais en privé, ne se moquait-il pas d'Aurore en disant "l'autre prêtresse" (*FL* n° 2960 au baron de Vitrolles, 495)? Sand avec Rochet va prendre au sérieux son rôle de directeur de conscience. Comme le dit Delphine de Girardin: elle "redevient morale, austère même, plus austère que la vertu"[31].

L'Église et ses règles

"[La] soutane [de l'abbé Rochet] est, comme l'écrit George Sand, attachée bien légèrement sur [ses] épaules" (*Corr* n° 1526, IV:105). Il voudrait quitter l'Église et n'arrivera pas à s'y résoudre. Il souhaite à la fois une indépendance absolue et la protection de la soutane[32].

Sand reste assez ambivalente. D'un côté, aux doutes de l'abbé, à sa "conscience mal assurée" (29 juin 1839, in *La Nouvelle Revue*, 1ᵉʳ janvier 1897, 12),

---

Lettres à Marcie", *Revue des Sciences Humaines*, n° 226 (avril-juin 1992) 21-35. Éric Paquin, "Autour d'un problème éditorial et formel d'un roman épistolaire inachevé/inachevable, les *Lettres à Marcie*", Actes du XIᵉ colloque *George Sand et l'Écriture du roman* (Montréal: Éd.Paragraphes, 1996) 119-130.

29. Madame Émile de Girardin, *Chroniques parisiennes* (Paris: Michel Lévy, 1868) 2 vol. Lettre V, 8 mars 1837, 88-89 : "[...] le héros du nouveau roman de George Sand est un vénérable curé [...]", 89.

30. "On prétend que les saint-simoniens vont m'offrir le titre de papesse et la survivance de la mère Bazar parce que mon livre est *selon leur esprit*. C'est bien sans le vouloir à coup sûr" (*Corr* n° 505, II:120). L'on sait que l'on trouve dans les *Lettres à Marcie*, une critique sévère du féminisme saint-simonien (*LaM* 176-77; 227-28).

31. *Chroniques parisiennes*, 1: 88.

32. "Le temps n'est pas encore venu pour moi, écrit-il à Sand, le 13 juin 1838, de déchirer l'habit que je porte. Maintenant l'on verrait ma nudité" (*Nouvelle Revue*, 1ᵉʳ janvier 1897, 10)

à ses plaintes d'une "vie sacrifiée", d'un "cœur enseveli", elle opposera la joie du vrai sacerdoce, des vœux rigides et du sacré:

> Les plus beaux génies et les plus saints apôtres ont accompli ces vœux rigides, et c'est dans leur rigidité qu'ils ont trouvé la grandeur et la force [...] Il y a de la force en vous [...]. Faites donc un grand usage de cette force. (*Corr* III: 216-17)

Souffrances et abnégation: ce sont des exhortations d'usage de la direction catholique et un *leit-motif* romantique[33]. C'est le message de lamennais à Sand: "Vous avez une œuvre de dévouement à accomplir. Oh! si vous saviez combien il y a de puissance dans le sacrifice, de joie aussi, de joie pure, profonde, inénarrable (*FL* n° 2503, 14). C'est, inversée, la leçon de l'ami philosophe à Marie: Que doit faire la jeune fille devant ses rêves impossibles de mariage et d'action, son impuissance, les sarcasmes dont on accable la vieille fille? "souffrir et se taire" (*LaM* 231)[34].

Loin d'encourager Rochet à défroquer, Sand le "retien[dra] [...] dans les liens du clergé ne le trouvant pas mûr pour lever son drapeau" (*Corr*, n° 1644, IV:279).

> [...] ce que vous me dites du sujet, lui écrit-elle en 1837 en refusant de le préfacer, est en parfaite opposition avec mes idées personnelles. Je ne suis point catholique, il s'en faut -Mais j'ai toujours pensé, *j'ai écrit* et j'écris encore précisément dans ce moment que dans toutes les religions, l'état sublime de virginité doit être accepté par le prêtre, pour l'élever au-dessus des passions humaines, le dégager des intérêts sociaux et l'élever à l'état d'ange autant que possible. Je fais à *Lélia* un troisième volume dont c'est à peu près tout le sujet. Vous voyez que je ne puis écrire *le pour* et *le contre* (*Corr* n° S184, XXV:318).

---

33. Discours attendu: le thème est récurrent dans les lettres de Lamennais à Madame Cottu, en particulier lorsqu'elle perdit plusieurs enfants, en 1821 et 1829: "C'est la loi de la souffrance sans laquelle il n'y a rien de beau, de grand, ni même de véritablement doux. [...] Dans les arts, dans les lettres, dans le monde, toujours et partout la joie est sterile; c'est la douleur qui enfante presque tout ce que les hommes admirent et la vertu qui est la beauté par excellence, se perfectionne par la souffrance, dis Saint Paul. Heureux ceux qui pleurent!" (Comte d'Haussonville), *Le Prêtre et l'ami: Lettres inédites de Lamennais à la baronne Cottu (1818-1854)* (Paris: Perrin, 1910) xxv.

34. "[...] accepter énergiquement et joyeusement [son] sort" (*LaM* 174); "repousser le désir du vain pouvoir et de la vaine gloire" (*LaM* 194); "sachez vous effacer, sachez vous anéantir" (*LaM* 197); "Allez la souffrance est bonne, la douleur est sainte quand on sait les accepter [...]. Cet état de l'âme où la douceur de l'espoir et le stoïcisme de l'abnégation tiennent la balance égale n'est pas dépourvu de joies secrètes et de mystérieux triomphes" (*LaM* 224-25). L'on donne généralement Élisa Tourangin, avec son mal de vivre, le célibat qui lui pèse, les ennuis financiers et les responsabilités familiales qui la tourmentent, comme le modèle de Marcie elle-même; mais lorsque l'on considère les dates, l'on peut se demander si ce ne sont pas les lettres de Sand à Éliza qui miment *les Lettres à Marcie*, plutôt que le contraire.

Sand, dans le fond, reste proche, de l'image positive du prêtre catholique, que Lamennais "homme de vertige", selon l'expression de Charles Didier[35], avait donnée autrefois et qu'il incarnait à ses yeux, "cet ange, placé entre le ciel et la terre"[36], image lamartinienne de *Jocelyn* qu'elle enverra à l'abbé, non sans humour, "pour [le] raccommoder avec [son] métier et [lui] montrer combien on peut le poétiser" (*Corr* n° 1176, III:387). Elle l'encourage "à mettre le pied, comme [son] glorieux patron, sur le dragon des passions humaines" (*Corr* n° 1066, III:216).

Le Cardinal Annibal, lui non plus, ne croira pas "à la sainteté absolu du célibat (*L* 473) et sa confession à Lélia détaillera, comme les lettres de l'abbé Rochet, ses contradictions, son incapacité à la fois à respecter ses vœux et à quitter l'Église. Lélia lui servira la même leçon: "La certitude des idées doit gouverner les instincts" (*L* 476). L'abbesse quoiqu'ayant contracté avec l'Église catholique "un mariage de raison" (*L* 476), exaltera le couvent comme refuge (*L* 480), le célibat des nonnes (*L* 481) et l'austérité des règles (*L* 482).

Pour Lélia et le Cardinal en 1839, comme pour Sand ou Lamennais, le célibat des prêtres n'était qu'un aspect des réformes nécessaires dans l'Église. En 1840, Lamennais effraya sa disciple la baronne Cottu, par sa nouvelle vision du sacerdoce:

> Il m'a exprimé, écrit celle-ci dans son journal, une sorte d'horreur pour l'état ecclésiastique. "Je n'ai jamais été heureux, m'a-t-il dit, que depuis que je suis sorti de tout cela" [...]; là-dessus, il m'a déroulé un système de sacerdoce tout à fait identique à une organisation de garde urbaine. – Le prêtre se prendrait indifféremment et momentanément dans toutes les classes de la société: sans passé et sans avenir, sans mission divine et sans caractère sacré; ce prêtre improvisé quitterait son établi, son comptoir, même son échoppe, pour faire sa faction à côté de notre âme, et serait relevé par un camarade à la garde descendante... (Ibid.)

Contrairement à Lamennais, George Sand cardinal, attaquant l'Église qui recrute ses lévites dans toutes les classes de la société, attaquant "le métier" qu'est devenu la prêtrise, "atelier où chaque mercenaire vient recevoir le paiement de son travail", exaltera les antiques castes sacerdotales (*L* 473).

Le Cardinal croyait, comme Lamennais l'avait cru, qu'il pouvait réformer l'Église de l'intérieur. Lélia, quoique la règle monastique soit d'abord pour elle un garde-fou à son scepticisme et au désordre de la société, choisira aussi un certain engagement; mais l'on sait que son action comme celle du Cardinal échouera.

---

35. L'expression est de Charles Didier dans son *Journal*, cité par M. Regard, "Charles Didier et George Sand", *Revue des Sciences Humaines* (1959) 483.

36. *Lettres inédites de Lamennais à la baronne Cottu (1818-1854)*, cité sans références dans l'introduction du Comte d'Haussonville. Madame Cottu racontait ses entrevues avec Lamennais à son mari qui les consignait dans un Journal qui fut communiqué à d'Haussonville, xlv. Dans cet entretien, la baronne comparait l'ancien Lamennais au nouveau.

> [...] je vous avoue, écrit Sand à Rochet, que je ne crois plus à la mission ou à la vie morale et intellectuelle d'une église quelconque (en tant que corps constitué et menant une vie à part de la société). Le mariage des prêtres ne serait qu'une des mille réformes que le clergé aurait à s'imposer pour reprendre une action durable et utile aux hommes. (*Corr* n° 2515, V:777).

La destinée de Lamennais laisse à réfléchir:

> [...] vous aurez bien de la peine, conclut-elle la lettre à Rochet, à trouver ce qu'on appelle une existence hors de l'église. Si vous croyez encore que l'église a une mission à remplir, il ne faut pas l'abandonner. Si vous croyez le contraire, il faudrait, en l'abandonnant, s'embarquer pour une vie nouvelle avec la constance d'un stoïque et d'un martyr. (Ibid.)

L'espoir d'un progrès est reporté : "[...] le catholicisme n'est-il pas forcé de transiger lui-même"? En attendant Rochet n'a-t-il pas sa "liberté intérieure?" (*Corr*, n° 2098, V:108).

Mais d'un autre côté, George Sand directeur de conscience reste George Sand. Elle reconnaît que ne croyant pas au christianisme de façon absolue, elle-même ne trouverait pas "la force nécessaire pour pratiquer une immolation qu'[elle croit] inutile au salut et plutôt déplaisante à Dieu" (*Corr* n° 2705, VI:229). Ses lettres de direction s'émaillent de propos anticléricaux que n'aurait pas désavoués Homais, contre ces "Messieurs de Loyola". Elle et Rochet font du schisme, comme elle l'écrit ironiquement à Buloz (*Corr* n° 1056, III:194). Pour ceux que n'anime pas l'Esprit de Dieu, la soutane peut être "un suaire", un habit de "deuil" (*Corr*, n° 1066, III: 216). une "robe de Déjanire" (*Corr* n° 3754, V:145). "Prenez-garde, lui écrit-elle, aux amis vêtus de votre robe. Loyola a plus de prosélytes que Jésus dans votre ordre" (*Corr* n° 1097, III:281-82)[37]. L'on sait que la satire monastique de *Spiridion* aterra d'autant plus les anciens amis de Lamennais, que celui-ci passait pour le modèle du père Alexis, et les idées défendues pour les siennes [38]. Ce n'est pas là le plus intéressant

---

[37]. "N'ayez pas de confident parmi les hommes à robe noire. Ces gens-là varient d'un jour à L'autre. Ils se confessent, ils disent que la grâce les a touchés et ils trahissent. Les séculiers sont moins perfides, mais ineptes et incapables de garder un secret" (*Corr* n° 1176, III:386-87). Et à propos du vicariat de Vic qu'elle cherche à obtenir pour Rocher: "Que ferai-je d'un âne cupide comme celui de St Chartier, ou d'un cagot ou d'un intrigant, comme hélas il y en a tant sous la soutane? Un prêtre est toujours un voisin puissant et un hôte redoutable. [...] je ne veux pas d'un prêtre dans ma commune qui soit à côté de vous pour vous contrôler, vous épier, et vous dénoncer pour les choses les plus innocentes." (*Corr* n° 1493, IV:64-65).

[38]. "Connaissez-vous *Spiridion*? On dit que le P. Alexis est M. de Lamennais et que le fameux livre *De l'Esprit* est l'encyclopédie de Leroux (*Correspondance générale* de Sainte-Beuve, t. 11, p. 486, cité par L. Le Guillou dans *FL* 373, note 2). Duine cite une lettre de Rio du 30 janvier 1839: "Je suis venu [...] lire le *Spiridion* de George Sand, où l'on dit qu'elle a fourré toutes les idées récemment écloses dans le cerveau malade de l'abbé Lamennais. C'est

du discours sandien.

Ce n'est pas non plus l'ambivalence des uns et des autres, dans cet étrange chassé-croisé. Contemporaine à la magnifique lettre de direction de Sand à Rochet, la lettre à Buloz où, racontant le passage de l'abbé à Nohant où ils ont "causé toute une nuit sur la trinité et sur la transubstantiation", elle blague sur "l'odeur de sauvagine", propre aux moines dans toute satire monastique[39]. L'abbé Rochet, de son côté, trouvera les conseils d'Aurore bien conservateurs et assez sèchement, elle lui demandera si elle doit écrire "plusieurs volumes incendiaires pour [se] justifier de cette accusation" et montrer qu'elle n'a pas renié sa devise: *il giusto, il ver, la liberta sospiro* (*Corr* n° 2098. V:108). Sand avait fait quelques blagues sur Lamennais avec Éliza Tourangin, pour donner le change[40], mais rien qui approche de la dureté des jugements privés de celui-ci à son endroit. Lamennais ne pouvait ignorer les ragots qui couraient sur lui et George Sand[41]. En privé, il se gaussait d'ailleurs volontiers de Leroux et de ses deux prêtresses (*FL.*, n° 2960, .495, au baron de Vitrolles), Marliani et Sand. "Ce n'est pas qu'elles comprennent le premier mot de ces doctrines qui les charment tant; mais il en sort je ne sais quelle odeur de lupanar qu'elles aiment à humer" (*Fl.*, n° 2984, VII523, au baron de Vitrolles)[42]. Il avait eu très peur que George Sand pousse jusqu'à La Chesnaie[43] et à Madame Cottu qui l'interrogeait sur

---

tout au plus si je me suis trouvé le courage de lire le premier article qui est une brutale satire des ordres religieux. Mais le dernier article est une production effrayante par la hardiesse et la nouveauté des blasphèmes qu'elle contient. Du reste on voit clairement que c'est l'histoire des idées de l'abbé Lamennais" (Ibid.).

39. "En attendant ne parlez à personne. Tout se redit, tout s'ébruite et si l'on savait qu'un curé vient faire du schisme avec moi, on saurait bientôt quel est ce curé, et on le mettrait en fourrières. De plus on me le donnerait pour ami intime malgré l'*odor di selvaggiume*. Vous ne comprenez pas cela? vous êtes trop bête. Moi qui le comprend depuis tout à l'heure, c'est un joli mot qui est dans *La Mandragore* de Machiavel" (*Corr* n° 1056, III:194).

40. "Je vois très souvent l'abbé de La Mennais, j'ai une passion pour lui et on en jase, ce qui vous paraitra assez curieux si vous voyiez l'âge et la tournure de l'individu. On dit même que je vais me fixer à Paris *afin de tenir son ménage*. Heureuse idée! Ce serait un ménage admirablement tenu!" (*Corr* n° 1321, III:622.

41. "Mlle de Lucinière écrivait à l'abbé Jean: "Une chose qui m'afflige infiniment, c'est que ce pauvre Féli fréquente très souvent cette femme éhontée Georges Sand et une autre non moins tarée, vivant publiquement avec un homme qui n'est pas son mari. Mme Dudevant a fait des romans si abominables qu'aucune femme ne peut avouer les avoir lus; et c'est chez elle et c'est chez la vicomtesse Dagoust femme divorcée et de mauvaise vie qu'il passe ses soirées...! On m'a assurée qu'on l'avait trouvé dans la rue donnant le bras à Georges Sand! (*FL* 606). Voir aussi la lettre de la même, du 6 janvier 183 (*FL* 124)

42. Lamennais racontant les ennuis de George et de Marie Dorval à propos de la distribution de *Cossima*, conclut: "Il n'y a pas de drame qui vaille cette comédie" (*FL.*, VII.2909, au baron de Vitrolles, 17 octobre 1839)

43. Il se défendait en particulier contre les calomnies auxquelles sa relation avec George Sand avait donné naissance. Il se plaignait qu'une certaine dame affirmât avoir vu plus de soixante lettres de lui à George Sand. or, il assurait ne lui avoir jamais écrit que quatre, deux insignifiantes et deux détaillées en réponse à des confidences très intimes qu'elle lui avait faites

la romancière, il avait répondu qu'elle était "essentiellement dépourvue de toute physionomie et que son entretien était de la plus grande sécheresse" (Ibid.). Duplicité des lettres où l'on adapte son discours à son correspondant.

Mais résolvant les contradictions, les paradoxes, la multiplicité des modèles et des voix narratives où l'on semble perdre de vue la position même de George Sand, deux points fixes assurent la cohésion des œuvres et de la pensée sandiennes: D'une part, en négatif de la fascination qu'exerce sur elle les positions de pouvoir, son refus. D'autre part, la plurivalence de la création romanesque elle-même.

Les *Lettres à Marcie* avaient plus ou moins éludé le débat du célibat des prêtres, comme n'important pas au sujet: "Il ne m'appartient pas d'examiner une question aussi grave que serait celle de la nécessité de ce vœu chez le prêtre" (*LaM* V:223). Mais, la réaction de Lélia au Cardinal donne une idée de celle de Sand aux confidences de Rochet:

> Vous voulez que je réponde à des questions délicates et que je me prononce sur des choses qui dépassent peut-être la portée de mon intelligence. J'essaierai pourtant de le faire, non que j'accepte ce rôle imposant de confesseur dont vous voulez m'investir, mais parce que je dois à l'admiration que votre caractère m'inspire d'épancher mon cœur dan le vôtre avec une entière sincérité. (*L* LVI:475)

George Sand, tout en sentant dans la révolte de l'abbé "quelque chose de puissant et d'effrayant", "n'ose[ra] [y] porter une main hardie" (*Corr* n° 1526, IV:105). Comme Lélia montrant au Cardinal, l'impossibilité de "concilier deux choses inconciliables, la protection de l'Église et [son] indépendance" (*L* 482), Sand essaiera de faire comprendre à l'abbé Rochet que le choix lui incombe: "Vous ne voulez pas vous libérer sans être *sûr* de ne pas tomber pire", "vous voulez un succès assuré", "vous vouliez une *certitude*" (*Corr* n° 2705, VI:227). Il n'y a pas de choix sans risques.

Le refus d'une position de pouvoir suppose le respect de la liberté de l'autre. C'est une leçon de libre examen qui est au centre de la direction sandienne. L'interruption des *Lettres à Marcie*, quoiqu'en dise la préface justificatrice de 1843, avait montré la distance progressive qui s'instaurait entre Sand et Lamennais. L'attaque d'"un siècle sans foi et sans crainte", sans dogme, sans doctrine, sans maître, sans législateur (*LaM* 205), pouvait au départ cautionner l'autorité même de l'ami philosophe. Néanmoins, sa voix d'autorité qui opposait aux rêves de Marcie "l'ordre

---

sur ses chagrins domestiques et sur la situation de son âme. Il se plaignait également du peu de tact et de mesure qu'elle avait montré dans ses relations avec lui: "Croiriez-vous, disait-il, qu'elle m'a menacé de venir prendre une chambre dans le village le plus voisin de la Chênaie pour être plus à portée de mes conseils et de mes instructions. Jugez le beau texte que l'exécution d'un pareil projet aurait fourni à la calomnie. Il ne m'aurait plus manqué que ce dernier coup" (Introduction du Comte d'Haussonville, à partir du Journal des Cottu cité sans références, *Lettres inédites de Lamennais à la baronne Cottu*, xlix).

naturel des choses", sa voix dogmatique qui explicitait son "droit de conseil" (*LaM* 178), qui multipliait les impératifs, les exigences de vœux (*LaM* 189, 191), la nécessité pour une fille d'être soutenue "par une mâle certitude, par une sévère consolation" (*LaM* 210) se fissure à maints endroits. Progressivement, *je/vous/nous*, un glissement subtil des pronoms unit le destinateur et le destinataire, l'individu et le collectif[44]. Le dernier paragraphe de la lettre IV, en particulier, offre une progression symbolique des pronoms, partant du *vous* sombre de Marcie, "à l'heure qui précède le lever du jour", passant au *je* qui, lui aussi, pense à la mort, puis au *nous* "nous avons veillé, nous avons pleuré, nous avons souffert, nous avons douté" et finissant sur un *vous* nouveau dans une aube nouvelle (*LaM* 217); tandis que la fin de la lettre V inscrit à l'aube, entre le *nous* du désespoir et le *nous* de l'espoir, un *je* en contact avec le sacré (*LaM* 226). Inversement, la figure muette de Marcie acquiert une autonomie: la lettre V précise qu'elle n'a jamais consulté son guide, pour "dépouill[er] ce vêtement des religions qu'on appelle le culte" (*LaM* 219). Elle n'est pas prête à renoncer à "cette liberté d'examen et ce droit d'interprétation" (Ibid.). Son mentor le reconnaîtra: "vous êtes ce que vous vous êtes faite vous-même, selon les conseils de votre sagesse ou les nécessités de votre destinée" (Ibid.)

Sand, pour Rochet comme pour bien d'autres, était une figure d'émancipation, de liberté. L'abbé aurait souhaité qu'elle fasse le choix pour lui. Or tout choix est personnel et comporte des risques.

> Moi, aussi fière que vous, mais téméraire par nature, je me suis autrefois jetée tête baissée dans des abîmes [...] J'ai conquis non le bonheur qui n'est pas encore de ce monde, mais la liberté [...] (*Corr* n° 2705, VI: 228).

> Tout l'avenir d'un homme est dans sa volonté, dans sa persévérance, dans sa force, dans son talent, dans sa vertu. Que de traverses ne faut-il pas affronter pour mettre un pied devant l'autre, n'importe sur quel chemin! [...] Que faire donc? – conclut-elle, un grand acte de courage et d'audace pour sortir de votre esclavage, ou un grand acte de force morale, et de résignation chrétienne pour y rester. Cela dépend, comme je vous l'ai dit souvent de la dose de foi *chrétienne* que vous portez en vous [...] je ne suis pas malgré que j'aie un cœur bien attentionné l'être savant, instruit, et robuste que vous pourriez prendre pour guide et pour conseil. Je me sais si loin de là, malgré la chaleur avec laquelle j'affirme souvent ce que je crois et ce que je sens, que je serais effrayée d'exercer sur vous une influence quelconque, tant que vous serez couvert des livrées noires de

---

44. "Moi qui vous parle, j'ai plus de mal que vous; mais je ne voudrais pas...je ne voudrais pas..." (*LaM* 175). "Ces inquiétudes [...] ne me retracent que trop celles qui dévorent mon propre cœur. Je ne suis pas plus héroïque que vous, Marcie" (*LaM* 179). "[...] je confonds tellement dans mon angoisse ma misère et la vôtre, qu'il m'est impossible de vous donner des conseils" (*LaM* 180-81). "Voilà où nous en sommes venus, ô Marcie, et voilà pourquoi vous et moi, nous sommes accablés du poids de l'existence" (*LaM* 208)

l'église. Ainsi, mon ami, consultez Dieu et votre propre cœur." (Ibid., VI:228-29)[45]

Sand déconstruit le rapport de force en laïcisant la relation, en débalançant la direction de conscience vers la psychologie et la pédagogie, en niant les relations de pouvoir, laissant l'individu décider de sa vie?

* * * * *

Si, selon Noami Schor, le féminisme se définit comme :

> un ensemble de contradictions, le point nodal où s'entrelacent et s'entrechoquent insatisfactions de la société actuelle et la place qui est faite aux femmes, revendication d'égalité, revendications d'une différence singulière ou de différences plurielles, affirmation d'une nature féminine essentielle et transhistorique, dénonciation d'une situation subalterne due à des facteurs d'ordre purement historique et contingent [...][46],

si "Le féminisme, c'est le débat lui-même" (Schor 28), il faut bien admettre que les ambiguïtés de la réflexion et de l'écriture sandienne à ce sujet audacieux en font l'intérêt.

Second point de cohérence, le fonctionnement même du romanesque sandien dont les œuvres s'éclairent et se complètent les unes les autres, d'un bout à l'autre de sa vie. Delphine de Girardin, dans sa chronique parisienne du 8 mars 1837, plaisantait sur "L'histoire des affections [de George Sand] [...] tout entière dans le catalogue de ses œuvres", sur "l'alliance de M. de La Mennais et de George Sand, et sur *Les Lettres à Marcie* où la pensée sandienne s'était faite "morale et religieuse avec le prêtre politique"[47]. La remarque perverse n'était juste qu'en partie; car, tout en tenant compte de l'étonnante osmose entre la vie et l'œuvre, nous avons vu également comment Sand mêle, de façon très complexe, les voix, les sources et les idées. Libre examen et plurivocité romanesque vont de pair. L'on remarque d'ailleurs que, progressivement les voix se diversifient, voix unique masculine dans les *Lettres à Marcie*, dialogue dans la *Lélia* de 1839 où prime l'autorité féminine; dialogue masculin, multiplié sur trois générations, dans *Spiridion*. Dix huit ans après *Le prêtre*,

---

45. "Cher Abbé, – répétera-t-elle en 1843, j'ai beaucoup pensé à votre affligeante situation. Mais vous ne me paraissez pas plus qu'autrefois dans la disposition d'esprit nécessaire pour secouer sans effroi et sans regret cette chaîne terrible. Je souffre à vous la voir porter, et j'hésite à vous dire: brisez-la" (*Corr* n° 2705, VI:226).

46. Naomi Schor, "Le féminisme et George Sand: Lettres à Marcie", *Revue des Sciences Humaines*, n° 226 (avril-juin 1992) 27-29.

47. Delphine de Girardin, *Chroniques parisiennes* I: 88-89.

la Femme et la Famille de Michelet[48], en 1863, George Sand encadrera Mademoiselle de la Quintinie de deux générations de bons et de mauvais pères. Cette symétrie narrative s'inscrit-elle idéologiquement dans une plus large campagne contre les cléricaux où priment les voix masculines? Rend-elle plus efficace l'affrontement de deux philosophies au profit de la laïcité? Diminue-t-elle la force et le libre arbitre de l'héroïne? Confirme-t-elle, pour Sand, comme dans le refus de sa candidature en 1848, le refus d'un pouvoir féminin explicite? L'œuvre ne prend sens que mise à côté de la correspondance avec l'abbé Rochet et Lamennais, à côté des *Lettres à Marcie*, de *Spiridion*, de la seconde *Lélia*.

Si l'on doit chercher dans l'œuvre sandienne, un dialogue à deux voix, dialogue apaisant de méditation, de sérénité philosophique qui confirmerait que "les cures d'âme" des années 1835-1839 aient eu quelque succès, le huitième texte d'*Impressions et souvenirs*, paru dans *Le Temps*, en mai 1873[49], sur un fond d'hiver, de froid, de vieillesse et de mort prochaine, est exemplaire. Double dialogue avec l'inconnu: puisque le narrateur "refait connaissance avec une personne longtemps oubliée de [lui] dans ces derniers temps et qui n'est autre que [lui]" (*Impr* 128) et avec laquelle il va refaire son parcours spirituel. Également dialogue direct avec le sacré, sans intermédiaire, puisque "[son] monologue est un hymne intérieur» (*Impr* 143) dont je cite les derniers mots:

> Le dialogue avec toi ne s'exprime pas en paroles que l'on puisse prononcer ou écrire [...] Avec toi il n'y a point de langage, tout se passe dans la région de l'âme où il n'y a plus ni raisonnements, ni déductions, ni pensées formulées. C'est la région où tout est flamme et transport, sagesse et fermeté [...] [où] s'accomplit l'hyménée impossible sur la terre, du calme délicieux et de l'ineffable ivresse (*Impr* 144).

Université de Montréal

---

48. Sur le texte de Michelet, voir l'excellent article de Nicole Roger-Taillade dans le collectif *Dialogues autour de Vascœuil Dumesnil et Michelet*, Cahier romantique n° 1, (Clermont-Ferrand, 1995) pgs?.
49. G. Sand, *Impressions et souvenirs* (Plan de la Tour, Éd. d'Aujourd'hui, 1976) 126-44. Les références dans le texte (*Impr*) renvoient à cette édition.

Sand and Baudelaire: The Politics of Charity

Reginald McGinnis

In his opening remarks to the first George Sand Conference at Hofstra in 1976, Henri Peyre spoke of the wounds inflicted over time on the author's literary reputation by male detractors.[1] The picture painted by Peyre corresponds all too closely, alas, to Madame de Staël's depiction of women in the world of letters, where success makes them the objects of defamation.[2] First on the list of Sand's detractors is Baudelaire, whom Peyre cites alluding to the poet's stated preference for Laclos. Peyre mentions in passing the lack of anything in common between Laclos and Sand, apart from a shared admiration for Rousseau's sentimentality, and insists rather on Baudelaire's condemnation of Sand for refusing to believe in evil. Although brief, Peyre's comments are very insightful — even in their oversights. Going from a seemingly arbitrary comparison between Laclos and Sand to the latter's "refusal to believe in evil," Peyre may have had in mind, although he does not mention it, a passage from Baudelaire's notes on *Les Liaisons dangereuses* where Sand's refusal to believe in evil is expressed precisely by way of a comparison with Laclos: "En réalité, le satanisme a gagné. Satan s'est fait ingénu. Le mal se connaissant était moins affreux et plus près de la guérison que le mal s'ignorant. G. Sand inférieure à de Sade."[3] The comparison between Laclos and Sand is not arbitrary, but, rather, it pertains to a contrast of the former's consciousness of evil with the latter's refusal to believe in evil.

As is often the case in Baudelaire, the theological question of evil is coupled here with a reflection on the Enlightenment. While Sand appeals openly in her writings to Enlightenment thought, particularly as regards the influence of Rousseau, Baudelaire remains sparing in his references. Yet, he too is very much indebted to the eighteenth century. The note on Laclos simultaneously introduces a comparison with Sade. Like the protagonists of *Les Liaisons dangereuses,* Sade is conscious of evil. In contrast to Sand's positive Rousseauian conception of nature, we touch here on the Sadian side of Baudelaire who views nature as the source of evil. Contrary to Sand, Baudelaire's relation to the Enlightenment is ironical. Stated briefly, he imitates Sade the way Sade imitates Enlightenment philosophy; he follows Sade in inverting the discourse of philosophy, while inverting Sade in such a way as to come out on the side of religion.

Having said that Baudelaire positions himself on the side of religion relative to Enlightenment philosophy, it is necessary to underline the irony of his position on religion. His own "catholicism" wavers between the unorthodox and the heretical.

---

1. *George Sand Papers* (New York: AMS, 1980) 1.
2. *De La Littérature,* ed. Gérard Gengembre and Jean Goldzink (Paris: Flammarion, 1991) 332-42.
3. *Œuvres complètes,* ed. Claude Pichois, 2 vols. (Paris: Gallimard, 1975-76) II: 68. Subsequent references will be indicated in the text as (*OC*).

He only appears orthodox in criticizing the criticism of religion — and it is in reference to Sand's attack on religion, precisely, that Baudelaire criticizes Sand. The cutting irony of Baudelaire's notes on Sand in his *Journaux intimes* — "J'ai lu dernièrement une préface [...] où elle prétend qu'un vrai chrétien ne peut pas croire à l'Enfer" (*OC* I:687) — refers to *Mademoiselle La Quintinie,* where Sand endeavors to find the solution to the question of religion ("la solution du problème religieux") in refuting the solution offered by the Church as expressed in Octave Feuillet's novel *Histoire de Sybille.* Sand wrote this polemical novel in 1863 at a time when the Church had become more powerful than it had for decades in the social and political sphere, and consequently more hypocritical and corrupt. Sand looks for a solution based on the eighteenth-century concept of tolerance and the belief in social progress. Baudelaire's criticism of Sand, accordingly, falls in line with his criticism of Enlightenment philosophy.

In the same note on Laclos, Baudelaire asserts the inferiority of Sand relative to Sade. From Baudelaire's standpoint, Sand's inferiority to Sade mirrors his own sense of superiority over Sand. It reflects what he considers the superiority of his theoretical position on the eighteenth century. As long as we restrict ourselves to the notes in Baudelaire's journals, we will have a very limited perspective for a comparison with Sand. To broaden the scope of this comparison, let me turn, then, to one of Baudelaire's prose poems, *Assommons Les Pauvres!*

Written in 1864-65, that is approximately at the same time as the notes on Sand in the *Intimate Journals,* this poem proposes an ironical solution to the social questions of 1848. The context is stated explicitly in the opening lines:

> Pendant quinze jours je m'étais confiné dans ma chambre, et je m'étais entouré des livres à la mode dans ce temps-là (il y a seize ou dix-sept ans); je veux parler des livres où il est traité de l'art de rendre les peuples heureux, sages et riches, en vingt-quatre heures. J'avais donc digéré, — avalé, veux-je dire, — toutes les élucubrations de tous ces entrepreneurs de bonheur public, — de ceux qui conseillent à tous les pauvres de se faire esclaves, et de ceux qui leur persuadent qu'ils sont tous des rois détrônés.[4]

---

4. *Œuvres complètes,* I: 357-58. The end of the above quotation, "qu'ils sont tous des rois détrônés," echoes a phrase that is repeated in Sand's article, *Socialisme,* quoted further on, where one reads, for instance: "L'événement vous a dépassés et *détrônés,* et le peuple vous a prouvé qu'il voulait être le souverain unique, le souverain véritable"; "Le Passé nous crie : '*Vous me détrônez,* vous me dépouillez, vous menacez ma propriété, ma vie'" *(Questions politiques et sociales* [Paris: Editions d'Aujourd'hui, 1977] 257; 274-75; my emphasis. Further reference to this work will be indicated in the text as *QPS.*). Whereas Baudelaire speaks of authors persuading the poor that they are dethroned kings, it is important to note that Sand's text does just the opposite, since she is referring to the rich. Similarly, Sand does not recommend that the poor become slaves. On the contrary, she pleads their case against those who would enslave them: "Il n'y a pas de loi en notre faveur, elles sont toutes contre nous; et, quand il n'y en a pas pour nous réduire en esclavage, on en fait une du jour au lendemain" *Le Père Va-tout-seul*

(*QPS* 122). That is no reason, however, to discount the comparison. If *Assommons les pauvres!* is in part an ironical answer to Sand's social and political theories, nothing excludes *a priori* an ironical posing of premises, that is making them say the opposite of what they say or intend to say. Regarding Baudelaire's practice of misquotation, or of misleading quotations, see my essay *La Prostitution sacrée* (Paris: Belin, 1994) 127-30; 108-09.

    If the reference here were to Proudhon instead of Sand, the question regarding Baudelaire's portrayal of the theoretical position on slavery in 1848 would remain the same. The opening lines of Proudhon's famous *mémoire* on property leave no doubt as to the author's position on slavery: "Si j'avais à répondre à la question suivante: *Qu'est-ce que l'esclavage?* et que d'un seul mot je répondisse, *C'est l'assassinat,* ma pensée serait d'abord comprise. Je n'aurais pas besoin d'un long discours pour montrer que le pouvoir d'ôter à l'homme la pensée, la volonté, la personnalité, est un pouvoir de vie et de mort, et que faire un homme esclave, c'est l'assassiner. Pourquoi donc à cette autre demande, *Qu'est-ce que la propriété?* ne puis-je répondre de même, *C'est le vol,* sans avoir la certitude de n'être pas entendu, bien que cette seconde proposition ne soit que la première transformée?" *Qu'est-ce que la propriété?* (Paris: Garnier frères, 1848) 1.

    As far as I am aware, Baudelairian criticism has never given any consideration to the social and political writings of George Sand in relation to *Assommons les pauvres!* The absence of any such consideration can be explained, perhaps, by the suppressed apostrophe at the end of Baudelaire's manuscript: "Qu'en penses-tu, Citoyen Proudhon?" *Œuvres complètes, I,* 1350. An open reference such as this must be relevant, but it does not necessarily explain the intention of the poem. (See Jacques Crépet's notes in *Œuvres complètes,* vol. IV [Paris : Conard, 1926] 344-48.) The idea of an exclusive reference to Proudhon does not hold up to any careful reading of *Assommons les pauvres!* Firstly, the opening lines of the poem refer to the fashionable books of 1848 in the plural, *"les livres à la mode,"* so the reference does not have to be exclusive. Secondly, the disdain expressed in these lines for the theories of 1848 is more in keeping with Baudelaire's attitude towards Sand than towards Proudhon. An article in the *Tribune Nationale* dated June 3, 1848, which Baudelaire is believed to have co-authored, summarizes Sand's writing as follows: "LA VRAIE RÉPUBLIQUE développe dans toute sa première page un nuage de vapeurs hermaphrodites, répandues par la plume de George Sand, sur la question de l'organisation du travail et sur la respectable petite personne du citoyen Louis Blanc. Nulle analyse ne peut condenser ce nuage, nul œil humain ne peut lui prêter la couleur d'aucune idée saisissable" (Quoted in Jules Mouquet et W.T. Bandy, *Baudelaire en 1848* [Paris: Émile-Paul, 1946] 247). In contrast to this negative judgment of Sand, Baudelaire expresses admiration for Proudhon in his 1848 journalism as well as in later writings (See Claude Pichois et Jean Ziegler, *Baudelaire* [Paris : Julliard, 1987] 270; *Œuvres complètes, II:* 34; 40-41). The derogatory expression, *"formules de bonne femme,"* would seem to fit, moreover, with Sand rather than with Proudhon. In spite of the differences in Baudelaire's respective attitude towards Sand and Proudhon, it is important to observe the broad similarity of their political stances in 1848, in favor of the poor, in favor of progress, and in opposition to violence.

    My aim is not to discount the reference to Proudhon, but rather to question the exclusivity of this reference by introducing a comparison with Sand. Baudelaire considered Proudhon's thinking to be both logical and paradoxical. The same can be said of other authors he admired, such as Rousseau, Sade or Maistre. The ironical theory of *Assommons les pauvres!* propounds the generalization of violence as a means of achieving social equality. Yet the poet needs to have himself beaten up physically in order to make his point philosophically. The

The books mentioned as having been fashionable in 1848 share a naïve optimism about the political future that the poet finds hard to stomach. The proponents of equality, according to him, have it backwards. To become the equals of the bourgeois the poor must use violence. In rejecting the political ideas of 1848, the poet gives us to understand that he has an idea of his own: "Il m'avait semblé seulement que je sentais, confiné au fond de mon intellect, le germe obscur d'une idée supérieure à toutes les formules de bonne femme dont j'avais récemment parcouru le dictionnaire" (*OC* I:358). As in the note comparing Sand to Sade, Baudelaire insists here on the idea of superiority. And it is this feeling of superiority that motivates the action of the entire poem, which rests on an implicit comparison with another idea, "formule de bonne femme."

The poet leaves his room filled with the sentiment of his superior idea. On his way into a cabaret he comes across an old beggar who holds out his hat. Prior to responding, the poet describes the conflict that takes place in his mind between vice and virtue. It is vice, the transgression of the law, that prevails, as his demon says to him: "Celui-là seul est l'égal d'un autre, qui le prouve, et celui-là seul est digne de la liberté, qui sait la conquérir" (*OC* I:358). Rather than giving money, he pounces on the beggar and begins to beat him. With a first punch he gives him a black eye, and then breaks two of his teeth before knocking him to the ground and continuing to beat him with the branch of a tree. This obstinate beating instills new life in the beggar, who suddenly gets up and begins to fight back, inflicting on the poet twice the wounds he himself has suffered. He gives him two black eyes, breaks four teeth, and with the same branch of a tree proceeds to beat him to a pulp. The beggar's vengeance proves the poet's theory: it is through violence that the oppressed becomes the oppressor's equal, that he shows himself worthy of sharing his purse:

> Alors, je lui fis force signes pour lui faire comprendre que je considérais la discussion comme finie, et me relevant avec la satisfaction d'un sophiste du Portique, je lui dis : "Monsieur, *vous êtes mon égal* ! veuillez me faire l'honneur de partager avec moi ma bourse; et souvenez-vous, si vous êtes réellement philanthrope, qu'il faut appliquer à tous vos confrères, quand ils vous demanderont l'aumône, la théorie que j'ai eu la *douleur* d'essayer sur votre dos." Il m'a bien juré qu'il avait compris ma théorie, et qu'il obéirait à mes conseils. (*OC* I:359)

---

paradoxical resolution offered in *Assommons les pauvres!* corresponds, as such, to the commentary regarding Proudhon in a letter from Baudelaire to his *conseil judiciaire*, Ancelle (8 février, 1865): "Je ne vois qu'une seule manière de mettre à néant les utopies, les idées, les paradoxes et les prophéties de Proudhon sur la rente et sur la propriété : c'est de prouver péremptoirement — l'a-t-on fait? je ne suis pas érudit en ces choses — que *les peuples s'enrichissent en s'endettant*. Vous êtes plus financier que moi : vous devez savoir si cette thèse a été soutenue" (Quoted in *Baudelaire en 1848*, 324).

This poem illustrates the idea that the economic system is based on violence, as violent confrontation precedes the sharing of wealth. In his fight with the beggar, the poet experiences the pleasure ("la jouissance") of a philosopher verifying the excellence of his theory; he joins theory and practice just like the characters in the Marquis de Sade's novels. The theory he espouses here is clearly that of Sade against Enlightenment philosophy. The social contract is founded on general bad will ("la *mauvaise* volonté générale") and on negative reciprocity. Men have to fight in order to agree, and equality is achieved only through violence.[5]

While ostensibly a narrative in the first person, *Assommons les pauvres!* has the implicit form of a dialogue. Firstly, the physical conflict is predicated on a theoretical conflict, namely the poet's disagreement with the political theories of 1848. Secondly, the fight with the beggar is framed as a Platonic dialogue. The violence is preceded by a parallel between the poet and Socrates, and concludes with him convincing the beggar that he considers the "discussion" to be over. At the end of the altercation, the poet expresses the satisfaction of a Sophist in proving his theory.

A note in *L'Art philosophique* indicates that Baudelaire had originally planned to write a prose poem called *Le Paradoxe de l'aumône*. Everything would tend to confirm Claude Pichois' observation that *Assommons les pauvres!* derived from this project (*OC* I:1349). If charity is the original question for Baudelaire, and if we are to make a comparison with George Sand, then it follows that we should look for a text on charity in Sand.

Turning to Sand now, we find a text which has a striking resonance with Baudelaire's poem, a text on begging which is, moreover, a dialogue, *Le Père Va-tout-seul*, written in 1844. This dialogue hinges on a disagreement between a gendarme and an old beggar, le père Va-tout-seul. A law has just been passed which forbids begging, and the gendarme comes to lead the beggar to prison. (The official term used by the gendarme is "dépôt de mendicité", but the beggar insists it is a prison.) The respective positions of the gendarme and the beggar are opposite, both in a political and in a rhetorical sense. As regards politics, the gendarme is the spokesman for the law, that is the position of the rich, whereas the beggar speaks in defense of the poor. With regard to rhetoric, the gendarme remains inflexible; he will not listen to reason. The existence of the law becomes its own reason, and the gendarme never questions the reason for its existence. The beggar, on the contrary, asks only to hear reason. The law confuses him, so he poses questions. With a naïveté

---

5. As regards Sade's position on begging, see the third dialogue in *La Philosophie dans le boudoir* : "J'entends de toutes parts demander les moyens de supprimer la mendicité, et l'on fait pendant ce temps-là, tout ce qu'on peut pour la multiplier. Voulez-vous ne pas avoir de mouches dans votre chambre? N'y répandez pas de sucre pour les attirer. Voulez-vous ne pas avoir de pauvres en France? Ne distribuez aucune aumône, et supprimez surtout vos maisons de charité. L'individu né dans l'infortune, se voyant alors privé de ces ressources dangereuses, emploiera tout le courage, tous les moyens qu'il aura reçus de la nature, pour se tirer de l'état où il est né ; il ne vous importunera plus" (Paris: Gallimard, 1976) 76-77.

worthy of Socrates, if only it were feigned, the beggar refutes the gendarme's position, while the gendarme invariably speaks the language of force:

> **Le gendarme** : Vous n'avez pas d'abri, on vous en assure un, et vous vous plaignez? vous êtes encore un drôle de particulier!
> **Le mendiant** : Un abri? tu dis que je manque d'abri? mais j'en ai un tous les soirs ; j'en ai mille! [...]
> **Le gendarme** : Oui, je sais bien que partout on vous a hébergé gratis jusqu'à présent. Il le fallait bien, il n'y avait pas de dépôt! mais, à présent qu'il y en a un, on ne doit plus vous recevoir (*QPS* 112-13).

The respective discourses of the gendarme and the beggar refer to two distinct moments. The gendarme's thinking is based on the new law, which will now dictate customs, whereas the beggar refers to prior customs, which, he believes, should dictate the law. The beggar describes his needs, which are few and simple: his piece of barley bread at the peasant's, his bowl of soup at the share-cropper's, his half-glass of wine at the cabaret, "et cela, une fois par quinzaine chez chacun, à qui cela fait-il tort? ça fait plaisir à tout le monde, au contraire de me donner," (*QPS* 113). In the community life described by the beggar, the poor are not a burden, since everyone takes pleasure in giving.

The law the gendarme is enforcing comes down to him from the wealthy. The beggar's questions oblige the gendarme to explain his position, to justify the law. The hypocrisy of the position is exposed when he presents the law against begging as an act of charity, as a gift from society to the poor: "Tu vois bien que tu es le plus malheureux des hommes, et qu'on te rend service en te recueillant et en te nourrissant aux frais de la charité publique" (*QPS* 117). Bit by bit, the truth concerning the politics of the law comes out. Behind the gendarme's discourse lies the idea that the beggar might rebel, that is fear of the beggar's violence: "Le nombre des mendiants augmente de jour en jour. On dit que vous êtes plusieurs millions, en France, de gens sans aveu, sans ressources, sans feu ni lieu. Cela menaçait la sûreté publique" (*QPS* 120). In a word, because people are afraid of them, the poor should be locked up.

At the point where the thinking behind the law has become clear, the beggar falls to the ground, defenseless, inviting the gendarme to strike him, but refusing to follow. Before the gendarme comes to using force, the curé and the deputy mayor of the commune arrive and enter the discussion. At first, the curé and the deputy side with the law. Things turn around in the end, however, when a group of peasants rally around the beggar. If the law disallows begging, then they can eliminate begging by practicing charity spontaneously, by giving to the beggar before he has to ask.

The scenario acted out in the dialogue corresponds, of course, to the realization of Sand's own political position. Just as the words spoken by the beggar echo Sand's discourse in defense of the poor, the peaceful reconciliation at the end of the dialogue reflects her stance against violence, her advocacy of workers' solidarity and the sharing of wealth. The class war between the rich and the poor is a constant theme in Sand's writings of the 1840s. And while everything turns out for the best in the dialogue, she is, nonetheless, very aware of the potential for violence. In a political pamphlet entitled *Un mot à la classe moyenne*, Sand describes the relation between the rich and the poor as one of mutual fear and anticipation of violence: "Ces deux classes se sentaient dangereuses, hostiles l'une à l'autre. Le pauvre craignait la trahison et la tyrannie du riche, le riche craignait la colère et la vengeance du pauvre" (*QPS* 198). The relation between the rich and the poor, as Sand perceives it, is equally bad for both classes. While in her political writings she defends the cause of the poor, she seeks a solution that will be beneficial to everyone. She looks for a transition from conflict to solidarity, and from inequality to equality. The means of this transition, she insists, must be non-violent.

Sand's theory of political change through non-violent means derives, as such, from her perceptiveness of potential violence. And although things never actually come to violence between the gendarme and the beggar, the threat of violence against the poor is, nonetheless, contained in the dialogue. The verbal conflict between the gendarme and the beggar is continually verging on violent confrontation. Once the political reasons behind the gendarme's position have been exposed, the beggar refuses to obey the law. He defies the gendarme, saying he will allow himself to be killed, but will not follow him to prison. This is where Baudelaire comes in. Whereas in Sand's dialogue violence is preempted by a collective commitment to charity, in *Assommons les pauvres!* violence is presented as the solution to social strife. In *Le Père Va-tout-seul* the gendarme represents the law. He serves as an intermediary between society and the beggar. The force he would exert on the beggar is indirectly the expression of society's violence against the poor. The solution presented by Baudelaire in *Assommons les pauvres!* eliminates the third party, placing the bourgeois directly in conflict with the poor. Significantly, before initiating the violence, the poet draws attention to the absence of law enforcement: "J'avoue que j'avais préalablement inspecté les environs d'un coup d'œil, et que j'avais vérifié que dans cette banlieue déserte je me trouvais, pour un assez long temps, hors de la portée de tout agent de police" (*OC* I:359). In a sense, the poet is a substitute for the policeman. Rather than enforce the law, he serves as a model for how to establish the law, in the absence of any law.

The means of establishing the law, according to the theory, is vengeance, that is negative reciprocity. In anthropology, it is common to compare vengeance with gift exchange, referring to the former as *bad* reciprocity and to the latter as *good* reciprocity. The two systems do in fact show a similar pattern of reciprocity: just as the giving of a gift implies a return, an act of vengeance implies a retaliation. A notable difference between vengeance and gift exchange, however, is that vengeance does not consciously seek reciprocity. Contrary to gift exchange, in which the return is wanted, in vengeance the return is unwanted. One does not perform an act of vengeance in order to suffer a retaliation, but rather the act itself is a retaliation. In *Assommons les pauvres!* the poet reverses the usual scenario of reciprocity in vengeance. Whereas one would expect the bourgeois to fear the beggar's vengeance, he purposely gets ahead of the game, and initiates violence so as to provoke a retaliation. The poet's theory is offered as a solution looking for a remedy in the cause, prescribing vengeance as its own cure.[6]

In a political pamphlet written in 1848, entitled *Socialisme,* Sand expands her theory for a peaceful solution to the class war between the rich and the poor. Here again she advocates a non-violent transition from the old to the new political order. Vengeance, she insists, belongs to the past. The law-makers of the future must renounce "la loi du talion":

> Le riche n'a-t-il pas enfin mérité d'être mis à la place du pauvre? Hélas! oui, il l'eût mérité sous l'ancienne loi, et, si nous appliquions aux hommes du passé la loi du passé, le riche subirait la peine du talion. Mais nous sommes les législateurs du présent, les initiateurs de l'avenir, nous ne pouvons pas appliquer la peine du talion. L'avenir détruira entièrement la richesse individuelle, il créera la richesse sociale. L'avenir n'aura plus de pauvres, il n'aura que des égaux dans toute la force du terme (*QPS* 278).

Whereas Sand speaks directly against "la loi du talion", the theory of *Assommons les pauvres!* speaks directly in its favor. If one construes the law of "an eye for an eye" in its usual sense, as Sand does here (although this is, perhaps, not its proper sense),[7] that is as a call for vengeance, demanding that retaliation be at least equal to the violence to which it responds, then Baudelaire's theory extols the law, since the beggar inflicts twice the wounds he himself has suffered: two eyes instead of one; four teeth instead of two. The respective theories of Sand and Baudelaire propose opposite means of achieving the same end, namely social equality and the sharing of wealth. Sand maintains that the transition must take place in the absence of violence, and Baudelaire proposes violence as the means for the transition. Both authors share the objective of evacuating violence: Sand by following the word of the Gospel and turning the other cheek; and Baudelaire by blatantly sacrificial means, in turning violence against itself.

In Rousseauian fashion, Sand conceives of a harmonious community freely sharing collective wealth among its members. The underlying premises of her view are solidarity and positive reciprocity. Baudelaire, on the other hand, perceives the social order as being based on self-interest and negative reciprocity. The theory presented in *Assommons les pauvres!* has a universal objective, since the poet gives the beggar an example to follow with all of his "confrères" who ask for money. If he is a true philanthropist, he will imitate the poet's violence rather than giving alms.

---

[6]. I owe this theorization of reciprocity in vegeance and gift exchange to an article by Mark Anspach, "Vengeance in Reverse: Reconciliation through Exchange," *Stanford French Review* 16.1 (1992): 77-85.

[7]. See the commentary in *La Bible de Jérusalem* on Ex. 21.25: "Cette loi du talion [...] qu'on retrouve dans le code de Hammurabi et dans les lois assyriennes, est de nature sociale, non individuelle. En imposant un châtiment égal au dommage causé, elle vise à limiter les excès de la vengeance" (Paris: Cerf, 1986) 107.

The universal application of the theory will generalize the reversal of roles between victims and their oppressors. The masters will in turn become slaves, and vice versa. The sharing of wealth will follow the institution of social equality, achieved through reciprocal violence. The rules governing social relations are predicated, as such, on the rules of violent reciprocity. And the traces of violence are visible particularly in money, which mediates exchange in modern societies.[8]

The political solution proposed in *Assommons les pauvres!* endeavors to apply what Baudelaire considers the universal law of human relations, which he states in a well-known aphorism: "Le monde ne marche que par le Malentendu. C'est par le Malentendu universel que tout le monde s'accorde" (*OC* I:704). The inversion of Sand's theories in *Assommons les pauvres!* falls in line with Sade's inversion of the theories of Rousseau. The paradoxical formulations of Rousseau lend themselves easily to the game Sade was first to master, which consists in turning them around while speaking the same language. Similarly, Baudelaire's thinking in *Assommons les pauvres!* seems to address a paradox contained in the first chapter of Sand's article, *Socialisme*, entitled: "La Souveraineté, c'est l'égalité." Without entering into what Sand owes to Rousseau and the French Revolution, we can observe that Baudelaire's poem provides a solution to the paradox, as equality is achieved through the sovereignty of violence.[9]

The concept of the sovereignty of the people presents a fundamental contradiction between the notions of superiority and equality. There is certainly grist here for the ironist's mill, especially if we consider that irony is usually associated with the notion of superiority. *Assommons les pauvres!* is ironical in this very sense, as the action of the poem derives from the poet's sentiment of theoretical superiority. Yet what are we left with in the end? No one would want to take the theory literally. It

---

8. In a similar vein, Baudelaire writes: "Le commerce est satanique, parce qu'il est une des formes de l'égoïsme, et la plus basse et la plus vile" (I, 704). Regarding the economic theory of violence and the monetary system, see Michel Aglieta and André Orléan, *La Violence de la monnaie* (Paris: PUF, 1982).

9. While the parallel between Baudelaire's inversion of Sand and Sade's inversion of Rousseau elucidates certain aspects of the poet's position in *Assommons Les Pauvres!*, it does not reflect, in a broader sense, the religious dimension of Baudelaire's thought. One of the most striking aspects of Baudelaire's thinking pertains to his reconciling two authors as different as Sade and Maistre. If *La Philosophie dans le boudoir* can be considered as Sade's *anti-Émile* of which the political brochure, *Français, encore un effort si vous voulez être républicains*, theorizes the laws of the new republic, one could also refer here to Maistre's *anti-contrat social*, *De La Souveraineté du peuple*, from which I quote the opening paragraph: "Le peuple est souverain, dit-on ; et de qui? — De lui-même apparemment. Le peuple est donc sujet. Il y a sûrement ici quelque équivoque s'il n'y a pas une erreur, car le peuple qui *commande* n'est pas le peuple qui *obéit*. Il suffit donc d'énoncer la proposition générale : *le peuple est souverain*, pour sentir qu'elle a besoin d'un commentaire" (Paris: PUF, 1992) 91. Following the example of Maistre with regard to Rousseau, it is reasonable to consider *Assommons Les Pauvres!* as a commentary on the political theories of George Sand.

only makes sense taken negatively, in comparison with the positive theories of 1848. The theory presented in *Assommons les pauvres!* is destructive, in the Kierkegaardian sense. It devours the social theories of 1848, but leaves nothing in their place, except irony.

As in his fight with the beggar, where the poet is first the aggressor and then the victim, the ironist's violence is always susceptible of turning back against himself. Extending this same pattern, we can consider the violence Baudelaire deploys in his criticism of Sand as the exteriorization of an internal conflict in which the poet is alternately the victim and the torturer. The disdain expressed for Sand in the *Intimate Journals* shows perhaps only one side of the picture, while hiding the other side in which the poet contemplates his own reflection. The position of *Assommons les pauvres!* relative to the theories of 1848 reflects a fundamental ambivalence in Baudelaire's own writings. In the following poem, *Les Bons Chiens,* Baudelaire returns to the conflict between the rich and the poor, which he paints now in a very different light. The violence here is no longer that of a direct confrontation, but rather an indirect violence which translates into society's indifference towards the poor. In *Les Bons Chiens* the poet associates himself with the poor as fellow victims of society. His relation to them is no longer that of a Sadian enemy brother, but rather the expression of a fraternal sympathy reminiscent of Rousseau: "Que de fois j'ai contemplé, souriant et attendri, tous ces philosophes à quatre pattes, esclaves complaisants, soumis ou dévoués, que le dictionnaire républicain pourrait aussi bien qualifier d'*officieux,* si la république, trop occupée du *bonheur* des hommes, avait le temps de ménager l'*honneur* des chiens!" (*OC* I:362). As in the famous verse poem, *Le Cygne,* the poet speaks here from the standpoint of the victims. The song he sings in·praise of the poor reveals a different, more tender side. He claims a position very close to that of George Sand in the 1840s, so very close, and yet all we see, all that Baudelaire holds up for us to see, is their difference. I have to conclude, so I will leave you with a quotation from Kierkegaard, the thirteenth Latin thesis from *The Concept of Irony:* "Irony is not so much apathy, devoid of the more tender emotions of the soul; instead, it must rather be regarded as vexation at the possession also by others of that which it desires for itself."[10]

University of Arizona

---

10. *The Concept of Irony.* Edited and Translated with Introduction and Notes by Howard V. Hong and Edna H. Hong (Princeton University Press, 1989) 5. The interpretation I offer here coincides with Michel Butor's explanation of Baudelaire's injurious notes on Sand: "Ce sont des contre-coups d'humeur, le reflux d'une admiration qui voudrait être plus complète. Un certain ton injurieux chez Baudelaire, non point son éloquence, son ironie de pamphlétaire, celle dont il accable Villemain, mais cette espèce de hargne presque basse qui fait comme crisser tels de ses papiers intimes, est toujours lié à une déception grave, à propos de laquelle on sent bien que le responsable à ses yeux n'est qu'en partie celui à qui l'injure s'adresse [...]. Pour se venger de la déception ressentie, il se fait bourreau en secret, mais comme il sait bien que l'autre n'est pas seul en cause, qu'est en cause aussi sa propre incapacité à formuler convenablement les difficultés sur lesquels *[sic]* ces autres ne l'éclairent point, à vaincre véritablement les contradictions qui le minent et que ces autres réveillent comme de vieilles douleurs endormies, il se venge aussi de lui-même" (*Histoire extraordinaire,* 83-84.). Quoted by Léon Cellier, *Revue d'histoire littéraire de la France* (avril-juin 1967): 258-59.

Readers may recognize in Kierkegaard's thirteenth Latin thesis an expression of what René Girard calls mimetic desire (*Mensonge romantique et vérité* [Paris: Grasset, 1961]). On the importance of mimetic desire in the works of George Sand, see Nadine Dormoy-Savage's article in *George Sand: Colloque de Cerisy* (Paris: SEDES, 1983) 159-69. Regarding the relation between Girard and irony in contemporary literary theory, see John Vignaux Smyth, *A Question of Eros: Irony in Sterne, Kierkegaard and Barthes* (Tallahassee: Florida State University Press, 1986) 337-78.

GEORGE AND SIGMUND TAKE TEA:
GEORGE SAND'S *LÉLIA* AS A PHILOSOPHICAL CONTRIBUTION TO THE PRE-PSYCHOANALYTIC TRADITION

Karen MACLEAN

In this study I will consider the philosophical dimensions of George Sand's novel, *Lélia*. I am, of course, aware that *Lélia* is not usually read or classified as a philosophical work, nor as a work on psychology.[1] What prompts me to argue that *Lélia* qualifies as a work of philosophy is the methodological and conceptual critique that this novel effects. It is as if, having explored the questions of personhood, sexuality, intimacy, and marriage in *Indiana* and *Valentine*, and having run into a variety of barriers, Sand is leaving the realm of the story to explore these barriers themselves. Not content with the story as "mere" story, Sand now turns the story into a tool of investigation, in a move resembling that of the young fellow Jacques in her novel *Isidora*; he sits down to philosophize and analyze, but through observation, curiosity, imagination and the force of his emotions he gets drawn away from an intellectual project which one senses was doomed from the start, and into the plot of a novel.

The problem with Jacques's first inquiry is partly methodological — he sits down with a series of questions that bring him invariably to the consideration of the infamous woman question. I want to discuss here, briefly, two aspects of the method Sand is developing in *Lélia*, before turning equally briefly to one of the barriers that occupies Sand in the novel, namely the internal barrier to intimacy between two persons who love each other. This barrier is, in Sand's analysis, epistemological. Sand shows that the degree of intimacy that a person can achieve is a function on the one hand of what he or she knows or believes he or she can know, and on the other hand also of *how* he or she knows.

Through this philosophical work with the human psyche, Sand aligns herself with thinkers and researchers in the nineteenth century who sought to plot the mental and physical structures of humanity. Given her extraordinary methods and her brilliant insights, Sand belongs with thinkers like Sigmund Freud. Indeed, by the end of this paper, I hope to have shown what kind of critiques Sandian pre-psychoanalytic concepts and methods could have posed to Freudian thinking.

I

I would like to begin by highlighting Sand's method of investigation. It is, first and foremost, literary. Sand draws on a variety of formal devices which serve to underpin her conception of the human being and allow her to study it. Thus she breaks

---

1. While Françoise Massardier-Kenney discusses Sand's concept of knowledge in the 1872 novel *Nanon* ("A Question of Silence: George Sand's *Nanon*," *Nineteenth-Century French Studies* 21[3-4]: 357-65), this article cannot be said to belong to the philosophico-theoretical canon.

what we now consider to be a literary mold to combine dialogue with confessional, epistolary, first person and third person narrative. This functions to highlight the complex "relationality" — so to speak — of the human being (as opposed to its individuality). Sand's characters seem created — and are indeed created for the reader — through interactions with others and with their own selves. Sand creates an understanding, or a knowledge of another human being from many angles and through more than one kind of approach.

We learn about Lélia from what she tells us — or rather, what she tells Pulchérie, what she writes to Sténio, and what she thinks to herself. We also learn from what other characters think or say of her, from how she speaks to and interacts with other characters and from their interactions with her. In short we learn from our own observations as readers. What we learn is that relationships form her in a spiraling process of experience, self-reflection and conversation, and that Lélia is in many ways nothing more than an older version of Sténio. She is the romantic hero *déçu* and grown up; she has, in fact, survived the *mal du siècle*.

This method allows Sand to describe and take into consideration the temporal and experiential dimensions of personhood. Lélia has survived the emotional distress that torments and will eventually kill Sténio, unrequited, unfulfillable romantic love. Lélia's sojourn in the ruinous monastery is a figure for the isolation that Sténio experiences, i.e., Lélia has literally lived through the same lonely lovelessness at another time. But this experience is also a figure for her process of coming into awareness and understanding of herself. Thus through experiences — that is, living — coupled with self-reflection, and conversations, Lélia has grown up.

To begin with, she is unwilling to engage with Sténio, later she is willing, but unable, and towards the end of the novel, she sees clearly — if not why this is — then at least who she herself is, as well as the extent to which she is unable to engage more intimately. Clearly Lélia does love Sténio. Clearly Sténio does not feel this love, and although Lélia does what she can both to engage with Sténio and to love him as best she can, she also refuses to repeat the errors and illusions that she herself has lived through. And for reasons which I will discuss shortly, this is neither cognitively nor emotionally available to Sténio.

Growing up or learning, consists then both of self-reflection, a hallmark of the *mal du siècle*, and of conversation. Or to highlight the philosophical context, dialogue. Sandian dialogue teaches — both to the reader and to the characters involved in the dialogue — through an intermingling of feelings, experience, the shared reworking of this experience, and the faculty of imagination. The expression of compassion, wryness, mockery, irritation, sarcasm, piteousness, etc., testifies to the honest presence of the interlocutors. The play of the emotions renders the complexity of experience and functions to rework and contextualize it, both for the interlocutors and for the reader.

Thus the reader may readily identify with or sympathize with Lélia's dramatic frustration, but Pulchérie's dry response to Lélia's lament that she has been rendered "impuissant[e] par trop de puissance" sets Lélia's *mélo* in relief: "c'est ce qui vous rend déplorablement vulgaire, Lélia, reprit la courtisane impitoyable dans son bon sens. C'est ce qui vous fait ressembler à tous les poètes que j'ai lus" (163).[2] The startling coupling of vulgarity with poetry contextualizes and de-essentializes the otherwise idealized genre and its use. Bellyaching is bellyaching, even in Romantic heroes and even in sophisticated poetic terms. The pages spent allowing Sténio and Lélia to expand on their feelings testify to Sand's recognition of the reality of their experience of these emotions, and to her compassion. But she is no less intent on trying to shatter/split open the epistemological cul-de-sac that entraps otherwise intelligent, passionate and humorous persons such as Lélia and Sténio.

II

If conversation functions as Sand's model for learning, poetry, and the use of imagination to create poetry, serves as a model for knowing. And it is precisely the use of poetry, coupled then with dialogue, which allows Sand to expose the barrier that Sténio and Lélia face. After her dry dismissal of poets in general, Pulchérie goes on to admonish Lélia to "faire servir votre cerveau à poétiser les choses pour les mieux apprécier" (163). This kind of poeticizing is a trope for Sand's own model of knowing.

When Sténio and Lélia visit Viola's grave, a marble monument almost taken over by greenery and dedicated "à la protection de l'oubli," they take turns addressing the monument, eulogizing the woman who supposedly died of love, thus fulfilling her destiny as a woman. Sand juxtaposes Sténio's monologue — in which he uses poetry to try to control his relationship with Lélia — with a brief conversational exchange with Lélia herself that exposes the controlling elements of his poetic creation. She then goes on to foil this with Lélia's use of poetry and imagination to bring to life the dead Viola. The monologues function as figures for two different ways of knowing another human being.

Sténio interacts with the spectacle of the tomb on a purely symbolic level. Shifting back and forth between describing Viola now as dead, now merely as sleeping, Sténio identifies himself with the greenery, which seems to derive great satisfaction from possessing the inert tomb. Then he tries to draw Lélia into his controlling imagery: "Ne pouvez-vous embraser l'air qu'elle respire [he asks Viola] et faire qu'elle ne soit plus là, pâle, froide et morte, comme ces statues qui se regardent d'un air mélancholique dans le ruisseau?" (95). Sténio here embodies the kind of poet that Pulchérie looks down on, who does not use his poetry to "mieux apprécier les choses" (163). Instead, he badly wants to use his rhetoric to reinterpret and immobilize Lélia. The danger and the consequence of Sténio's rhetoric is that it brings him firmly and squarely back to face the very issues which he seeks to define out of existence.

The passive acquiescence he is looking for is hardly distiguishable from

---

[2]. George Sand, *Lélia* (Paris: Editions Garnier, 1960). All references in the text will be to this edition.

unresponsiveness, and her gaze could be directed somewhere else. The rhetoric, like the relationship, still depends on Lélia's collaboration, as the symbol, like the monument, is dedicated to protecting against forgetfulness by reminding us constantly of the need for it.

Sand has Lélia rebut Sténio's controlling imagery with vigorous images of strength and power, located in Viola herself:

> Où aviez-vous pris un cœur si énergique qu'il s'est brisé au lieu de ployer sous le poids de la vie? Quel dieu avait mis en vous cette indomptable puissance, que la mort seule a pu détroner de votre âme? [...] vous n'avez pas courbé la tête sous le joug, vous n'avez pas voulu accepter la destinée et pourtant vous n'avez pas hâté votre mort comme ces êtres faibles qui se tuent pour s'empêcher de guérir. Vous étiez si sûre de ne pas vous consoler que vous vous êtes flétrie lentement sans reculer d'un pas vers la vie, sans avancer d'un pas vers la tombe. (95)

Passivity is here rewritten as the choice of the strongest, and the binary correspondences between passive and active, weak and strong, are broken.

Sténio's images of the plant-like, malleable, sweetly acquiescing flower-woman and his stonily inaccessible, real woman, i.e., his subscription to conventional understandings of strength and passivity, have already fallen apart in the confrontation with real human interaction. Lélia, on the other hand, infuses Viola with life by using both her imagination and her own experience to try to recreate this particular life.

Viola is just as unreal in Lélia's speech as she is in Sténio's, just as much a rhetorical figure used to make a point. But the device itself of using imagination and poetry to bring Viola to life works very differently. This way of thinking also underpins the understanding between Lélia and Pulchérie, as well as Lélia's understanding of Sténio. No use of imagination and poetry can make Lélia do or feel what Sténio wants her to (although it might of course seduce her). But it is clear that imagination can give self-knowledge — and anyone who is familiar with Lélia's sojourn in the ruinous monastery will know the role that imagination plays — and that imagination can also contribute to an understanding of other persons when it works together with personal experience. That might be what Pulchérie means by "mieux apprécier les choses."

III

The role of imagination, however, is not so simple. That Lélia gains only so much more insight than Sténio and cannot get through to him, is in Sand's analysis a function of an epistemological position that goes hand in hand with the understanding of humans as consisting of two parts — one mental/spiritual, one physical. Sand shows that persons who are brought up to overvalue their spiritual life — as are Sténio and Lélia — know and relate through the faculty of the imagination.

Epistemology is not traditionally associated with relating or feeling. As various contemporary theorists have shown, this is not a function of knowing itself, but rather a function of our model of knowing. This model assumes a certain kind of knowledge and a certain kind of personhood. Theorists from a variety of fields have discussed the ways in which a primarily Western, object-oriented model of knowing is practiced by a detached, distant, self-centered knower whose knowledge project can be implicated in projects of control, and whose preferred faculty and method are reason and empiricism.

The problem with the traditional binary model of humanness is that it allows for only two kinds of relating. One purely physical, one mental/spiritual. Until the period just before Romanticism, emotions — feelings — are associated with the physical dimension of the human being, and thinking or knowing with the mental/spiritual dimension. Relating on the mental/spiritual plane is characterized by the controlling, distanced cognition described above.

With the advent of the Romantic ethos, emotions such as love are elevated to the realm of the mental/spiritual, but since emotions are by definition irrational and unknowable, contradictions arise. When emotions become not only a valuable, but an essential characteristic of intimate relations, the knowledge/power model of relating is complicated. Emotions cannot, by definition, be known, and so the causal relationship between knowing and controlling is reversed. "I know, therefore I control," is likely to become, "I control, therefore I know."

The poetic imagery Sténio uses in the scene at the tomb illustrates the role of poetry in the knowledge/power project. Poetry is used to "call" the scene in terms that keep the poet in control. It should be noted that Lélia herself uses poetry in this way in the love scene that directly precedes the visit to the tomb. What she seems to have learned from that love scene, and what is exposed at the tomb, is that without acquiscence or collaboration this kind of control founders.

However, as the similarities between Lélia's speeches to and about God, and Sténio's recriminations to Lélia demonstrate, the mental/spiritual kind of relating is modeled on the human relationship to God.[3] Modeling intimate relations on the

---

3. In her article "L'Homme-dieu ou l'idôle brisé dans les romans de George Sand," *George Sand, Colloque de Cerisy*, ed. Simone Vierne (Paris: SEDES, 1983), Mireille Bossis discusses the metaphor of the god-beloved and the shattered idol (Bossis 1983). Her reliance, however, on a psychoanalytic framework, and her acceptance of the very terms — of idealisation, for example — which Sand is struggling with, lead her to overlook the juxtaposition of the "reality" with the "imaginary" of relationships, that Sand is exploring in the novel. Sand does give these relationships a "reality," however. Lélia and Sténio really do want to be intimate, to make love and to experience security, but are thwarted by their very own selves, so to speak. In Sand's pre-Freudian analysis, this is accounted for by the way in which they know and think (rather than, say, through the conceptualisation of an "unconscious"), an approach which not coincidentally accords the characters a large amount of agency. To read Sand and the characters she creates in post-Freudian terms is to overlook Sand's own analysis (for example to deny the human agency which she takes such care to account for), to reduce the human relationships which Sand explores to imaginative figments, and to reduce and

human relationship to God has the advantage of solving, at least temporarily, the conceptual contradictions between feeling and knowing, since this relationship is, by definition, largely imaginary.

Very briefly, as Sand outlines it, this relationship has only two positions or roles, God and human, and these are of course profoundly unequal and mutually exclusive. First of all, the emotional investment of the human agent is passionate — either adoring or recriminating or doubting. The emotional investment of God is supposedly loving, but actually absent. As Lélia's tirades show, God's supposed emotional investment depends on the mood of the human player.

This is due to the imaginary character of the relationship, which is located in and determined by the needs, fears and the imaginative faculty of the human being. When in despair, Lélia imagines God to be absent, when full of joy, she imagines him to be all-loving (198). The same goes for Sténio. The dichotomous construction of the model cements the uncertain character of the human position. If God is omniscient and omnipotent, the human player must by definition and in reality be utterly impotent and unknowing.

The consequences of basing relationships between humans on the relationship to God are illustrated through Lélia's emotional engagements with her first lover and with Sténio, and through Sténio's attempts to reach Lélia. Human relationships are thought of as hierarchical, with only two positions available, one of power, control and knowledge, and one of abject impotence and ignorance. Adoration alternates with recriminations and bitterness, but the only feelings that one person can know or engage with are his or her own, since knowing or engaging with the feelings of one's lover are not accounted for in this model (8). Hence Sténio derives no satisfaction or consolation from the feelings that Lélia does express and enact. They are inaccessible to him, as were the feelings of Lélia's first lover to her. Sténio imagines that Lélia disdains him, even as she demonstrates the opposite to the reader.

There is one difference between the God-to-human and human-to-human models. When relating to other humans, it is possible, even necessary, to switch roles. The utter abjectness of the submissive, supplicating role coupled with the entirely imaginary, interior character of the relationship, means that it is desirable and easy to switch to the controlling, knowing role. Thus we see that when Lélia and Sténio desire so strongly to engage, they endeavor to create safe conditions for intimacy by assuming the controlling position (89-93). Unfortunately Sand shows that this position is impossible to maintain, because a model of knowing that does not conceptualize knowing another person's feelings, cannot offer the epistemological certainty that is implicit in the God position. We see this in Sténio's repeated demands that Lélia tell him she loves him. In this model, the feelings of another person will always be a matter of faith.

The more well-developed the imagination and the more skilled the poet, the

---

pathologize both Sand and her characters.

easier it is to take the world and create a plausible, wonderful imaginative world in one's mind. Unfortunately, this fantasy world is difficult to sustain;

> Ainsi agrandissant de jour en jour ma puissance [...] et la répandant sans mesure au-dessus et au-dessous de moi, j'allais jetant toute ma pensée, toute ma force dans le vide de cet univers insaisissable, qui me renvoyait toutes mes sensations moussées: la faculté de voir, éblouie par le soleil, celle de désirer, fatiguée par l'aspect de la mer et le vague des horizons, et celle de croire, ébranlée par l'algèbre mystérieuse des étoiles [...]. (165-6)

Moreover, since it effectively prevents intimacy, and since to be imagining the world and pouring love into it is inherently to be in the inferior position, this kind of relating is essentially unsatisfying and insecure. Clearly Sténio and Lélia love each other and wish to make love, and clearly they cannot engage each with the other, without assuming the inferior position. Sténio tries in one way to create a script and to get Lélia to play along, and Lélia tries the same trick in another way. Their mutual attraction, Sand shows, is real and genuine to them, as is their utter frustration and grief at not being able to find security in each others mutual affection; security enough to trust and to engage.

Sand demonstrates very clearly, then, the problems associated with on the one hand, a model of humanness that considers feelings and cognition to belong to mutually exclusive realms, and on the other hand, basing conceptualisations of love and intimacy on the God-to-human relationship — which is not even actually a relationship. She shows that there is another faculty involved, both in feeling and in knowing, namely that of imagination, and that imagination can be deployed both controllingly and constructively.

There is a great deal more to be said, about what Sand would like to put in the place of the model she critiques, and about Sand's poetic epistemology, but that will have to wait till another time. I would like to conclude by returning briefly to the title of this paper. I hope that it is clear by now why I want to put Sand in dialogue with Freud, and to see in her work a contribution to what one might refer to as the prepsychoanalytic tradition. Like Freud, Sand investigates the structure of the human psyche, and the implications of this structure for human relations. But unlike Freud, Sand bases her critique and her theories on the observation of persons in relation to other persons.

If George Sand and Sigmund Freud were to have taken tea together, Sand might have been able to argue that the fundamental problem in Freud's thought was his acceptance of and blindness to the conceptual models that guide human understanding and human actions. She might have rebuffed his assumptions about the unknowability of "woman," by suggesting an interactive model of investigation and an epistemology that accounted for knowing persons and feelings. And she might have pointed out the methodological flaws in Freud's own excessive reliance on imagination and speculation, and his controlling, self-serving use of poetic imagery. Finally, she might have been able to convince him of the importance of the material/physical aspects of his patients' relationships. And I should like to think that Freud might have given Sand's comments some thought.

University of California-Los Angeles (UCLA)

BUILDING ON SAND: FROM NARRATIVE ZOOS TO IMAGINED COMMUNITIES

David J. MICKELSEN

> De nos jours [...] l'artiste [...] éprouve le besoin impérieux de détourner la vue et de distraire l'imagination.
> *La Petite Fadette*

> Expulsons les barbares!
> Montalembert

George Sand, we know, was born at the beginning of the First Empire and died at the beginning of the Third Republic, and she observed first-hand the Revolutions of 1830 and 1848. At her death the centennial of 1789 was still more than a decade away. I cite these familiar facts in order to suggest how her long life, spanning nearly three-quarters of a century, witnessed the prolonged negotiation about the nature and direction of the French nation-state. To counterpose a single life against the vast complexity of a nation might seem grotesquely discrepant, but — as Eugen Weber established in his magisterial *Peasants into Frenchmen* — nation-building proceeds microcosmically along a broad front. Here I will focus on a modest literary corner of that lengthy process: a cluster of Sand's texts anchored in ethnographic documentation from the crucial period around 1850.

Sand's liberal and iconoclastic side is well-known, including her fervently radical political convictions. A more conventional side, however, is suggested by her status as one of the century's most widely-read novelists. (*François le champi*, after all, was one of the first texts published in Hachette's Bibliothèque de chemins de fer.) My intention here is not to neutralize by painting her in conventional hues, but I do want to broaden and complicate our view of her by speculating on the practical import of her writing. Without dismissing her complex ideological and personal commitments, this essay will speculate on the *effects* of Sand's writing, especially within the conceptual landscape of the Second Empire. Few would deny that Sand's utopian socialist intentions were often radical, even subversive.[1] I will argue, however, that her writing from this period contributes to the process Weber neatly captures in his title, *Peasants into Frenchmen*: "how undeveloped France was integrated into the modern world and the official culture — of Paris, of the cities."[2] This homogenizing project, a process of acculturation, may seem far removed from

---

1. Brigitte Lane, "George Sand, 'ethnographe' et utopiste: rhétorique de l'imaginaire," *Revue des sciences humaines* 226 (1992): 159ff.

2. Eugen Weber, *Peasants into Frenchmen: The Modernization of Rural France, 1870-1914* (Stanford: Stanford University Press, 1976) x.

Sand's ostensibly depoliticized,[3] idyllic, and even static Berrichon world. But I hope to show that her narratives are structured in such a way that that world, however attractive, is irrevocably subordinated, distanced, and contained (hence my conceit, "zoo") to an increasingly centralized nation-state bent on effacing local particularities. Thus, perhaps unconsciously, George Sand's "narrative zoos" contribute to the process examined so influentially by Benedict Anderson, whose *Imagined Communities* has schooled us in the ways print travels, and thereby binds.[4]

I will highlight her neglected non-fiction work, *Légendes rustiques*, because it sets in relief tendencies which are less obvious elsewhere, for example the better known *La Mare au diable* (1846) and *François le champi* (1847). In *Légendes rustiques*, an 1858 collection of "diverses traditions, chansons et légendes," Sand's explicit goal is to preserve this material from "l'oubli qui marche vite."[5] This goal echoes and extends the sentiments expressed earlier in *La Mare au diable* ("arrachons [...] de l'oubli"[6]) and in *François le champi* ("Les chansons, les récits, les contes rustiques, peignent en peu de mots ce que notre littérature ne sait qu'amplifier et déguiser"[7]). Let me emphasize that there is little question that Sand sought to valorize the peasant experience. Indeed, in the prefatory material to *La Mare au diable* and to *François le champi*, Sand explicitly positions her rural protagonists as superior to "notre vie développée et compliquée [...] la vie factice" *Champi* 42). But with what results? This is my concern here. We too seldom envision the reception and impact of her work, content instead to examine her statements of polemical intention. Yet one might well ask, who was reading her work, and why? Her publishers were Parisian and her audience was manifestly bourgeois and even urban, as is amply evident from the narratee addressed in *La Mare au diable* (cf. 43: "Ne vous élevez pas au-dessus [du laboureur]") and in *François le champi* (41-42, 46-48). In the absence of detailed studies of the reception of Sand's texts, however, the observations which follow will necessarily be speculative and preliminary.

David Powell is surely right to stress the educational potential of Sand's writing on this audience: "her descriptions of the physical and social aspects of Berry and the conscious exposition of local traditions and customs help acquaint the reading public with a part of France they would otherwise never know."[8] But I'm not concerned with the immediate "historicity" of Sand's texts — their representational validity. Rather, I'm here interested in the asymmetrical relationship between the two poles Powell identifies, a relatively cosmopolitan "reading public" on the one hand

---

3. Reinhold Grimm, "Les Romans champêtres de George Sand: l'échec du renouvellement d'un genre littéraire," *Romantisme* 16 (1977): 65, 70.

4. B. Anderson, *Imagined Communities: Reflections on the Origin and Spread of Nationalism*, rev. ed. (New York: Verso, 1991).

5. Sand, *Légendes rustiques*, in *Œuvres complètes* (Geneva: Slatkine, 1980) 20: i.

6. Sand, *La Mare au diable* (Paris: Gallimard, 1973) 45.

7. Sand, *François le champi* (Paris: Gallimard, 1976) 47.

8. David Powell, *George Sand* (Boston: Twayne, 1990) 54.

and this relatively isolated "part of France" on the other. The mention of "zoos" in my title alludes to the way certain elements which might strike city-dwellers as "wild" are contained within and by narrative — the very casting of them into diegetic form begins to isolate, tame, domesticate, and subordinate. Linda Nochlin nicely fixes the contradictory impulses involved in these practices when she speaks of mid-century France: "The same society that was engaged in wiping out local customs and traditional practices was also avid to preserve them in the form of (verbal, musical, linguistic, visual) records."[9] This colonizing process was taking place on many registers, most familiarly abroad (Algeria was brought fully under French control in 1847, and the process of domestication — the imposition of the center's values on this exotic margin — had proceeded far enough by 1848 that Algerians were given the right to vote by the new Constitution). But we may also imagine colonization turned inward: an attempt to regularize and domesticate that which is anomalous and threatening (threatening *because* anomalous) within the hexagon (Weber's first chapter is entitled "A Country of Savages"). Brigitte Lane speaks aptly of an "exotisme de l'intérieur" in which "le paysan français (perçu comme informe, mystérieux, à mi-chemin entre l'animal et l'humain) [est] conçu comme 'un sauvage du dedans'" by the urban bourgeois (148).[10] Colonization, I will be arguing, is fundamental to the cultural dynamics of Sand's project. Even the 1852 preface to *La Petite Fadette* eerily acknowledges my focus if the phrase "besoin impérieux," cited in my epigraph, is read slightly askew.

How does this domesticating process work? What narrative mechanisms does Sand deploy to negotiate the distance between an isolated, distinctive region which had conserved its own dialect and customs, and an increasingly dominant capital? The very act of narration, of narrativizing, involves the familiar distortions of reifying, objectifying, essentializing — distortions which have been amply examined by contemporary ethnographers, often drawing on insights developed by narratologists.[11] In fact, their skepticism about the ethnographic enterprise is anchored in the painful recognition that regardless of idealism and innovation, the ethnographer remains, necessarily, at the wheel, determining the shape and direction of the narrative. Ventriloquy remains ventriloquy. But more important for my topic is something even more fundamental: narrative's insistent retrospective dimension. Narrative, of course,

---

9. Linda Nochlin, "The Imaginary Orient," *Art in America* (May 1983) 127.
10. Cf. also Weber 486: "[The process of acculturation] was akin to colonization." This point is developed 486-92.
11. See, for example, the landmark collection edited by James Clifford and George Marcus, *Writing Culture: The Poetics and Politics of Ethnography* (Berkeley: University of California Press, 1986) — or, in a related register, that edited by Ivan Karp and Steven Lavine, *Exhibiting Cultures: The Poetics and Politics of Museum Display* (Washington, D.C.: Smithsonian, 1991). Marc Manganaro provides a clear survey in "Textual Play, Power, and Cultural Critique: An Orientation to Modernist Anthropology" in *Modernist Anthropology: From Fieldwork to Text*, ed. Manganaro (Princeton: Princeton University Press, 1990) 3-47.

is always "after" as well as "other," but Sand doubles the generic retrospect common to all narrative by explicitly insisting on the recuperative aspect of her project. She seeks, in short, to document a dying culture — and the very act of documentation serves to verify the death.

An 1851 article in *Illustration* on the "Mœurs et coutumes du Berry," Sand stresses "l'immobilité de toutes choses" in a region where roads "sont une invention toute moderne."[12] But six years earlier *La Mare au diable* (upon which the *Illustration* article draws heavily) had already sounded a nostalgic note of change rather than stasis:

> [H]élas, tout s'en va. Depuis seulement que j'existe il s'est fait plus de mouvement dans les idées et dans les coutumes de mon village, qu'il ne s'en était vu durant des siècles avant la Révolution. Déjà la moitié des cérémonies celtiques, païennes ou moyen âge, que j'ai vues encore en pleine vigueur dans mon enfance, se sont effacées. Encore un ou deux ans peut-être, et les chemins de fer passeront leur niveau sur nos vallées profondes, important, avec la rapidité de la foudre, nos antiques traditions et nos merveilleuses légendes. (154)

This passage virtually predicts the project Sand undertook a few years later in *Légendes rustiques*. Indeed, the dedication of that collection similarly asserts that "traditions, chansons et légendes [...] se perdent [note the evasive passive construction] à mesure que le paysan s'éclaire, et il est bon de *sauver de l'oubli* quelques versions de ce grand poème du merveilleux." André Fermigier's preface to the 1976 Gallimard Folio edition of *François le champi* underlines Sand's pioneering role as preservationist: "Les romans champêtres sont un moyen de fixer le souvenir de ce qui est en train de disparaître et l'on n'insistera jamais trop sur le rôle de pionnier qu'a joué George Sand, par son intérêt pour les 'arts et traditions populaires', dans l'histoire de l'ethnographie française" (30). But that famous forgetting ("l'oubli") memorialized by Renan[13] as essential to the process of nation-formation was already well under way, and Sand's stopgap preservationist efforts were hardly equal to the locomotive of nineteenth-century "progress."[14]

The positioning of the narrator in the appendix of *La Mare au diable* and in the companion *Illustration* article just cited is instructive. Both texts are narrated by

---

12. "Mœurs et coutumes du Berry," *Illustration, Journal universel* 18 (30 August 1851) 135. References to this article will be indicated in the text as (*Ill*). This "immobilité," as my colleague James Lehning has shown, is itself part of the metropole's construction of the French peasant, *Peasant and French: Cultural Contact in Rural France During the Nineteenth Century* (Cambridge: Cambridge University Press, 1995) 16-17 sq.

13. Ernest Renan, "Qu'est-ce qu'une Nation?" *Œuvres complètes*, ed. Henriette Psichari (Paris: Calmann-Lévy, n.d.) I: 891.

14. Cf. current critiques of nostalgia-ridden "salvage ethnography" (e.g., Clifford, "On Ethnographic Allegory," 110-115, in Clifford and Marcus).

an apparent participant-observer — a native of the region. "Berry [...] le coin que j'habite et dont je ne sors presque pas" (*Ill* 135). But that figure's wide historical perspective and cultural analysis suggest a certain remove, intellectual if not emotional, from that milieu. "Rien n'attire l'étranger chez nous" (*Ill* 135), but of course that is precisely the effect — indeed, the intention — of an essay which blends ethnography and tourism. The narrator's analytical and judgmental insights also suggest a kind of "estrangement" from "home": "le manque de bien-être dont on ne s'aperçoit pas, parce qu'on ne le connaît pas, une certain fierté à la fois grandiose et stupide, un grand fonds d'égoïsme" (135). Comments of this kind position the narrator (and, consequently, the reader) "above and outside" — someone detached from the culture even if originating in it.[15] And of course the readership of *Illustration* would largely reside outside Berry.

Despite the analytical dimension of the passage just quoted, the narrative emphasis is more typically visual; we are presented with the literal point of view of an observer with all the delimiting implications of that stance: mere reports of what is seen, or, worse, *hearsay* reports of observations. In "Les Laveuses de nuit," the narrator moves quickly from an evocation of these "mères infanticides" to the deflating admission that the night-time sounds of spectral washing were made by frogs, then just as quickly shifting to a story reported by

> un mien ami, homme de plus d'esprit que de sens, je dois l'avouer, et pourtant d'un esprit éclairé et cultivé, mais, je dois encore l'avouer, enclin à laisser sa raison *dans les pots*, très-brave en face des choses réelles, mais facile à impressioner et nourri, dès l'enfance, des légendes du pays. (31)

This remarkable giving and taking leaves little doubt that the prevailing ideology of the passage will be at least skeptical of, if not condescending to, the experiences about to be recounted.[16] Similarly deflating is the account of the *précepteur* who arrives instead of the expected *grand'bête* (46), a powerfully symbolic moment in which the marvelous is disappointingly supplanted by education.

A comparable distancing informs the handling of dialect, an obvious cultural marker, in *Légendes rustiques*. Dialect words are italicized or even defined within the text, clearly positioning the implied reader as an outsider (cf. the similar handling in *La Mare au diable*). For example, after a paragraph beginning, "Il y avait encore la

---

15. Note that even the revised title of the appendix of *La Mare au diable*, where "*Les Noces de campagne*" replaces the original singular "*La Noce ...* " (my emphasis), displays an homogenizing, generalizing impulse, as does its earlier provisional title, "La Politique et le socialisme."

16. One is surprised that Weber is not more skeptical when he advances the unqualified claim that "well into the twentieth century, in Berry, everything was of fearsome or fantastic portent" (23). Judith Devlin provides a more balanced account, *The Superstitious Mind: French Peasants and the Supernatural in the Nineteenth Century* (New Haven: Yale University Press, 1987).

peillerouse de nuit, qui se tenait sous la *guenillière* de l'église," the narrative detours abruptly into etymology: "Peille est un vieux mot français qui signifie haillon" (38-39; cf. also "*manquablement*, c'est-à-dire infailliblement" 43). The topic of dialect had already figured importantly in the preface to *François le champi*, where peasant language is praised as being "plus expressif, plus énergique et plus logique cent fois que [la] langue littéraire" (47-48). The task facing the writer is to match the expressive capabilities of a particular language with "foreign" readers' capacity to understand: as the narrator of *François le champi* puts it, "si je fais parler l'homme des champs comme il parle, il faut une traduction en regard pour le lecteur civilisé" (50-51). That is, of course, precisely what happens in *Légendes rustiques*. Here as elsewhere, in other words, the regional is necessarily put into relationship with the national. That relationship, I will argue shortly, usually produces the ultimate subordination of the region.

Similarly revealing are the folk beliefs selected for inclusion in *Légendes rustiques*. Arnold Van Gennup noted with some asperity long ago that Sand "ne cherchait dans ce qui l'environnait que ce qui était «poétique», maladie de l'époque qu'on ne peut lui reprocher."[17] As his list of motifs from "la veine proprement romantique" indicates ("légendes, fées, lutins, revenants, fantômes" [375]), *Légendes rustiques* operates in an exoticizing mode, recounting "scary" and mysterious events calculated to impress the outsider. Animals form the primary source of strangeness, though there may be human intermediaries (the *bossu* or the pagan, for example) who gravitate toward that status. For contemporary readers, I would guess, these narratives at most located a difference, a danger, within an enclosing protective boundary (geographic, narrative, cultural). Elsewhere I have argued that *La Mare au diable* stages this process by associating sexual release with the wild (the danger of the *mare* correlative with the danger of proscribed relations) only to be resolved, in the "appendix," through the approving metaphors and rites of the tamed and taming society.[18] A comparable conventionalizing force appears quite overtly in the anecdote which concludes "Le Meneu' de loups" (99-105) in *Légendes rustiques*. In this account, a *sonneur de musette* confesses having played for wolves. He renounces his "mauvaises pratiques" and thereafter "il joua chrétiennement et laissa les loups se promener tout seuls ou en la compagnie des autres sonneurs damnés" (104). This collection presents the narrative equivalent of a zoo, where the strange and the dangerous are primary attractions kept safely, as it were, at harm's length. Threatening beasts are all, in one way or another, safely "bound."

Part of the "safety" of these accounts is traceable to their status as *reported*,

---

17. Arnold Van Gennup, "George Sand folkloriste," *Mercure de France* 188 (1926): 373. More recently, and more admiringly, Marielle Caors has stressed the "poetic" rather than regional element of Sand's writing, "Paysages de George Sand," *George Sand Today* (Lanham, MD: University Press of America, 1992) 114.

18. David Mickelsen, "Appendicitis: Sand and Mérimée, Endogamy and Exogamy," *Foreign Language Studies* 23 (1996): 134-36.

second-hand events, whose distanced and problematic reliability allows the reader little sense of their cultural logic (recall again that the audience is from elsewhere). As a result, the materials are again unavoidably positioned as "strange" and "exotic" — in keeping with the classic imperialist emphasis on the picturesque and melodramatic.[19] Nowhere does one engage the *thoughts* of persons from this region, thus keeping outsiders in the role of tourists and preventing them from entering regional culture in any meaningful and substantial way. Beliefs are recorded and filed away. In some ways, the collection which is *Légendes rustiques* might be better imaged as a museum than a zoo: an antiquarian site where once powerful (even terrifying) but now superannuated beliefs can be preserved. These beliefs, consigned to a kind of oubliette, are not — following Renan — exactly *oubliées*, but they are certainly *oubliables*.[20]

As Dean MacCannell has put it, "the best indication of the final victory of modernity . . . is not the disappearance of the nonmodern world, but its artificial preservation and reconstruction in modern society."[21] *Légendes rustiques* is indeed such a "preservation" — *for others* — and its "artificial" existence, detached from its cultural roots, serves to confine the region more surely than any absence of roads. Similarly, the concept of "local color" (mentioned in the dedication of *Légendes rustiques*) shares with the term "rustique" a sense of the already-contained, even trivialized (cf. Nochlin: "the very notion of the picturesque in its nineteenth-century manifestations is premised on the fact of destruction" [127]). The Second Empire, as Brigitte Lane suggests, may have sought to redirect "le roman vers le folklore pour le détourner de la politique" (151), but the preceding discussion assumes that folklore is always, at some level, political. Hence James Lehning provides a more satisfactory account: "Folkloric descriptions of 'peasant' customs . . . were among the ways in which French culture created its version of country dwellers" (115) — always, to be sure, as a means of advancing mainstream ideology. Ironically, then, while Sand is recounting "histoires inédites," she is also, necessarily, contributing to the "histoire officielle" (*Légendes rustiques* iv) — and perhaps doing so with more far-reaching effects than her controversial accomodation with the new prince. *La Mare au diable*, remarks biographer Curtis Cate, "could easily have been mistaken for the work of a conservative author."[22] I'm arguing that it would be no mistake. We should thus take the opening sentence of Sand's 1851 preface to *La Mare au diable* at face value: "je n'ai eu . . . aucune prétension révolutionnaire en littérature" (27) — and extend it to

---

19. Cf. David Spurr, *The Rhetoric of Empire: Colonial Discourse in Journalism, Travel Writing, and Imperial Administration* (Durham, NC: Duke University Press, 1993) 48.

20. Devlin's conclusion examines the political and ontological implications of this attempted suppression.

21. Dean MacCannell, *The Tourist: A New Theory of the Leisure Class* (New York: Schocken, 1989) 8.

22. *George Sand: A Biography* (New York: Avon, 1975) 535.

the wider cultural context.[23]

The adjective "imagined" in the title of Benedict Anderson's oft-cited study, *Imagined Communities*, might suggest a certain expansiveness, but in fact nation-building more typically involves *containment* and *homogenization* (or "melting" in the familiar United States metaphor) — a cultural constriction even while the nation may be expanding geographically. At this point we again encounter colonization. This homogenizing process is perhaps more familiar overseas (hence Gautier's observation that the Algerian city Constantine "doit bientôt disparaître sous l'envahissement du goût français."[24]). But when Balzac presciently asserted in 1830, the year of the Algerian invasion, that "Nous dévorons des pays entiers" ("De la Mode en littérature"), he may not have anticipated that that appetite would turn inward as well, toward "pays" such as Berry. In these Sand texts, I maintain, the digestive process is already well on its way.

Sand concludes the "Avant-propos" to *François le champi* by evoking the contrast between then and now, there and here: "comme on disait autrefois dans le monde, et comme on dit encore aujourd'hui chez nous" (55). I have been arguing that the tension between "le monde" and "chez nous," so blithely laid down in this passage (and, similarly, in Sand's article in *Illustration*), must be reconstrued in light of the cultural dynamics of nation-construction (nation-constriction). That is, another, more powerful "nous" — the one evoked by Balzac and also lying hidden within Montalembert's imperative, "Expulsons les barbares!" — has been at work. That work can be gauged by the implicit disparity of scale between the outside world and the confined and dwindling world of the province.

In this one-sided essay I have been concerned more with Sand's version of Berrichon culture as it might have functioned nationally than with the contributions which Berrichons themselves may have made to the national concept. In this respect my own narrative is built on sand. Neither does it survey the demography of readership — of Sand or of other regionalist writers, nor examine the status and "image" of Berry in French cultural consciousness, nor even correlate "expel" (Montalembert) with "devour" (Balzac). More zoos than I ever imagined; more museums yet to explore; and all the while sand pours through the glass.

University of Utah

---

23. It is no coincidence that Renée Balibar chose *La Mare au diable* as the "model text" to demonstrate the functioning of model texts in French schools, especially their contribution to a sense of "national [and I stress this modifier] art" via a national language, "An Example of Literary Work in France: George Sand's *La Mare au diable* of 1846," *1848: The Sociology of Literature: Proceedings of the Essex Conference on the Sociology of Literature* (Essex: University of Essex Press, 1978) 27-46. But cf. Lane on Sand's subversive intentions (159).

24. Gautier, *L'Orient* (Paris: Charpentier, 1893) II: 381.

Portrait de l'artiste en maçon
La correspondance entre George Sand et Charles Poncy (1842-1876)

Brigitte DIAZ

Dans cette polyphonie virtuelle qu'est la correspondance de Sand, il y a de grands arias, où se répondent dans des registres et des tessitures infiniment variés les voix de quelques-uns des grands artistes qui ont croisé le chemin de George Sand – Musset, Sainte-Beuve, Listz, Pauline Viardot, Delacroix, Flaubert — mais il y a également des petites musiques modulées en mineur, récitatifs moins éblouissants parce qu'on n'y retrouve pas le même brio que dans ces tête-à-tête prestigieux où s'affrontent des esprits de même envergure. Ces dialogues "secondaires", outre leur saveur biographique — la vie quotidienne de l'artiste s'y dessine en quantité de petits faits que nul biographe n'aurait la patience d'enregistrer — ont aussi l'intérêt de souligner le rôle cardinal que George Sand a occupé dans les années 1840 non seulement sur la scène publique mais aussi auprès des gens ordinaires qui furent ses lecteurs. À d'autres occasions, j'ai évoqué ces dialogues entretenus avec constance entre Sand et ses correspondants les plus modestes[1]. Pour certains de ces enfants du siècle, comme pour Mlle Leroyer de Chantepie, elle fut une psychanalyste avant la lettre, recevant leurs confessions tourmentées et s'efforçant sinon de soigner du moins d'analyser leur malaise; pour d'autres qui se sentaient une vocation littéraire, elle fit office de conseiller littéraire, et même, de professeur de littérature par correspondance. Dans tous les cas, elle usa de l'entretien épistolaire comme d'une maïeutique, aidant les consciences à accoucher et à se révéler dans le domaine qui lui semblait être le leur, qu'il fût littéraire, politique, ou simplement familial.

Le dialogue épistolaire que George Sand entretint longtemps avec Charles Poncy, le maçon de Toulon, est de cet ordre. Modeste mais constant, il débute en 1842 lorsque Poncy envoie à Sand son premier recueil de vers, *Marines*, et s'achève à la mort de l'écrivain. Volontiers didactique et parfois même dogmatique du côté de Sand — qu'on a pu à cette occasion taxer de prosélytisme socialiste — leur correspondance a aussi ses moments d'abandon, et l'entretien familier empiète parfois sur le débat théorique. Revenir ici sur ce dialogue un peu oublié permettra de mieux saisir l'engagement de l'écrivain aussi bien dans le champ littéraire que dans l'espace social durant la décennie 1840-1850. C'est comme un carrefour de discours à la fois privés, professionnels, idéologiques — où le rapport entre la littérature et l'action politique est sans cesse interrogé — que le dialogue entre George Sand et Charles Poncy m'intéresse.

Politique, cette correspondance l'est assurément, non seulement parce que

---

1. "'Les âmes inquiètes': difficulté d'être chez les correspondants de George Sand", à paraître dans les actes du colloque "Difficulté d'être et mal du siècle dans les Correspondances et Journaux intimes de la première moitié du XIXe siècle", organisé par le CRRR en novembre 1995 à l'université Blaise-Pascal, Clermont II.

la question sociale y est à l'ordre du jour, mais aussi parce qu'à travers ses entretiens avec le maçon de Toulon Sand rêve à l'avènement d'un poète nouveau: citoyen, artiste mais aussi officiant d'une nouvelle religion, exerçant son art comme une sorte de thérapie mystique apte à panser les plaies d'une société révolutionnée. Comme quelques autres alors, elle veut voir dans la figure du "poète prolétaire", qu'incarne si bien Poncy à ses yeux, une chance de régénération de l'espace littéraire et si elle attend de lui une autre littérature, c'est qu'elle y voit une nouvelle façon de faire de la politique[2]. Pour nourrir cette utopie, c'est une véritable éducation littéraire que Sand dispense à son élève.

L'initiation qu'elle lui propose passe par une radioscopie du champ littéraire en ce milieu du siècle. En professionnelle de l'écriture, Sand trace pour le néophyte la cartographie des nouveaux pouvoirs qui régissent l'espace littéraire, soulignant l'impact croissant des patrons de presse, ainsi que la tyrannie de l'abonné, qui infléchit par ses goûts ou ses dégoûts la production littéraire[3]. Mais c'est aussi un manifeste esthétique que Sand élabore lettre après lettre. Elle stigmatise les poètes retardés qui rejouent éternellement la comédie romantique. Elle fait défiler les figures importantes de la scène littéraire et déboulonne quelques-unes des idoles du jeune maçon, insistant sur la nécessité d'une rupture radicale avec des modèles esthétiques périmés, notamment ceux du romantisme finissant. Elle s'y montre également en stylisticienne exigeante; les corrections détaillées qu'elle adresse à Poncy nous permettent de recueillir les principes fondamentaux de sa poétique. Enfin, elle ébauche le portrait de l'artiste qu'elle attend de ses vœux: tout à la fois humble citoyen mais aussi poète charismatique, artisan mais aussi artiste, rêveur mais aussi militant. Le timide maçon n'avait sans doute l'envergure nécessaire pour répondre à de telles exigences. Néanmoins, il y eut d'abord chez Sand la reconnaissance enthousiaste du génie de Poncy.

> Mon enfant, vous êtes un grand poète, le plus inspiré et le mieux doué parmi tous les beaux poètes prolétaires que nous avons vu surgir avec joie dans ces derniers temps. Vous pouvez être le plus grand poète de la France un jour, si la vanité qui tue nos poètes bourgeois n'approche pas de votre noble cœur, si vous gardez ce précieux trésor d'amour, de fierté et de bonté qui vous donne le génie. (*Corr* V:641)

C'est par cet éloge dithyrambique, destiné à saluer son premier recueil de

---

2. Sur la question des interactions entre littérature et politique, voir l'article de Philippe Régnier, "Le discours socialiste en France dans la première moitié du XIXe siècle: science, politique et littérature", *Écrire/Savoir, littérature et connaissances à l'époque moderne* (Éditions Printer, 1996).

3. C'est un *topos* de l'époque que reprend, entre autres, Banville dans son introduction aux *Essais en prose et poésies* de Marie-Laure, (Librairie Jules Labittte, 1844) où il évoque lui aussi la tyrannie des abonnés "qui veulent une fin d'acte dramatisé à chaque feuilleton" (36).

vers, *Marines*, que s'inaugure en 1842 la correspondance de George Sand avec Poncy. Enthousiasmée par ce coup d'essai, Sand applaudit plus encore au second recueil de vers, *Le Chantier*, publié en 1843, qui lui semble confirmer brillamment sa première estimation: "Vous avez acquis du goût de la netteté, vous avez fait des progrès incontestables, et je ne me suis pas trompée en vous prédisant que vous seriez le premier des poètes ouvriers" (VI:315). L'éloge contient pourtant de subtiles limites: c'est dans la catégorie "poète-prolétaire" que Sand veut voir courir son poulain, et si elle admet que la valeur littéraire du maçon de Toulon excède les limites du genre "poésie ouvrière", c'est quand même cette inscription sociale et idéologique qu'elle valorise avant tout chez lui et qu'elle souhaite le voir respecter. En témoignent les encouragements qu'elle lui adresse où la bienveillance laisse transparaître une discrète injonction à rester ce qu'il est, ou ce qu'il devrait être: "[...] si l'on a du plaisir à voir en vous l'*individu* parce qu'il est particulièrement doué, on en a encore plus à le voir maçon, prolétaire, travailleur" (V:696). Avec insistance, elle l'incite à préserver son identité sociale y voyant une sorte de capital de sympathie auprès du public: "Jamais vous n'êtes plus touchant ou plus original que quand vous êtes maçon, homme du peuple et tendre époux de Désirée" (VI:46).

Son engouement pour le poète de Toulon, que certains, comme Latouche, jugeront mal fondé, n'a, dans ces années 1840, rien d'exceptionnel. C'est l'époque, rappelons-le, où la poésie, un peu moribonde après le raz de marée romantique, se cherche dans le socialisme une nouvelle vigueur. Fleurissent alors les poètes ouvriers, dont le saint-simonien Olinde Rodrigues constitue, dès 1841, une anthologie avec ses *Poésies sociales des ouvriers*. À l'instar de George Sand, plusieurs auteurs reconnus s'instituent alors les mécènes de ces parents pauvres de la littérature: Jean Reboul est patronné par Lamartine, Théodore Le Breton par Marceline Desbordes-Valmore, Marie Carpentier, la couturière de Dijon, trouve appui auprès d'Amable Tastu, tandis que Banville édite en 1844 les *Essais en prose et Poésies posthumes* de Marie-Laure Grouard. Quelques années plus tard, Baudelaire, lui, s'intéressera au poète ouvrier Pierre Dupont. Tout en étant l'expression d'une mutation en cours de l'espace social cette émergence d'une nouvelle catégorie de poètes issus du peuple devient une mode qui s'abat sur un champ littéraire anémié. Sand en est bien consciente qui se défend auprès de Poncy de succomber à cette vogue. Avec ironie elle lui rapporte les quolibets dont elle est l'objet:

> Bien des gens [...] me raillaient de mon *engouement pour mon maçon*. Eh bien, *mon maçon* a très bien justifié mon engouement. Tous ceux à qui je lis vos nouveaux vers, Victor Laprade, François, Pernet [...], Bocage, et d'autres encore sont dans l'enthousiasme. [...] Il y en a d'autres qui disent: "Bah! Vous ne nous ferez pas accroire que c'est un maçon! C'est un *monsieur* qui a fait d'excellentes études dans un collège *royal*." Il faudra que vous veniez crépir un mur sous leurs yeux pour qu'ils le croient. Mais ils ajouteront: ce *Monsieur* fait de la maçonnerie pour son plaisir! Enfin vous donnez après deux cents ans le plus éclatant démenti au bon Despréaux: Soyez plutôt maçon si c'est votre talent! (VI:325)

L'intérêt qu'elle porte à "son maçon" n'est pas une passade. Poncy, on le sait, n'est pas le seul poète ouvrier auquel elle s'est intéressée. Agricol Perdiguier, Magu, Gilland, Savinien Lapointe, et bien d'autres plus obscurs encore ont bénéficié de ses conseils et de son soutien[4]. C'est aussi le moment où elle lance sur les fronts romanesque et journalistique une véritable campagne pour le droit d'expression des exclus de l'art. Dans la *Revue Indépendante*, qu'elle vient de fonder avec Pierre Leroux, elle ne rate aucune occasion de conspuer la frilosité d'une société qui s'effraie des poèmes d'un ouvrier; c'est ce qu'elle fait dans son *Dialogue familier sur la poésie des prolétaires*, en 1842, où elle tourne en dérision les terreurs bouffonnes de la classe bourgeoise: "On accuse, on raille, on condamne, on annonce d'affreuses calamités, on croit la société menacée par une nouvelle invasion des Barbares, parce que quelques artisans ont ouvert des livres en sortant de l'atelier, et formulé quelques essais poétiques plus ou moins heureux!"[5]

Parrainer Poncy n'est donc pas céder à une mode mais militer pour une autre littérature; c'est d'ailleurs aussi ce qu'elle attend de son protégé. Les premières lettres qu'elle lui adresse ont des allures de pacte: c'est un engagement sans réserve qu'elle lui propose, ce qui est exceptionnel de sa part quand on considère la pléthore d'artistes qui viennent quêter conseils et secours auprès d'elle et qu'elle se voit forcer d'éconduire[6]. Le guider dans ses lectures, dans le choix de ses sujets, corriger ses manuscrits, l'initier aux tractations avec les éditeurs, lui rédiger des préfaces, éventuellement lui trouver des articles à faire, sont les tâches dont elle accepte de se charger, à la condition qu'il accepte, lui, de se plier docilement à son enseignement[7].

---

4. J'ai évoqué dans un précédent article, "'Les âmes inquiètes': difficulté d'être chez les correspondants de George Sand", la participation à la fois intellectuelle et matérielle de George Sand à ces carrières laborieuses d'aspirants poètes qui n'ont jamais connu la moindre notoriété.

5. *Questions d'art et de littérature* (Paris, Calmann Lévy, 1863; Genève: Slatkine Reprints, 1980) 111.

6. J'ai évoqué les rapports, souvent distants, que George Sand entretient avec les solliciteurs qui la poursuivent de leurs missives intéressées dans mon article "'À l'écrivain George Sand'. Lettres de lecteurs adressées à George Sand", *Textuel* n° 27, "Écrire à l'écrivain", février 1994. Ce qu'elle écrit à ce correspondant anonyme qui lui a envoyé des vers sans intérêt est assez représentatif de sa lassitude exaspérée: "Mon métier n'est pas de faire des compliments à ceux qui en désirent, mais de donner des éloges à ceux qui en méritent et des avertissements à ceux qui en ont besoin. Comme dans ce dernier cas, on excite toujours plus de dépit qu'on ne fait du bien, je me dispense, 80 fois sur cent, de répondre aux lettres et aux envois littéraires " *Corr* VII:223.

7. Le portrait qu'elle fait de Poncy pour l'éditeur Charles-Aristide Perrotin en 1843 témoigne de l'opinion favorable qu'elle a de la docilité de son pupille: "Poncy n'est peut-être pas plus modeste qu'un autre, mais il est bon et docile comme un enfant. Il n'a pas l'orgueil chagrin, il a une grande fécondité. Le faire recommencer, le forcer à travailler ses vers c'est lui rendre un service qu'il comprend, dont il est reconnaissant et auquel il se soumet avec une sorte de joie. J'en ai fait l'expérience sur lui depuis un an que nous sommes en correspondance suivie" 15 février 1843, *Corr* VI:44.

Parce qu'il s'agit pour Sand de rien de moins que de l'aider à devenir "le plus grand poète ouvrier", les erreurs de parcours sont sévèrement réprimandées. Généreuse, mais pas complaisante, Sand n'est pas disposée à encenser béatement son protégé; elle n'est pas, dit-elle dans une lettre où elle le tance sévèrement sur la médiocrité de ses vers, "de ces Mécènes du jour qui ne lisent pas et disent *C'est superbe*", et elle ajoute: "Je suis la mère grognon et ne laisse rien passer" (VI:592). Le principal grief qu'elle nourrit alors à l'égard de son pupille, c'est sa vanité naissante d'auteur. Un peu grisé par ses premiers succès, le maçon de Toulon est sujet au vertige de la gloriole littéraire; le voilà qui se plaint d'un article de Leroux sur ses *Marines*, insuffisamment élogieux à son gré, alors que c'est sans doute le seul article favorable qu'il ait jamais récolté. Tout en le chapitrant, en "mère grondeuse" sur cette vanité incongrue, elle lui rappelle en termes clairs comment elle comprend sa carrière littéraire: "Votre seul, votre véritable devoir est de rester prolétaire dans votre cœur, dans votre inspiration et dans vos entrailles, que vous soyez maçon ou toute autre chose dans la société des hommes" (V:666). Un des risques contre lequel elle le met en garde c'est de devenir un poète d'opérette déguisé en costume d'ouvrier et jouant pour la galerie bourgeoise la comédie du maçon artiste. Elle brocarde ces enfants du peuple qui l'ont sinon renié, du moins oublié, comme Savinien Lapointe, le poète-cordonnier qui, dit-elle, "serait un grand poète s'il n'avait déjà pris les vices de cœur de la bourgeoisie littéraire qu'il fréquente et qu'il singe" (VI:411). Elle le met également en garde contre les manœuvres de récupération idéologique dont il sera forcément l'enjeu: "On s'efforcera de vous corrompre, n'en doutez pas. On vous fera des présents, on voudra vous pensionner, vous décorer peut-être, comme on l'a offert à un ouvrier de mes amis, qui a eu la prudence de deviner et de refuser" (V:642).

Si elle reconnaît à Poncy un véritable talent de poète — comme l'attestent les jugements élogieux qu'elle prononce sur lui à des tiers ou tout simplement l'intérêt qu'elle lui témoigna toute sa vie durant — elle tient cependant à ce que le poète n'évince pas en lui l'ouvrier. C'est au contraire l'alliage de ces deux identités, incompatibles selon l'ordre bourgeois, qu'elle prise et dont elle entend exacerber le potentiel subversif. Avec une ferveur militante, elle s'efforce lettre après lettre de faire adhérer Poncy à cet idéal qu'il est sommé d'incarner: "Restez peuple!", tel est le mot d'ordre qu'elle décline selon des argumentations diverses. C'est d'abord pour lui, plaide-t-elle, une simple question de survie: "Si vous voulez n'être pas perdu dans la foule des écriveurs, ne mettez donc pas l'habit de tout le monde; mais paraissez dans la littérature avec ce plâtre aux mains qui vous distingue et qui nous intéresse, parce que vous savez le rendre plus noir que notre encre. Ceci est une pure question littéraire" (VI:20). Au-delà du conseil tactique — être original, garder sa couleur locale, le pittoresque de sa classe — la métaphore du plâtre plus noir que l'encre signale de quelle mystique transsubstantiation Poncy doit être l'officiant: convertir par la création poétique l'ingratitude et l'humilité du travail ouvrier en émotion esthétique. C'est d'ailleurs le programme qu'elle le somme de réaliser en 1850 avec sa *Chanson de chaque métier*, où il s'agit de "poétiser, anoblir chaque genre de travail, plaindre en même temps l'excès et la mauvaise direction sociale de ce travail, tel qu'on l'entend aujourd'hui" (VI:623). Poncy poète n'a pour elle de véritable intérêt et de grandeur que lorsqu'il fait parler Poncy maçon: "Je vous demande pour mon compte de faire souvent des vers sur votre métier, ce sont les plus originaux de votre plume. Vous y mettez un mélange de gaieté forte, et de tristesse poétique que personne ne pourrait trouver à moins d'être vous" (VI:18).

Ces injonctions, qui sonnent parfois comme des rappels à l'ordre, témoignent du mythe sandien, très vivace à l'époque, d'un génie poétique propre au peuple. La logique de ce mythe voudrait que pour devenir un grand poète, Poncy n'ait qu'à laisser parler sa nature, bref à "rester homme du peuple jusqu'au fond du cœur" (VI:18). Les choses ne sont pourtant pas si simples et Sand elle-même retouche subtilement la nature en soumettant l'enfant du peuple à l'épreuve d'un sévère apprentissage littéraire. Sans doute parce que, comme elle l'écrit en 1842, date à laquelle elle entre en relation avec Poncy, "le peuple est et fut toujours artiste, mais il n'a pas encore été littérateur"[8]. Restait donc à polir ce génie poétique, ce qui fut, semble-t-il, un travail de longue haleine.

Les lettres qu'elle adresse à Poncy régulièrement de 1842 à 1850 sont de véritables cours par correspondance où l'on mesure l'influence qu'elle a exercée sur lui et sur sa poésie. À travers cette propédeutique épistolaire, c'est à la fois le procès d'une littérature trop embourgeoisée qu'elle mène, et l'avènement d'une autre poésie, celle du peuple, qu'elle s'efforce de susciter.

L'éducation littéraire qu'elle délivre à Poncy est d'abord une éducation négative qui se fait sous le signe de la rupture. Poncy, autodidacte de province, doit faire son deuil de quelques mythes qui pour George Sand n'ont plus droit de cité en 1840 dans son panthéon littéraire. Iconoclaste, elle foule aux pieds les idoles du candide Poncy, grand admirateur de ceux qu'elle appelle les poètes bourgeois: "Victor Hugo [est] composé de magnifique et de mesquin, de grandiose et de ridicule, homme de génie que la louange a perdu, et qui s'en va droit à l'hôpital des fous, monté sur un Pégase débridé qui a pris le *vertigo*" (VI:127-28); Musset devenu "*talon rouge* et *conservateur*, à la fois *marquis* et *juste milieu*" n'a plus "le feu sacré" (VI:408); quant aux grands hommes, les Lamennais, Béranger, Lamartine et autres, ce sont "grandes gloires, grands génies, grands et beaux caractères" (VI:408), certes, mais davantage préoccupés de leur propre gloire que de la cause du peuple.

Comme bien des jeunes gens de province de sa génération Poncy vit avec quelque retard le grand rêve romantique. Imprégné de Hugo et de Lamartine, il s'engage d'abord dans la voie d'un lyrisme tour à tour mélancolique ou pompeux que Sand récuse également. Le temps n'est plus, dit-elle, à l'orgueilleux lyrisme du poète solitaire et superbe, parce qu'"un individu qui se pose en poète, en artiste *pur*, en *Olympio* comme la plupart de nos *grands hommes* bourgeois et aristocrates, nous fatigue bien vite de sa personnalité" (V:697). À présent d'autres attentes animent un

---

[8]. "Le peuple est et fut toujours artiste. Mais il n'a pas encore été littérateur, en ce sens que son génie poétique, aidé de l'art littéraire, ne s'était pas encore formulé d'une manière précise et tranchée" *Questions d'art et de littérature* (131).

public lui aussi nouveau: "[...]que nous importent toutes ces choses dont ils nous entretiennent, avec leur comparaison des chênes et des champignons vénéneux poussés sur leur racine? comparaison ingénieuse, mais qui nous fait sourire parce que nous y voyons percer la vanité de l'homme isolé, et que *les hommes* ne s'intéressent réellement à *un homme* qu'autant que cet homme s'intéresse à l'humanité" (V:697)

Sand reproche à Poncy l'anachronisme de cette pose romantique que dans ses débuts il essaie maladroitement d'adopter. Il s'agit pour elle de rompre avec une certaine façon de concevoir et de faire la poésie; la leçon sévère qu'elle donne en 1845 à un correspondant anonyme qui lui avait envoyé ses vers résume dans une version railleuse les conseils plus bienveillants qu'elle distille à Poncy. Elle se moque du scénario obsolète du jeune homme qui dans le silence de sa mansarde pousse sa plainte mélancolique et conseille à ce René attardé d'en finir une fois pour toute avec le vague des passions: "Toujours des demoiselles, toujours des descriptions, toujours l'amour vague, la contemplation vague de la nature, la mélancolie vague, l'ambition vague. Vous vous croyez poète parce que vous repassez par les sentiers frayés, vous vous trompez. Vous êtes dans le passé, vous venez nous dire, vous, douze centième peut-être, ce que les maîtres ont dit les premiers et ce qu'ils ne diraient pas s'ils avaient à débuter aujourd'hui" (VII:332). Romantique attardé lui aussi, le maçon de Toulon, comme Horace, a trop lu Victor Hugo et "en aime avec fureur toutes les étrangetés et toutes les hardiesses"[9]. Ses "hugolismes", c'est-à-dire, dans le langage de Sand, ses fautes de goût, lui valent de sévères réprimandes:

> Évitez, je vous le conseille, quand vous peignez les grandes scènes de la nature de comparer les grandes choses aux petites, et surtout à des meubles, à des objets qui ne présentent qu'une idée burlesque, tant l'objet comparé leur est supérieur en étendue, en beauté, en grandeur idéale. C'est le défaut de ce sublime et absurde Victor Hugo [...]. Ce malheureux poète vous a terriblement influencé. Il vous a fait du bien et du mal. N'en gardez que le bien, jugez ses défauts, et surtout son insupportable vanité qui l'a détourné de tout examen de lui-même, de toute conscience, de tout respect pour la logique et le bon sens. (VI:128)

Elle réussit apparemment à le délivrer de cette influence, à en juger par les satisfecit qu'elle lui décerne à la sortie de son troisième recueil, *la Chanson de chaque métier*, paru en 1850: "Tout ce volume est fait avec un grand soin. Il y a progrès évident dans la forme, plus de ces *hugolismes* qui me désolaient et tout autant de verve et de beautés malgré la sobriété des moyens" (IX:476).

Mais avant d'atteindre cette sobriété de bon aloi, le poète-ouvrier aura bien du mal à trouver une voie originale. Il oscille entre un romantisme de pacotille et un dandysme de commande étranger à sa vraie nature. Comme quelques autres alors il s'essaye à l'exotisme érotique et il fait des vers à "Juana l'espagnole et à diverses

---

9. *Horace* (Paris: Presses de la cité, collection Omnibus, 1992) 330.

autres beautés fantastiques". D'où l'indignation de Sand: "Êtes-vous un poète bourgeois, ou un poète prolétaire? Si vous êtes le premier des deux, vous pouvez chanter toutes les voluptés et toutes les syrènes [sic] de l'univers sans en avoir jamais connu une seul. Vous pouvez souper, en vers, avec les plus délicieuses houris, ou avec les plus grandes gourgandines, sans quitter le coin de votre feu et sans voir d'autres beautés que le nez de votre portier. Ces messieurs font ainsi et ne riment que de mieux" (VI:19). Poncy, à son goût, sacrifie trop volontiers à l'esthétisme et privilégie le "sentiment artistique et pittoresque" au détriment du "sentiment humain et moral" (V:696). Bref, il est plus poète que prolétaire et plus littéraire que poète. Ses *Marines*, récrimine-t-elle, "sont trop de *l'art pour l'art*, comme disent [les] artistes sans cœur" (V:699), et, comme elle le répétera plus tard à Flaubert, l'art qui se prend comme seul objet et seule fin lui a toujours semblé un mensonge.

À travers les critiques qu'elle dispense à son élève c'est donc son credo esthétique qu'elle formule. Le terme majeur en est alors l'effacement. Effacement du moi intime au profit d'une présence plus vaste qui engloberait l'autre; effacement, aussi, de l'auteur qui doit se fondre et faire oublier son individualité dans la voix collective. Les bouleversements de 1848 radicaliseront chez Sand cette quête d'impersonnalité en en faisant un impératif politique et moral. La révolution sonne pour elle le glas de la poésie du moi, comme elle l'écrit à Poncy en mai 1848: "Cette poésie est finie, c'était celle de l'isolement mélancolique; à présent nous avons celle de l'action douloureuse", et elle ajoute: "j'ai l'esprit et le cœur hors de moi-même, et tendu vers les autres" (VIII:447). Elle est fort irritée de voir Poncy au milieu de la tempête politique plus absorbé par sa gloire à venir que par le combat à mener: "Vous me parlez de *poésie, d'inspiration* de *gloire*, et de *génie*. C'est un langage que je comprends plus, mon cher enfant. Je ne sais plus ce que c'est que *l'art* et le soin de cultiver son propre talent. Cela est bon dans les jours de calme, dans le repos mélancolique de l'attente. Mais quand l'humanité combat, souffre et saigne, je me soucie fort peu de ma muse et de ma lyre. Ce n'est rien que d'être poète, il faut être homme avant tout, c'est-à-dire vivre à toute heure par le cœur et par la pensée de la vie de l'humanité" (VIII:473). Les combats enterrés, la clause l'effacement de soi dépouillée de son idéologie humanitaire restera le principe élémentaire de sa poétique, comme elle le suggère dans cette lettre à Flaubert de 1866: "Le vent joue de ma vieille harpe comme il lui plaît d'en jouer. Il a ses *haut* et ses *bas*, ses grosses notes et ses défaillances, au fond ça m'est égal pourvu que l'émotion vienne, mais je ne peux rien trouver en moi, c'est l'*autre* qui chante à son gré" (XX:207).

Si l'artiste doit s'effacer derrière l'humanité qu'il est censé servir, l'art — entendons, l'artefact, l'artifice, et sa séduction — doit s'effacer, lui, derrière les idéaux qu'il exalte. Serinée comme un sermon au jeune Poncy, cette exigence suppose, du point de vue stylistique, un idéal de modération et même de dépouillement presque classique. Sand a beau écrire à son élève: "je ne me pique pas d'être *classique*, je m'en défends au contraire" (VI:407), c'est pourtant ce qu'elle appelle l'"'ancienne littérature" qu'elle lui conseille de lire, c'est-à-dire Corneille, Bossuet, Boileau, Jean-Jacques Rousseau, "comme antidote à un certain débordement d'expression et de métaphore romantique" (V:753). C'est ce débordement qu'elle censure vigoureusement sur les manuscrits de Poncy, à qui elle ne fait grâce d'aucune coquetterie[10], pour l'aider à acquérir "cette chose indéfinissable, et pourtant essentielle à l'alchimie poétique, le goût" (VI:406).

Dans son parcours d'écrivain, Sand en est à l'heure du soupçon à l'égard d'une littérature trop "littéraire". Rien de plus hostile à ce moment à ses principes poétiques que la figure du poète ciseleur de mots, se délectant de ses bijoux d'inanité sonore, car, écrit-elle, "[...] ce n'est pas seulement l'art d'arranger les mots qui fait un grand poète: c'est là l'accessoire, c'est là l'effet d'une cause, la cause doit être un grand sentiment, un amour immense et sérieux de la vertu, de toutes les vertus; une moralité à toute épreuve, enfin une supériorité d'âme et de principe qui s'exhale dans ses vers à chaque trait, et qui fasse pardonner l'inexpérience de l'artiste, en faveur de la vraie grandeur de l'individu" (VI:17).

Soulignant un clivage qui heurte toutes les conceptions modernes de la littérature, elle demande à Poncy d'être d'abord "un poète de fonds" avant d'être "un poète de forme"[11]. Autant de sommations qui trahissent les efforts de Sand pour amener Poncy à se conformer à l'image idéale qu'elle se fait du peuple poète. Dans *Horace*, elle affirme que chez le peuple "la forme n'est rien" car "il n'use pas son cerveau à la chercher; il la prend comme elle lui vient" (386). Paradoxalement c'est cette poésie supposée spontanée qu'elle cherche à développer chez Poncy en l'incitant à adopter un style plus transparent et à développer des thèmes moins personnels. C'est elle qui lui souffle le sujet de *La Chanson de chaque métier*[12]. Insensiblement, elle entraîne son élève vers une littérature "mineure", étrangère aux fastes et aux séductions de la "grande littérature", et l'invite à s'exprimer dans ces genres

---

10. Particulièrement significative à cet égard la longue lettre datée du 26 janvier 1844 où Sand fait le compte rendu pour Poncy des corrections qu'elle a faites en compagnie de Leroux sur le manuscrit du *Chantier*. Chaque métaphore exagérée y est systématiquement commentée et corrigée (VI: 406).

11. 23 décembre 1843, VI:327. À propos de la gloire littéraire elle lui écrit: "Il en est de deux sortes : une toute littéraire frivole et qui passe en deux matins comme la mode. C'est celle que vous auriez seulement si vous n'étiez qu'un poète de forme, mais il en est une autre qui vous est assurée si vous la soignez bien et si vous la respectez religieusement. C'est celle qui est acquise aux poètes dont la forme riche, puissante et pure sert d'expression à des sentiments vrais, profonds, généreux et nobles. Vous devez donc être un poète de fonds autant que de forme."

12. "J'ai toujours désiré qu'un poète fît, sous un titre tel que celui-ci la *Chanson de chaque métier* un recueil de chansons populaires, à la fois enjouées, naïves, sérieuses et grandes, simples surtout, faciles à chanter, et sur un rythme auquel pussent s'adapter des airs connus bien populaires, ou des airs nouveaux faciles à composer. Ou à défaut de musique, que ces chants fussent si coulants et si simplement écrits que l'ouvrier simple, sachant à peine lire pût les comprendre et les retenir" 12 sept 1844, VI:623.

secondaires que sont les chansons, ou encore, les lettres[13].

Chansons, témoignages, il s'agit de tourner le dos à cette poésie personnelle que Sand abhorre et, selon la formule emphatique qu'elle adresse à Poncy, de prendre en ses mains "la harpe de l'humanité" et de "la faire vibrer comme on n'a pas encore su la faire vibrer" (V:697). Il s'agit aussi de dépasser la séduction esthétique du poème pour la convertir en une communion mystique. De l'humble poète-ouvrier, Sand attend qu'il soit non seulement l'incarnation vivante du peuple sensible mais aussi son rédempteur. Dans ses dithyrambes épistolaires elle écrit l'hagiographie du poète prolétaire et définit sa mission sacrée: "Vous avez une mission plus grande peut-être que vous ne croyez. Résistez, souffrez subissez la misère, l'obscurité s'il le faut, plutôt que d'abandonner la cause sacrée de vos frères. C'est la cause de l'humanité, c'est le salut de l'avenir auquel dieu vous a ordonné de travailler en vous donnant une si forte et si brûlante intelligence"[14]. Car dorénavant, comme elle l'écrit solennellement à un autre correspondant: "Il n'y a plus *d'art* proprement dit. L'art est devenu une science une religion" (VIII:221), et de cette religion les poètes ouvriers seront les officiants, et même les pères fondateurs: " [...] voulez-vous être un grand poète? Soyez un saint: et quand votre cœur sera sanctifié vous verrez comme votre cerveau vous inspirera" (VI:18). À partir de 1848, c'est une autre forme de sainteté du poète que prône Sand, celle, moins spectaculaire, du militant qui sait sacrifier sa muse et sa lyre pour la cause du peuple: "Ce n'est rien que d'être poète, lui déclare-t-elle, il faut être homme avant tout, c'est-à-dire vivre à toute heure par le cœur et par la pensée de la vie de l'humanité" (VIII:473). Mais les désenchantements de l'Histoire étoufferont peu à peu l'idéalisme sandien et c'est un tour plus intime, plus modeste, que prendra dans les années suivantes l'entretien du maître et de l'élève. À poursuivre leur dialogue épistolaire au delà de 1850, on devine le désenchantement relatif que connut Sand. Manifestement, Poncy, en tant que poète et en tant qu'homme, n'était pas à la hauteur de ses idéaux mais ces idéaux mêmes perdaient peu à peu de leur crédibilité, aussi son engouement pour le génie supposé de Poncy se tempéra de quelques bémols. Sans doute se rendit-elle secrètement au jugement de la critique qui reconnaissait à Poncy "énormément de talent mais pas de génie"[15]. Mais avec sa foi

---

13. Elle lui suggère en effet de rédiger une sorte de journal épistolaire: "J'ai lu avec attendrissement vos lettres, je les aime presque mieux que vos vers. Certains passages sur vos souffrances et sur celles du peuple mériteraient l'impression et remueraient les cœurs. Pourquoi n'en feriez-vous pas une suite, qui seraient comme le journal de vos fatigues, de votre pitié pour le peuple et pour vous-même (vous en êtes une incarnation intelligente et pensante) de vos rêveries, de vos émotions de tous les instants, de votre travail manuel que vous sentez si poétiquement. Ce serait peut-être nouveau. On n'écrit plus de lettres, le peuple n'en a point écrit" 25 novembre 1843, VI:298.
14. Ces injonctions donnent le ton un peu grandiloquent de la première lettre que Sand adresse à Poncy, le 27 avril 1842, V: 641.
15. 19 mars 1844, VI:479. C'est le jugement de Latouche dont la lettre est citée *Corr* VI:480. Dans une autre lettre Latouche critique le parti-pris populariste de Sand qui, selon lui, lui fait commettre des erreurs de jugement esthétique: "Lorsqu'en présence des Hégésippe

dans le génie de Poncy c'est aussi sa conception du poète prolétaire qui se délite. Naguère vouée à évangéliser les foules pour les convertir à une nouvelle religion humanitaire, la mission du poète ouvrier, désacralisée, ne consiste plus au début des années 1850 qu'à faire "l'initiation du paysan et de l'ouvrier" à travers une poésie simple, celles des chansons par exemple, conçues comme "la propagande la plus efficace et la plus rapide" (X:440).

Trop timoré, aussi bien dans le domaine poétique que sur la scène politique, Poncy n'a donc pas réalisé cette figure christique du poète ouvrier dont elle rêvait au début des années 1840 et qu'elle finira par remiser dans son magasin des illusions perdues. Le portrait qu'elle fait de lui en 1850 pour l'éditeur Hetzel est sans enthousiasme: trop personnel, trop "littéraire", pas assez naïf, ayant perdu ses attaches avec un public populaire qui, elle le déplore, a perdu lui aussi sa noblesse avec sa naïveté[16]. Cependant, plus forte que l'investissement idéologique sur laquelle elle était initialement fondée, la relation entre Sand et Poncy survécut et s'enrichit. Poncy continua à envoyer ses vers à Sand qui continua à les commenter, non plus en critique avertie mais simplement en amie. La dernière lettre qu'elle lui adresse en avril 1876, deux mois avant de mourir, est à l'image de leur relation fondée sur la sympathie plus que sur toute forme de prosélytisme littéraire et politique. La personnalité de George Sand s'y révèle tout entière, constamment préoccupée de littérature mais lui préférant toujours la relation humaine[17]: "Les vers que vous m'avez envoyés sont très beaux, mais cette désespérance est navrante et je ne vois pas comment l'adoucir sinon en vous aimant davantage encore et c'est ce que je fais de tout mon cœur" (XXIV:598).

Université de Caen

Moreau, des Brizeux, des Musset et des Gautier vous avez fait un pied d'estal (*sic*) aux Poncy et aux Ponsard, vous sembliez d'un mauvais sentiment contre les maîtres de la lyre. C'était dépriser la poésie que d'en attribuer le mérite exclusif aux maçons aux cordonniers, aux coiffeurs" VII:241.

16. Dans cette lettre, George Sand fait part à Hetzel de sa désillusion sur la naïveté supposée du poète prolétaire et du peuple dont il est l'emblème: "Voici Poncy le maçon qui a fait un volume de vers *La Chanson de chaque métier*, d'après mon conseil: conseil que je lui avais exposé dans une assez longue lettre; et, de cette ancienne lettre, il a fait sa préface. Ces chansons sont belles et bien faites et pourtant ce n'est pas du tout *réussi* dans le sens artiste et naïf que je voulais. Poncy n'est pas naïf il est trop *littéraire* et il ne semble pas que son recueil puisse devenir populaire. Pourtant qui sait? Je ne sais si vous avez remarqué que le peuple n'est plus naïf, du moins celui qui sait lire. Il lit et chante tout de suite et de préférence, des choses qu'il ne comprend pas et qui ne sont pas l'expression de ses besoins et de ses instincts. C'est peut-être un bon symptôme que cette sorte de *pédantisme socialiste* qui le pousse à s'instruire, sauf à se tromper d'abord. L'art y perd selon moi. Mais qu'y faire?" IX:474.

17. Témoin l'aveu qu'elle fait à Flaubert: "La *sacro-sainte littérature*, comme tu l'appelles, n'est que secondaire pour moi dans la vie. J'ai toujours aimé quelqu'un plus qu'elle, et ma famille plus que ce quelqu'un" *Corr* XXII:748.

"MUSIC CONDUCIVE TO DREAM"
SAND AND THE MUSICAL FANTASTIC

David A. Powell

> Was it vision, or a waking dream?
> Fled is that music: — do I wake or sleep?
> John Keats, "Ode to a Nightingale"

    Critical literature on the fantastic has not adequately exploited the frequent and fruitful use of music and its structural relation to the genre. Still most critics are quick to refer to E.T.A. Hoffmann, a master of the musical fantastic, as a model for the fantastic tale. It is evident from even a cursory study of Hoffmann's writing that many elements of music enhance and embellish the structure and thematics of his fantastic model. Like many French writers and readers of the 1830s, Sand read Hoffmann's tales with interest and admiration.[1] Also like many French authors, Sand attempted an adaptation of Hoffman's techniques for the French reading public. Beyond her play, "La Nuit de Noël," an adaption of Hoffmann's "Meister Floh," she incorporated several of the German musician-cum-author's musico-fantastic devices in a number of short stories. A detailed analysis of the structural and technical functions of music in several of Sand's fantastic texts will further our understanding of the romantic tendency for polyvalent expression.

    In his *Introduction à la littérature fantastique,* Tzvetan Todorov identifies the principal element of the fantastic as hesitation, a vacillation the narrator and the reader share between illusion and reality, between a supernatural and a rational explanation of narrative events. Bellemin-Noël refers to the same phenomenon as "irrésolution," while Freud calls it "intellectual uncertainty," which heightens considerably the desired effect of the *Unheimliche*.[2] Tobin Siebers, in *The Romantic Fantastic*,[3] focuses rather on superstition, emphasizing the relation between violence and superstition and the romantics' need for a belief, a lost faith by way of a subversive retrenchment in lies and doubts. None of these otherwise excellent studies mentions music or the function of music in fantastic stories that employ music. This seems to me a serious omission in the critical literature given the prominent role of music in so many fantastic tales.

    The link between music and the fantastic, according to Sand, is especially

---

    1. The French translation by Loève-Veimars was published in Paris in 1830.
    2. Todorov (Paris: Seuil, 1970) 36 sq.; Jean Bellemin-Noël, "Notes sur le fantastique,"*Littérature* 8 (December 1972), 3-23, and "Des formes fantastiques aux thèmes fantasmatiques,"*Littérature* 2 (May 1971) 103-118; Sigmund Freud, "The Uncanny"(1919) *Studies in Parapsychology*, trans. Alix Strachey (London: Hogarth Press, 1955) 17:217-52; Hélène Cixous, "La Fiction et ses fantômes: une lecture de l'*Unheimliche* de Freud," *Poétique* 10 (1972) 199-216; also see Franc Schuerewegen, "Histoire de pieds. Gautier, Lorrain et le fantastique," *Nineteenth-Century French Studies* 13, no. 4 (Summer 1985) 200-210.
    3. Tobin Siebers, *The Romantic Fantastic* (Ithaca: Cornell University Press, 1984).

obvious for Berrichon culture. She capitalizes on the contemporary trend for nationalism in her determination to create a French fantastic corpus. Sand remarks in "Les Visions de la nuit dans les campagnes" that the Germans and the Slavs have recorded their share of fantastic tales, much maligned by French critics; yet, the fantastic is alive and well and living in the French provinces, she writes, which are replete with vibrant examples of these wonders.[4] Recently Brittany has been the subject of research in this domain, she points out, but the other provinces of France remain to be discovered. As for her homeland, she says, evoking the relationship of music to literature, "Le Berry a sa musique, mais il n'a pas sa littérature, ou bien elle s'est perdue comme aurait pu se perdre la poésie bretonne si M. de la Villemarqué ne l'eût recueillie à temps."[5] Sand sets out to establish a link between music and literature in the fantastic. While the fantastic is but one of the genres in which she explores the aesthetic wealth of musico-literary interplay, her experiments in this type of text warrants a particularly close examination.

Music, especially as it functions in the romantic ethos, sits astride the real and ethereal worlds. Music speaks to our illusions, our fears, and our dreams; it helps us to remove ourselves from the weighty existence of the real world. Yet the sensuous nature of music — the fact that there is a physical effect on our hearing organs which somehow translates into emotional reactions and sometimes intellectual thoughts — prevents it from being a complete separation from the real world. It would be foolhardy, however, to try to attach a specific musical figure to various elements of the fantastic. The inherent problems of such a methodology are multiple: First, the assignment of specific musical tropes to specific literary ones would ignore the uniqueness of the two art forms; further, one cannot claim to associate specific traits of all music with the aspects of a particular literary genre. Second, the elements of the fantastic, says Todorov, come directly from language, and thus one cannot impose a musical interpretation on them. To continue in Todorov's line of thinking, one must

---

4. In the preface to her play, *Le Drac* ("rêve fantastique"), Sand states, "L'élément fantastique est encore une des faces de l'esprit populaire, et il n'est pas besoin de remonter avec Charles Nodier au moyen âge pour saisir par ses beaux cheveux flottants le lutin de la prairie, de la montagne ou de la chaumière. On le rencontre encore à chaque pas chez toutes les nations de l'Europe, dans toutes les provinces de France et sur les rivages de l'Océan et de la Méditerrannée. Il se plaît surtout dans des sites étranges et terribles, chez des populations de leur vie matérielle; *kobold* en Suède, *korigan* en Bretagne, *follet* en Berry, *orco* à Venise, il s'appelle *le drac* en Provence. Il en est à peu près de même d'un autre esprit, plus fâcheux et plus sinistre, qu'en tout pays on appelle *le double*" *Théâtre de Nohant* (Paris: Lévy, 1864). She also mentions "l'orco [...] le diable des lagunes" in *Consuelo* when discussing the admixture of superstitions and religion, a favorite theme of Sand's (I:289).

5. "Les Visions de là nuit dans les compagnes," in *Œuvres complètes* (Paris: Hetzel, 1856) 7: 59-64. The work on Breton folklore she refers to is M. de la Villemarqué's *Barza-Breiz* (1839), which most studies on French folklore acknowledge as a pivotal work in musico-ethnography.

first view music as a language, then examine its differences from language.[6] Siebers disagrees with Todorov on this point, suggesting rather that the supernatural remains the basis of language and not the inverse; therefore, the supernatural creates the necessary environment for language to emerge. In this view, the supernatural would originate language, and therefore music. Attempting to impose music as another form of language onto Siebers's analysis would indeed establish a comparison of music and language, but it would befuddle the relation between music and the fantastic, since in such an analysis the fantastic would engender music and therefore futher confuse the analogy of musical elements and literary ones. Such an analogy would therefore be specious. Moreover, as Bellemin-Noël states, the main purpose of the fantastic is to produce signifiers whose signifieds would only be the signifiers themselves ("Des formes fantastiques" 105). Many modern music theorists use a similar definition for music, thus Sand's use of music in the fantastic holds true on a semiological level; however, the analogy between specific musical and literary elements does not advance our study, nor does it adequately explain the enhancement of the fantastic by musical references. Third, and most important, my goal here is not to suggest that the musical fantastic in general, and Sand's musical fantastic in particular, is an attempt to set the fantastic to music or to view musical phenomena through a fantastic lens. Rather I wish to explore a subgroup of fantastic tales that use music and musical elements to their advantage, not only thematically, but also and especially structurally.[7]

Music, to restate my premise, falls somewhere between the real and the abstract world. Music fades in and out of reality, alternately recalling sounds heard in the outside world and eliciting internal affective responses, which may or may not be new, then artistically recombining these motifs in a form which is recognized on an abstract level. The hesitation between the familiar and the unfamiliar in music parallels the narrator's and the reader's hesitation between reality and illusion, usually heightened by a structural hesitation; this structural hesitation includes breaks in linear form, dialogue with unidentified and perhaps imagined characters, confusion between "actual" and "imagined" dialogue, among other devices. Listening to music draws on similar responses to those elicited in reading a fantastic text, the tendency to vacillate between the tangible and the ethereal both in terms of how one listens to music and how one interprets seemingly otherworldly phenomena. Thus, the representation of music in a fantastic text asks the reader to use the same devices of decoding already at work in the fantastic. Combining music with the fantastic in literature accentuates

---

  6. See my "'Le langage divin': La Musique et la langue chez George Sand," *Les langues du siècle*, proceedings of Toronto NCFS conference, October 1996, ed. Graham Falconer, forthcoming.
  7. Todorov specifies that the fantastic is not a separate genre since what characterizes it is its hesitation between two genres, the uncanny and the marvellous. While I appreciate the tenuous nature of the fantastic, that in itself does not detract, I feel, from its status as a unique form. I therefore consider the fantastic a unique genre and classify the musical fantastic as a subgenre of the fantastic.

the unstable, the ambiguous, the unearthly, the supernatural, without entirely relinquishing one's attachment to the real world.

Musical representation fits into the definition of the fantastic, or rather enhances its definition, in several ways. First, if the protagonist is a musician, that character, along with the reader, can effect a logical and practical escape from the real world into another realm of existence through music since one of the conventional attributes of music is to help us escape to another world. Thus any representation of music in a fantastic text reminds the reader of the possibility of escape. Second, the production of music, to the nonmusician, remains somewhat a matter of wonder, even of magic or the supernatural; therefore whenever a fantastic tale refers to the production of music, there is always the chance that it be perceived as unwordly or superhuman. The tendency to associate music with the supernatural is also heightened when the represented music seems to come out of nowhere, a common device in musical fantastic texts. Third, music as a language of communication in a fantastic text enhances the role of rhetorical figures used in the fantastic insofar as it relies on an exaggeration which can easily be transmuted to the supernatural. There is often a hesitation, on the part of the hero or the narrator, as to whether the music heard is supernatural or real: if it is supernatural, we have moved into the marvellous, but if it is perceived as real, we search for further proof of stability and in the interim remain in the fantastic. In the case of the musical fantastic, the narrator-hero's perception of the music remains vague and unsure. The narrator often hears music produced by someone not always identified or identifiable. The subject often looks around to see whether anyone else is present who could corroborate the existence of the music. Usually there is no one else and the perception remains ambiguous, leaving it to the reader to make a choice. Music mediates the feeling of hesitation and instability, much the same as the double narrator, another common technique in the fantastic, distances the reader from the action. Finally, the representation of music in a fantastic text toys with the difficult issue of the representation of music in the written word, a problem with which Sand would struggle for most of her career. The effort to represent actual music to her readers requires a certain discourse, one which the reader recognizes and associates with the musical experience. And in this association, the reader allows the mind to wander, to vacillate between reality and illusion, between stability and emancipation. The attempt to represent music in a written text parallels the narrator's challenge to portray a believable divergence from reality.

From the very beginning of Sand's career, she delved into the musical fantastic. Her first foray into the genre was "Histoire du rêveur" (1830), a highly imaginative tale of an aristocratic Frenchman who hikes up Mt. Etna, presumably to find the meaning of life. He states, "je veux enfin abandonner mon âme au désordre de ces élémens fougueux, qui règnent en maîtres absolus sur une terre déchirée et bouleversée chaque jour au gré de leur caprice."[8] On his travels, he encounters an odd

---

8. All quotations will be drawn from the edition established by Thierry Bodin in *Présence de George Sand* 17 (1983) 9-39. I respect the spelling and punctuation of this edition.

being, unidentifiable as to age or gender, who sings with a most remarkable voice. The tones of this voice mesmerize the narrator and seduce him into performing dangerous acts. The voice, probably that of a shepherd, he surmises, displays traits and abilities that could not have been learned solely from "les seules inspirations de la nature" (13). Sand here insists on a mixture of natural and learned musical technique, a combination of nature and society which will lead to reflection as to the origins, goal, and receptors of music.[9] Later in the story we learn that the voice was *probably* that of a venerated Italian soprano. We note immediately the use of the foreign narrator, adding to his status as an outsider, as not belonging (we should not forget that "unheimlich" [uncanny] comes from "un-" and "heim, die Heimat" [home]). In addition, the music in the story is of an etherial nature and lifts the narrator from his earthly bounds. We cannot neglect the element of the narrator's expectation: the narrator goes to Mt. Etna expressly to accede to another level of experience, to another plane of understanding of life. He is not disappointed with his encounter, though his inability to identify and categorize the singer proves an endless source of frustration for him until the end of the tale when he — and the reader with him — discovers the identity of the soprano.

Finally the traveller comes face to face with the singer, an ambiguous character who intrigues and troubles him. As the traveller tries to categorize him/her, s/he resists definition and proclaims, "Je suis organisé pour chanter comme vous pour parler et c'est en chantant que je me repose"(14).[10] It is thus in musical terms that s/he expresses her/himself. The reader experiences this character as playful and possibly mean, but certainly otherworldly. One notes the reference to music as language. The musical character sings to the Spirit of the Mountain (Mt. Etna), who responds also in song, communicating some urgent message to the singer. Amédée, the traveller whose name we learn only now, cannot hear the voice of the Spirit, showing once again his inferior position vis-à-vis the singer. The singer chides him:"[T]on oreille est fermée aux sons ravissans de sa voix et aux accords aériens de la harpe éolienne!" (16). Not only is Amédée not gifted enough to hear the celestial music, he is probably incapable of acceding to a superior level of understanding through music. In the rest of the passage it remains unclear whether Amédée eventually hears the Spirit's voice or simply acknowledges its existence because of the singer's enthusiastic response to it (17).

There is no doubt that "Histoire du rêveur" is a fantastic story. A vocabulary of the fantastic abounds: "fantastique," "fantasque," "fantasmagorie"; "rêve," "délire,"

---

9. And yet Sand never suggests that natural musical talent could succeed without the support of training, a constant mixture of nature and discipline. A few lines later she will use the word "artiste" then "improvisation", increasing the human aspect of musical production. These are themes Sand will discuss throughout her career, sometimes with conclusions, sometimes, like here, without.

10. I should note the consistent use of the masculin, which is not unusual for Sand; cf. *Lettres d'un voyageur* as well as the prefaces to her novels

"surnaturel," "diabolique," and "fée." Bellemin-Noël calls the presence of such vocabulary a proof of the "fantasticité" of the tale. As in many romantic examples of writing on music, we also find in "Histoire du rêveur" a plethora of auditory vocabulary, sounds of all sorts coming from nature as well as the human voice join together in this tale to produce what Sand calls music. This technique echoes that of using a fantastic vocabulary to designate and to define the genre.

Sand insists on the musical aspect of her story. While a musical vocabulary is not at all unusal in romantic fiction and poetry, Sand sticks close to the literal meaning of musical terminology — in fantastic as well as nonfantastic texts — while not neglecting its metaphoric function. The context of this and other texts dictates to a degree her need to remind her reader of the primary meaning of these terms; she is, after all, writing about music and musicians. In "Histoire du rêveur" on several occasions she uses the word "bémol"; even though this term is surely not unfamiliar to the lay reader, it can have an alienating effect on the nonmusician. Moreover, she uses the symbol "♯" in almost every instance instead of the word "dièze", which further alienates the reader. Even a reader quite familiar with musical notation is surprised to see such a symbol appear in a verbal text; it jars the mind and causes one to wonder which world is functioning, literature or music, and which code should be used to interpret.[11] The mixture of languages has already become apparent: fantastic discourse, commentary on music, and actual musical symbols. As we shall see, Sand also experiments with incorporating musical notation in a literary text.

The alienation of the reader through music in "Histoire du rêveur" parallels the problems of identity in the story. It is a constant source of intrigue and frustration for Amédée not to know the age and gender of the singer, even less her/his name and reputation. In the parts of the story where the two characters are alone, the singer is always referred to as "l'inconnu".[12] As Amédée tries to discern the identity of the singer, he remarks that the voice is too suave, caressing, and resplendent to be a man's and too full, deep, and sonorous to be a woman's. And when he attempts to characterize the singer's vocal range, he is uncertain as to whether he hears a bass, a contralto, or a tenor voice. We note the absence of soprano in this list, which is interesting especially as Portia, the Italian singer who is surely the same character, is a soprano. Amédée's own voice, says the narrator, while more masculine ("plus mâle") than the singer's, cannot fill the same space. He tells the singer that, whether

---

11. As I have suggested elsewhere, perhaps the only reason Sand did not also use the symbol for flat, "♭," is that it resembles the letter "b" too much. See my article, *"Histoire du rêveur*, ou 'le rêve de mélodie': le fantastique musical chez George Sand" in *George Sand et son temps: hommage à Annarosa Poli*, ed. Elio Mosele, vol. 2 (Geneva: Slatkine, 1993) 505-22.

12. The title to chapter 2 is "Le Chanteur," although Bodin notes that it might actually read "le chévrier". Later, says Bodin, another manuscript adds "l'inconnu, qui n'était autre que le Chanteur" (15n80). The manuscript in the Bibliothèque Nationale (N. a. fr. 13642, fol. 13^2) clearly reads "Le Chanteur."

boy or girl, s/he must be a professional singer to have such a voice, once again pointing to a human element and the importance of training in the profession of a musical performer. The singer takes offense: "Voulez-vous dire que je sois une fille déguisée?" (14). Amédée, far from wishing to insult the mysterious being, attempts to retrench by assuring the singer of his belief in his masculinity since a woman could not have run and jumped over such rough terrain. Ambiguity is thus the earmark of the fantastic that Sand exploits, not only in the dichotomy of illusion and reality, but also in the identity of the fantastic being, in the status of the narrator, and most important in the vacillation of discursive codes — musical and literary.

In another early short story, "La Prima donna" (1831),[13] Sand again weaves music and fantastic elements to represent the disorienting effects of a profound musical experience. The narrator, a Frenchman in Italy as in "Histoire du rêveur," acts as the catalyst for the narrative as well as the observer with whom the reader identifies.[14] He encounters Valterna, who willingly relates his passionate admiration for the prima donna Gina, now la duchesse de R**. Valterna describes how he has attended Gina, mesmerized by the beauty of her voice; his joy was crushed, however, when Gina married an aristocrat and was therefore obliged to abandon her career. His embedded narrative leads us to the climax of the narrative present: Gina's return to the stage after a long absence and a strange illness.

Before the momentous scene, Valterna recounts to the French narrator his fascination with Gina. His discourse is filled with a vocabulary of passion, obsession, and desire: "La voir et l'entendre, c'était toute ma joie" (41). He bitterly describes Gina's physical and emotional deterioration in married life, away from the stage; the play of jealousy and sorrow adds pathos to the passionate discourse. He relates in detail one evening's experience — did it happen or did he imagine it? — where Gina appeared to him in the garden and sang the Willow Song from *Otello*. Her husband appears and tells her she will die if she insists on singing. At that moment, Valterna sees her reach toward him: "Oh! mon Dieu! Lui aussi, il se tait!... Lui, dont j'étais la vie" (43). Valterna tries to pluck her from the grasp of death, but when he touches her dress she flees.

This scene demonstrates Valterna's obsession in a confusion of aesthetic appreciation and passionate devotion. He admits in this narrative that he knows not his own state of mind, thus leaving open the possibility of madness, a topos common to the fantastic. His madness-cum-obsession, presumably induced by the joy of the

---

13. "La Prima donna" was published in *la Revue de Paris* in April 1831 under the name Jules Sand. A collaboration of Sand and Jules Sandeau, the musical elements can be assumed to have been Sand's. All citations will be drawn from the edition in *Présence de George Sand* 17 (June 1983) 40-45.

14. For further discussion on the role of the French narrator as foreigner in an Italian text, see my "Nous et eux: Le Narrateur français dans un texte italien: *La Prima donna*," *Le Chantier de George Sand/George Sand et l'étranger: Actes du Xe Colloque International George Sand* (Debrecen, Hungary: Kossuth Lajos Tudományegyetem, 1993) 285-93.

musical experience, transcends reality and brings him to a state of delirium. This sets the scene for the final trial: because Gina's unexplained illness continues to debilitate her, her husband agrees to allow her to sing once again; she will sing the role of Juliet. The episode is short: at the end of the scene in the Zingarelli opera where Romeo thinks Juliet dead, Gina fails to awake — she *is* dead! "Gina était morte aux accords suaves et religieux de Zingarelli, au milieu du dernier et du plus beau de ses triomphes" (45). Valterna rushes to the stage to die at Gina's feet.

Valterna's and Gina's deaths, bathed in sweet and religious music, defines this scene, in fact a series of scenes extending from the past to the narrative present, leaving more questions left unanswered than not. The fantastic element, which allows for a plausible explanation, urges the reader to form a romantic interpretation, the rationale for which remains tacit but present in the text. Music pervades Valterna's tale. The musical elements of this story surface less from musical terminology than from the typical musical clichés of the period; Sand is musically less adventurous here than in "Histoire du rêveur," which the collaboration with Sandeau probably suffices to explain.

Another of Sand's musical fantastic tales, "Carl," takes us further in our exploration of Sand's understanding of music and how it helps to advance the fantastic narrative. Sand wrote this story in 1843, at the same time she was writing *La Comtesse de Rudolstadt*. The influence of her masterpiece on the tale can be detected in several details, from the hero's name to the setting of Vienna for the opening and closing scenes, as well as to a certain degree the commentary on folk music. Once again Sand sets the stage carefully and clearly for a fantastic tale, beginning with a well-nourished fantastic vocabulary: "étrange," "romanesque," "esprit malade," as well as a setting designed to disorient and alienate the narrator and reader. The story moves quickly from Vienna into western Austria, where the hero feels as he approaches Innsbruck that the landscape gets bigger and bigger, the size penetrating and ripping him from his ordinary thoughts.[15] Moreover, Sand fills the story with disasters and circumstances which solicit sympathy and terror: death, fever, illness, physical and mental abuse, disorientation, an avalanche. Also a clear message of reincarnation filters through the dream sequences, where the powerfully evocative nature of music leads us from one character to the next, causing the reader to reflect on the notion of death and an afterlife.

Perhaps the one detail of "Carl" that distinguishes it from Sand's other musical fantastic tales is the presence of actual musical notation within the text. In seven instances we find a musical staff with a melody, supposedly drawn from Halévy according to a note by the author, sometimes with lyrics and sometimes without, sometimes in a high register and sometimes not, sometimes in D-major and sometimes in D♭. The degree of the narrator's musical knowledge is never made explicit, but he

---

15. "Carl," in *Autour de la table* (Paris: Michel Lévy, 1856). All quotations and references are drawn from this edition; here 236.

seems to have more than an amateur's appreciation. He uses the music as a link with his past, with his dead friend Carl, and with his new friend, also named Carl. He remembers the melody and sings it or plays it on his flute throughout the story. The melody is the "fil conducteur" of the story in several ways, which we can see through the themes of dream, reincarnation, and the memory of music.

The narrator is certain that his friend Carl is watching over him; he begins to suspect that Carl-the-friend has brought him together with Carl-the-boy. Lying in a field thinking about his deceased friend Carl, the narrator feels a tear bathe his eyelid, and he takes up his flute and plays the tune he heard Carl sing at the moment of his death. This is the first time the musical notation of the melody appears in the text, without words, in a high register (in the octave above the staff), and in D-major (242). These three characteristics are consistent with typical flute music. The tune recalls Lutheran melodies and inspires calm and melancholy.

The sound of the melody awakens Carl-the-boy, sleeping in the field beside his new master; he comes alive with a color and a vivacity different from his ordinary countenance, but he quickly falls back into his customary, lumbering mode. The narrator thinks he has allowed "un instant d'exaltation musicale et sentimentale" (243) to cloud his own perceptions. The conclusion the narrator draws from this experience is that his friend Carl has sent him the boy Carl for some reason. He tells the boy that if ever he mistreats him, the boy is to remind him to respect the name Carl (244). This is the first of several scenes where the narrator confuses the two Carls under the influence of music.

Concerned when Carl-the-boy disappears, the narrator sets off into the rugged Alpine terrain. He hears the same melody (first period, D-major, on the staff; 252) and thinks he is hearing the voice of Carl-the-friend. He spies Carl-the-boy, who at first seems to him to be a ghost. The narrator then prays, but his prayer is interrupted by the "voix fantastique" singing the "phrase fatale" (254). Here he recognizes that he is confusing the two Carls: "Par quelle magique combinaison vois-je le spectre du nouveau Carl, en même temps que j'entends la voix de Carl, l'ami qui n'est plus?" (254). We note here the reference to magic, which alone would put the story in the domain of the "merveilleux", but we will soon discover that there is a logical reason for the young Carl to know the melody. In this mountain scene, Carl-the-boy does know the tune and is most likely working out a repression due to his father's domination by running through the hills singing the melody which for him signals his liberation; this detail brings the story back into the realm of the fantastic. We also remark in this sentence the reference to the "new" Carl, a further indication of the underlying message of reincarnation or metempsychosis.

The next day the narrator learns from Carl of the child's love for music which his father did everything to squelch. His sickliness and near madness date from this period. Carl also recalls the brief visit of a traveller five years earlier, a musician who kept to his room composing music. He often hummed or played on the flute a certain tune which Carl retained; he sings it for the narrator, and this is the last musical quotation in the story: the original melody in D♭ in the middle register, complete with lyrics. Carl remembers, too, that the traveller had the same name as he and that he encouraged him to develop his voice. He had forgotten the melody until he heard the narrator play it on the flute. The narrator then he sings the words "O Dieu, que ta puissance est grande," and a voice answers him, repeating the same lyrics but with the music of the second period of the melody, again written out in the same register and key. The sky seems to be filled with voices, all singing the words "est grande" in the final two bars of the melody. As these voices fade away, the narrator imagines he hears the final musical breath of his friend Carl similar to the sounds of the air dancing on the strings of a harp in summer (251). The narrator believes he has seen through the illusion of his musical memory the angelic form of Carl-the-friend flying off into the heavens. Such a musical apotheosis illustrates not only Sand's belief in the hereafter and in some form of reincarnation, but also in the ability of music to evoke memories in a dream-like and timeless world.

Identity, although different from its manifestation in "Histoire du rêveur," remains a problem in "Carl." The narrator constantly relives his friend's death scene and through the curative influence of the musical phrase, finds a new sense of calm with the new-found Carl. Throughout the story, the reader perceives the *Doppelgänger* quality of the two Carls; only the narrator fails to see the overlap until the end of the scene on the mountain. And yet the identification remains less than complete since Carl-the-boy's musical development is only just beginning at the end of the story. His ontogeny will replicate, perhaps, the development of Carl-the-friend, thus not replacing him but continuing his work on earth.

Sand's association of music and double identity, of course, goes back to the famous echo scene in Madrid, which she recounts in *Histoire de ma vie*: "C'est que j'étais double, et qu'il y avait autour de moi un autre *moi*" (*OA* I:573). Another auditory memory Sand mentions in her autobiography is the sound of the flageolet she heard from the window of an apartment outside Paris. As she could not see anything but the rooftops and the sky, she remained clueless as to the origin of the music, yet the sounds mesmerized her:

> Quoi qu'il en soit, j'éprouvais d'indicibles jouissances musicales, et j'étais véritablement en extase devant cette fenêtre, où, pour la première fois, je comprenais vaguement l'harmonie des choses extérieures, mon âme étant également ravie par la musique et par la beauté du ciel. (*OA* I:547)

These musical memories enjoy a privileged place in Sand's autobiography largely because of the dual nature of memory. Memory acts at once as the vehicle for keeping the past alive and for inspiring the imagination, a glimpse at a possible future. This "harmony of external things" thus becomes internalized, in dreams or in music, taking its rightful place in the (musical) fantastic. Music stimulates the memory in "Carl." Time and again the narrator's auditory memory becomes alert thanks to a musical stimulus; or sometimes the memory causes him to repeat the music, as in the scene where he plays the flute. In all cases, the music comes from the narrator's memory, just as the echo in Madrid comes from Aurore's own voice, for the narrator's memory is the origin of all the music in the story until Carl's contribution. For the narrator, music symbolizes Carl-the-friend's death; but for Carl-the-boy, music represents his passion and his future. Sand is telling us that while memories of dead friends can give us a certain melancholy pleasure, they are much more useful if we use them to mold the future. The involuntary memory evoked by music, a half-century before Proust, will remain one of Sand's contributions in the realm of music's function in literature. She uses this device often, not only in fantastic tales but in many of her musical texts.

"L'Orgue du titan" (1873) differs from most of the cautionary tales in the collection *Contes d'une grand-mère* in that it focuses on the development of a young musician. A young boy, Angelin, takes music lessons from the church organist, Maître Jean, who treats him more like a servant than a pupil. Returning inebriated from a visit to Maître Jean's brother, he and Angelin pass by rock formations in Auvergne that, because of the pattern of erosion, resemble the vertical tubes of a pipe organ, and consequently are known as "des orgues" or "des jeux d'orgue."[16] Maître Jean, whose judgment is suffering from the excessive wine he has drunk at his brother's, determines to carry out the metaphor of the organ. He sits down at a flat rock, which he dubs the keyboard, and tells Angelin to man the bellows. Angelin, less drunk than Jean, does not see the humor and does not wish to participate in the game. Frustrated at his ward's insubordination, Jean sets Angelin at the keyboard and takes up the position at the bellows himself. He commands Angelin to play the "Introit" to his mass. Angelin pretends to play as Jean cries out "Et toi, orgue, chante! chante, *orgue!* chante *urgue!...*".[17] The parish of Jean's brother is called "Chanturgue"; the local wine is called "chantorgue", which recalls the rock formations and the story Maître Jean fabricated for the gullible Angelin about the titans who are said to have built the rock organs (115). Vulgarized music, wine, geology, and ill-placed humor combine in Sand's narrative to produce a fantastic ambience, which engenders the wild scene which follows.

Suddenly the air is filled with music as Angelin moves his fingers along the "keyboard." It is not Maître Jean's "Introit" but a beautiful piece of music that seems to spring from Angelin's imagination. As he plays, Angelin's fingers begin to swell and hurt, becoming the hands of a titan. At the same instant, the sky fills with thunder and the rocks begin to crumble around them. They fall unconscious. Maître Jean returns to his post as church organist, and Angelin goes on to become an accomplished organist in Paris.

Like many of Sand's musicians, Angelin begins the story in a subordinate position and must make his way, despite his own insecurities and the domination of

---

16. Lenore Kreitman rightly points out that Sand also uses the symbol of a stone imbued with supernatural powers in *Consuelo* and *Jeanne*, "George Sand's Symbolic Vision: A Fading Yet Future Fantastic," Ph.D. diss, University of Pennsylvania, 1976, 63.

17. Sand, "L'Orgue du titan," *Contes d'une grand-mère*, deuxième série (Meylan: Editions de l'Aurore, 1983) 105-25.

others, toward the satisfying development of his talent. In a willful act of dominance, Jean tries to command Angelin at the rocky organ with his riding crop, which he drops; Angelin snatches it up and throws it down a ravine. Having dropped the crop, Jean has relinquished control; and by throwing it away, Angelin assures he will never again come under the domination of his master's control. The riding-crop resembles in form and in function a conductor's baton: both are long and rigid and serve to direct. Disposing of this symbol of power, especially evidenced by its phallic nature, symbolizes the boy's desire to usurp his master's power, or to effect the castration of the father. Sand uses the phallic symbolism to further the fantastic interest of the story by repeating it with the swelling of Angelin's fingers when he plays the rock organ. The uncanny recurrence of the same painful sensation, at the beginning and at the end of the frame story, gives life to Sand's story; herein lies the *Unheimliche*, bound up in repetition as Freud describes it. Symbolically castrating his master, music teacher, and adoptive father, Angelin does accede to a position of musical power. But success only serves to intensify his feelings of guilt; thus, the memory of the act, resuscitating each time he plays these improvisations, results in pain.

Angelin begins the story as an adult among friends whom he is entertaining with some improvisations at the keyboard. During the informal performance, one of the piano strings breaks, causing the musician a pain the listeners cannot at first comprehend. Thereupon he tells them the story of the Auvergnat organ, concluding with an account of the pain which comes about each time he improvises on this particular melody. When questioned, Angelin offers an explanation: there must have been briars and nettles on the rock keyboard he played. Here is the locus of the fantastic insofar as Sand provides, in the last sentence of the story, a somewhat reasonable explanation for the pain which, otherwise, seems quite supernatural. And yet, the explanation does not entirely convince us. The romantic notion of the suffering of the artist can be seen clearly to belie the explanation, and the renewed suffering throughout Angelin's life serves to remind him of his humble origins, a trait important to Sand. The attempt to satisfy the need to know, to provide a logical justification for otherwise fantastic events coincides with the fantastic genre's tendency to supply spurious reasons which will have the superficial appearance of a solution but which will not satisfy the reader, who thus remains in the realm of hesitation — or the fantastic.

Angelin, Amédée, and the narrator of "Carl" all fall victim to fantastic circumstances through music; music intensifies these circumstances. The principal role of music in all these fantastic stories lies in its ability to draw the subject and the reader out of earthly constraints and to permit escape, albeit temporary, to some other plane, sometimes ethereal, sometimes dangerous, sometimes mystical. It is music which serves as the vehicle of this "translation", where "translation" indicates both movement from one state to another and change from one language to another. Sand uses these musical devices in many of her works, but we see clearly the structural and functional role they play in the fantastic, where they transport the reader into an uncomfortable position of hesitation, uncertainty, and doubt thanks to the apparent passionate quality of the music. Such conflict in the reader's response can only be described as musical fantastic.

Balzac's *Sarrazine* and Nerval's *Aurélia* offer similar musical fantastic elements, though perhaps with less insistence on the power and effect of music. Sand's musical fantastic incorporates the traditional fantastic elements of hesitation and doubt and combines them with the sometimes confusing and always dreamy aspects of a certain ethereal music, which at once enhances and structures the "fantasticité" of the tale. As Albert Camus wrote in his "Essay on Music" (1932), the only "[t]ruly fertile Music, the only kind that will ever move us . . . will be a Music conducive to Dream, which banishes all reason and all analysis." This kind of music, which allows us to abandon reason and reality for the world of dream and the fantastic, shapes the nature and form of Sand's musical fantastic. There is more work to be done on this subgenre, of which Sand's contribution is one of the staples.

Hofstra University

LE REGARD DE L'ARTISTE SUR LA SOCIÉTÉ CHEZ G. SAND, APRÈS 1851

Joseph-Marc BAILBÉ

Parmi les champs de poésie
Je fourrage sans mission;
Le capitaine est Fantaisie!
Le mot de guet: Occasion!
Louis Bouilhet

Dans l'univers romanesque de G.Sand, l'artiste va à la recherche de sa personnalité à travers l'expérience des autres, le milieu social qui l'entoure et les opportunités soigneusement dosées par l'écrivain, que propose le texte littéraire. L'artiste a charge d'âme, il doit veiller à mieux se connaître, pour mieux agir sur la sensibilité collective. Déjà en 1843 dans *Consuelo*, roman largement influencé par les idées de Liszt et de Pierre Leroux, où l'on sent la présence active et frémissante de G.Sand, cette exigence se dessine: "J'ai besoin de me recueillir et de me connaître" déclare l'héroïne. Il s'agit, face à une humanité complexe, faite d'êtres doués et de personnages secondaires, qui servent de révélateurs ou de repoussoirs, de communiquer les impulsions vitales de l'art, car on a besoin, en tout état de cause, d'être éclairé, orienté au contact des autres. Albert confirme la portée de cet itinéraire qui consent à sacrifier tout succès personnel: "Nous apportons l'art et l'enthousiasme aux âmes susceptibles de sentir l'un et d'aspirer à l'autre [...]. Nous avons réalisé la vie d'artistes comme nous l'entendions [...]. Nous avons partout des amis et des frères dans les derniers rangs de cette société qui croirait s'avilir en nous demandant notre secret pour être probes et libres."[1] Debussy a bien su convier l'artiste à ne pas s'éloigner "des grands mouvements d'humanité, aux lignes simples, aux effets si naturellement tragiques"[2].

A partir de 1851 dans *le Château des désertes*, roman placé sous le signe de la fantaisie et de la poésie rêvée, l'orientation n'est plus la même. La romancière renonce à ses revendications formulées de façon ardente, s'apaise, se complait dans les nuances, et recherche une forme de sagesse dynamique[3]. Elle fait appel à un artiste qui se trouve, parfois involontairement, mêlé au contexte romanesque et social. Adorno raconte son aventure: "J'intitule ce petit drame du nom d'un lieu où ma vie s'est révélée et dénouée." Les deux termes ont une signification précise: il s'agit de

---

1. Consuelo s'oppose au Porpora qui voudrait la confiner dans la musique profane. Albert possède le secret de la musique populaire, celle de l'âme des peuples. Tous deux pensent que l'art à lui seul ne peut soutenir l'homme toute sa vie.
2. Debussy, *M.Croche antidilettante* (Paris: Gallimard, 1950) 124.
3. G. Sand, Notice du *Château des Désertes* (Meylan: Éds. de l'Aurore, 1985): "C'est une analyse de quelques idées d'art plutôt qu'une analyse de sentiments. C'est ainsi que la fantaisie, le roman, l'œuvre d'imagination, en un mot, a son effet détourné, mais certain, sur l'emploi de la vie" (31).

la découverte d'une vocation et d'un heureux mariage qui en est comme le couronnement. Celui que l'on peut appeler le voyageur, l'étranger (il ne réalisera que plus tard sa parenté avec Béatrice), trouve au château des Désertes un lieu préservé, hors d'atteinte des malices de la civilisation. On pourrait discuter sur ce point. C'est à la suite de circonstances fort romanesques qu'il retrouve Célio et Cécilia qu'il a entendus sur la scène de l'Opéra de Vienne. Dans cette communauté bien isolée dans la montagne, qui partage son temps entre la vie quotidienne et le travail théâtral, il reçoit l'accueil le plus amical de la famille Boccaferri, il découvre en Stella celle qu'il aime, et de plus il bénéficie de l'expérience du théâtre pour son propre métier de peintre.

Là encore tous les propos de Boccaferri qui est "la clef, le lien, et l'âme" de toute la famille sur le peintre décorateur, sont riches pour l'évolution de la mise en scène d'opéra à notre époque, qui voit des équipes homogènes et non plus un seul homme prendre en main la réalisation d'un spectacle, en liaison étroite avec le chef d'orchestre: "La peinture en décors est la grande école de relief, de profondeur et de lumière." La romancière n'oublie pas que Cicéri, décorateur en chef de l'opéra de Paris, dès 1810, avait été peintre de paysages[4]. C'est un peintre, Adorno, qui conduit le récit, et l'on s'en rend compte. Il décrit avec minutie le site des Désertes "à la fois naïf et grandiose", à l'écart du monde, sorte de Montsalvat des artistes. Le parc avec des paysages "aussi vrais et mieux composés que ceux de la campagne environnante"; le Ciel des Désertes avec "ses tons roses" "ses horizons neigeux", "ses nuages couleur de perle" à mi-chemin entre les contes de fée et l'Opéra. On peut dire qu'en présentant le château, placé dans l'environnement comme dans un merveilleux écrin, Adorno réalise un véritable tableau en pleine nature:

> Des collines escarpées servant de premier échelon aux grandes montagnes des Alpes, toutes couvertes de sapins et de mélèzes, encadraient la vallée et la préservaient des vents du nord et de l'est. Au-dessus du hameau, à mi-côte de la colline la plus rapprochée et la plus adoucie s'élevait un vieux et fier château, une des anciennes défenses de la frontière probablement, demeure paisible et confortable désormais, car je voyais au ton frais des châssis des croisées en bois de chêne, encadrant de longues vitres bien claires, que l'antique manoir était habité par des propriétaires fort civilisés. Un parc immense, jeté noblement sur la pente de la colline et masquant ses froides lignes de clôture sous un luxe de végétation chaque jour plus rare en France, formait un des accidents les plus heureux du tableau. (85)

G. Sand rêve avec Adorno, le narrateur, d'une contrée qu'elle n'a sans doute pas connue, mais qu'elle imagine avec une exactitude assez étonnante. Il s'agit d'une

---

4. Cicéri entra dans l'atelier d'Isabey, et il lui succèda en 1815 comme décorateur en chef de l'opéra. Il signa la plupart des décors montés sur cette scène, notamment *Robert le Diable* et *Guillaume Tell*. Voir M.A Allévy, *La Mise en scène en France dans la première moitié du XIXème siècle* (Paris: s.n., 1938).

véritable complicité littéraire et artistique.

D'autre part le peintre campe avec une grande précision, au niveau des costumes, les divers personnages de théâtre; Don Juan d'abord:

> Ce n'était point un costume de fantaisie, un composé de chiffons et de clinquant: c'était un véritable pourpoint de velours aussi court que le portaient les dandys de l'époque, avec des braies aussi larges, des passements aussi raides, des rubans aussi riches et aussi souples.. c'était la première fois que j'avais sous les yeux un vrai personnage historique dans son vrai costume et dans sa manière de le porter. Pour moi, peintre, c'était une bonne fortune. (109)

On voit aussi Dona Anna "costumée comme un Vélasquez", Zerline "en délicieux costume andalous." Enfin, consécration suprême, Stella, sa future femme, affirme son propre goût pour la peinture, et de réels talents de paysagiste: "Stella avait un talent réel, tendre, profond, délicieusement vrai pour le paysage, les troupeaux, la nature pastorale et naïve" (148). Ainsi le théâtre est ouvert sur les autres arts qui lui apportent une collaboration indispensable: "Je me sens plus peintre et plus poète que je ne croyais l'être" (148). Dans ce roman Adorno raconte une expérience qui lui a permis de s'intégrer progressivement dans une communauté d'artistes, où il a été adopté. Le bonheur individuel qu'il rencontre à la fin, et qui tient tout à fait des dénouements des contes de fées, n'enlève rien au jugement très positif qu'il porte sur l'expérience exceptionnelle qu'il vient de vivre dans une collectivité choisie.

Dans les *Maîtres Sonneurs* en 1853 le narrateur Tiennet, qui allait "toujours écoutant et observant les autres" est le modèle du paysan poète, cueillant les sensations dans une nature rude et primitive. Il oublie "les fumées d'amour" et se tient en retrait pour faire part de la triste aventure de Joset, artiste malheureux, face à Huriel largement favorisé. Très vite "le corbeau noir du Bourbonnais" rattache l'essentiel à l'opposition de deux provinces l'une, le Berry refuge "d'une race de colimaçons" au souffle court; l'autre le Bourbonnais patrie des "esprits voyageurs", qui vivent partout comme chez eux. Chacun apporte son témoignage sous la présidence du patriarche aimé de tous, le Grand Bûcheux. La musique n'est pas oubliée, certes, et chacun convient qu'on court un grand risque à "s'enamourer d'elle", étant donné les hauteurs où elle nous mène. Au fond, dans cette conversation à plusieurs voix, la romancière se garde de définir une moralité quelconque en ce domaine sensible[5]. Chacun doit mener à bien sa propre expérience, et le destin fera le reste. Les deux mariages qui terminent le roman scellent la concorde des deux langages et des deux régions, au prix de concessions mutuelles. Tiennet va épouser Thérence dont il revoit la même image qui l'avait tant troublé dans sa jeunesse "cette beauté très étrange et difficile à

---

5. G.Sand à Eugène Lambert : " Je t'envoie ce roman comme un son lointain de nos cornemuses, pour te rappeler que les feuilles poussent, que les rossignols sont arrivés, et que la grande fête printanière de la nature va commencer aux champs" (Meylan: Éds. de l'Aurore, 1994, I:63).

oublier" Le Chassin sera le lieu de l'harmonie retrouvée.

En ce qui concerne Waldo, dans *l'Homme de neige* en 1858, les choses sont plus complexes, car l'aventure artistique se double d'une enquête policière, où le fantastique tient une large part. En effet il participe avec son ami Goefle à une investigation minutieuse et dangereuse qui doit le conduire à démasquer les crimes du baron Olaüs de Waldemora. C'est un être un peu perdu dans le métier modeste qu'il exerce et qui va, petit à petit, à la recherche de lui-même et de sa vraie famille. On est frappé par l'opposition Italie-Suède qui a eu une importance capitale pour le développement de sa personnalité: "J'aime le beau soleil et la sombre nuit." L'Italie découverte auprès de ses parents adoptifs et dans ses voyages lui a donné la clarté, la luminosité et l'enthousiasme. La Suède, son lieu de naissance et sa patrie retrouvée, lui a apporté le sage pouvoir des traditions et l'énergie nécessaire à l'enquête qu'il mène sur ses origines. Mais il faut voir plus loin: avec cette opposition ombre et lumière, Italie et pays nordique, raison et enthousiasme, classicisme et romantisme, n'est-ce pas la nature même de G.Sand qui se fait jour, dans les caprices de son imaginaire et la sérénité limpide de certaines de ses analyses[6]?

Il y a d'abord l'image de l'artiste telle qu'elle peut apparaître au public peu informé: un être original, marginal, totalement dépendant des caprices des grands: "Christian Waldo est un comique italien qui va de ville en ville réjouissant les populations par son esprit aimable et son intarissable gaîté... un plaisant original, une espèce de saltimbanque"[7]. Mais il convient de corriger cela, car "Christian a beaucoup lu Marivaux, ce talent à deux faces, si minutieux d'esprit, mais si simple de coeur, si émouvant dans la passion. Il avait senti le côté vrai, le grand côté de ce charmant génie, et il excellait à faire parler l'amour" (II:15). D'autre part il est nécessaire de former le public, toujours capricieux, et ce n'est pas une mince tâche: "Tout orateur, tout comédien, tout artiste et tout professeur forcé de se battre les flancs pendant une moitié de sa vie pour instruire, éclairer ou divertir les autres, est las du genre humain et de lui-même, quand le rideau tombe". Tout ne saurait être complet sans une vocation de l'artiste au voyage qui demeure un instrument de recherche, de découverte et d'approfondissement de soi: "La vie du voyageur est un enchaînement de trouvailles et de pertes, de succès inespérés et de désastres désespérants" (II:189). G. Sand elle-même se livre à de longues méditations sur le caractère de l'artiste, et l'on retrouve les thèmes favoris de la romancière. Voici que l'action suspend son cours et que monte une vaste élégie sur le bonheur que l'artiste acquiert en se mettant au service des autres. En effet bien que Goefle lui déclare: "Vous serez heureux par la famille... en face de la grande et rude nature du Nord" (II:197), Waldo marque une nette hésitation, car ce bonheur à deux lui semblerait bien égoïste s'il ne s'accompagnait de la poursuite de la vie simple et frugale qu'il a menée avec ses amis, dans des conditions souvent difficiles. Celui que l'on pourrait appeler le

---

6. Le goût des contrastes est un élément majeur de la sensibilité romantique; que l'on pense à V. Hugo, Musset, et bien d'autres.

7. G. Sand, *L'Homme de neige* (Meylan: Éds. de l'Aurore, 1990) I:105.

"sculpteur" de marionnettes, ne renie pas ses origines d'artisan inspiré, même s'il s'est largement employé à combattre par tous les moyens les injustices du monde social.

Enfin en 1868 dans *Mademoiselle Merquem*, qui se situe entre *Manette Salomon* (1867) des Goncourt, et *l'Education sentimentale* (1869) de Flaubert[8], le peintre Stephen Morin, assez peu doué, ne réalisant aucun progrès sensible dans ses travaux , de manières brusques et vulgaires, apparaît comme "un envoyé du ciel", dans le cadre romanesque, qu'il traverse, et facilite les explorations et les découvertes du héros principal. Trop attentif à son métier de peintre et à ses thèmes de prédilection, il marche difficilement sur les chemins de l'artiste. Il lui manque l'individualité, l'énergie, le sens de la vie: "Il travaillait trop, il oubliait d'exister. Il ne se renouvelait pas, il s'ossifiait"[9]. Tout cela n'est pas sans évoquer le peintre Bertin dans *Fort comme la mort* (1889) de Maupassant[10]. Il se complait trop souvent dans une contemplation stérile, non sans une certaine pose, s'ennuie, et ignore ce que lui apporterait l'expansion vraie. Fort heureusement Armand et Mlle Merquem, dans de longues conversations, lui permettront de mieux comprendre sa situation, et d'allier l'art et la vie. Petit à petit il se livre à une certaine expansion qui le surprend lui-même; il admet que l'artiste ne doit pas consentir à se priver de tout ce qui n'est pas son art: "Il consentait à regarder le paysage, à trouver un sens à toutes choses, une physionomie à tous les êtres". Finalement il renonce à la peinture, rayonne du bonheur de tous ses amis: "Je veux vivre, sentir, comprendre, aimer la nature pour elle-même" (309). Lui aussi est témoin privilégié de l'intrigue romanesque car il rencontre Armand par hasard, le conseille, étudie le caractère de Mlle Merquem et des gens qui l'entourent. "C'est un roman ce qui s'est passé, le diable m'emporte! J'ai traversé un roman sans m'en apercevoir, et j'y ai joué un rôle" (233).

Si l'amitié subsiste et se conforte, Stephen semble avoir surtout tiré profit de son expérience pour mieux sentir la vie comme un célibataire qu'il veut rester. Et surtout pour mieux pratiquer son art à l'avenir: "A mon retour je me remettrai à peindre, et vous verrez, mon cher, que j'aurai du talent" (309). On ne peut pas être plus clair. Il reste que le regard sur la société qui l'entoure est assez superficiel. Cette société est au fond très conventionnelle: la grande bourgeoisie, les pêcheurs, les savants, et l'on peut se poser la question d'une certaine vraisemblance. On sent trop les emprunts ou les effets de mémoire. Enfin de la confrontation entre le Nord (la Normandie) et le Midi (Cannes et la Méditerranée) ne naît pas l'idée d'une entente

---

8. Trois romans sur la femme se succèdent de 1867 à 1869. Ces romans comportent une étude de la société de l'époque et des réflexions sur l'éducation des jeunes filles et la formation de l'artiste.Tout cela leur donne une tonalité commune sur quelques points.

9. G. Sand, *Mademoiselle Merquem* (Paris: M. Lévy, 1873) 229.

10. Mme de Guilleroy a accentué le penchant de Bertin pour l'art distingué: "Elle le poussait tendrement vers un idéal de grâce un peu maniéré et factice". Le peintre ne supportera pas que la critique ose parler de "L'Art démodé d'Olivier Bertin", *Romans* (Paris: Albin Michel, 1959) 988, et 1180).

cordiale, mais plutôt d'une concession raisonnable. Cette volonté de libération, de contact avec la vraie vie rejoint les idées de la romancière sur la formation artistique. Les théoriciens ou les marchands sans âme ne peuvent entrer dans le temple de l'art. Reste que les artistes sérieux comme Stephen sont perfectibles et finissent par avoir le dessus[11].

Comme on le voit, il convient de noter une évolution intéressante des romans de G.Sand durant cette période. Sagesse, apaisement, et une réelle patience de la romancière, qui se veut éducatrice beaucoup plus que révolutionnaire. Une certaine lassitude parfois devient sensible, mais aussi apparaît, comme une lueur bénéfique, la présence choyée de l'artiste, intervenant quand on ne l'attend pas, pour dire à chacun ce qu'il pense, remettre les choses en place, et proposer la vérité vraie, celle de la romancière et du lecteur attentif. Une volonté de renoncement à la gloire frivole pour toucher aux authentiques valeurs. Sans doute certaines méditations de la romancière sur l'artiste, son statut dans la société sont comme une remontée souhaitée de thèmes anciens, mais largement rénovés par la sérénité qui les entoure, une plus large confiance en la perfectibilité des êtres humains. Quant aux figures d'artistes qui sont présentées, elles surprennent par leur diversité et par la nature originale de l'expérience: tantôt le jeu dramatique conduit à l'amour comblé, c'est pour Adorno; tantôt la lutte engagée sur le plan familial et social amène à une remise en cause de la notion même de bonheur, c'est pour Waldo; tantôt enfin les péripéties d'une démarche amoureuse, dont il est le témoin amical, confirment la vocation de célibataire de l'artiste qui ne vise, en ce qui le concerne, que le perfectionnement de son talent artistique. Univers clos par le château des Désertes, celui du Chassin, par le manoir de Stollborg, ou le château de la Canielle, sorte de laboratoire d'expériences fructueuses[12]. Mais aussi grande diversité géographique, exploration souhaitable avec de multiples variantes, de tant de lieux inspirés. Au total un monde original où l'artiste se trouve au contact d'une société élue, souvent isolée du reste du monde, ou revendiquant ses priviléges Néanmoins c'est une société de gens ouverts, serviables, en recherche d'amélioration, qui a besoin d'un regard extérieur pour la stimuler C'est le rôle de l'artiste témoin auquel il s'applique avec plus ou moins d'audace. Adorno, Huriel, Waldo, Stephen sont là avec leurs différences, leurs qualités et leurs défauts.

---

11. Voir J-M. Bailbé, "De *Lucrézia Floriani* au *Château des Désertes*: éloge du naturel chez l'acteur", *Présence de G.Sand*, n°19 . Il convient de distinguer l'artiste authentique et le comédien utile. On doit savoir conserver en soi l'originalité de son tempérament et une réelle sincérité , qui suscite l'adhésion. G.Sand ne sépare pas la carrière de l'acteur de celle de l'artiste en général.

12. Le vieux manoir était réservé aux expériences scientifiques de M. Bellac: "Il s'inquiétait bien plus de ce qui se passait dans la planète Mars que des révolutions morales à observer dans les coeurs humains", *Mademoiselle de Merquem*, 63.

Ils vont et viennent suivant leur tempérament et la romancière fait en sorte qu'ils ne sortent pas indemnes de cette aventure, qui est celle de l'Humanité toute entière. Regards variés, regards croisés, que G.Sand dirige avec beaucoup de vigilance pour nous donner à découvrir, par étapes successives, par interrogations mesurées, sa démarche prudente et inspirée.

Université de Rouen

GEORGE SAND'S SEARCH FOR THE HEART OF FAUST

Barbara M. Waldinger

In her *Essai sur le drame fantastique*, George Sand analyzes three works that she classifies as "metaphysical drama": Goethe's *Faust*, Byron's *Manfred*, and the third part of Mickiewicz's *Dziady*. Sand's essay appeared in the *Revue des Deux Mondes* on December 1, 1839. In that same journal in the same year, Sand published what has been described as her own interpretation of the Faust legend, *Les Sept Cordes de la lyre*, a philosophical play. This study will examine Sand's objections to the way Goethe treated the Faust legend, discussed in her essay, and how they informed her version. The comparison reveals George Sand's personal search as well as that of Faust.

In "'Les deux cordes de la lyre' ou Goethe jugé par George Sand," René Bourgeois agrees that we can learn a good deal about Sand by reading her literary criticism: "pour elle plus que tout autre la critique est un mode d'expression 'superlativement personnel.'"[1] Bourgeois finds that Sand's perceptions concerning the three dramatic works are less important today than the fact that the essay represents "un véritable manifeste esthétique en un moment particulièrement riche de la carrière littéraire de George Sand."[2] He believes that her essay on *Faust* is just a pretext for Sand to express her own ideas.

Both the essay and the play were too metaphysical for George Sand's publisher, François Buloz. His negative reception of Sand's new style, which he called "fantasmagorie," led to a bitter quarrel, well-documented in their correspondence at the time. Buloz, arguing that no one who had any sense could possibly understand her incomprehensible play, delayed publication as long as he could. Sand was further offended by the appearance of an article on *Faust II*, in the *Revue des Deux Mondes*, by the brother-in-law of Buloz, Henri Blaze, in May, 1839. She felt betrayed because she thought it would undercut her own work, and because its style was certainly as metaphysical as hers. Sand also maintained, with some validity, that Buloz was trying to sabotage her work because it contained sharp criticism of Louis-Philippe, from whom Buloz was hoping to obtain a position as commissioner of the Comédie-Française.[3]

Buloz proved to be right about the play: it was a complete failure, greeted with silence by all the critics, except one: Leconte de Lisle, who, according to Hélène Laperrousaz, recognized and appreciated the Orpheus myth in Sand's work.[4] In his

---

1. Rene Bourgeois, "Les Deux Cordes de la lyre, ou Goethe jugé par George Sand," in *Hommage à George Sand*, ed. Léon Cellier (Paris: Presses Universitaires de France, 1969) 93.
2. Bourgeois 94.
3. Bourgeois 94.
4. Hélène Laperrousaz, "George Sand et Gustave Moreau: Le Mythe d'Orphée ou l'Expression impossible", in *George Sand: Collected Essays*, Janice Glasgow, ed. (New York: Whitston Publishing Company, 1985) 272.

introduction to *Les Sept Cordes*, Bourgeois points out that Sand, whose previous success gave her the confidence to believe she could induce her public to swallow a metaphysical treatise, had to revise her thinking in the face of this defeat.[5]

Before proceeding, it would be helpful to summarize *Les Sept Cordes de la lyre*. The play, not intended for production, contains five acts, the first of which, *The Lyre*, is the longest. It is concerned with Albertus, a philosopher who has allowed himself no pleasures but the study of philosophy, his three male students, and Hélène, his beautiful young ward with whom they are all in love. She has come to live with Albertus after the death of her father, an instrument maker. Albertus attempts to teach her, but she seems incapable of book learning. Instead, by simply holding the magic lyre that she has inherited from her father, Hélène produces magnificent music (which seems to Albertus to be madness), communing with the Spirit of the Lyre trapped inside. Mephistopheles would like to win the soul of Albertus, a descendant of Faust, but finds it difficult because Albertus has Marguerite's tenderness. He possesses more conscience than Faust; he would like to understand and to feel, and is capable of faith. Mephistopheles' plan is to destroy the lyre and prostitute Hélène to the philosophy students, thus souring Albertus' feelings for her. The devil, who cannot touch the lyre, convinces Albertus to examine and thus break its strings with the ploy that he can in this way rationally understand its magic.

In Act Two, "The Strings of Gold," Albertus breaks the two strings of the title, which represent the mysteries of the infinite: the ideal and faith. In Act Three, "The Strings of Silver" are broken, symbolizing the contemplation of nature, and Providence; in Act Four, "The Strings of Steel," representing man, his inventions, his laws and his morals, are destroyed. Finally, in Act Five, "The Brazen String," Hélène herself, torn between the love of Albertus and the Spirit of the Lyre, opts for the love of the infinite, breaking the last string, causing her death and the freeing of the Spirit, with whom she will unite in eternal love. Albertus remains, determined to teach what he has learned about the soul of man, the nature of love, and the harmony within the universe, of which the lyre is a symbol.

Gay Manifold, in *George Sand's Theatre Career*, discusses the aural effects in *Les Sept Cordes*, which was written soon after the beginning of Sand's relationship with Chopin. Manifold bemoans the fact that there is no musical score, suggesting that we imagine the music of Chopin when reading the play. She emphasizes the "musical dialogue" that "forms the central focus in each of acts two through four," which become progressively shorter, changing their harmonies and discourse to accommodate the remaining strings.[6] René Bourgeois states conclusively that: "Chopin l'ange console Hélène-George Sand et, grâce à l'harmonie, lui révèle les

---

5. George Sand, *Les Sept Cordes de la Lyre*, Introduction by René Bourgeois (Paris: Flammarion, 1973), p. 10.

6. Gay Manifold, *George Sand's Theatre Career* (Michigan: UMI Research Press, 1983), 17-18.

secrets du Ciel."[7]

Turning to Sand's essay, let us look at one of her strongest criticisms of Goethe: he was not a great poet, but rather a great artist. Sand's opinion of a great poet is one who can combine philosophy and art. In her view, Goethe, "the greatest literary artist that ever existed," was only interested in the material world, not in the internal struggles and passions of the characters.[8]

Sand claims that Goethe was the "real father" of the misunderstood movement known as "art for art's sake." His work cannot be imitated because it is so dependent on his genius as an artist. George A. Kennedy, in the introduction to his translation of *Les Sept Cordes*, which he calls *A Woman's Version of The Faust Legend*, states that Sand's play is partly "a response to writings by Théophile Gautier, and especially to his role as a leading spokesman in the art-for-art's-sake movement." Kennedy points out that Sand and Gautier knew one another, and had many friends in common.[9]

In 1832, Gautier published a narrative poem called "Albertus, or the Soul and Sin," which earned him the nickname of "Albertus." Kennedy maintains that by choosing the name Sand is attempting to draw attention to her basic disagreement with Gautier, who would heartily disapprove of her use of literature "for philosophical and social purposes" (14-15). Bourgeois, disagreeing with Kennedy, claims that only Gautier's intimate friends would have known this nickname, among whom Sand was not included. Kennedy sees evidence of the difference of opinion between Sand and Gautier in Act One, Scene Seven of *Les Sept Cordes*, which he considers the best scene in the play. Here we see the Composer, the Poet, the Painter and the Critic, each swollen with pride, debating the virtues of the lyre and how to use it to further his own glory. They take turns believing they have created harmonious music, each unaware of the terrible discordance he has created instead. Sand has a field day criticizing these false artists who lack true inspiration, and are only interested in the exterior aspects of art — in style, as the Critic says. Even the monarch, Louis-Philippe, is not spared, for preferring his picture frames to the pictures at Versailles (one of the politically risky statements in the play to which Buloz objected).

Yet Sand, attempting to find the true source of inspiration: the connection between art, music and poetry, loses her way. Because she refuses to pander to the public, to entertain them, she bores them to tears. Is this the mark of an artist? What is the responsibility of an artist towards her public? Is it solely to communicate a message? If Gautier and his followers merely created works of art, are they to be blamed? Is Goethe?

---

7. Bourgeois, "Introduction," *Les Sept Cordes de la lyre*, 12.

8. George Sand, "Essai sur le Drame Fantastique," *Revue des Deux Mondes* XX, 1er decembre 1839, 602.

9. George Sand, *The Seven Strings of the Lyre*, in *A Woman's Version of the Faust Legend*, Introduction and Translation by George A. Kennedy (North Carolina: The University of North Carolina Press, 1989).

In her essay, George Sand explains why Goethe's conception of Faust does not succeed. She feels that Goethe regards man as a victim of fate, who does not recognize any power in the universe but inflexible reality. Therefore we never see a struggle within Faust between the real and the ideal, or between atheism and faith, which is what the Faust legend is about. Goethe invents his own story, partly from nature and partly from his imagination. Because Goethe is a poet lacking any sense of the ideal, says Sand, Faust does not have the inner strength to resist temptation; he succumbs without a fight. Sand summarizes Goethe's *Faust* as "Le culte idolâtre de la nature déifiée (comme l'entendait le XVIIIe siècle), troublant un cerveau puissant jusqu'à le dégoûter de la condition humaine, et lui rendant impossible le sentiment des affections et des devoirs humains" (605-606).

Sand believes that Faust's punishment for this philosophy is a terrible sense of ennui, the alternative for one who is deprived of divine love, attuned only to physical matter. He wanders aimlesssly, with no concept of his strengths or weaknesses. We never know the secret of the heart of Faust because he is incapable of love, which would have humbled him by enabling him to recognize a power beyond his own. Sand is critical of Goethe for never offering a moral judgment: his characters are neither all good, (Faust and Marguerite), nor all bad (Mephistopheles). The latter turns out to be more likable than the God of the prologue. Goethe paints his characters as they are, a slave of "vraisemblance," or "la vérité vulgaire;" not as they ought to be (599-609).

George Sand has been attacked for misjudging Goethe. Bourgeois explains that for Sand, Goethe will always be the "Olympien de Weimar," rigid and cold. She regards him *a priori* as the last representative of eighteenth-century thought, classifying Goethe with Voltaire, Descartes, Leibnitz and Spinosa. In Bourgeois' opinion, Sand is guilty of a profound misunderstanding. Instead of taking the time to study Goethe's work in depth, she accepts the traditional approach of a generation of biased readers. Sand thinks of Goethe as a representative of the past, but considers herself to be a writer of the future. Bourgeois finds that each of her criticisms of Goethe becomes an echo of a work she just completed, or a publication about to be written ("Goethe jugé" 94-95, 98).

This is true for *Les Sept Cordes*, which Bourgeois assumes, due to its similarity to Sand's essay, to have been conceived at the same time, after a re-reading of *Faust* in the summer of 1838. He believes that in some ways, Sand wrote an "anti-Faust" ("Intro." 17). Because Goethe did not create an evil enough Mephistopheles, but instead gave us a mocking demon, a "French Voltairian," Sand's devil is evil incarnate; because she finds Faust to be cold and feelingless, her Albertus is different. Mephistopheles must destroy him by attacking his heart rather than his brain. Albertus is much wiser than Faust in that he is more open, and has fewer doubts about the existence of a divinity. Finally, since Sand regards Marguerite merely as a "simple village girl" who is seduced and commits infanticide, she creates Hélène as angelic, giving her the major role in the play ("Goethe jugé" 98).

Nevertheless, the endings of the two works are similar. Bourgeois astutely compares the final scenes of *Les Sept Cordes* and *Faust Part Two*, finding their resemblance a paradox. In each of the works, the main character (Hélène or Faust) escapes from the earth to unite with the heavens in eternal love. Both Faust and Albertus owe their salvation to women (the Eternal-Feminine and Hélène). Bourgeois notes that although Sand was not familiar with the second part of *Faust*, because it had not yet been published in its entirety, she was aware of translations of Marguerite's Act and the dénouement. How ironic that Sand should criticize Goethe's lack of divine inspiration, given the second part of his tragedy! Unfortunately, she did not know German, and jumped to conclusions without an attempt to understand the material. If she had not been so angry about the article on *Faust II* in the *Revue des Deux Mondes*, Sand might have allowed herself to learn something more about Goethe's work ("Goethe jugé" 99).

In "George Sand et Goethe: histoire d'un malentendu," Ute Van Runset discusses some of the errors made by Sand vis-à-vis Goethe, which Sand corrects in her later writing. She seems to have developed an appreciation for Goethe in the years following the essay. Perhaps one of the explanations for Sand's early negative reaction to Goethe is the enormous influence of Pierre Leroux in the period of her life when she wrote both *Les Sept Cordes* and the essay. We know that she asked him to proofread *Les Sept Cordes*, which contains many of Leroux's ideas, some of which evoke his *De l'Humanité*. Gay Manifold refers to the play as "an enactment of Leroux's theory," about the symbolic nature of poetry (19). Bourgeois mentions Leroux's article *Du Style symbolique*, written in 1829, as "une doctrine poétique dont Leroux pose les bases, et que George Sand met en œuvre. Chez l'un et chez l'autre, on trouve la même conception du rôle philosophique de l'art." It is as if Sand were the "theological poet" that Leroux hoped to find, the conduit for his ideas ("Intro." 20).

Van Runset compares Leroux's *Considérations sur Werther et en général sur la poésie de notre époque* (1839), to Sand's essay, clearly showing a similar slant on Goethe. Leroux sees Goethe as an "esprit retardataire de son pays," who possesses the fault of the Germans: immobility, and preservation of the past. Goethe chose to remain in the eighteenth century, in Leroux's view, and did not recognize the greatness of the Revolution. Above all he finds Goethe to be an artist, whose "art-for-art's sake" notion of poetry is not oriented towards humanity, but focuses instead on individuality and egotism.[10]

Van Runset accuses Sand of not being able to distinguish between aesthetic criticism and ideological/ethical criticism. Leroux cannot see tragedy in *Werther*, nor can Sand find it in the first part of *Faust*, because of their insistence that religious sentiment must be present in order for tragedy to exist.[11]

---

10. Ute Van Runset, "George Sand et Goethe: histoire d'un malentendu," in *Presence de George Sand* 23 (1985) 20-22.

11. As a child, George Sand spent three years in the English Augustinian Convent in Paris. In *Histoire de ma vie*, she recounts in detail her sudden conversion from "enfant terrible" to passionate believer in her second year, at the age of fifteen. She felt that she had achieved

In her essay, Sand excuses Goethe because he did not benefit from the illumination of the nineteenth century, the "vainqueur de la nuit du despotisme catholique" (609). On the one hand, Sand praises Byron for having dared to oppose the dogmas of religious fanaticism, the worst of which is the belief in eternal damnation, and on the other, she vehemently opposes the young people of her generation ("O misérable vulgaire!"), who do not believe in the soul because it cannot be seen or analyzed. For Sand, Byron's Manfred, rather than Goethe's Faust, fulfills the *Faust* legend, because of his certainty of the immortality of the spirit (621-23).

The language of Sand's essay as well as her play is filled with images of her passionate and mystical search for the infinite. Although *Les Sept Cordes* is written in prose, it is extraordinarily poetic, replete with the anguish found in nineteenth-century romantic literature. It centers around the juxtaposition of Hélène and Albertus. Hélène learns with her whole being, achieving a kind of religious ecstasy that enables her to bring forth beauty and harmony because of her innate desire to become one with the universe. Albertus, the rational thinker who relies on book learning and studying for his acquisition of knowledge, is suddenly faced with a pupil who is incapable of learning what he is teaching, as he is incapable of understanding with his mind who and what she is.

Both of them suffer through periods of self-doubt. Hélène sees the terrible problems of the human race, but is given hope through the love of the Spirit of the Lyre, whose words can only be heard by her; and Albertus wonders whether he has wasted his life on his studies, denying himself love, and whether his teaching has any validity at all, given his failure with Hélène. Instead of resorting, like Faust, to the cabalistic arts (of which Sand is sure Goethe made a conscientious study), Albertus, through his love for Hélène and desire to help her, looks to the lyre for answers, unwittingly breaking its strings. He is saved from Satan by the Choir of Celestial Spirits, who recognize the purity of his intentions: "Désormais son âme sera une lyre dont toutes les cordes résonneront à la fois, et dont le cantique montera vers Dieu sur les ailes de l'espérance et de la joie" (188). For George Sand, love is the path through which man is able to reach divinity. She believes that Faust should have translated the text of Genesis as: "Au commencement était l'amour" instead of "Au commencement était la force" (607).

Although Sand praises the originality of the form of Goethe's *Faust*, where the real and the metaphysical worlds meet, she accuses Goethe of changing the Faust legend by refashioning the character in his own image. In order to understand his version of Faust, one must look into the heart of Goethe. Is the same phenomenon not true of George Sand?

Hofstra University

---

direct communication with God, and thought about, but was dissuaded from becoming a nun. Later, although she rejected Catholicism, she never lost her belief in a divine being.

ANTISEMITISM
AS REVEALED IN GEORGE SAND'S LETTERS

Thelma JURGRAU

In March of 1835, writing to her confidant Sainte-Beuve as to how she was unable to sever her masochistic love affair with Alfred de Musset, Sand identified her pain with that of the mythical Wandering Jew: "Quel crime ai-je commis pour être condamné au rôle de juif errant?" (*Corr* II: 824-5). Twenty-two years later, in 1857, she used the same figure to write vitriolically of the Jews, to another intimate, Victor Borie, who would not have been offended by the sentiment: "Moi, je vois dans le Juif errant la personnification du peuple juif, toujours riche et banni au moyen âge, avec ses immortels cinq sous qui ne s'épuisent jamais, son activité, sa dureté de cœur pour quiconque n'est pas de sa race, et en train de devenir le roi du monde et de retuer J[ésus] C[hrist], c'est-à-dire l'idéal. Il en sera ainsi par le droit de savoir-faire, et dans 50 ans la France sera juive. Certains docteurs israélites le prêchent déjà" (*Corr* XIV: 304).

Georges Lubin notes that Sand had originally written "tuer" then Corrected it to "retuer," a change, it seems to me, that shows a desire to emphasize an already clear distaste for Jews, not quite in keeping with the bantering tone of the rest of her letter to Borie. Lubin then goes on to point out that this invective against the Jews was not simply based on traditional French religious prejudice, but on a new, more virulent form imported from abroad: "Ce n'est pas la notion du peuple déicide qui incite George Sand à émettre cette opinion sur les Juifs. Elle a dû contracter auprès de Chopin une part de l'antisémitisme que ce dernier rapporté de Pologne."

This is not the first time Lubin blames Chopin for Sand's anti-Jewish remarks. When Sand complains to uncle René Vallet de Villeneuve ten years earlier, in 1848, that France "est entre les mains juives, et si Jésus revenait, ces gens-là le remettraient en croix" (*Corr* VIII: 279), Lubin notes that this manifestation of antisemitism is rare in Sand and was probably due to Chopin's influence. Indeed this letter to a family member is the first overt example of antisemitism I found in her letters. But we shall see in due course that the 1840s was the decade during which antisemitism was contagious throughout France and that Sand was subject to influences stronger than Chopin's.

Understandably, the question of Sand's antisemitism distresses M. Lubin. Going back to the first example I quoted, from 1857, he concludes his note with this apologia: "Il faut dire aussi que, sous le second empire, la place que prennent les Juifs devient envahissante, dans les grandes affaires, dans les journaux, dans l'édition." (*Corr* XIV: 336-7).

The examples quoted and M. Lubin's comments raise several questions: Are expressions of antisemitism rare in Sand's correspondence? What accounts for Sand's hardening toward Jews and for the softening in her attitude that occurs after 1857? Is M. Lubin's rationale that Second Empire Jews were taking over big business and publishing valid? By examining Sand's attitudes toward Jews as revealed in her letters, I hope to shed light on these questions, as well as to show the variety of Jews who lived and worked in 19th century France who did not fit the stereotype. However, before dealing with the Jewish question, I would like to backtrack briefly in order to acquaint the reader with Sand's attitude toward religion in general.

As in many other areas of her life, so when it came to religion, George Sand had to find her own path — what she calls "mon genre de foi réligieuse" (*Corr* VI: 472-73). We know the influences were many and conflicting, ranging from her grandmother, whose home reflected the rationalist ideas of the 18th century philosophers, to her convent school education, where she experienced a religious conversion.

Ultimately, in the Enlightenment tradition, Sand came to distrust all organized religion; she went on to detest the Catholic church in particular for its reactionary politics as she herself became involved in mid-century socialist politics. At the same time, she nurtured a personal religion, a mystical belief in the eternal life of the human spirit, that sustained her through life's more painful moments. Christianity remained sacred for her in the sense that she retained her faith in Jesus Christ as a human manifestation of divine goodness and love. By the same token, she never questioned the superiority of that faith linked as it was, for her and her contemporaries, to the political ideal of social progress.

In other words, the promise of equality mandated by the French constitution, which gave Jews the rights of citizenship for the first time, in 1791, and led inevitably to the separation of church and state, did not, over a mere fifty years, eliminate the French tie to Christianity nor the intolerance toward Jews that Christianity had fostered. Indeed, the idea of social progress that pervaded liberal politics in mid-19th-century France took for granted that Christianity was superior to Judaism as a progressive stage in human evolution.

It was Pierre Leroux, a former Saint-Simonian, who developed the philosophical religion of progress that was embraced by some of the leading members of the Romantic literary movement, including Sand. One can see the Leroux fusion of religion and politics in two letters Sand wrote in the early Forties. In the first, she chides an old Berrichon comrade, Charles Duvernet, for impatience with Leroux's system, reminding him that all one's yearnings for the betterment of humanity, during this Christmas season, stem from "le sentiment religieux et philosophique de l'égalité" (*Corr* V: 539).

In the second letter, she requests the head of the boarding school her daughter attends to explain to Solange, on the occasion of Easter, the beautiful poem of the life and death of Jesus and to present this "homme divin" (no longer considered "Dieu fait homme," Lubin points out) as preaching the gospel of equality, so deformed in Catholic interpretations and so well restored in the book of "L'Humanité" by Leroux (*Corr* V: 618-9).

The merging of politics and religion has often given rise to prejudice, or allowed it to resurface, so it is not surprising to find Leroux contributing to an antisemitic collection, *Les Juifs rois de l'époque*, published in 1845 by Alphonse

Toussenel. Toussenel was a Fourierist who denounced the concentration of wealth in the hands of a few, or what he called "la féodalité des coffres-forts" such as the Rothschilds and Perreires, but he extended his criticism beyond "Jews, usurers, and traders of France" to Protestants and to whole countries like Switzerland and the United States.[1] It is likely that Sand not only knew but shared the ideas of Leroux contained in Toussenel's book, for she and he were co-editing *La Révue Indépendante* at that time. And her later use of the expression "roi du monde" in referring to Jewish ambition echoes Toussenel's title.

Around the same time, Sand had a brief exchange of letters with Alexandre Weill, an Alsacian Jew, whose family had sent him to study in a yeshivot in Frankfurt because of limited educational opportunities for Jews in France;[2] nonetheless, Weill, a firm believer in the principles of the French Revolution, became active in the reform Jewish movement. Taking a stand against the contents of Toussenel's book in an essay written in 1845, Weill proposed a non-radical means to integrate Jews into French culture that would allow them to assimilate into modern society and to disengage from the ancient profession of usury. At the same time, he rejected Toussenel's claim that Jews dominated the world of finance (Mollier, 82).

The measured tone of that proposal was not necessarily typical of Weill. From Sand's reply to an unsolicited letter from him, it would seem he wrote first to provoke her to defend the logic of Leroux's belief (and her own) by asserting to her that the concept of Liberty, Equality, Fraternity was a human invention, not a divine one. She denies that he has provoked her, but for all her denial her anger comes through in the form of disdain. She insists she has no interest in the witty, satiric school of thought that wants to prove to her through science and philosophy to believe in nothing. She freely admits she does not like his railing style although she recognizes that its wit and humor appeal to most French. And finally she comments, "vous êtes faits plus français que nous," implying that he will never overcome the differences that separate him from her circle notwithstanding his efforts to link their political causes (*Corr* VI: 466-7).

Weill's reply provokes an even stronger letter, rejecting his "Spinozist" ideas, in which she alludes even more openly to their religious and ethnic differences. She tells him that he has preached for four pages to someone who does not need all that to "rejeter l'idôlatrie de Votre Jehovah juif et de Notre bon Dieu catholique" (*Corr* VI: 471). Nevertheless, she insists that no one in all of France or Germany will remove God from her heart and that Weill will make no converts in France with his intolerant and despotic tone. No doubt Sand was justified in responding with anger to Weill's aggressive attempt to convert her to his Voltairian ideals. But for our purposes, it is clear that Weill's provocations have forced an occasion for Sand to

---

1. Jean-Yves Mollier, *Michel & Calmann Lévy, ou la naissance de l'édition moderne, 1836-1891* (Paris: Calmann-Lévy, 1984) 81-82.

2. Jay R. Berkovitz, *The Shaping of Jewish Identity in Nineteenth-Century France* (Detroit: Wayne State University Press, 1989) 151.

reveal her ethnocentrism, if not actual prejudice, directly to a Jew.

The traditional association of Jews as driven by the acquisition of money is behind many of Sand's antisemitic remarks, especially those we see in her letters mentioning Michel Lévy, a Jew who came to Paris from Alsace as a poor boy and by the second half of the century was publishing and marketing the work of Dumas, Balzac, Hugo, Flaubert, and Stendhal. He became her publisher in 1849, with exclusive rights from 1856 on.

During those seven years, and after, we find innumerable negative references to Lévy as "ce juif," in letters to Emile Aucante, who negotiated on Sand's behalf with prospective publishers. These letters also show Sand's own understandable desire to get the best possible price for her work. In a typical example from 1853, looking for a buyer for a play, she tells Aucante that if he cannot contact Hetzel, who had gotten her a good deal for *François le Champi*, to try "Charlieu qui est honnête et qui paie mieux que les autres. Mais si vous voyez que cela tarde trop, traitez avec ce juif" (*Corr* XII: 98-99).

Her relations with Lévy go through a number of changes that have to do with the unsettled political and economic conditions of the Fifties, when many of Sand's compatriots from the time of the Revolution of 1848, including her former publisher, P.-J. Hetzel, were still in exile. No doubt she felt coerced when she gave Lévy the exclusive rights to publish her work in 1856, for still in 1860 she warns Aucante to take precautions "pour les pirateries de Lévy qui n'est pas honnête..." (*Corr* XVI: 86).

Late in 1860, Sand effects a reconciliation with François Buloz, who is reviving the revue that had been a mainstay for Sand's work, and she signs some favorable three-way contracts with Buloz and Lévy which will assure her a regular, comfortable income, based on re-editions of older work. Little by little her letters to Lévy take on a friendly tone. She begins to ask favors of him, request current books, offer him manuscripts of her son Maurice, and, by 1866, consistently addresses him as "mon cher éditeur" or "mon cher ami," although they still have differences over financial accounting, on which she keeps a careful eye.

Sand spends six months of 1869 negotiating a new contract with Lévy, for whom she now shows greater tolerance in her business dealings. As she says to Aucante: "Je crois que Lévy ne voudra pas entendre à ce que je désire, mais j'y mettrai de la patience et de la sincérité. Je n'ai pas d'autres armes"; but she adds that, if other offers come along that allow her greater control over her "solvabilité," she will have to consider them (*Corr* XXI: 522). Finally, in October of 1869, she writes to her family that she will remain with "Michel," who is more dependable and exact.

Apparently Sand has so ingratiated herself with Lévy, that she has gotten him to publish not only Maurice's work but Solange's as well, and is willing to bargain with him on their behalf as well as her own. She reasons with Solange, who is unhappy with Lévy's offer for her first novel: "Il y a pour tenir à lui une forte raison, c'est qu'il paie" (*Corr* XXI: 848). Nor is Sand unwilling to employ her influence with Lévy on behalf of Flaubert, with whom she has been corresponding since the mid-Sixties as an older established novelist to a young prodigy.

Lévy had published Flaubert's first two novels in 1857 and 1862, in contracts that were much to the publisher's advantage, but in 1869 he did better by his author, paying 16,000 FF for the rights for ten years to *L'Education sentimentale*. When Flaubert asked Lévy for a premium on that novel, the latter refused. Sand intervened, appealing to Lévy on the basis of Flaubert's shaky financial condition and depressed state of mind; Lévy answers that he complied with her wish by offering Flaubert an advance on his next book, no matter how long it took him to produce, but that the offer was rejected.

When Flaubert vents his spleen against their publisher, Sand replies with a statement that shows how the antisemitic remark will out, notwithstanding the affectionate and respectful relationship that has grown up between her and Lévy: "Que veux-tu?" she asks Flaubert. "Le juif sera toujours juif" (*Corr* XXII: 45).

Until this point in the Sand/Flaubert correspondence, all the anti-Jewish venting has been on Flaubert's side. His favorite expression, when he admits with some pride his lack of skill in dealing with Lévy, is a quotation from Racine's *Athalie*, conceding defeat to the Levites: "Dieu des Juifs, tu l'emportes!" (V, 6). In his foreword to their correspondence, Francis Steegmuller excuses Sand for responding to what he calls "this distasteful note" of antisemitism that Flaubert has introduced into their correspondence, on the grounds that it "seems uncharacteristic" of her[3] — another instance, along with Lubin's, of the desire of today's Sandiste to believe that antisemitism in this generous woman of letters, liberal in all other respects, was an aberration.

Michel Lévy is an example of a Jew who was able to carry the Revolutionary mandate of equal citizenship to its fullest. His desire to be decorated with the Légion d'honneur, in 1872, shows how deeply he wished to be recognized by the French establishment for his contribution to the dissemination of French literature. Several of his famous authors have written on his behalf, he tells Sand, and she agrees to add her support, at the same time warning him that his religion may well be a stumbling block to his aspirations. She says that she hopes he'll get his decoration, "à moins que, comme israélite vous ne soyez pas jugé assez chrétien pour être décoré" (*Corr* XXIII: 338).

She obviously intends, by her remark, to protect him from disappointment and certainly to affirm her acceptance of him by differentiating herself from those Christians who may deny him the honor he seeks. But her words also affirm that prejudice against Jews was in no danger of loosening its grip on French society no matter how assimilated and devoted to French culture an individual Jew became. Sand may have been surprised when the decorating committee made an exception in Lévy's case, for he got his ribbon in January of 1873. When he died suddenly two years later, Sand wrote a eulogy emphasizing the major role he had played in making French

---

3. *Flaubert-Sand: The Correspondence*, tr. Frances Steegmuller and Barbara Bray (New York: Knopf, 1993) ix.

literature accessible to a larger reading public than ever before.

Thus we have seen a further evolution in George Sand's attitude toward Jews from the strong expression of antisemitism in 1857 to a far more benign tone by the early Seventies. She had long since given up her active role in socialist politics, severely repressed under the Second Empire. Since there were no changes for the better socially or politically during that time, we have to look at her relations with individual Jews for an explanation of this softening. We have already seen it in operation with Michel Lévy. There is, however, a final correspondent to whom we can attribute Sand's willingness to acknowledge the goodness of some Jews.

In 1862, Alexandre Dumas fils introduces Sand to a rich philanthropist and great fan of her novels, who has created a community based on the Saint-Simonian model of an industrial utopia, on a large property he owns in Rueil (Beaupré). She writes Dumas that she is impressed by the fact that Edouard Rodriques is a brother of Olinde, "qui était dans les bons israélites avancés et d'assez belle force en philosophie progressiste." Having allowed Rodriques into the progressive camp, she must then make him an honorary Christian. We see this when she asks Dumas whether he has ever noticed that "avec les juifs il n'y a pas de milieu. Quand ils se mêlent d'être généreux et bons, ils le sont plus que les croyants du Nouveau Testament" (*Corr*XVI: 840).

Edouard Rodriques represents yet another in the variety of Jews Sand reveals to us in her correspondence. In contrast to the poor families fleeing from the Alsace in the 1820s to seek their fortunes in Paris, whence Michel Lévy sprung, the Rodriques clan were Sephardim who traced their ancestry back to Portugal, having formed a community in the Bordeaux region of France for over three centuries, while establishing themselves as wealthy financiers. Although they sent their sons to French schools, they maintained a Jewish family identification through marriage. These landed Jews were not initially delighted when the National Assembly rendered them equal with their itinerant kinsmen from the East in 1791. But by the middle of the 19th century, they were willing to accept the likes of Michel Lévy as a son-in-law.

Rodriques has many qualities Sand admires, including musical talent, but it is essentially through the medium of money that their relationship begins. She has been looking for a source of financial support for an intelligent young Frenchman whose father deserted the family, leaving an impoverished mother and younger sister; Rodriques takes on the task, along with Sand, of being a guardian to the young man, whom they refer to in future letters as "notre enfant." Their correspondence lasts for ten years, and at the beginning their differences in religion are a subject for discussion as they are connected with their different attitudes toward money.

Early on, Sand notes their similarity in age, physical, and spiritual condition, aiming to set a tone of mutual acceptance that comes to characterize their correspondence, often flattering his race at the expense of her own: "Vous êtes fier de votre race et vous avez raison. Il y manque quelque chose que vous y mettez, mais la nôtre manque de tout..." (*Corr*XVII: 213-14). But her tendency to treat Rodriques as an exception usually mitigates the tolerance for his religion and class she claims to feel. His notice of her prejudice against the rich prompts this reply from her: "Il n'y a pas de préjugés, ni d'idée socialiste dans ce que je vous disais des riches. C'est une vérité philosophique et de lieu commun. La richesse corrompt l'homme. Il faut être très fort pour qu'elle vous rende meilleur, c'est donc l'exception. [...] Vous êtes quelques-uns comme ça, je le veux bien, mais j'en sais d'autres qui sont très différents, et croyez bien que c'est le grand nombre" (*Corr*XVII: 271).

During 1863, the Sand-Rodriques correspondence reaches a lofty plain as they exchange treatises on the metaphysics of equality. After her second 30-page disquisition, Rodriques gives up, either out of fatigue or finally convinced that she has accepted him as an equal. More worldly letters follow, about the town he has organized around his benefaction, creating jobs, schools, and libraries for which he needs her to recommend books. They also indicate his generosity in the form of money and financial advice, in exchange for her friendship. She thanks him, calls him "mon brave juif," and says that the Celts of her neighborhood are encrusted in their Gallic dreams, compared to the workers in his town (*Corr*XVIII: 78-81).

A measure of openness on his part is shown in a reply Sand writes to Rodriques in 1865. He has recently read her novel *Monsieur Sylvestre*, noticed that one of the characters does not like Jews, and asked Sand to account for it. Rodriques is referring to Letter XXXV in that epistolary novel, in which Mlle Vallier writes to M. Sylvestre: "D'abord je n'aime pas les juifs. N'allez pas croire que j'aie d'antiques préjugés. Je n'aime pas l'anglais non plus, et je ne sais pas pourquoi." Rodriques is not put off by Mlle Vallier's claim of ignorance, for like most Jews sensitive to signs of antisemitism, he suspects the character's confession of prejudice is the author's in disguise. Sand, however, insists on distancing herself from her character by replying that she does not know whether Mlle Vallier is right or wrong not to like Jews. "Moi je ne les aime ni ne les hais, je vous aime, voilà tout ce que je sais" (*Corr*XIX: 308).

The level of intimacy the correspondence has reached is shown when Rodriques tells Sand that his semitic instincts are offended by the severe tone in which their adopted son speaks of his real father. Sand asks: "Chez vous les pères, objets d'un respect si absolu, abandonnent-ils leurs femmes et leurs enfants?" And then comments: "Si cela n'arrive jamais, vous valez mieux que nous, et vous devez comprendre que, chez nous, où cela arrive si souvent, la mère soit plus intéressante que le père" (*Corr*XIX: 355). This is hardly the first time in her long writing life that Sand has pleaded the abandoned mother's case, but she does seem to suggest here that intermarriage could provide a resolution, a suggestion Rodriques could easily take as an allusion to the idealized intermarriage she and he have practiced for several years and certainly typical of the kind of epistolary seduction that has come to characterize her letters to him.

The last two of Sand's letters pertinent to this discussion are interesting for the way she describes each in terms of the other's religion, as if their many-faceted correspondence has permitted an exchange of religious identities. To their adopted son she describes Rodriques as "ce juif seul chrétien que je connaisse parmi les riches" (*Corr*XXI: 503) and to Rodriques she ends a letter by exclaiming against the strong revival of Roman Catholicism in France: "Que dites-vous, fils de Moïse, de voir la France accroupie devant le pape? Moi je me ferais bien juive par réaction" (*Corr*XX: 602-603).

In summary, Sand's letters from the 1840s through the 60s contain numerous expressions of antisemitism to non-Jewish friends and family that take for granted the acquiescence of their recipients. These expressions range in virulence from the letter to Victor Borie — in which Sand exhibits truly pathological symptoms of antisemitism as she endows the generic Jew with every stereotypical quality ever attributed to him — to the careless use of "ce juif" as a synonym for Michel Lévy's name, to the reluctant admission to Flaubert regarding Lévy, "Once a Jew, always a Jew" (197).

It was her entry into French socialist politics that brought to the surface anti-Jewish feelings that may well have existed before she met Chopin. While it is disappointing, from a 20th century post-Holocaust vantage point, to find such prejudice in one who has justly earned the reputation of liberality toward outcast groups, it is not surprising, considering that the history of intolerance goes back at least to 1394, when all Jews were expelled from France on religious grounds. Giving Jews equal political rights after the Revolution did nothing to dispel religious intolerance. In fact, the new progressive movement that sought to eliminate the ills of poverty through social reorganization and turned the newly humanized Jesus Christ into a spiritual leader for that purpose created a new form of prejudice that, in hindsight, can be seen as a step toward the kind of racial antisemitism that later emerged in the Dreyfus case and ultimately in the Vichy government.

To her credit, Sand's antisemitism did not prevent her from having positive relationships with individual Jews; however, it must be said that she made this effort, at least initially, when it was to her financial advantage, and that the factor of Jewish difference was never forgotten. Nonetheless and despite her tendency to flatter him, the exchange of letters between Sand and Rodriques is remarkable for its intellectual openness, personal compatibility, and subtle sexual innuendoes — signs of true affection.

The question as to whether M. Lubin's rationale of Sand's antisemitism is valid can only be answered with another question: Were the Jews of Second Empire France to be censured, as Lubin implies, for succeeding in big business, the news media, and publishing; or were they to be commended fo trying to assimilate into French Society, an expectation arising from the time they were given the rights of citizenship by the National Assembly in September 1791?

Empire State College

GEORGE SAND'S FORGOTTEN BOHEMIA

Evlyn GOULD

... nous soulevons notre verre, comme le comédien Lélio dans *la Dernière Aldini* de madame Sand, et nous chantons d'une voie ferme et pure: "Vive la bohème!" (Théophile Gautier, reviewing *Les Bohémiens de Paris*, 1844)

In *Charles Baudelaire: A Lyric Poet in the Era of High Capitalism*, Walter Benjamin speaks of the "Golden Age of Bohemia," the Bohemia of Gérard de Nerval and of Théophile Gautier and, lest we all forget, the Bohemia of George Sand.[1] This Bohemia of Sand, like that of Gautier or Nerval, has been largely forgotten, already by 1849, displaced by the more immediately popular appeal of Henry Murger's play, *Vie de Bohème*, the eventual source of Puccini's *La Bohème*.[2] According to Jerrold Seigel, in a detailed cultural history of Parisian Bohemia during the 19th Century, it is Murger and the events of 1848 which seared images of Bohemia into the minds of contemporaries, lending to it the character of disillusioned opposition to the bourgeois capitalism of Second Empire France.[3] For us, today, it is also true that Puccini's *La Bohème* continually resurrects Murger's bohemians and seals, once and for all, the fate of Bohemia as a nostalgic but failed attempt at social counterculturalism. Along side this popularized Bohemia, however, that other forgotten scene still persists, not as a reminiscence about revolutionary enthusiasms now thwarted, but in the projected futures of an expansive idealism, a bourgeois hopefulness or hopefulness about bourgeois culture, celebrated in 1837-38, in the bohemian landscapes of George Sand's *La Dernière Aldini*.[4]

---

1. *Charles Baudelaire: A Lyric Poet in the Era of High Capitalism*, trans., Harry Zohn (London: NLB, 1973) 11. In the introduction to Benjamin's discussion, Baudelaire's Bohemia marks the decline of this Golden Age.

2. Murger's play enjoyed tremendous popularity in 1849 and contributed, along with other writings, to a novel entitled *Scènes de la vie de bohème* published in 1851. It is this novel which formed the basis of Puccini's opera adapted by the famous librettists, Illaca and Giacosa. It is important to remember, however, that theater goers of the 1840s witnessed a plethora of plays about bohemian life, among them the one reviewed by Gautier in 1844, *Les Bohémiens de Paris*, from which the opening citation is taken. In *Théophile Gautier, Histoire de l'Art dramatique en France depuis vingt-cinq ans*, 6 vols. (Leipzig: Hetzel, 1858-59) 2: 106-107.
J. Seigel mentions the play and its association of Gypsies with "new specters rising from the shadows of urban life" but not Gautier's critique of it (23).

3. Jerrold Seigel, *Bohemian Paris: Culture, Politics, and the Boundaries of Bourgeois Life, 1830-1930* (New York: Viking Penguin, 1986) 29, 59.

4. This once popular novel by Sand has been re-edited recently by Marie-Madeleine Fragonard and appears as *La Dernière Aldini* in George Sand, *Vies d'artistes* (Paris: Presses de la Cité, 1992) 129-254. All further references to Sand's novel will be to this edition. Note

These double scenes of Bohemia — its idealism in Sand and its disillusioned opposition in Murger — are constitutive of a fundamental ambivalence about bourgeois culture at the heart of bohemian life. As Félix Pyat put it cynically, "Scratch a bohemian, find a bourgeois." Or, as Jerrold Seigel suggests more subtly, although we think of Bohemia as taking shape in opposition to the rise of modern bourgeois culture in the early 19th Century — and specifically, in Paris, where the bourgeoisie became so politically powerful — its real power lies in its ambiguous dramatizations of bourgeois identity, an identity still struggling to etch out its unclear dimensions.[5] This ambivalence is itself productive of anti-systemic behaviors and results in a curious mix of the amoral dissent suggested by Pyat's remark and by the bohemians in Murger's novel and, on the other hand, the sense of communal, transnational allegiance we find in Sand.[6] But whereas Seigel, in demonstrating this ambivalence, tends to displace the positive value of bohemian allegiances or communities in favor precisely of Murger's nostalgic view of failed opposition, a close reading of Sand's *Aldini* restores the more positive, idealist perspective that emerged in Europe between 1830 and 1848, between the two great periods of revolutionary rumination, and long before the popularity of Murger.

By way of Sand's novel, we are better able to understand the forgotten Bohemia of the 1830s, in fact, as an early idealized vision of the modern middle class itself. This is not only to say, as Seigel does, that Bohemia was defined by malleable boundaries in which bourgeois and bohemians remained only loosely distinguished, their identities still open to interpretation. Nor is it to argue, as Benjamin does in his reading of Baudelaire, that Bohemia is a cultural community both produced by and reproductive of the very bourgeois ideology it appears to counter. Rather, in Sand's *Aldini*, Bohemia is first and foremost a positive expression of hopefulness about the very notion of the bourgeoisie as an ethical community, as a popular and transnational European cultural identity.

This pan-European culture forms the backdrop of Sand's novel, in an image of Bohemia that shifts from the late 18th century idea of bohemians as traveling players to the more politicized and activist practices of the greater European bohemian youth movements that emerged in the 1830s in association with the nationalism of Giuseppe

---

in addition that this positive energy of a hopefulness about bourgeois culture is also celebrated, if indirectly, by the more recent voices of Jack Kerouac, Alan Ginsberg, Bob Dylan, or the Grateful Dead, to name a few. On the productivity of bohemian influence, see my *The Fate of Carmen* (Baltimore: Johns Hopkins Univ. Press, 1996).

5. This is the thesis sustained brilliantly by Seigel in a book now out of print. See *Bohemian Paris* 3-13.

6. Immanuel Wallerstein underscores the importance of Bohemia as a transnational cultural phenomenon and focuses on 1968 as its symbolic highpoint. But much of what he says is also true of the Bohemia of the 1830s. In *Geopolitics and Geoculture* (Cambridge: Cambridge University Press, 1991) 70-72.

Mazzini: Young Europe, Young Germany, Young Italy.[7] In relation to Max Milner's concept of Romantic "ressourcement" according to which topical interests of the day are displaced into new political contexts, we could say that the development of a bohemian consciousness in France — following the defeat of Napoléon I, during the ensuing period of Restoration, and into the political realm of Louis-Philippe's so-called "bourgeois monarchy" — inform the three political generations that shape the novel's plot and its setting in Italy. A first love story takes place in Venice in 1798-99 under the Empire of the Hapsburgs, a second is set in the Naples of King Murat between 1808 and 1815; and these two stories are surrounded by a frame narrative set between 1815 and the 1830s, the time of Sand's writing, in an Italy occupied by Metternich's Austrian Empire on the eve of the *risorgimento*. This displacement into Italian locals and ideas reminds us that *La Dernière Aldini* is reminiscent of the first part of Sand's *Lettres d'un voyageur*, published in 1836, in which the Venetian landscape inevitably opens onto memories of an inescapable France. Sand writes:

> Je fermai les yeux, comme je fais souvent, pour résumer les diverses impressions de ma promenade, et me composer une vue générale du paysage que je venais de parcourir. Je ne sais comment, au lieu des lianes, des bosquets et des marbres de Torcello, je vis apparaitre des champs aplanis, des arbres souffrants, [...] un ciel gris, [...] des palais ridicules, la France en un mot. --Ah! tu m'appelles donc! lui dis-je. Je sentis un étrange mouvement de désir et de répugnance. O patrie![8]

It is this same uncanny, desire-filled estrangement from the homeland, one that speaks of France as it moves away from it, that is at stake in Sand's *Aldini* and in its depiction of happy commedia dell'arte-style bohemians who become associated, during the second half of the novel, with the activist, even militaristic designs of Italy's *carbonari*. These *carbonari* represent one type of pan-European youth group which, after 1815, became tremendously influential in France.

The introductory frame of *Aldini* is narrated by Zorzi (134), the "personified heart" of the Sand writing her *Lettres d'un voyageur* in 1834. In that quasi-novelistic epistolary mode, the autobiographical subject takes on this character in a manner, "semblable à un *impressario* dont la troupe serait en retard à l'heure du spectacle... tout distrait et tout troublé, en robe de chambre sur la scène" (2). In *La Dernière*

---

[7]. Seigel refers to the groups organized around Mazzini in the early 1830s (20), and of 1848 he notes, "The wave of revolution spread throughout the Continent, to Italy... Germany, and Central Europe, even threatening for a moment to wash up on the shores of England" (59). In Sand's novel, as we shall see, references are made both to the Carbonarism that was fermenting, without form or name, from Prussia to Sicily and to smaller groups of liberal sympathizers including the Amis *de la vérité*, Amis *de la lumière*, and Amis *de la liberté* (170).

[8]. *Lettres d'un voyageur, Œuvres complètes de George Sand* (Paris: Perrotin, 1843) 9: 121.

Aldini, on the other hand, Zorzi's troupe is assembled and ready to listen as his principle protagonist, Lélio, muses about the ideals of bohemian life: a socially liberated space that erases the confines of race, gender, nation, and especially, class (131-34). The passing gesture to Zorzi who quickly cedes narrative control to Lélio reminds us of the "pauvre *moi*," the "cœur *personnifié*" who speaks in Sand's letters, "tantôt comme un écolier vagabond, tantôt comme un vieux oncle podagre, tantôt comme un jeune soldat impatient" only to paint, in a masculine costume, Sand's own bohemian soul (*Lettres* 2-3). How curious, then, that the novel's narrator-by-proxy, Lélio, appears first as a kindly old uncle (131), then as a school-aged artist far from home (134-170), then as an impatient young actor-soldier (170-254), concluding his remarks in the firm voice of an inspired *impressario*, "Vive la Bohême!" (254).

In his initial address to the group, Lélio associates the non-verbal fluidity of the troupe's music with the social ideals of their pan-European Bohemia. Sand writes:

> – L'artiste, reprit Lélio, a pour patrie le monde entier, la grande Bohême, comme nous disons. Per *Dio!* faisons la guerre au despotisme autrichien, mais respectons la valse allemande! [...] J'ai résisté à la puissance du génie germanique.... Mais les temps sont venus où l'inspiration divine n'est plus arrêtée aux frontières des Etats par la couleur des uniformes et la bigarrure des bannières. Il y a dans l'air je ne sais quels anges ou quels sylphes, messagers invisibles du progrès, qui nous apportent l'harmonie et la poésie de tous les points de l'horizon. Ne nous enterrons pas sous nos ruines; mais que notre génie étende ses ailes et ouvre ses bras pour épouser tous les génies contemporains par-dessus les cimes des Alpes (133).

In this passage "contemporary geniuses" across Europe participate in an energy of divine inspiration, a new religion of liberalism, destined to promote harmony and poetry in the place of imperial borders, color-coded flags and uniforms. The invisible angels and sylphs of a progressive harmony are reminiscent of the social programs of Fourier and Saint-Simon. But this idealized space of genius powers utopian enthusiasms that cross national boundaries only to form communities of artists, marriages among geniuses. In fact, beyond the expansive designs of an a-political progress suggestive of the role of capital in the promotion of a growing modern middle class, these enthusiasms do not necessarily reflect clear ideological positions. Moreover, via Lélio, Sand beckons to "la grande Bohême," a larger human community — something akin to Mazzini's idea of the nation — and asks us to live expansively rather than be buried in our narrow and defeatist nationalisms or, under German Romantic ruins both material and poetic. We could say that the economy of imperial expansion and power is countered, here, by an economy of progressive egalitarianism generated by the out-stretched wings of artistic souls.

This image of the international expansiveness of genius highlights the transnationality of Bohemia under the empire and hints, as well, at its capacity to blur class and gender distinctions. In so doing, it anticipates Marx's sense that Bohemia's anarchy was an enemy of revolution even if it appeals to Sand, prior to 1848, as a liberating vision for modern life. Throughout *La Dernière Aldini*, the perameters of Bohemia as defined by the traveling actors, do appear to expand as Lélio progressively accommodates the liberalism of the troupe's ideals to sympathetic urban noblemen and women and to workers and peasants alike. Moreover, these nomadic bohemians do come from a variety of nations and, like their predecessors in the commedia dell'arte and Sand herself, they designate themselves with pseudonyms that bear neither patriarchal lineage nor gender. Zorzi and Beppa of the *Lettres* along with Lélio and la Checchina create an a-sexual or androgynous fraternity marked by effeminate (or feminine) sensibilities and strong, muscular characters (139). The women take the lead in this novel, proposing marriage, seducing noblemen, and disrupting male attentiveness to social goals, while the main protagonist, Lélio, the son of a peasant fisherman from Chioggia, is appropriately named Daniele Gemello (ibid.) — a name contracted into the familiar "Nello" but resonant with the androgyny and positive duplicity characteristic of many of Sand's best male characters.[9] Though Nello becomes successful in later life as the great international opera star, Lélio, he retains the feminine sensibilities suggested by his first name as well as the pride and honesty of his youthful regional identity.

Sand's blurring of national, class, and sexual distinctions in a utopian image of the modern middle class is best demonstrated, however, by Lélio's telling of his two tales of sublime love. The first love, of la Signora Bianca Aldini, turns one of those now celebrated pessimistic views of marriage into what Lélio calls a "platonic and philharmonic passion" (139). Appreciated largely from afar by the effeminate if gallant peasant, the gondolier-troubadour, Nello, la signora Aldini is a talented, religious, gracious and generous, petite bourgeoise married unhappily into a now widowed nobility. Under the influence of la signora's magnetism, Nello's philharmonic love blossoms into the delirium of the artist's first self-discovery (144), and results in la signora Aldini's marriage proposal to him (155-56). However, the happy social betweeness of this unlikely union provokes a personal struggle with prejudice and religious fervor too overwhelming to la signora to pursue (160-61) while, for Lélio, the marriage is impeded by Oedipal implications. It is Bianca Aldini who gave birth to the artist.

Lélio's second tale of love takes place ten years later as the now renowned *primo tenore* tours the capitals of Europe electrifying audiences as he plays his politics on stage (171). This second story features a series of theatricalized identity shifts suggestive of Bohemia's wider social appeal, as well as an "intellectual incest" (224) by which the young lover, Alézia Grimani, turns out to be Bianca Aldini's daughter. This, then, is a second marriage thwarted by Oedipal implications. But in this world

---

9. Helen Laird makes a similar point about the good men in Sand's early novels. Ralph in *Indiana*, Bénédict in *Valentine*, Bernard in *Mauprat*, and Jacques in the novel by the same name, all share with women, "the same intelligence, the same capacity for understanding and love. They are 'brothers.'" In "George Sand: Social Historian and Poet," *George Sand Papers*, 2 vols. (New York: AMS Press, Inc., 1980, 1982) 2: 5-6.

of sliding identities and deceiving appearances featured in the second part of the novel, Lélio's need for stable identity provokes a soul-searching crisis of consciousness that adds specifically social preoccupations to the initial throngs of the artist's first self-discovery. In this moment of crisis, as in the larger frame of the novelistic space, Lélio is figured both as an actor in and a spectator to the intermittent events of his own autobiography. That is, this soul-searching divides him, just as Bohemia divides the bourgeoisie, allowing him to discover between his two selves, Nello and Lélio, a subjective duplicity or alterity characteristic of bohemian life.

During the anxiety-filled evening that follows his discovery of Alézia Grimani's true identity, he remarks:

> J'eus un élan de joie enthousiaste et de légitime orgueil en songeant que Lélio le comédien n'était pas tombé au-dessous de Nello le gondolier. Quelquefois, dans mes idées de démocratie romanesque, [...] je m'étais fait un crime d'avoir dédaigné l'humble profession de mes pères pour rechercher les amères jouissances du luxe, la vaine fumée de la gloire, les faux biens et les puérils travaux de l'art. Mais en accomplissant, sous les oripeaux de l'histrion, les mêmes actes de déintéressement et de fierté que j'avais accomplis sous la bure du batelier, j'ennoblissais deux fois ma vie, et deux fois j'élevais mon âme au-dessus de toutes les fausses grandeurs sociales. [...] Le culte de la délivrance est une foi nouvelle; le libéralisme est une religion qui doit ennoblir ses adeptes, et faire, comme autrefois le jeune christianisme, de l'esclave un homme libre, de l'homme libre un saint ou un martyr (225).

This reference to Lélio's own sense of himself as double must be understood as the internalized response of his own youthful dignity to the conventions of bourgeois life, a breach within identity that the ambivalence of bohemian life encourages. Though he has benefited from his success, his commitment to social ideals has not given way to the empty vanities, luxury, and vain glory of bourgeois culture. On the contrary, Lélio's enthusiastic expression of joy, his pride in retaining the artist's enduring bohemian character, expands, via the disinterested accomplishing of bourgeois ideals, to encompass a renewed religion of liberalism, a newly "new Christianism" that liberates its participants by according them the power to legitimize a nobility of character.

Stylistically, we could say that this passage epitomizes the way in which a bourgeois *Bildungsroman* of social success is thwarted by a bitter-sweet and self-conscious confession of the artist, the actor cum narrator who watches himself perform moments of exceptional commitment to bohemian ideals. At the end of his effusive "élan de joie enthousiaste," moreover, Sand uses free indirect discourse to implicate that other narrator, Zorzi/Sand by evoking words emanating from the thoughts of both the narrator/protagonist and the narrator/writer. The narrator/protagonist, Lélio, reaffirms, in this scene, the nobility of his oppositional bohemian character: he does not succumb to the bitter pleasures of false wealth. In so doing, he remains suspended between the aristocracy and the peasantry, quite squarely in the middle class. The narrator/writer, however, who similarly reaffirms her doubleness in her presence and absence from the scene, uses her exemplar, Lélio, to awaken a new religion of liberalism, a cult that seeks to liberate all who would adhere. It is the distinction and movement between the two modes of discourse — direct and free indirect — that dramatizes the bohemian in Sand.

This scene of Lélio's crisis further suggests that whereas the Bohemia of the first tale accentuates the struggles of the individual, the second tale reaches out to a larger human community. For this reason, the first tale is clearly identified with the utopian idealism of music and artists — with what Lélio calls a "romanesque democracy" — and with the birth of the artist's identity. But the second tale links the bohemian sensibilities of individuals — that is, their ability to shift identities and social classes — with that collective grass-roots politics known as "Carbonarism." It may well be, in fact, that this novel is set in Italy and divided into political generations in order to recall the significance of this form of revolutionary social action begun, in Italy, as a revolt against Napoléon, turning, after, 1814, into a hatred of Metternich, and becoming, after 1815, tremendously powerful in France.[10]

At the beginning of the second love story, Lélio explains his affiliation with the *carbonari* in the following manner:

> Dix ans après mon départ de Venise, j'étais à Naples, et je jouais Roméo sur le théâtre de Saint-Charles. [...] Je ne me piquais pas d'être un patriote bien éclairé; mais je ne partageais pas l'engouement de cette époque pour la domination étrangère. Je ne me retournais pas vers un passé plus avilissant encore; je me nourrissais de ces premiers éléments du carbonarism, qui fermentaient dès lors, sans forme et sans nom, de la Prusse à la Sicile. [...] Je portais dans tout ce que je faisais, et principalement dans l'exercice de mon art, le sentiment de fierté railleuse et d'indépendance démocratique dont je m'inspirais chaque jour dans les clubs et dans les pamphlets clandestins. Les *Amis de la vérité*, les *Amis de la lumière*, les *Amis de la liberté*, telles étaient les dénominations sous lesquelles se groupaient les sympathies libérales; et jusque dans les rangs de l'armée francaise, ... nous avions des affilés, enfants de votre grande révolution, qui, dans le secret de leur âme, se promettaient de laver la tache du 18 brumaire (170-71).

Lélio's affinity for Carbonarism is significant because it helps define the political anarchy of bohemians who reject both foreign domination and all prior forms of political organization often blurring revolutionary and Napoleonic ideals. But Sand's prose is even more precise. As Alan Spitzer explains in *Old Hatreds and New Hopes*, Carbonarism did extend across the continent from "from Prussia to Sicily"

---

10. Alan Spitzer, *Old Hatreds and New Hopes: The French Carbonari against the Bourbon Restoration* (Cambridge: Harvard University Press, 1971) 17-19, 33-39.

offering to replace a Europe joined by either empires or national revolutions with the image of a new European community based in proud rivalry, liberal sympathies, and democratic independence.[11] The enemies of Metternich in every European state did, in fact, join the cause of a new Europe. They maintained relations with patriots in other lands, and through clandestine publications and gatherings, helped them and plotted with them incessantly, even establishing for a time, a revolutionary international (Spitzer 271).

Around 1838 in Paris, at the time Sand was writing this novel, Carbonarism became synonymous with this effort to regenerate a new Europe based on "liberal foundations and the principle of sovereignty of the people" (Spitzer 272). Made up, according to Spitzer, of members of all of the social classes as well as of students, of workers, and of displaced military men who carried arms along with their shifting hatreds (56), this population of often disgruntled and marginalized individuals gives Lélio's "romanesque democracy" a decidedly more militaristic veneer and turns its propensity for social action into something more than the ideals of a purely artistic Bohemia. In other words, the inclusion of Carbonarism within the ranks of the roving comedians means that Sand's Bohemia is not only what Seigel refers to as "primarily a mental landscape," but that it is an actual form of collective social action, a community whose impact resides in its powerful dissension, in the plasticity of its countercultural energies, in its capacity to actualize utopian enthusiasms by, as Alézia Grimani puts it, dreaming about "exterminating all of the rich" (232). In this context, I would propose that Sand's *Aldini* is divided into political and familial generations in order to illustrate, precisely, the persistence of Bohemia as an expanding oppositional community focused progressively on real social action.

In exploring the question of Bohemia in and around the political generations that divide an otherwise autobiographical presentation by Lélio (and perhaps, I have suggested, by Sand herself), the novel also explores the question of the identity of the novel. In recounting a story of resistance to the dominant structures of life under the empire, that is, *Aldini* also resists the dominant strictures of the novel, the so-called "bourgeois" genre *par excellence*. By dominant strictures of the novel, I refer to the beginnings, middles, and conclusive closures of the *Bildungsroman* inherited from Goethe which facilitate the education of their youthful heros into the accepted order of society and its dominant cultural values. This novel, however, might be best characterized as a thwarted or ambivalent *Bildungsroman* insofar as its hero undergoes an education — that one that provides a portrait of the artist — but he continues to defy the bourgeois social constraints of marriage, the psychological and sexual limitations of gender and class, as well as any ideological loyalty to a clearly defined national identity.

Just as Lélio succeeds but remains outside of the social order, better able,

---

11. Alan Spitzer explains that the *carbonari* of the 1820s believed they were fighting a battle that began in 1789 and that the triumph of their cause would reverse the verdict of Waterloo (19).

thereby, to dramatize through storytelling ambivalent responses to it, the novel encloses the process of his intermittent apprenticeship in a frame. Looking back on his story from this frame, Lélio's identity appears theatricalized, staged both for our appreciation and for that of the other members of the troupe, including Zorzi. Though the novel is, in this generic sense, oppositional — an anti-*Bildungsroman*? an idealist novel?[12] a bohemian vagabondage? — it is not anti-bourgeois. Like the actual Bohemia of the 1830s Sand celebrates, the real power of the novel lies in its ambivalent dramatizations of bourgeois identity, a duplicitous identity still fluid in relation to the social hierarchy of life under the empire. Whereas Bianca and Alézia submit to a social hierarchy maintained for the benefit of the aristocracy, for example, Lélio presents the sadder but wiser figure of the definitively graying bohemian. In relation to Murger's or Puccini's image of youthful caprice grown quiescent, Lélio's vigorous bohemian integrity grows gracefully and expansively old.

Ultimately, in sketching the formal contours of a novel that both borrows and resists the structure of the *Bildungsroman* or bourgeois novel, *La Dernière Aldini* also traces significant shifts in Sand's thinking about Bohemia at the end of the 1830s: from artistic utopia or "romanesque democracy" to collective response or community action; from the theatricality of a personal self-discovery to the use of theater (or of theatricalized autobiography) as a forum for the expression of social commitment; from a fictional space devoid of social and sexual boundaries to the politicized, even militaristic, designs of Carbonarism and anarchy as a response to the inequities of the capitalist world system. This final image of Bohemia explains why everyone prefers the nostalgic but "commodified" bohemians of Murger and Puccini to those of Sand. It also explains the negative associations, after '48, that link charming bohemians with the unruly energies of the "dangerous classes" and with a plethora of conservative bourgeois attacks upon bohemian artists now seen as bandits and criminals. These were the heated and ambivalent reactions of an immensely powerful bourgeoisie to those social actors who first realized and dramatized the underpinnings of their own liberal ideals.

University of Oregon

---

12. I take my sense of the idealist novel as a genre from Naomi Schor's study of Sand, *George Sand and Idealism* (New York: Columbia University Press, 1993).

ENTRE-FEMMES: SAND/COLET ET LA QUESTION DE *LUI*

Maryline LUKACHER

> En français, le féminin reste une marque secondaire syntaxiquement, même pas une norme.
>
> Luce Irigaray, *Je, tu, nous*

On peut se demander pourquoi la publication de *Elle et Lui* de George Sand en janvier-mars 1859 va être la même année suivie de celle de Paul de Musset, *Lui et Elle* et finalement de *Lui. Roman contemporain* de Louise Colet en décembre 1859. Ce qui frappe tout d'abord, c'est la disparition progressive du "elle" des titres cités. Alors que dans *Elle et Lui*, Sand racontait l'échec de sa liaison avec Alfred de Musset, par un tour de passe-passe, le "elle" va définitivement disparaître dans *Lui* de Colet. Ma lecture se fera sur la nature de la réponse de Colet à Sand. N'y a-t-il pas chez Colet, un certain ressentiment littéraire qui fait qu'elle veut "coller" littéralement à l'expérience de Sand et la détruire à la fois? La liaison Sand-Musset offre également un modèle de la passion malheureuse que Colet transpose dans sa passion pour Flaubert. *Lui* est un pronom double; il désigne à la fois le masculin et le féminin quand il s'agit d'un complément indirect et il désigne Musset et Flaubert dans le roman de Colet. Mais pourquoi n'est-ce qu'en 1859 que ces romans autobiographiques font leur apparition? La liaison entre Sand et Musset prend définitivement fin en 1835 et dès 1854 Flaubert fait savoir à Colet qu'il ne sera jamais chez lui pour elle. Mon interprétation est que *Elle et Lui* et *Lui* sont des œuvres sur la séparation et le deuil. Musset meurt en effet en 1857 et provoque cette série de romans qui reconstituent l'histoire d'une passion entre deux célébrités de l'époque.

Au niveau grammatical, "lui" marque l'indifférenciation des genres, et l'absorption du féminin dans le masculin est une des règles du français. "Lui" peut être confondu (presque homonyme) avec Louis, le masculin de Louise, mimant symboliquement l'effacement du féminin dans le masculin et répétant la disparition d'Aurore dans le prénom George. Enfin, l'élimination du "elle" de *Elle et Lui* marque inconsciemment chez Colet le besoin de suivre l'aspiration flaubertienne de la neutralité littéraire. La réinscription de la différence sexuelle s'inscrit dans une absence chez Colet, le pronom "elle" n'existe plus, il a été neutralisé. Dans *Je, tu, nous* Luce Irigaray avance l'argument que toute émancipation sexuelle est impossible sans des transformations linguistiques et que la grammaire est le site même d'une lutte: "La libération subjective nécessite un emploi de la langue non soumis à des règles qui assujettissent ou annulent la différence sexuelle."[1] Cette évolution de la langue française, cette mutation des règles de grammaire permettraient, selon Irigaray, de représenter les femmes entre elles, — un pluriel féminin, "elles," Sand-Colet qui exclurait le pronom masculin. Mais l'utopie grammaticale d'aujourd'hui ne rend pas

---

1. Luce Irigaray, *Je, tu, nous* (Paris: Bernard Grasset, 1990) 39.

compte de ce réglement de compte entre Sand et Colet ou bien au contraire c'est le "elle" qui est expulsé de l'énonciation. Au moment où *Lui* semble engager un dialogue avec Sand, Colet élimine le pronom "elle," témoignant d'un secret désir de mettre sous rature le pronom sujet sandien. La grammaire devient véritablement le site d'une lutte entre Sand et Colet. Derrière la chronique d'une passion malheureuse, Colet met en scène la mort du féminin même si cette liquidation doit entraîner sa propre fin symbolique.

La fictionalisation des confessions personnelles n'est pas nouvelle pour Sand. Dès l'été 1846, elle expose ses frustrations avec Frédéric Chopin dans *Lucrezia Floriani*. Mais cette pseudo-biographie est loin de connaître le succès à scandale de *Elle et Lui*. Le récit autobiographique féminin est immédiatement confronté au barrage des autorités masculines. L'autobiographie féminine court le risque d'être accusée d'exhibitionnisme et de mauvais goût. Nancy Miller a très justement noté dans "Writing Fictions: Women's Autobiography in France": "To justify an unorthodox life by writing about it, however, is to reinscribe the original violation, to reviolate masculine turf."[2] Dans une forme à peine différente, Gustave Flaubert jugera négativement les confessions personnelles qui mettent au service de l'art des passions qui n'ont d'intérêt que parce qu'elles sont scandaleusement divertissantes pour le public. Pour Flaubert, cet "exhibitionnisme" littéraire témoigne d'une absence artistique, l'impassibilité étant la marque du talent créateur.

Ce qui est fascinant, c'est d'examiner comment Colet réécrit *Elle et Lui* et contredit l'histoire de Sand et de Musset par ses interférences personnelles. Colet absorbe finalement la fiction sandienne de telle sorte qu'elle en inverse sa propre dynamique. *Lui* constitue un contresens littéraire de *Elle et Lui*, (particulièrement dans la fameuse scène de Fontainebleau sur laquelle je vais revenir), mais célèbre aussi le pacte romantique de suicide à deux. Et c'est bien évidemment *Indiana* (1832), le premier roman de Sand, qui est ici le modèle pour Colet. La relation de Colet à l'écriture sandienne devient complexe au moment où, dans sa critique de Sand, elle utilise les termes de Sand dans une dynamique antérieure qu'elle adapte à sa révision de *Elle et Lui*. Dans cet effort de dépasser sa rivale, Cole, "colle" plus que jamais à la fiction sandienne et échoue à en arriver à une solution dans sa relation à Sand aussi bien qu'à Flaubert. Ce "corps à corps" avec Sand deviendra pour Colet, l'écriture du désastre qui redit son écrasement entre Sand et Flaubert. *Lui* devient l'impasse des passions tout aussi bien que celle de la création artistique.

Un résumé succinct de *Lui* va montrer comment Colet dédouble "lui" en Musset et Flaubert. Albert de Lincel (alias Alfred de Musset) tombe amoureux de Stéphanie de Rostand (alias Louise Colet). En racontant à Stéphanie l'histoire de son amour pour Antonia Back (alias Sand), Musset tente d'exorciser le souvenir encore

---

2. Nancy Miller, "Writing Fictions: Women's Autobiography in France" in *Life/Line. Theorizing Women's Autobiography*, ed. Bella Brodzki and Celeste Schenck (Ithaca: Cornell UP., 1988) 50

douloureux de Sand tout en séduisant Colet amoureuse de Léonce (alias Flaubert). Comme le dit Albert à Stéphanie au début de son récit: "Vous admirez, vous aimez cette femme, et son image s'interpose entre nous."[3] Son histoire corrigera l'image que Stéphanie a d'Antonia, mais ce n'est pas d'Antonia que Stéphanie est préoccupée, comme elle le dit elle-même: "mais je vous jure que ce n'est point le souvenir d'Antonia qui est entre nous, l'obstacle à l'amour vient d'ailleurs" (124). Ma lecture examinera la nature de cet "ailleurs" et sa relation à Antonia, c'est-à-dire à *Elle et Lui*.

Le véritable obstacle entre Stéphanie et Albert est bien sûr Léonce, qui bien que n'apparaissant jamais dans le roman, reste la figure spectrale et centrale de Stéphanie. "Lui" serait ce qui marque la différence entre Musset et Flaubert, entre l'économie du désir chez Sand et chez Colet. Albert souligne bien, que ce lui absent est l'ailleurs du désir féminin: "Je ne redoute point un spectre! vous êtes une femme romanesque et vous voudriez, dans votre orgueil, que ce *Lui* idéal, que cet être imaginaire vous suffît" (125). Léonce n'a pas de nom de famille, il est cet "autre," ce "lui" spectral dont la présence/absence hante silencieusement l'histoire d'Albert en l'empêchant de jamais atteindre Stéphanie. Sous le couvert du récit d'Albert (Musset), c'est bien Colet qui raconte sa propre histoire d'amour avec Flaubert. Dans cette confession littéraire, Colet transforme le biographique sandien en une autre histoire, la sienne, qui change les événements bien connus de Sand et de Musset. Bien que *Lui* semble maintenir à distance la relation entre "elle" (Colet) et "lui" (Flaubert) sous le couvert d'un autre récit, Colet est en train de reconstruire un passé imaginaire auquel elle devra finalement renoncer. Les identifications biographiques de *Lui* deviennent des masques allégoriques d'une grammaire fondamentalement misogyne, dans le traitement des genres. "L'homme, comme le dit humoristiquement Irigaray, "semble avoir voulu, directement ou indirectement, donner un genre à l'univers" (37). On ne dit pas "elle tonne, elle neige, elle faut" mais "il tonne, il neige, il faut," c'est-à-dire que le neutre ou l'impersonnel se traduise par le même pronom ou la même forme que le masculin. Léonce renvoie finalement à un Flaubert spectral, neutre, absorbé dans ce "lui" grammatical, un Léonce qui n'est peut-être pas sans suggérer ce personnage falot de *Madame Bovary*, Léon, si indifférent au destin tragique d'Emma!

Dans la lettre du 12-15 novembre 1859 que Flaubert adresse à Ernest Feydeau, il reconnaîtra lui-même la liquidation littéraire dont il a été victime: "Veux-tu te distraire? Fais-moi (ou plutôt fais-toi) le plaisir d'acheter *Lui*, roman contemporain par Mme Louise Colet. Tu y reconnaîtras ton ami arrangé d'une belle façon.[4] La liaison malheureuse de Colet et de Flaubert est légendaire, mais nous devons également rappeler qu'elle eut une brève liaison avec Musset en 1852. *Lui* peut être lu comme un double travail du deuil — mort de Musset et mort symbolique de

---

[3.] Louise Colet, *Lui. Roman Contemporain* (Paris: Calmann Lévy, Editeur, 1880) 122-23

[4.] Gustave Flaubert, *Correspondance* in *Œuvres complètes*, 9 vols. (Paris: Louis Conard, 1927) IV: 343.

Flaubert qui est la relation par excellence qui a défini l'œuvre et la vie de Colet. La fin de *Lui* finit sur la mort d'Albert, et Stéphanie s'accuse d'avoir à tort aimé Léonce: "Il n'y avait que trois mois qu'Albert était mort; encore quelques mois, pensais-je, et je le rejoindrai. Quant à *l'autre*, je n'y voulais point penser. Mais toujours cet amour en ruine pesait sur mon âme et l'étouffait, pour ainsi dire, sous ses débris" (408). C'est parce qu'elle a effectivement fait le mauvais choix que Colet se trouve interminablement prise à surmonter l'anxiété de la séparation. La mort de Musset réactive le passé de telle sorte que comme lui, Sand devient un spectre du passé qui revient hanter la fiction de Colet. Antonia Back est littéralement "de retour" (anglais: "back") dans *Lui*: "Je l'apercevais toujours à travers mes souvenirs, jeune, irrésistible dans son impassibilité terrible et dans la puissance formidable qu'elle avait exercée sur moi" (323).

Je voudrais considérer maintenant la scène de Fontainebleau comme étant la scène-clé qui dans *Elle et Lui* et dans *Lui* établit la relation entre le travail du deuil et la lutte de Colet prise entre Sand et Flaubert. Dans *Elle et Lui*, l'épisode de Fontainebleau anticipe la fin de la liaison Sand-Musset et signale déjà l'échec du voyage en Italie. C'est Thérèse (Sand) qui raconte l'histoire. Après une longue marche dans les bois, Thérèse et Laurent (Musset) arrivent au haut d'un rocher. Après être parti seul au fond d'un ravin, Laurent a une hallucination qui le terrifie: "et cet homme avançait toujours vers moi. Quand il a été tout près, j'ai vu qu'il était ivre. Il a passé en me jetant un regard hébété, hideux, et en me faisant une laide grimace de haine et de mépris. Alors j'ai eu peur, et je me suis jeté la face contre terre, car cet homme...c'était moi!"[5] Le phénomène que décrit Sand et qui est connu sous le nom d'autoscopie est un phénomène que Musset connaissait bien et qu'il a décrit lui-même dans "La nuit de décembre" comme "un malheureux vêtu de noir/ qui me ressemblait comme un frère." Le double de Musset, ce double débauché et hideux revient hanter sa victime. Dans le double qui est la figure romantique du refoulé, Sand lit les signes de la fin de leur amour: "Thérèse acquérait tous les jours la triste certitude que Laurent ne l'aimait déjà plus, ou qu'il l'aimait si mal, qu'il n'y avait dans leur union pas plus d'espoir de bonheur pour lui que pour elle" (96).

Il n'est pas surprenant que Colet inverse la scène quand elle la réécrit. Dans la version de Colet, ce n'est pas Musset qui a cette hallucination mais Sand qui est terrifiée. Ayant atteint le haut du rocher, Antonia dit: "Oh! j'ai peur ici, on dirait que tu me mets dans une bière recouverte d'un drap noir!" (143). La terreur d'Antonia d'être enterrée vivante est bien proche de révéler le sens du nom d'Albert de Lincel, car Lincel devient le code langagier pour "linceul". En considérant que *Lui* est l'équivalent du travail du deuil, on comprend pourquoi Colet présente l'histoire comme si c'était Albert de Lincel, le mort, qui la raconte. L'inversion de l'écriture sandienne dans la version de Colet fournit un modèle de sa propre histoire avec Flaubert. En échangeant la place de Thérèse/Sand avec celle de Lincel/Musset, Colet

---

5. George Sand, *Elle et Lui* (Paris: Calmann-Lévy, 1929) 88.

redonne au féminin sa position de victime. Il semble que l'identification masculine de George Sand ait provoqué chez Colet une certaine exaspération jalouse. Au commencement de *Lui*, Albert décrit en ces termes Antonia (Sand): "Le corps me sembla trop petit pour la tête, et la taille pas assez mince, toute d'une pièce avec les épaules et les hanches. Je crois que les vêtements d'homme l'avait déformée" (87). La revanche de Colet est bien de redonner fictivement à Sand les attributs traditionnels d'une femme terrifiée. Je pense que l'identité sexuelle problématique de Sand (est-elle un homme?/ est-elle une femme?) a provoqué bien des réactions misogynes d'écrivains tel Henry James. En 1897, après avoir lu la traduction de *Elle et Lui*, James s'interroge sur la carrière littéraire de Sand: "if Sandian enterprise cannot be reduced to the intellectual and especially financial exploitation of a store of erotic reminiscences."[6] Dans *Sexing the Mind*, Evelyne Ender finit par poser ironiquement la question: "Seen from a moralist's eminence, Sand's work and life end up looking like an aberration and a scandal; why not call it then a case of literary prostitution?"[7] Ce que Ender souligne c'est que James, exclu de la scène de passion sandienne, éprouve un profond plaisir textuel/sexuel à lire *Elle et Lui* et résiste en même temps à ce plaisir. Cette division hystérique chez James produit un jugement négatif, une critique moraliste qui littéralement nie le plaisir du texte. Dans une certaine mesure, je vois Colet prise comme James dans une combinatoire érotique où elle est à la fois le juge et le substitut de Sand.

La fatale attraction entre Sand et Musset permet à Colet de comprendre sa propre réponse obsessionnelle dans sa relation à Flaubert. Dans *Lui*, Musset suggère de se tuer avec Sand pour immortaliser leur amour: "En parlant ainsi, fou d'amour et altéré d'infini, je la soulevai dans mes bras et la pressai d'une si forte étreinte, tout en marchant vers le bord du roc, qu'elle poussa un cri aigu plein d'effroi" (144). Le pacte du suicide est la célébration romantique de l'amour, et c'était Ralph et Indiana qui en 1832 offraient cette utopie de la mort. En reinscrivant la fiction sandienne dans *Lui*, on peut comprendre comment Musset, le poète romantique et fou a absorbé le désir de Colet. La réponse imaginaire de Musset à Sand dans *Lui* est l'équivalent de la réponse de Colet à son propre destin: "Peur! répliquai-je, peur! quand je t'étreins sur mon cœur et que je t'aime, tu aurais donc peur de mourir avec moi?" (144). La relation de Colet à l'écriture sandienne devient complexe puisqu'à la fois elle remplace un scénario d'hallucination par un autre et qu'elle absorbe la dynamique du désir d'*Indiana* à sa propre fiction. En réinventant la mort des amants dans la forêt de Fontainebleau, Colet semble vouloir donner au pacte suicidaire un sens plus large, dans l'effort narratif de se resituer par rapport à Sand et à Flaubert. Flaubert a instinctivement senti cette régression romantique lorsqu'il note dans cette lettre de novembre 1859 à Feydeau: "Mais quel piètre coco que le sieur Musset! Ce livre [*Lui*],

---

6. Henry James, *Literary Criticism: French Writers, Other European Writers, the Prefces to the New York Edition*, éd. Leon Edel (New York: Library of America, 1984) 738.

7. Evelyne Ender, *Sexing the Mind* (Cornell University Press, 1995) 79.

fait pour le réhabiliter, le démode encore plus que *Elle et Lui!*" (344). L'effacement du pronom "elle" dans *Lui* est finalement central au projet de Colet qui s'immole dans cette mort du féminin.

"Le genre masculin domine toujours syntaxiquement," déclare Luce Irigaray, "Ils sont mariés, ils sont beaux, ils s'aiment, etc. Cette marque grammaticale qui efface le genre féminin, a un impact sur la manière dont est éprouvée la subjectivité et dont elle se traduit en et dans le discours" (37). Le récit de *Lui* doit être lu en conjonction avec l'utilisation allégorique des pronoms personnels. Dans l'oblitération du "elle," Colet rejoue sa propre disparition, c'est en somme le récit de l'effacement de Colet, sa mise sous rature. A la fin de *Lui*, ce n'est plus Antonia qui est recouverte du linceul noir, mais bien Colet qui se voit écrasée sous le poids d'un destin indifférent: "Mais toujours cet amour en ruine pesait sur mon âme et l'étouffait, pour ainsi dire, sous ses débris. Les lourds colosses égyptiens n'ont pas conscience en s'affaissant du Nubien qui s'était assis à leur ombre" (408). Pour Colet, la métaphore de la chute du temple représente la destinée des femmes et des exploités de la terre. Comme l'esclave nubien, Colet est tuée par la chute du colosse, Flaubert. Le paysage égyptien devient le lieu de reinscription de la victimisation du féminin. Il y a une sorte d'hystérisation du souvenir qui consiste à transformer le passé en une scène tragique. Colet ne se remettra jamais de l'abandon de Flaubert. *Lui* déplace curieusement cette lutte des sexes. Ce n'est finalement pas à Sand que Colet se mesure mais bien à lui, à Flaubert dont le souvenir l'écrase encore. Flaubert ne se trompera pas au sens profond de *Lui* quand il écrit dans cette même lettre de novembre 1859 à Feydeau: "Quelle drôle de chose que de mettre ainsi la littérature au service de ses passions, et quelles tristes œuvres cela fait faire sous tous les rapports" (344). Alors que la critique morale de James s'adressait à l'exhibitionisme des passions chez Sand, la critique de Flaubert est dirigée contre "la littérature au service des passions." Pour Flaubert le scandale de *Lui* est d'utiliser sa vie privée au service du public. L'art doit être impersonnel, "Les œuvres, voilà tout. Qu'importe le *Nous*, le *Moi* et surtout le *Je?*" écrit-il dans la même lettre à Feydeau (345). Le récit personnel n'a aucune place dans la création artistique. Et en insistant sur la disparition des pronoms personnels, Flaubert indique que le récit doit être décentré, neutre. Mais y a-t-il un récit qui soit vraiment impersonnel? Est-ce qu'il n'y a pas quelque chose qui reste toujours enfoui sous le neutre? Et Flaubert lui-même n'a-t-il pas dérogé à cette règle quand il s'est largement inspiré de Colet pour la description d'Emma Bovary?

Sand et Colet ne sont pas les seules coupables d'avoir écrit leur confession sentimentale. En fait, Sand établit une différence entre *Les Confessions* de Jean-Jacques Rousseau et ce qu'elle se propose de faire dans *Histoire de ma vie* (1847-54). Son but n'est pas d'écrire sa vie en y absorbant celle des autres. Et elle ne peut s'empêcher de manifester sa réserve à l'égard de Rousseau: "Qui peut lui pardonner d'avoir confessé madame de Warens en même temps que lui?" (*OA* I:13). Alors, qu'est-ce qui a changé dans la perspective sandienne entre *Histoire de ma vie* et *Elle et Lui*? D'abord, Alfred de Musset a déjà publié en 1836 *La Confession d'un enfant du siècle* où il révèle sa liaison avec Sand. Ensuite, Musset mort, Sand à son tour donne sa version de leur passion sous des masques allégoriques, et finalement ce qui reste de plus personnel de leur liaison a été consigné dans le *Journal intime* qui ne sera publié que posthumement. Comme le souligne Miller dans "Writing fictions: Women's Autobiography in France": "the female autobiographers know that they are read as *women*; women, in the case of Sand, Stern, and Beauvoir, known for their liaisons with famous men. The concern with notoriety, then, functions as an additional grid or constraint placed upon the truth" (49). *Elle et Lui* teste finalement le pouvoir littéraire de Sand et peut-être que le scandale de l'autobiographie féminine dans l'œuvre de Sand marque son intégration dans le monde des confessions masculines. Comme l'a écrit Claude Duchet à propos de la *Confession d'un enfant du siècle*, "elle met en scène le conflit moderne de l'individu et de la société. L'amour y est allégorie du vouloir-vivre"[8] et on pourrait vraisemblablement joindre *Elle et Lui* à ce commentaire. Si le message de *La Confession d'un enfant du siècle* est également celui des illusions perdues, à côté de la débauche figure du désordre de la civilisation, Musset a fait le bilan non seulement de sa vie mais aussi de son époque. Le pessimisme de *La Confession d'un enfant du siècle* rejoint celui de *Elle et Lui* où Sand est devenue le juge muet des débauches de Musset: "Lorsque des groupes errants dans les couloirs extérieurs s'arrêtaient contre cette porte, les habits et les dominos faisaient un fond opaque, et la vitre devenait une glace noire où l'image de Thérèse se répétait sans qu'elle s'en aperçût. Laurent la vit à divers intervalles sans songer à elle; mais peu à peu l'immobilité de cette figure masquée l'inquiéta" (237-38). En s'identifiant à ce masque noir et immobile, Sand se fait le juge silencieux de Musset et de son époque. La vision du masque noir n'est pas sans rappeler ce double débauché et âgé qui avait terrifié Musset. Ecrire sa confession permet à Sand de recourir à un genre représenté surtout par les hommes et d'y prendre sa place. Finalement, si la génération romantique a jugé *La Confession d'un enfant du siècle* comme une réaction contre *Les Confessions* de Rousseau, peut-être peut-on aujourd'hui considérer *Elle et Lui* comme la réponse finale de Sand à toute une époque.

Sand, dans un geste conciliateur caractéristique, s'adresse à Musset et aux femmes de l'avenir: "Sois tranquille, va, Dieu te pardonnera de n'avoir pu aimer! Il t'avait condamné à cette insatiable aspiration pour que ta jeunesse ne fût pas absorbée par une femme. Les femmes de l'avenir, celles qui contempleront ton œuvre de siècle en siècle, voilà tes sœurs et tes amantes" (248). *Elle et Lui* fonctionne comme une sorte de manifeste littéraire puisque ces "femmes de l'avenir" ne seront pas comme Sand exposées aux souffrances de l'amour malheureux, mais bénéficieront sans danger de la lecture de Musset. *Elle et Lui* entérine définitivement le passé en projetant un avenir d'émancipation féminine.

Northern Illinois University

---

8. Alfred de Musset, *La Confession d'un enfant du siècle* (Paris: Editions Garnier Frères, 1968) xvii.

OHIO UNIVERSITY LIBRARY
Please return this book as soon as you have finished with it. In order to avoid a fine it must be returned by the latest date stamped below. All books are subject to recall after two weeks or immediately if needed for reserve.

FACULTY LOAN

JUN 1 6 2000

MAY 1 6 2000

CF